戦略的
リスク管理
入門

Enterprise Risk Management
From Incentives to Controls, 2nd Edition

James Lam
translation by Yasushi Hayashi and Tsutomu Chano

ジェームズ・ラム［著］

林 康史・茶野 努［監訳］

勁草書房

Enterprise Risk Management
From Incentives to Controls, 2nd Edition
by James Lam

Copyright © 2014 by James Lam. All Rights Reserved.

Translation copyright © 2016 by Keiso Shobo Publishing Co. Ltd. All Rights Reserved.

This translation published under license with original publisher John Wiley & Sons, Inc.

through Tuttle-Mori Agency, Inc., Tokyo

監訳者序文

2008 年の金融危機を受けて銀行規制はバーゼルⅢへと強化され，欧州ではソルベンシーⅡという経済価値ベースでの保険規制の導入が決定されるなど，グローバルに規制改正が進んでいる。そうした規制は，金融システムのリスク耐性を高め金融危機の再発を防ぐ目的によるものであるから，当然ながら，金融機関のリスク管理のあり方も大きく変わってきている。また，近時の一般事業会社をはじめ，さまざまな組織のリスク管理・危機管理の失敗事例を知るにつれ，日々，リスク管理の重要性が増していることがわかる。そうした状況で本書の改訂版が上梓される意義は大きい。ERM（Enterprise Risk Management）は金融，保険業を中心に発展してきたが，リスク情報開示を求められる一般事業会社においても，ますますその必要性が高まってくるであろう。あらゆる組織にとって，ERM を軸に据えた体制づくりがなければ組織はゴーイングコンサーンたりえない時代となっている。

ERM は統合リスク管理と訳されることが多い。事業・企業としてのリスク管理の意味であるが，Enterprise は，ご承知のとおり，新しい事業や困難な事業に進取の気性で取り組むというニュアンスがある。統合は，リスクとリターンという事業の表裏の関係を明確に意識して，組織として統一的・総合的にリスク管理を行うという意味であるから，ERM は収益管理を含む概念であることは言うまでもない。組織の資本を前提としながら，従来，対立概念としてとらえられていたリスクとリターンを連立方程式のなかに組み込んで解く——それが統合リスク管理なのである。一方，現在もマネジメントの判断において決定的な影響をもつのはリスクそのものではなく，収益のパラメータであることが多い。たとえば，変額年金を販売停止するかどうかの経営判断は，株価等のボラティリティの大きさではなく，その将来収益予測による。本書が定義するように，ERM とは，リスク・リターン・資本のバランスをとりながら企業価値の最大化を図るための包括的なマネジメント手法である。改訂版の邦題を「戦略的リスク管理」としたのはそういう含意からである。

「戦略的に」リスクを管理していくうえでは，これまで以上に，将来収益を重視した判断を行わなければならない。すなわち，従来の金融リスク，オペレーショナル・リスクに加えて，「戦略リスク」にも目を向けなければならない。著者によると，1982 年から 2003 年までの期間で，1 ヵ月の間で S&P 500 に比べ 30 パーセント以上も株価が下落したケース（さまざまな業界に属する 76 社）を調べたところ，その原因の 61 パーセントが戦略リスク（たとえば，消費需要，M&A，競争上の脅威），30 パーセントがオペレーショナル・リスク（たとえば，不正会計，供給プロセスの混乱），9 パーセントが金融リスク（たとえば，コモディティ価格，為替，金利）であったという。会社が苦境に立つ原因の多くが戦略リスクであるなら，企業はどのようにリスク管理を行うべきだろうか。本書は，そのことを自問自答するうえで非常に示唆に富む。

　リスクマネジメントの専門書の多くは，ハード面であるリスク計測手法やリミット運営，リスク報告体制等に議論が集中しがちである。これらは技術論であり，書物に著しやすいということであろう。しかし，本書の特徴の 1 つはリスク・カルチャーやスキル，インセンティブといったソフト面についてもバランスよく取り上げ，ケーススタディや実例をもとに多くのページを割いて議論している点にある。ERM が実際のところ，知識・メソドロジーから知恵・アートへと重点を移していることに鑑みると，この点においても類書に対する本書の優位性が現れている。

　さらに，先の金融危機において，経営陣のリスク管理に対するコミットメントの弱さ，法外な報酬体系などガバナンスの杜撰さが露呈した。ERM を巡る議論では，当初，アクセルを踏む企画・業務部門と，ブレーキをかけるリスク管理部門の相互牽制に力点が置かれたが，次第に取締役会が果たすべき役割の重要性がさらに認識されるようになった。本書の改訂に際しては，コーポレート・ガバナンスに関する記述が多く追加されており，その点でも本書は有用であろう。

　本書の初版は米国で 2003 年に出版され，わが国では『統合リスク管理入門』というタイトルでダイヤモンド社から上梓された。本書は，2014 年の原著の改訂版の翻訳である。改訂版は，2008 年の金融危機後の状況も踏まえて書かれており，各章にそれぞれ修正が加えられ，図表が追加されまた，第 5 部の 5 章が新たに増補された。本書は，信用リスク，市場リスク，オペレーショナ

ル・リスクの基礎的な計測手法について，数学をほとんど使わずに要領よくまとめている。また，バリュー・アット・リスク（VaR），エコノミック・キャピタル，リスク・リミット等のリスク管理にかかわる基本的諸概念についても直感的な理解が可能なように平易にわかりやすく説明している。さらに，金融機関に限らず一般事業会社を含む広範な企業や組織のリスク管理について――成功例も失敗例も含めて――具体的な事例が豊富に示されていることが本書の特徴である。CRO（Chief Risk Officer）という役職名を考案し世の中に定着させた著者の職歴に裏打ちされた視座からの記述がなされており，リスク管理を身近なものに感じさせてくれる。

著者は直接，50以上のERMプログラムに携わってきており，リスク管理責任者，取締役会アドバイザー，経営コンサルタント，上場企業の取締役としての自身の経験から，リスク管理のベスト・プラクティスをいかに確立して障壁を乗り越えるかを提示する。企業や組織のリスク特性やリスク・アペタイトの適切な把握，そして最終的なリスク管理の戦略の成否は，リーダーと従業員の決断・行動によって導かれる。この改訂版では，ERMの実践に向けて新たに5つの章を設け，リスク監視，リスクの自己評価，意思決定，リスク・ダッシュボード報告等を効果的に行う方法について，すべてのステーク・ホルダーのためにわかりやすくまとめている。過去の失敗例に学びながら，定量的なリスク計測モデルに過度に依存することなく，リスク管理の成功をもたらすリスク・カルチャーをいかに育て，組織を築くかについて総合的な理解が得られるものとなっている。

本書は，世界12ヵ国のアクチュアリー協会が認める，リスク管理の国際資格 CERA（Chartered Enterprise Risk Analyst）の参考図書であり，高い評価を受けている。リスク管理の初学者から専門家まで，リスク管理について学ぼうとする人にとって格好の「入門書」であり，必読の書といってよいだろう。

訳出に際し，旧版でも多くの方々から助言をいただいたが，改訂版でも新たに，田倉達彦氏，黒田茉由子氏，また，監訳にあたったわれわれ2人のゼミナールの学生諸君にも丁寧に原稿を読んでもらった。記して感謝したい。訳出には十分に注意を払ったつもりであるが，誤りが残されているかもしれない。読者のご叱責をお願いしたい。

最後に，勁草書房の宮本詳三氏にお礼を申し上げたい。改訂版の出版をお引

き受けいただいたばかりでなく，遅々として進まぬ作業を温かく見守っていただいた。改訂版の出版ができ，われわれもわずかながらも社会的責任を果たせたことは幸せであった。

　本書が，わが国の ERM の向上に寄与することを願って已まない。

2015 年 12 月

林　康史

茶野　努

はじめに

　人は，子供をもうけ，木々を植え，その後，書物を上梓すべきだという言葉が昔からある。私も妻パムとの間に，長男ブランダン，双子であるオースティンとガレットの3人の息子をもうけた。庭師の力を借りてではあるが，これまでに何本もの樹木を育ててきた。そしてこのたび，リスク管理に関する本書を出版することもできた。

　私は30年の経歴（キャリア）のすべてをリスク管理に費やしてきた。コンサルタントとして，リスク管理の「最良の実務規範（ベスト・プラクティス）」という福音を説くことに経歴の半分を費やした。残りの半分は実業界に身を置きながら，日常業務のなかで自らがこれまで説いてきたものを実践してきた。2012年11月には，E*トレード・フィナンシャル社の取締役となり，リスク監視委員会の議長を務め，監査委員会のメンバーにもなっている。コンサルタント，マネジャー，取締役という3つの役割を通して，リスク管理で成功するにはバランス感覚がすべてであることを学んだ。

　第1に，リスク管理とはリスクとリターンのバランスを保つことである。興味深いことに，危機（リスク）という漢字は，実際に，危（danger）と機（opportunity）という文字からなっている。実業界のリーダーたちは，過去における成功の結果として現在の指導者としての地位を獲得した。彼らは生まれながらのリスク・テイカーである。リーダーにとっての課題は，理にかなったリスクをとることである。事業を成功させることは，会社の財務能力や経営能力を考慮に入れたうえで，正しい事業機会を追い求めることにほかならない。

　また，リスク管理とはアートとサイエンスのバランスを保つことでもある。これまでは計量的なリスク管理の発達が注目を集めてきたが，おそらくそれは，偏った焦点の当て方といえるだろう。世に出ているリスク管理にかかわる書籍や学術論文を手にすると，ほとんどの場合，金融派生商品（デリバティブ）やリスク計測手法に論点が集中している。リスク性商品やモデルはリスク管理において重要な役割を果たすが，それらに焦点を当てすぎることは危険でもある。リスク性商品やモデルに精通しているはずの比類なきノーベル賞受賞者によって運用されてい

たヘッジファンド，ロングターム・キャピタル・マネジメント社（LTCM）の崩壊がそれを証明している。LTCM の教訓によって，財務破綻につながるシナリオは，予想外の出来事が重なった場合に起こるということが明らかになった。そのようなシナリオは，モデルでの予測が非常に困難である。リスク管理にはアートの要素，つまり，経営者の経験と判断に基づく部分が少なからずある。

　最後に，リスク管理とはプロセスと人間のバランスを保つことである。人材に恵まれた企業であれば，たとえプロセスが間違っていても存続し，成功するかもしれない。しかし，逆の場合は，うまくいかない。最終的には，企業のリスク特性は従業員の判断と行動によって決まる。リスク報告や監査などのリスク管理プロセスは，有用なモニタリングの手段となるが，より重要なことは，最初に適切な人材が配置され，彼らが正しい企業文化とインセンティブによって動機づけられることである。リスク管理は結局のところ，人に負うところが大きいのである。

　第2版は5部で構成されている。第1部の「リスク管理の背景」は，本書の導入および基礎部分である。ここでは，なぜ企業がリスク管理と収益管理の間でバランスを保つことに努めるべきなのか，リスク管理がどれほど重要な経営問題であるか，といった基本的な点について述べる。歴史から学ばないかぎり，歴史は繰り返される。それゆえ，過去に起こった重大な財務破綻から学べる教訓について論じる。読者にとって，本書で取り上げるケースのいくつかはご存知のことかもしれないが，新たな発見があることを期待したい。これらの財務破綻の背景はそれぞれ大きく異なってはいるが，テーマや原因には不思議なほど類似がある。それを「学べる教訓」として7つにまとめた。この教訓をもとにしながら，リスク管理の基礎をなすいくつかの鍵となる概念^{コンセプト}，プロセス，手法について説明する。

　第2部の「ERM の枠組み」では，リスク管理プロセスを統合することのビジネス上の理由を述べたのち，ERM プログラムを開発するための7つの枠組みについて論じる。また，最高リスク管理責任者（CRO）の役割についても説明する。第2部の後半では，管理プロセスや実際に使われている手法を中心に，それぞれの枠組みについて詳細に検証する。

　第3部の「リスク管理の応用」では，リスク管理の応用を機能・業種という2つの側面から検証する。最初に，信用リスク，市場リスク，オペレーショナ

ル・リスクについて説明する。その後，リスク管理が，従来の下方リスクの
最小化に特化した制御機能から，業績の最適化を可能とするものへと，どのよ
うに進化してきたかを学ぶ。後半では，金融機関，エネルギー会社，一般事業
会社という主要業種のリスク管理について論じる。各業種にかかわる事業およ
びリスク管理の主な動向について説明を行い，また，財務破綻とベスト・プラ
クティスについても比較する。

　第4部の「将来展望」では，人と情報技術（IT）にかかわるリスク管理の新
しい話題を提供する。本書の初版（2003年）において，私は，リスク管理の将
来に関して10の予測を立てた。そのフォローアップとして，第4部では，ビ
ル・スコッティが『リスク・プロフェッショナル』誌2012年6月号に執筆し，
私の予測を再考した記事の概要を提供し，それらの予測が正しかったかどうか
を検証する。

　第5部の「ERMの導入」は，第2版のために書き下ろしたものである。こ
こでは企業がERM成熟度モデルの階段を上るために必要とされる主な実施要
件を検証する。これらの要件は，取締役会の役割に関する経営トップからの方
向性の打出しに始まる。そして次に，企業の大半が利用するERMのツールで
あるリスク評価について議論する。しかしながら，バリュー・アット・リスク
（VaR）のような定量的モデルと同様に，リスク評価（定性的ツール）は適切
に使用されないと危険をともなう可能性がある。ERMの最も重要な成功要因
の1つは，リスク管理を事業プロセスに統合させることであるので，リスクに
基づいた意思決定の応用と例について議論する。最後に，経営陣や取締役会へ
の効果的な指標報告のデザインと実施の方法について検証する。

謝　辞

　本書は，私の 30 年にわたるリスク管理における経歴を映したものである。最初に，駆け出しのころの 2 人の先輩に謝辞を贈りたい。ジェフリー・アンド・カンパニー社のシャルロット・チャンバーレインは，私の意欲を掻き立たせ，執筆力とプレゼンテーション技術を向上させるため，専門的能力の開発に力を貸してくれた。また，シャルロットは，23 歳の私をグレンダール・フェデラル（当時，資産 150 億ドルの銀行）の ALM（資産・負債管理）部門のヴァイスプレジデントとして雇ってくれたリスク・テイカーでもある。もう 1 人，PA コンサルティングのジョン・モニハンは，専門家として成功するためには，広範な一般管理技術（横糸）と深い技術的専門知識（縦糸）からなる「T」字型の技術を開発しなければならないと教えてくれた。ジョンの助言をもとに，事業管理とリスク管理を「T」字型と理解し，努力を積み重ねてきた。

　効率的なリスク管理を推し進めるためには，正しい理論だけでなく，正しい実践が必要である。リスク管理における「ベスト・プラクティス」は，正しい理論とモデルが，現実世界という制約のなかで検証されることによって，はじめて明らかとなる。この点に関して，別の 2 人がすばらしい機会を私に与えてくれた。リック・プライスは，1983 年に，GE キャピタル社のキャピタル・マーケット事業立ち上げのとき，市場リスク，信用リスク，オペレーショナル・リスクを統括して管理する「最高リスク管理責任者（CRO）」の役割を考える最初の機会を与えてくれた。ジェリー・リーバーマンは，私が 1995 年から 1998 年にかけてフィデリティ・インベストメンツ社で作りあげた ERM プログラムを強く支持してくれた。このプログラムは，とくにオペレーショナル・リスクを管理し，リスク管理の「ハード」面と「ソフト」面のバランスを保つためのものであった。

　本書では，ベスト・プラクティスを実行するための手法を示す，いくつかのケーススタディを取り上げている。記載順にお礼を申しあげる。信用リスクのケーススタディについてはカナダ輸出金融公社（EDC）のジム・ブロックバンク，市場リスクについては JP モルガン・チェース銀行のレスリー・ダニエル

ズ＝ウェブスター，オペレーショナル・リスクについてはヘラー社（現在はメリルリンチ・キャピタルに在籍）のマイク・リトウィン，金融機関のERMについてはカナダ・コマース銀行（CIBC）の前CROであるボブ・マークに感謝の意を表したい。

　また，オリバー・ワイマン＆カンパニーやEリスク社に勤務していたときに有益な助言してくれた同僚やコンサルタント諸氏に感謝を申しあげたい。なかでも，マリリン・ビロデュアー，キム・バークベック，アレクサ・ドロジンスキー，ジョン・ドリズク，ジェニファー・ペンス，アナ・ルイス，ロブ・マッケイ，ダンカン・マーチン，レベッカ・プロウト，アナ・リュウ，ジョージ・モリス，ピーター・ナカダ，カーティス・タンジ，トム・ユーに感謝している。広範囲にわたる編集を支え助言をしてくれたサミット・ポール・コードハリーにはとくに謝辞を申しあげたい。彼の貢献は本書の至るところに反映されている。

　第2版に関しては，ウェルズリー大学の私の調査チームに感謝したい。カミール・バスルト，メリッサ・チェン，バージニア・ハン，ブリジッド・ルフ，チェルシー・シェン，エリザベス・バンドルプに感謝する。なかでも，メイメイ・リュウには，調査および執筆に関して多大なる支援をいただいた。

　最後に，私の編集担当者であるジョン・ワイリー＆サンズ社のビル・ファロンと制作編集者のメグ・フリーボーンに御礼を述べたい。ビルは長年にわたりリスク管理の分野に携わっている。リスク管理について理解の深い彼とともに仕事をできたのは大変光栄であった。

目　　次

監訳者序文
はじめに
謝　　辞

第1部　リスク管理の背景

第1章　イントロダクション ··5

リスク管理のメリット　9

統合が付加価値を生む　12

教訓的な物語　15

第2章　学べる教訓··26

教訓1：自らの事業を知る　29

教訓2：内部牽制を確立する　30

教訓3：限度と限界を決める　31

教訓4：現金に注意する　32

教訓5：正しい評価尺度を用いる　33

教訓6：望ましい成果に対して報酬を払う　33

教訓7：陰陽のバランスを保つ　34

第3章　概念とプロセス··36

リスク概念　37

リスク・プロセス　42

リスク認識　44

リスク計測　47

リスク・コントロール　50

リスクはベルカーブ　55

第4章 ERM とは何か ··········· 58

ERM の定義　60

ERM のメリット　61

最高リスク管理責任者（CRO）　65

ERM の要素　70

第2部　ERM の枠組み

第5章 コーポレート・ガバナンス··········· 79

行動規範　81

ベスト・プラクティス　82

コーポレート・ガバナンスと ERM の連関　89

第6章 業務執行部門の管理··········· 95

業務執行とリスク機能の関係　96

主要課題　102

ベスト・プラクティス　105

第7章 ポートフォリオ管理 ··········· 113

アクティブ・ポートフォリオ管理の理論　114

アクティブ・ポートフォリオ管理のメリット　117

ポートフォリオ管理の実務的適用　120

第8章 リスク移転 ··········· 125

代替的リスク移転手法（ART）の簡単な歴史　126

ART の利点　130

ART の欠点　134

将来展望　137

ケーススタディ：ハネウェル　139

ケーススタディ：バークレイズ　141

第9章 リスク分析 ··········· 142

リスク・コントロール分析　143

リスク最適化分析　149

目　次　　xiii

市場リスク分析　152

信用リスク分析　155

与信ポートフォリオ・モデル　159

オペレーショナル・リスク分析　160

GRC システムズ　161

第10章　データと情報技術 ……………………………………164

初期のシステム　165

データ管理　166

インターフェースの構築　169

ミドルウェア　170

分散型アーキテクチャー　171

導入を成功させる鍵となる要因　173

第11章　ステーク・ホルダーの管理 …………………………176

従業員　177

顧　客　182

規制当局　186

格付機関　188

株主向けサービス提供者　190

取引先企業　192

第3部　リスク管理の応用

第12章　信用リスク管理 ……………………………………199

主要な信用リスクの概念　200

信用リスク管理のプロセス　209

バーゼル（銀行監督委員会）の要件　219

信用リスク管理のベスト・プラクティス　224

ケーススタディ：カナダ輸出金融公社（EDC）　228

第13章　市場リスク管理 ……………………………………237

市場リスクの種類　238

市場リスク計測　240

市場リスク管理　254

市場リスク管理のベスト・プラクティス　257

ケーススタディ：チェース銀行の市場リスク管理　260

第14章　オペレーショナル・リスク管理 ……………………………269

オペレーショナル・リスクの定義と範囲　273

オペレーショナル・リスク管理のプロセス　281

オペレーショナル・リスク管理のベスト・プラクティス　294

エマージングITリスク　296

ケーススタディ：ヘラー・フィナンシャル　304

第15章　ビジネスへの応用 ……………………………………………311

第1段階：下方リスクの最小化　311

第2段階：不確実性の管理　312

第3段階：業績の最適化　314

リスク管理の将来的発展　315

第16章　金融機関 ………………………………………………………317

業界動向　318

リスク管理要件　324

システミック・リスク　328

将来展望　331

ケーススタディ：カナダ帝国商業銀行（CIBC）　334

第17章　エネルギー会社 ………………………………………………340

業界動向　341

リスク管理要件　345

将来展望　355

エンロン社の教訓　358

BPの石油流出事故からの教訓　360

第18章　一般事業会社 …………………………………………………363

リスク管理要件　363

企業リスク管理のベスト・プラクティス　374

ケーススタディ：マイクロソフト　382

目　次　　xv

ケーススタディ：フォード　385
ケーススタディ：エアバスとボーイング　386

第4部　将来展望

第19章　予　　測 ……………………………………………………………391
専門的職業としてのリスク管理　392
リスク管理の技術と収斂　396
10の予測　399
2013年の振り返り　405

第20章　エバーラスト・フィナンシャル社 …………………………408

第5部　ERMの導入

第21章　ERMの導入 ……………………………………………………415
コーポレート・ガバナンスとERMの実践の恩恵　417
ERM導入における要件　419
ERMの成熟度モデル　427
その他のERM成熟度モデル　432
リスク・カルチャー　433

第22章　取締役会の役割 …………………………………………………436
取締役会の監視要件　437
現行の取締役会の慣行　438
ケーススタディ：JPモルガン・チェース　442
最後の防衛線　445

第23章　リスク評価 ……………………………………………………456
リスク評価の方法　458
リスク評価におけるベスト・プラクティスのケーススタディ　473
付録：リスク評価における自己評価チェックリスト　475

第24章　リスクベースの意思決定 ………………………………………482
ERMの意思決定と行動　482

xvi 目　次

ERM を通じた価値創造　487

ケーススタディ：デューク・エナジー　498

第 25 章　ダッシュボード報告………………………………………………500

旧来の報告手法 対 ダッシュボード報告　503

一般的なダッシュボードの利用方法　505

ERM ダッシュボードの導入　507

ベスト・プラクティスの進化　513

日本語版（改訂版）に寄せて　………………………………………………515

索　　引　………………………………………………………………………519

戦略的リスク管理入門

第 1 部　リスク管理の背景
Risk Management in Context

第1章　イントロダクション

　1995年の秋，フィデリティ・インベストメンツ社の最高財務責任者（CFO）
を務めるデニス・マッカーシーに会うため，私はボストンに降り立った。新設
される最高リスク管理責任者（CRO）の職を私が受ければ，直属の上司となる
のがデニスだ。新しい役職の主な目的について尋ねると，「われわれは，経営
環境にコントロールされるのではなく，経営環境をコントロールしながら事業
を運営したいのだ」との答えが返ってきた。

　私はその仕事を引き受けることにした。米国最大の投資信託会社に発展する
原動力となった企業家精神と商品の革新性を犠牲にすることなく，リスク管理
手法の改善を図りたいと考えたからである。

　当時はフィデリティだけだった。しかし，現在では，どの企業も収益の増大
とリスク管理という相反する2つの課題に取り組んでいる。事業が繁栄するた
めには，顧客ニーズを明らかにしたうえで質の高いサービスと商品によって顧
客を満足させ，有能な人材を雇い，将来の収益機会へとつながるような事業や
投資の意思決定をしなければならない。一方で，新しい収益機会を追求するた
めに，企業はさまざまなリスクをとらなければならない。これらのリスクのす
べてが，企業全体で効率的に計測され，かつ管理されなければならない。

　そうでなければ，前途有望なベンチャー企業も，明日の金融危機によって終
わりを迎えるかもしれない。私はリスク管理の重要性について講演するときに，
次のような話をよくする。長期的に見れば，リスク管理に代わるものは危機管
理しかない。だが，危機管理にはより多くのコストと時間がかかり，厄介であ
る。そうした講演の聴衆には，自らも少なくとも1回は危機を経験している人
が多い。よって，これは真実味のあるメッセージとなる。

　企業におけるどのような意思決定にもリスクの要素が含まれている。投資，
デリバティブによるヘッジ，個人顧客や企業への融資，あるいは，新商品の開
発やプライシング，新入社員の採用や研修，業績測定やインセンティブおよび

事業目的との調整，収益増大とリスク管理のバランスを保つ文化の確立にもリスクがかかわる。

時間とともに，個々の意思決定とリスクがかかわりあいながら，企業全体のリスク・ポートフォリオを形成し，リスク特性となる。このリスク特性によって，景気変動による企業の収益およびボラティリティ（変動性）が決まる。意思決定というのは，成功する場合もあれば失敗する場合もある。互いに相殺しあうリスクもあれば，関連のないリスクもあるし，事態を悪化させるリスクもある。効率的にリスクを管理するためには，事業の潜在的リスクのみならず，それらのリスクの相互関係にも注意しなければならない。

本書のケーススタディの多くに見られるように，非効率なリスク管理は，収益の減少や倒産にまでつながる。しかしながら，リスク管理に対する考え方は人それぞれである。本書では，リスク管理をビジネスの一環として定義する。リスク管理とは，金利や外国為替のエクスポージャーを管理するためにデリバティブを利用するばかりでなく，企業が直面するすべてのリスクを管理するために（リスクの相互関係を考慮した）ポートフォリオ・アプローチを利用することでもある。また，適切なコントロール・システムやプロセスを構築するだけでなく，適切な人員やリスク・カルチャーの定着を図ることでもある。リスク管理という言葉からネガティブな印象を受ける人は多いが，それは潜在的な下方リスクや損失の可能性を減少させるだけでなく，上昇の機会や利益の可能性を増加させるものでもある。

個人投資家は自らが負うリスクの大きさについて慎重でなければならない。もし，個人投資家が，積極的な投資をすることにより，過大なリスクをとった場合，おそらく損失がリスク許容額を超えてしまうか，不確実性が非常に大きくなってしまうだろう。他方で，もし保守的な投資をすることによって，必要十分なリスクをとることができなければ，安定的ではあるけれども，リターンの獲得という経済的目標を達成できないだろう。

リスクとリターンの間の最適なバランスを保つことは，個人投資家にとって重要なだけでなく，企業経営にとっても必須である。「ノーリスク・ノーリターン」という考え方はビジネスの世界で広く受け入れられている。同様に「ハイリスク・ハイリターン」という考え方もあって，その関係は**図 1.1** のように正の関係として示される。多くの人はリスクとリターンとのトレードオフ関係といえば，このような関係を連想する。このような単純化には長所もあるが，

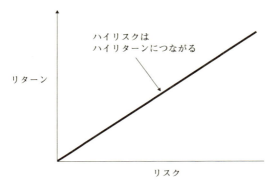

図 1.1　リスクと絶対リターン

実際にリスクを適切に評価する場合は役に立たない。

　リスクとリターンについて考える際の優れた方法を**図 1.2** に示す。これは，リスクと絶対リターンの関係ではなく，相対リターンまたはリスク調整済みリターンに注目するものである。領域 1 における企業は十分なリスクをとっておらず，自己資本が十分に活用されていない。この企業は，成長戦略または買収戦略をとることでリスクを増やすか，または，多くの配当を行い自己資本を減らしたほうが効率的な状態になる。しかしながら，領域 3 では，企業はリスク超過の状態にある。この企業のリスク水準は，自己資本の点から見るとリスク吸収能力を超えており，人およびシステムの点でリスク管理能力を上回っている。

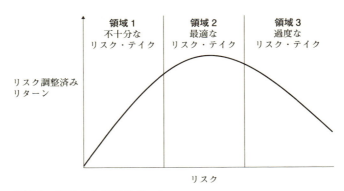

図 1.2　リスクと相対リターン

領域2における企業は，自社のリスク・リターン特性を最適化するスイート・スポットにいる。実際には，多くの企業が全社的なリスク・エクスポージャー（これは企業が横軸上のどこに位置するかを意味するが）について判断材料すらもっていない。まして，リスク調整済みリターンのカーブについてはなおさら情報をもっていない。さらに悪いことに，戦略計画で用いられる正味現在価値や経済付加価値モデルでは，リスクが適切に調整されなければ，必然的にリスクの高い投資が好まれることになってしまう。長い目で見れば，リスクが調整されていないモデルを使って選択された投資は，知らないうちに企業を領域3へと追いやってしまう。

本書で主に伝えたいのは，企業はリスク・リターン特性を最適化するために，すべてのリスクを計測・管理する統合的手法を開発すべきだということである。リスク・リターンを最適化するために必要なことは，リスク管理を企業の事業プロセスのなかに組み込むことである。

事業を行うにあたり，リスクが避けられないものであることがわかってきた。そして，事業とは最適なリスク・リターン特性の実現に向けて努力すべきであると論じられてきた。しかしながら，もう1つ検証すべき疑問が残されている。それは，なぜリスクを管理するのか，ということである。実際，なぜあなたは本書を手にしたのか。

企業はおそらく，リスクと共生しているというより，リスクをかかえながらも適切に管理できていないと感じているに違いない。また，リスク管理は意味がなくコストがかかりすぎ，株主の利益に沿ったものでないと思っているかもしれない。これから見ていくように，このような立場に近い学者もいる。企業が資金やその他の価値のある資源をリスク管理に投入する（読者が本書を読むために時間を割く）前に，リスク管理の「価値ある提案」について明確にしておく必要がある。

「なぜリスクを管理するのか」という質問に対する答えとして最もわかりやすいのは，おそらく，ダイエットや自己改革プログラムで好んで用いられる方法を拝借することである。行動することから得られるもの，行動しないことによる痛みを明確に示すことである。これは，単純ではあるが効果的な方法である。次に，効率的なリスク管理の利点を期待便益や収益という観点から明らかにする。以後，効率的なリスク管理が行われていない場合に被るおそれのある深刻な負の結果，苦痛についても説明する。

リスク管理のメリット

多くの論文で検証されているリスク管理の理論的根拠とは，税金を節約できること，取引費用を削減できること，そして，投資の意思決定を改善できることである[1]。さらに，それらの理論以外に，なぜ企業経営にとってリスク管理が非常に重要なのかについて，少なくとも実務的な理由が4つある。実務的な観点からは，リスク管理にヘッジや内部管理を含むように，より広範なものとして定義すべきである。

それでは，順に4つの理由について見ていこう。

理由1　リスク管理は経営者の責務である

現代ファイナンス理論には，投資家は投資ポートフォリオを分散することでリスクを低減できるので，リスク管理，より具体的にはヘッジは不要であるという考え方がある。しかし，理論家が何をどう論じようと，現実の世界では，ファンド・マネジャー，または個人投資家が企業の経営陣に「ポートフォリオは規模が大きく，分散されているので，リスク管理や倒産について心配する必要はない」とはいわないだろう。

企業のリスクを管理するのは，株主ではなく経営陣の直接的な責任である。モダンポートフォリオ理論（MPT）は，ファイナンスとリスク管理の理論および実務に対し重要な貢献をしている。しかし，投資を分散することでリスク管理ができるという議論には真実味がない。平均的な個人投資家は，投資ポートフォリオのリスクに対処するためよりも，新しい車を購入するために多くの時間を費やすだろう。プロのファンド・マネジャーでさえ，効率的なリスク管理のために必要なインサイダーとしての知識は手に入れにくい。その知識には次のようなものが含まれる。

■　リスク・リターンの結果，ボラティリティ，相関のヒストリカル・データ
■　現在のリスク・エクスポージャーと事業の集中度
■　企業のリスク特性を変更するような将来の事業計画や投資計画

1)　Rawls, Waite and Charles W. Smithson, "Strategic Risk Management," *Journal of Applied Corporate Finance* 2, no.4, Winter 1990.

これらの情報が複雑で，外部の者にわかりにくいとすれば，株主が最適なリスク・リターンとなる意思決定を行うことは期待できない。全社的なリスクを計測し管理することは，情報に対するハイレベルのアクセス権をもち，リスク管理の専門家からのサポートを受けている企業経営者にとっても大きな課題である。株主のできることは，リスクを見極めることのできる独立取締役[2]を選任し，彼らに株主の利益を代表させることである。また，経営者の業績に満足できない場合には，投資資金を引きあげることである。一方で，経営者の責務は，企業が事業目的を達成し過度のリスクにさらされないようにすることである。

理由2　リスクを管理することで収益変動を減少させることができる

リスク管理の主たる目的の1つは，外部変化に対して企業の市場価値や収益が過度に連動しないようにすることである。たとえば，市場リスク管理に積極的な企業の株価は，市場価格への感応度が低いはずである。これは，実証的に明らかにされている。たとえば，ハーバード・ビジネススクールのピーター・トゥファノが1998年に公表した研究[3]は，ヘッジ活動の頻度によって金生産者のランクづけを行うものだった。上位4分の1に入る全生産者は，下位4分の1の全生産者と比べて，金価格の変化に対する株価の感応度が23パーセントも低いというのが彼らの結論であった。2007年に行われたより最近の研究でもトゥファノの結論は支持されており，さらに，ヘッジをより積極的に行っている金生産者ほどより資産価値が大きい傾向があること明らかになった。また，積極的なヘッジャー，普通のヘッジャー，ヘッジをしていない業者は，それぞれ，平均資産価値が，11億4,000万ドル，6億1,400万ドル，2億ドルであった[4]。すなわち，金生産者は，リスク管理がいかに重要かを理解している企業ほど規模が大きくなっている。

このように，金利，外国為替，エネルギー価格等にかかわりが強い企業は，

---

2)　（訳注）企業からの独立性の高い取締役。一般に社外取締役と呼ばれるが，本書では社外取締役よりも独立性が高い取締役を指している。

3)　Tufano, P., "The Determinants of Stock Price Exposure: Financial Engineering and the Gold Mining Industry," *Journal of Finance* 53, 1998, pp. 1015–1052.

4)　Jin, Yanbo and Philippe Jorion, "Does Hedging Increase Firm Value? Evidence from the Gold Mining Industry," July, 2007, 15. California State University.

リスク管理を通じて収益の変動を管理できる。期待収益をあげられない株式に対しては株式市場が厳しい反応を示すことを考えれば，収益変動を管理することはこれまで以上に重要である。同時に，米国の証券取引委員会（SEC）やその他の監督機関は，収益を平準化するための会計手法である，益出し行為を厳しく規制している。このような事業環境では，経営者は，事業に内在するリスクの管理に注意を払わなければならない。

理由3　リスクを管理することで株主価値を最大化できる

収益変動の管理に加えて，リスクを管理することで，企業は経営目標を達成し，株主価値を最大化できる。株主価値を管理するためにリスクベースでの取り組みを始めた企業は，リスク管理と事業の最適化を果たし，株主価値を20～30パーセント以上増加させている。以下のことを確実に行えばよい。

- 目標投資リターンと商品価格が，リスクを反映した水準に設定されていること。
- 最も魅力的なリスク調整済みリターンをもつプロジェクトや事業に資本が割り当てられていること。かつ，ポートフォリオのリスクとリターンを最適化するために，リスク移転戦略が実行されること。
- 大規模な経済的損失，またはレピュテーション（風評）やブランドの毀損から身を守るために，企業がすべてのリスクを管理する適切な能力を有すること。
- 個人および事業部門の2つのレベルで，業績指標とインセンティブが企業の事業目標およびリスク目標と一致していること。
- 合併・買収や事業計画といった重要な経営判断が，明確にリスクの要素を組み込んでいること。

各章のケーススタディでは，これらの目標を達成するための戦略や，実際にそれがどのように機能しているかについて紹介している。

2009年の研究[5]によれば，ケロッグ・マネジメント・スクールのマッシモ・マンシーニは積極的なリスク管理が株主価値に貢献するとの考えを支持し

---

5) Mancini, Massimo, "Corporate Risk Hedging Strategies and Shareholders' Value Creation: The Southwest Airlines Case," June 2, 2009, 9. Kellogg Schoolof Management.

た。マンシーニは，積極的なリスク管理を表す代理変数としてヘッジを用いて，航空会社の燃料のヘッジ事例を研究した。そして，彼は，ヘッジをしている企業はしていない企業に比べて 15〜16 パーセントも経済価値が高いことを見出した。つまり，リスク管理は，個々の企業の付加価値を生むだけでなく，資本コストを引き下げて商業活動の不確実性を低下させることによって経済全体の成長も支えている。

理由 4　リスク管理は雇用と経済的な安定を促進する

個々のレベル，とくに上級管理職にとって最も説得力のあるリスク管理のメリットは，おそらく雇用および経済的な安定を促進することだろう。2008 年の金融市場混乱の余波のなかで，リスク管理の失敗によって，金融機関の多くの最高経営責任者（CEO），最高執行責任者（COO），最高リスク管理責任者（CRO），企業グループの社長が職を失った。金融業以外の上級管理職も，リスク管理上の問題のために同じ運命にあった。最近では，企業不正や会計スキャンダルに巻き込まれた上級管理職が，手錠をかけられ連行される姿がテレビに映し出されており，重罪となる可能性もある。

経歴を失うリスクに加え，財産の多くを企業の株式やストック・オプションとしている上級管理職は，その金銭的利害が企業の成功と存続に直接結びついている。もし，これらのインセンティブが適切に組み込まれていれば，経営者には（企業の業績向上が）身近なものとなるので，結果として，経営者と株主の利害は一致することになる。リスク管理は，雇用の安定をもたらし，企業における彼らの金銭的な利益を守ってくれる。

統合が付加価値を生む

企業が直面するリスクは，きわめて相互依存性が強い。ベン図（**図 1.3**）を用いてリスクについて考えてみよう。まず，金融リスクと事業リスク，事業リスクとオペレーショナル・リスク，オペレーショナル・リスクと金融リスクの間には相互依存性があり，それが重要であることがわかる。これら主なリスク・カテゴリーはより細かなリスクからなるということを検証しよう。たとえば，**図 1.3** で示されているように，金融リスクは市場リスク，信用リスク，流動性リスクに分けることができる。これらのリスクも同様に相互依存性がある。

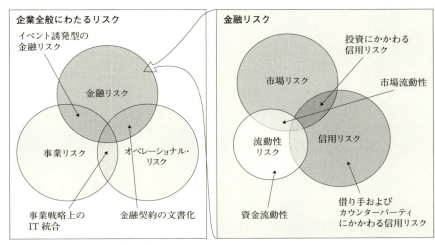

図1.3 リスクの相互依存性

オペレーショナル・リスクと金融リスク（とくに，信用リスク）との間の主たる相互依存性に関する実務例として融資契約書を見てみよう。

事業プロセスとして，融資契約書の質は，通常オペレーショナル・リスクと考えられている。しかしながら，特定の融資が返済中ならば（借り手が定期的に支払いを行っていれば），その融資契約書の質は実際に経済的影響を及ぼさない。一方で，その融資が貸し倒れになれば，融資契約書の質が，担保や破綻時の請求権に関連するので，損失額に大きな影響を及ぼしうる。興味深いことに，ジェームズ・ラム＆アソシエイツによる融資機関に対する損失分析によれば，「信用損失」の3分の1までがオペレーショナル・リスク関連であることがわかった。

企業全体に及ぶ複雑で絡み合うようなシステムでは，サイロ型（縦割り）のリスク管理[6]戦略はERMの統合的枠組みよりも見劣りする。別個の組織や個人が特定のリスクに対処するには，これらリスクが分類され，企業の異なる部門ごとに隔離される必要がある。リスクは高度に相互依存的であるので，このような区分は効率的でもなく，効果的でもない。個々のリスクをサイロとしてとらえることは，リスク間の相互依存性に責任を果たせず，関連リスクの把

---

[6] （訳注）サイロは，まぐさ・穀物などを貯蔵するための塔の形状をした建造物。リスク管理においては「縦割り」で管理することを指す。

握ができないで全体像を完全に見失ってしまうことを意味する。隙間や冗長さ^{ギャップ}は非効率なシステムを生じさせるだろう。相互依存性という本質的な問題に加えて，サイロ型リスク管理手法のもう1つの大きな欠点は，組織全般のリスク・エクスポージャーを集計するのが困難なことである。たとえば，事業部門でカウンターパーティ・リスクを捕捉する方法やシステムに違いがあれば，ある取引相手に対してエクスポージャーの合計を測定することは難しいであろう。事業部門ごとには個々のエクスポージャーは受け入れられる範囲内だけれども，取引相手に対するエクスポージャーの合計は組織にとって大きすぎるかもしれない。

ERM は，組織の主要リスクに関する統合的分析，統合的戦略および統合的報告を提供し，その相互依存に対処してエクスポージャーを集計する。さらに，統合的な ERM の枠組みは，リスク，監査およびコンプライアンスのような監督機能の連携を図る。そのような連携は，リスク評価，リスク削減および報告活動を合理化する。さらに，統合的な ERM の枠組みでは，金利，エネルギー価格，経済成長，インフレおよび失業率のようなマクロ経済要因が，組織のリスク・リターン特性にいかなる影響を及ぼしうるかを考慮できるだろう。

統合がどのようにして付加価値を生むかを示す多くの事例は，事業経営やテクノロジーというその他の領域でも見られる。事業経営において，戦略とリスクの統合が ERM の今後のフロンティアだと私は思っている。James Lam & Associates（2004），Deloitte Research（2005）および The Corporate Executive Board（2005）のような多くの研究によれば，上場企業が大幅な市場価値の減価に苦しむときには，その原因のおよそ 60 パーセントが戦略リスク，次がオペレーショナル・リスク（およそ 30 パーセント），金融リスク（およそ 10 パーセント）であった。戦略とリスクの統合によって，企業の取締役会および経営者は事業戦略に関連して内在する前提やリスクをより理解でき，それに挑戦することができるようになる。

テクノロジーにおいては，システム統合も多くの便益をもたらす。なぜなら，そのような統合は，全社的なデータ管理，頑強な事業・データ分析，電子取引，より効率的な報告と情報共有化を可能とするからである。

統合が付加価値を生むさらなる事例は，事業のほか，エクササイズや格闘技においても見られる。フィットネス・プログラムでは，クロストレーニングに多くのメリットがあると専門家が認めている。有酸素運動と筋力トレーニング，

柔軟性トレーニングおよび耐久トレーニングを組み合わせることによって，運動選手はケガを予防し，ケガから回復し，筋力と体力を強化し，身体機能を改善できる。

過去 20 年間発展してきた異種格闘技の世界では，さまざまなスタイルの統合によって，何世紀も続く古い練習や考え方に価値を加えることができることを示してきた。伝統的に，格闘技ではサイロ型が優れていて，格闘家はただ 1 つのスタイルに固執すべきと信じられてきた。1 つのスタイルを守る格闘家は，どのスタイルが最も優れているかについて議論を交わしてきたことだろう。しかしながら，異種格闘技の出現はそのような態度を一変させた。空手，カンフー，柔道，テコンドー，レスリングやその他多様な戦闘スタイルを組み合わせ，どのような状況にも順応できるようになった。すなわち，1 つのスタイルで訓練してきた格闘家との対決に際して，かなり優位となった。

ERM の実践であろうが，事業や人生における多くのその他の側面であろうが，統合が付加価値を生むというのがここでの主要な論点である。

教訓的な物語

結局，このような議論は，疑り深い管理者には効き目がない。リスク管理の改善によって効果がもたらされるという意見は，非効率なリスク管理が痛みをともなうことがわかっている人にだけ支持される。一方，このような意見は，「そんなことは起こるはずがない」「うまくいっているのに，なぜ変える必要があるのか」という感情的な言葉によって否定されることがきわめて多い。問題は優良な企業にも起こりうる。と，歴史は繰り返し証明してきたことを忘れてはならない。

もし，リスク管理が企業にとって重大な問題であることに疑問をもつ人がいれば，**図 1.4** をよく見ることだ。不幸の輪は，リスク管理による災いがさまざまな形で起こり，あらゆる産業のあらゆる企業を直撃することを示している。純粋な金銭的損失以外にも，リスク管理の失敗によって企業はレピュテーションを落とし，役員は職を失う。被害は急速に拡大し，それまで健全であった企業が突然倒産することもある。実際，1980 年代半ばの米国の S&L（貯蓄貸付組合）[7] による累積損失は，個々の金融機関だけでなく業界全体を破滅に追い込んだ。

第1部　リスク管理の背景

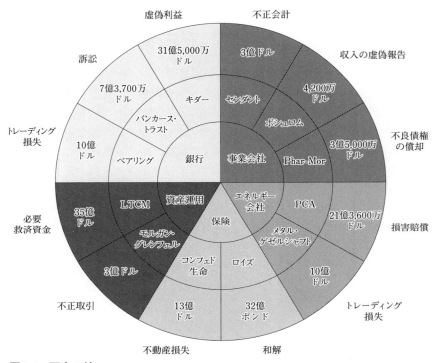

図1.4　不幸の輪

　これらの災厄を詳しく検証することには、2つの目的がある。1つめは、リスク管理が重要であることを明確にすること。2つめは、リスク管理の進化した新手法、本書の主題である、いわゆるERMアプローチの基本的考え方について考えることにある。次章以降で、これらの基本的考え方について明らかにしていこう。

　根本的な原因を評価し真実をみつけるために、表面を短絡的になぞるのではなく、より深く見てみよう。21世紀には、数多くの悪名高い災難が1冊の本になるだろうが、ここでは1990年代半ばからの特徴のある6つの事例を見ることにする。

7）（訳注）貯蓄と住宅ローンに特化した米国の金融機関の呼称。Savings and Loan Associationの略。

1. ボシュロム（消費財メーカー）
2. キダー・ピーボディー（投資銀行）
3. メタル・ゲゼルシャフト（エネルギー会社）
4. モルガン・グレンフェル（資産運用会社）
5. ソシエテジェネラル（グローバルな銀行）
6. MF グローバル（コモディティ取引業者）

ボシュロムの先見性のなさ

　光学メーカーであるボシュロムは，コンタクトレンズおよびサングラスの世界的なリーディング・カンパニーであった。ボシュロムは，販売数値目標を達成できないことなど許されないくらい，業績にこだわる経営をしてきた。『CPA ジャーナル』（1998 年 9 月 1 日号）によれば，同社のコンタクトレンズ部門は，連続 48 ヵ月以上にわたって予想以上の業績をあげてきた。しかし，1993 年秋には，目標が達成できないことが明確になりつつあった。

　コンタクトレンズ部門は，販売者に大幅な値引きや延べ払いを行うことで失地回復を図った。このような方策によって第 3 四半期の販売は予想を上回った。しかし，市場におけるコンタクトレンズの供給過剰によって，第 4 四半期の販売が第 3 四半期以上に低下するという揺り戻しが生じた。コンタクトレンズ部門が第 4 四半期の収益予想を達成しようとするならば，さらに極端な方策をとらねばならなかった。

　実際に，ボシュロムは極端な行動をとった。コンタクトレンズ部門は販売者に，残りの在庫を引き受けないかぎり今後は取引しないと伝えた。多くの販売者はこれに同意し，莫大な量の製品を受け入れることになった。なかには 2 年分の在庫をかかえることになった業者もあった。また，コンタクトレンズ部門が，同じレンズを 7 ドル 50 セントで使い捨てレンズとして販売する一方，70 ドルの通常のレンズとしても販売していたことを『ビジネス・ウィーク』誌がすっぱ抜いた。これ以降，消費者とも衝突することになった。高価なレンズを購入した 150 万人以上の人々が訴訟を起こしたのである。1996 年に最終的に和解したが，その損害賠償額は 6,800 万ドルにもなった。

　コンタクトレンズ部門の行為に対する SEC の調査の結果，同社は 2,200 万ドルの罰金を支払うこととなった。これだけであれば，コンタクトレンズ部門だけの常軌を逸した所業と考えられていただろう。しかし同時期に，ボシュロ

ムの別の部門が架空売上という疑わしい行為を働いていたことも明らかになった。アジア太平洋部門は，香港の倉庫に出荷した50万個のサングラスを，予定ではなく，販売済みということにしていた。これにともない，売掛残高が急速に増えたが，アジア太平洋部門は，不良債権に対する準備金を積み増すのではなく，問題のある顧客との間で飛ばしといった不正取引を行っていた。

アジア太平洋部門は，これとは別に，2,000万ドルという収入の虚偽報告を行っていた。これら2つの部門をあわせると，純利益1億7,600万ドルの過大報告を行っていた。ボシュロムは，1996年に財務諸表の修正を行い，1997年の株主代表訴訟で4,200万ドルの和解金を支払って損害賠償は片が付いた。しかし，同社の株価は，堅調な収入にもかかわらず，1990年代の好調な株式市場のなかで置いてきぼりにされた。これは，おそらく，何にもまして業績を重視してきた企業への究極の皮肉であっただろう。

キダー・ピーボディーの終焉

1994年初，ゼネラル・エレクトリック社（GE）の事業は順調なように見受けられた。世界最高のCEOと衆目が一致するジャック・ウェルチの経営のもと，51期連続で四半期利益がプラスであり，真に成功を収めた数少ないコングロマリットであると認められていた。それがすべて変わろうとしていた。

GEが80パーセントの持ち分を有する投資銀行キダー・ピーボディーに災いの風が吹き始めた。キダーは，買収直後の1987年にインサイダー取引でSECから2,530万ドルの罰金が科せられており，すでにGEの頭痛の種であったが，今回の問題は，ずっと複雑で物議を醸すものであった。キダーは，1994年第1四半期の税引き後利益に対して2億1,000万ドルの追徴を受けたため，第1四半期の損失が1億4,000万ドルになろうとしていた。

キダーの主張によれば，損失は，36歳の公債トレーディング課長ジェセフ・ジェットによる虚偽報告にあった。ジェットの基本的戦略は，債券のストリップ（元本証書部分と利札部分を別々に切り離した政府証券の利札部分）取引を組み込んだ先渡し契約を結ぶというものであった。ジェットは決済日になると，赤字の先渡し契約を転がして架空の利益を計上していたと，会社側は申し立てた（1994年4月18日付『ウォールストリート・ジャーナル』）。

ジェットは，1993年には900万ドルの賞与を手にしたが，それを賄うのに十分な3億5,000万ドルの利益をあげていた。1,000万ドル近い彼の報酬は，

ジャック・ウェルチの報酬さえ上回っていた。しかしキダーによれば，その利益は虚偽であった。報道によると，ジェットは，1992年に950万ドル，1993年に4,500万ドル，1994年の最初の数ヵ月で2,900万ドルの損失を隠していた。これに対し，ジェット自身は，自分はキダーの業績不振のスケープゴートにされたと反論した。

実際に何が起こっていたのかはわからない。SECは，ジェットの帳簿記録の違反を次々と発見したが，刑事上の罰則はまったく科せられず，全米証券業協会（NASD）は彼を潔白であるとした。にもかかわらず，その影響は壊滅的であった。最初にジェットが解雇され，CEOやブローカー部長を含む5人の元同僚も解雇されるか，または辞任した。キダーはその年の後半に，競合相手である証券会社ペイン・ウェバーに，わずか9,000万ドルという破格値で売却された。

ジェット事件は，その後の多くのトレーダーの不祥事に比べてわかりにくいものだった。しかし，その後もトレーダーに対する監督が不適切であり，その取引戦略を理解していなかったことを根本原因とする多くの事件が繰り返されてきた。最もよく知られているのは，不正トレーダー，ニック・リーソンにより10億ドル以上の損失を出した後に経営破綻した，英国王室御用達のマーチャント・バンク，ベアリング銀行である。キダーやその他の物語は，金色の鷲鳥に目がくらむと腐った卵を見分けられなくなることを示している。

メタル・ゲゼルシャフトの溶解

1990年代の最も知られた金融破綻の1つは，メタル・ゲゼルシャフト・リファイニング・アンド・マーケティング社（以下，MGRM）が原油取引で被った巨額損失であった。MGRMは，国際的な貿易・工業・薬品化学工業のコングロマリットであったメタル・ゲゼルシャフト社（以下，MG）の米国子会社である。

1992年，MGRMは確実に利益をあげられると考えられる取引戦略を実行していた。同社は当時の市場価格を上回る価格で，最長10年まで毎月，一定量の石油商品を販売することに合意していた。また，長期債務をヘッジするために，短期の原油先物を連続して購入するスタック・ヘッジ戦略を利用していた。原油価格が下落すれば，先物のポジションでは損失が出るが，固定レートのポジションでは価値が増加するという仕組みであった。逆に，原油価格が上

昇すれば，先物での利益によって固定レートのポジションでの損失が相殺される。

　しかしながら，この巧妙に見えたやり方には，とんでもない欠陥があることが判明した。MGRM の戦略では，毎月あらかじめ定めた高い価格で原油を売却できるので，原油価格が低下すれば長期にわたり利益をあげられるはずであった。しかしながら，先物取引の追加証拠金が必要となり，損失に見舞われた。さらに，長期的な先渡し契約と短期的な原油先物との間には安定的な関係がなかったので，これも同社にとってもう 1 つの大きなリスクだった。実際に原油価格が下落すると流動性危機に陥り，最終的にはその財務的危機は親会社へと波及した。1993 年 12 月，MG は MGRM を救済し，その取引ポジションを清算せざるをえなくなった。その損失は 10 億ドル以上に達するものだった。

　以来，MG は正しかったのかどうかについて学者たちは論争してきた。ノーベル経済学賞受賞者マートン・ミラーやその同僚であるクリストファー・カルプのような理論家は，MG が我慢していれば，長期的には原油販売の利益で先物の損失を埋め合わせ，利益をあげることができただろうと主張する。その他の研究者は，同社が実際にそうできなかったのだから，このような考えは的外れであるとする。あるいは，長期的に手にするはずであった利益額そのものに疑問をもつ者もいる。MG の株主の委託を受けた監査役の報告書によれば，5,900 万バレルに相当する長期契約の価値は，およそ 1,200 万ドルの赤字であった。結果として，この取引では長期的にも損失を相殺できなかったことになる。

　MG のエピソードは，長期的には収益性のあるポジションが，短期的には企業を経営破綻に追い込む資金調達流動性リスクと呼ばれる概念の例である。これはキャッシュ（現金）とフロー（出入り）のいずれにも着目した，キャッシュ・フロー・アウトとキャッシュ・フロー・インのミスマッチによって生じるリスクである。戦略のもたらす利益がどのくらいの金額になるかを考えるだけでは十分とはいえない。リスク管理者はいつお金が入ってくるかについても考慮しなければならない。

モルガン・グレンフェルの資産運用失敗

　モルガン・グレンフェル・アセット・マネジメント社（MGAM）の 1994 年の業績は良好であった。同社の投資サービス部門が運用する年金資産は，1994

年の間に76億ドルから100億ドルへと増加した。同社はノウハウが豊富で効率的であるとの名声が急速に広まりつつあった。

しかしながら，1995年，この名声に暗い影を落としメディアの見せ物になりかねない行動を従業員の1人がとった。ファンド・マネジャーのピーター・ヤングが誰も知らないような企業の株式を大量に購入し始めていたのである。ヤングの考えていることは誰にもわからなかった。しかも，そのうちの数社はMGAMの投資方針に適っているとは思えなかった。

一例がソルベックス社である。『バロンズ』（1996年11月4日）によれば，同社は「過去は波乱に満ちており，石油や鉱物採取を目的とするカナダ・アサバスカ川のタールサンド開発という野心的な計画以外には具体的なものがまったくない」企業であった。ヤングは，ある意味手に入れにくいこの株式を，危険な大量買い付けの場合には通常なら割引価格で購入するはずなのに，逆に，1株当たり2ドルのプレミアムまで払って3,000万ドル購入した。

また，ヤングは，企業の10パーセント以上をファンドが所有することを禁じた，英国証券投資委員会の規制も巧みに回避していた。彼はスイスの法律事務所を通じて系列企業を設立した。これらの企業は互いに持ち合いを行い，各企業は相手企業の90〜95パーセントを所有し，一方で，ヤングは，彼の管理下にあるファンドで残りの5〜10パーセントを購入した。

1996年9月，ロンドンの規制当局は，MGAMの欧州における3大ファンドの資産評価の調査を始めた。ファンドの取引は3日間中断され，親会社であるドイツ銀行がファンドの問題資産を3億ドルの現金で補填し，取引は再開された。にもかかわらず，投資家の約30パーセントが数週間以内に資金を引きあげ，その額は4億ドルにのぼった。

このスキャンダルによる混乱は大きかった。MGAMは8万人の投資家に賠償を行い，ロンドン・シティの規制当局にも罰金を支払った。賠償額を確定するのに，主要な2つの監査法人から各々100人にものぼるチームが動員された。それでも，停職になる数ヵ月前に投資方針の違反について警告がなされていたにもかかわらず，ヤングがどのようにして長い間その奇天烈な取引を隠し通せたのかという疑問は今も解明されないままである。

数ヵ月後，一審の法廷に現れたヤングは，瞬く間に脚光を浴びることとなった。ドレスをまとい化粧をしていた。性転換の背景にいかなる動機があったにせよ，非常に巨額であると同時に得体の知れない事件にふさわしい奇妙な顛末

だった。

不意打ちを喰らうソシエテジェネラル

2008年初，世界で最高の呼び声高い金融機関の1つとされたソシエテジェ
ネラルが，ジェローム・ケルビエルという一人のトレーダーが49億ユーロの
純損失を銀行にもたらしたと発表し，金融業界は震撼した。銀行の最高経営幹
部は，同行の方針に対するあからさまで言語道断な違反によって，まったくの
不意打ちを喰らい，寝首をかかれ，狼狽した。

事件直後には，ケルビエルの個人的な強欲さや野心を非難する形で，多くの
批判が彼に集中した。彼は不正トレーダーのレッテルを貼られ，失態をとがめ
られた。しかしながら，警察がケルビエルの家を捜索したとき，手に負えない
向こう見ずな衝動をもった，情緒不安的な人だと責めるべき証拠は何一つなか
った。彼のアパートは贅沢品などない質素なもので，車さえもっていなかった。
ジェームズ・B・ステュアートが『ニューヨーカー』に掲載したように，「ど
うすれば，ケルビエルのように一個人が，上司に知られずに50億ユーロまで
エクスポージャーを積み増すことができるのだろうか」[8]。『レ・フィガロ』の
世論調査の50パーセントの回答者が，起こったことに関してソシエテジェネ
ラルを非難するようになり，ケルビエルはすぐに大衆の同情を得た，と彼は続
ける。

数ヵ月が経過し，調査官がトレーダーと銀行の間の関係にまつわるミステリ
ーを慎重に解き明かした結果，これは不正トレーダーの案件ではなく複雑な問
題であることが明らかになった。そして，このミステリーは，何が信用を落と
すことになるのかを銀行の最高経営幹部たちがまったくわかっていなかったこ
とを露呈した。たとえば，内部および外部監査によれば，ケルビエルの通常で
考えられない取引行為について74近い警告が出されていて，銀行のリスク・
システムに抵触していたことは明らかだった。それは，個々のトレーダーの取
引を稀にしかチェックしていなかった，ケルビエルの直接の上司の監督の怠慢
に焦点を当てる大きな証拠でもあった。

ケルビエルが行っていたデリバティブのきわめて複雑な性質を考慮すること
も重要である。派生価値と命名されていることから暗示されるように，デリバ

---

8) Stewart, James B., "The Omen," *The New Yorker*, October 20, 2008.

ティブは，市場における比較的小幅な変化に反応して，その価値が大きく増減する。市場の非予見性という避け難い要素ゆえに，トレーダーは，市場が予想外に変化したときにその才能のゆえに不意をつかれて見捨てられることになる。

ケルビエルは，銀行の日次記録に反映されないイントラデイの取引を行うことで，これを避けられることに気づいた。彼は証拠を隠滅するために虚偽取引で損失を相殺した。彼は最初の成功で勢いづき，上司からはよくやったと褒められさえした。上司は取引行為について叱責はしたけれども，処罰しなかったので深刻には受け止めなかったとケルビエルは語る。最後には，彼の上司はケルビエルに行動の自由を与えたかのように，彼のコンピュータを同行の警戒システムから外してしまった。

ソシエテジェネラルである種のERMが行われていたことは明らかだ。けれども，このことは潜在的に高い利益——貪欲さに魅せられた警告に接して，最高経営幹部がそれを使いこなせなかったことを示している。ケルビエルは，使用した方法にもかかわらず辻つまが合うように報告しており，2007年には運用パフォーマンスに対して30万ユーロのボーナスを得ていたので，上司がすばらしいパフォーマンスを認めていると信じていた。ケルビエルは，自分の違法取引が常に銀行内部のトレーディング・リスク管理システムに捕捉されないことに気づいた。その情報には，彼の上司は例外なくアクセスできたが，誰も実際にはそれを詳らかにしなかったので，彼は止めなかった。

しかしながら，多くの虚偽取引が積み重ねられるにつれ，銀行はもはやケルビエルの行動に目を瞑れなくなった。ケルビエルの偽装相手の1社であるドイツ銀行への聴取によって，彼の契約を相手方が知らないことが判明した。ケルビエルの砂上の楼閣は数日のうちに崩れ去り，隠蔽された取引のさらなる調査によって，彼の以前の輝かしい利益を消し去るに余りある50億ユーロ近い損失が明らかになった。

最終的に，ソシエテジェネラルは，潮目が自分に向くような市場での奇跡を期待することを止め，ケルビエルの取引を精算することに決めたが，それはすでに莫大な損失に膨らんでいた。同行は，破綻を逃れるためモルガン・スタンレーとJPモルガンから多額の借り入れをせざるをえなかった。ソシエテジェネラルの全取引が一時的に停止され，それは株価の4パーセントの下落をもたらした。一方，ケルビエルは裁判にかけられ，すぐさま刑務所に送られた。

一言でいえば，ケルビエルの精神分析医が簡単にまとめているように，「彼

の隠蔽された取引に加え，上司の怠惰な監督から経済的にも個人的にも成功を収めたことが，ケルビエルの取引行為を激化させる強い要因となった」[9]。ケルビエルは，高利益を得るために違法取引を行っていたのは，ソシエテジェネラルのなかで決して自分一人ではなかったという。このことは，どれほどソシエテジェネラルの内部でリスク管理以上に利益が強調されてきたかを物語っている。

　そのこと自体，ソシエテジェネラルがリスク管理の手続きを確立していなかったわけではないように思える。従業員が，高利益のためにそれに従わないことを選んだだけである。そして，それは完全な ERM の実施が重要なことを物語っている。ジェローム・ケルビエルは確かに軽率だった。しかしながら，究極的には彼は，破綻に至る欠陥のある弱い鎖の，1 つの脆い輪にすぎなかった。

MF グローバルの破綻

　顧客資金を企業目的に使用するという一連の違法取引を受けて，MF グローバルは 2011 年 10 月 3 日「米国史上 8 番目となる破産」を申し立てた[10]。

　MF グローバルのような企業がいかに顧客資金を投資しているかを厳しく取り締まろうとする，商品先物取引委員会の提案に対し，MF グローバルの CEO であるジョン・コーザインは猛烈に反対し，会社を疑惑の淵に追い込んだ。債券部門のトップとして以前勤めていたゴールドマン・サックスで，市場における大きな賭けで名声を博したコーザインは MF グローバル在任中リスク管理を嫌悪し続けた。

　さらなる調査によれば，MF グローバルは短期借り入れを「四半期の終わりに」徐々に減らすことで，「全四半期の平均および最高水準」よりも 16〜24 パーセント縮小し，巨額債務リスクを故意に隠そうとしていた[11]。

　MF グローバルは，このようなパターンは天然資源市場の状況や顧客行動の結果として自然に生じたものだと主張し，この点を強烈に自己弁護した。もちろん，ジョージア工科大学のチャールズ・マルフォードのように「なぜ，四半期の終わりにいつも顧客のニーズが衰えるのか，疑問の余地がある」と皮肉交

---

9)　同上。

10)　Luchetti, Aaron, et al., "A Year Later, All Eyes Still on 'Edie'," *Wall Street Journal*, October 30, 2012.

11)　Rapoport, Michael, "MF Global Masked Debt Risks," *Wall Street Journal*, November 4, 2011.

じりに言う者もいた[12]。

　金融の用語で，これは化粧と呼ばれる。化粧は違法ではないし，決してこれ
を行っていた金融機関は MF グローバルだけではなかった。しかしながら，
コーザインの顧客資金の流用は，欧州債務危機による銀行の不良金融資産を補
塡するためのもので，まさに法律違反であった。コーザインの指示のもと，
MF グローバルは 63 億ユーロを欧州債務に投資しいていた。これは実際の株
主資本の 500 パーセント以上の額にのぼった。欧州経済が破綻した際，MF グ
ローバル自身が沈没することは避けられなかった。リスク管理の観点からは，
そのような集中的なリスク・ポジションをとることが許されるというのは信じ
難いことであった。それは，トップダウン型システムの弱点を示していた。

　船を救おうとする自暴自棄に陥った瀬戸際の試みにおいて，MF グローバル
の最高経営幹部たちは顧客資金を短期負債の返済に使うことを決断した。たと
えば，2011 年 10 月 28 日，前の副財務部長であるエディス・オブライエンは，
JP モルガンの当座借越を清算するために顧客資金勘定から 1 億 7,500 万ドル
を流用するように指示された。

　コーザインは，市場を鎮静化しようとした。MF グルーバルが破綻申告する
数日前，彼は投資家に対して「会社は市場エクスポージャーを削減する手続き
をとっているところだ」と語ったものの，実際には，何とかしようと，資産を
流用しながら，さらなるリスクをとり続けようとしているだけだった[13]。そ
れが失敗に帰して，タオルを投げ入れざるをえなかった。ゴールドマン・サッ
クスとは違い，MF グローバルは「大きすぎて潰せない」ほど大きくはなかっ
たので，水没するに任せられた。

　ボシュロム，キダー・ピーボディー，メタル・ゲゼルシャフト，モルガン・
グレンフェル，ソシエテジェネラル，MF グローバルは，6 社ともまったく異
なる企業である。しかし，これらから導き出すことのできる共通したテーマが
あることはすでに明らかである。次章では，この点を探っていこう。

---

12)　同上。

13)　Sherter, Alain, "Jon Corzine Resigns as MF Global Scandal Deepens," *CBS News*, Novem-
　ber 4, 2011.

第2章　学べる教訓

　中国の古の思想家は，「切れ者は自らの過ちに学び，賢者は他者の過ちに学ぶが，愚者は決して学ばない」と語ったという。われわれのほとんどは，愚者ではなく切れ者か賢者でありたいと考えている。悲劇につながる愚者の道を避けるために，企業は自らの過ちから学ぶことのできる組織的プロセスを開発することが重要となる。このプロセスのなかで，他社の過ちやベスト・プラクティス[1]からも学ぶのが理想である。

　学ぶ機会はいくらでもある。企業の大惨事は数ヵ月ごとに発生しており，それらはすべての企業が危険に直面していることを思い起こさせる。大惨事を回避できた幸運な企業でも，リスクに遭遇する可能性（ポテンシャル・エクスポージャー）の前触れである些細な問題や「ニアミス」を経験することは多い。

　このようなエクスポージャーは，チェックを怠れば，将来，重大な損失や事故につながりかねない。もし，惨劇を避けたいならば，企業は過去の過ちについて議論し，それから学ばなければならない。さらに，他社の犯した手痛い過ちや業界のベスト・プラクティスについても組織として学ばなければならない。

　1995年に，私がフィデリティ・インベストメンツ社でリスク管理計画を立てたとき，「学べる教訓」と「ベスト・プラクティス」という概念は，リスク認識を高める試みの中核をなしていた。計画の初期段階で，私のチーム（グローバル・リスク・マネジメント）は，企業管理責任者，事業部門長，上級財務・リスク管理専門職をはじめとする200人の幹部社員からなる定例会議を開催した。これらの会議では，ベアリング銀行やキダー・ピーボディーなどのような金融サービス業の災厄から学んだ教訓について論じた。各ケーススタディで，参加者は，事件に至る一連の出来事，問題の本質的原因，財務的影響や事

---

1)　（訳注）ベスト・プラクティスは，ビジネスを行ううえでの最善の方法，最良の実務規範，最良の実践事例などの意味。また，最も効率のよい技法，手法などが存在するという考え方をいう。最善慣行，最良慣行と訳されることもある。

業への影響を検証した。しかし，いずれの分析も，焦点はフィデリティ・インベストメンツがどうすれば同様の問題を回避できるかにあった。これらの会議は，幹部社員の間でリスク管理についての認識を共有化するうえで意義深いものだった。

　もう1つの取り組みは，ベスト・プラクティスのベンチマーク評価を行う訓練の一環として，多くの金融機関を訪問することであった。訪問先には，ブラウン・ブラザーズ社，チェース銀行，GE キャピタル社，ステート・ストリート銀行などがあった。これらの訪問の結果として，100 以上のベスト・プラクティスの応用例が，イントラネット上のグローバル・リスク MIS という教育部門のデータベースに文書化された。このデータベースは他社へのヒアリングから得られた教訓であり，フィデリティ・インベストメンツのリスク管理専門職は誰でもベスト・プラクティスについて学べるようになった。一方，ユーザーはイントラネットを使って，リスク管理，企業，あるいは応用という言葉で検索することで，ベスト・プラクティスを探し出せるようになった。

　これらの訪問で最も驚いたことは，他の企業がリスク管理のための学習プロセスを重要視していることであった。たとえば，ステート・ストリート銀行は新しい従業員を事業およびリスク管理プロセスのなかで訓練するため，6週にわたる初等プログラムを実施していた。ブラウン・ブラザーズには，通常，事業運営のどこかで問題が発生した場合の回避方法を従業員に教育するための「過失および不作為に関するプログラム」があった。訪問企業のうち数社は，重要な出来事，一定以上の損失，リスク管理違反などの問題を検証するために体系的な教育・研修を行っていた。

　これらを踏まえ，フィデリティ・インベストメンツは，企業全体および事業部門レベルの両方で，いくつかの取り組みを始めた。これらの取り組みにはリスクについて教える大学，損失および事故検証プロセス，ベスト・プラクティスを学ぶための取引先企業や機関投資家への訪問が含まれていた。また，事業部門別に社内コンサルティング・プロジェクトが立ち上げられた。これらの事業部門では，リスク事象の履歴簿を導入した後，年間損失が85パーセントも減少した。一定以上の損失は，すべてこの履歴簿に記録された後，問題の本質的原因を解明し予防手段を講じるために，事業部門の代表が議長を務めるリスク管理委員会で検証された。

　フィデリティ等における私の経験からいうと，他社の過ちやベスト・プラク

ティスから学んだ教訓は，自社の事業運営の検証から学んだ教訓を補ううえで重要なものとなる。

どのような事業でも，日常業務のなかで一定数の小さな損失が発生することが予想される。しかし，管理者はそれでもなお，すべての重大な損失や事故を学習の機会としてとらえるべきである。そのような事故や損失を把握し，学ぶための体系的なプロセスがなければ，企業は，本当の危機に発展しかねない過ちを繰り返すことになるだろう。

第1章で述べた6つのケースは，過去数年の間に新聞紙上を賑わせたリスク管理の失敗，あるいは財務的損失の原因となりうるリスク管理上の問題のほんの一例にすぎない。これらは，他のケースとともに，不適切なリスク管理が危険な結果をもたらすことへの警鐘としても役立つ。リスク管理の失敗は，世界中のさまざまな国や産業界に大きな損失をもたらしてきた。これらの企業の何社かは——かつて業界のリーディング・カンパニーと目されていた——財務的またレピュテーション悪化による損失を克服できなかったために，すでに存在しない。

それぞれのケースを取り巻く環境は同じではない。たった一人の不正トレーダーが行った違法取引から，経営陣によって承認（あるいは奨励まで）されていた組織ぐるみの不健全な商行為までその原因はさまざまである。数日から数ヵ月にわたって起こった事象もあれば，発覚するまでに10年以上もかかった事件もある。こうした相違はあるものの，共通するテーマがいくつかある。これらは「7つの教訓」にまとめることができる。

1. 自らの事業を知る
2. 内部牽制を確立する
3. 限度と限界を決める
4. 現金に注意する
5. 正しい評価基準を用いる
6. 望ましい成果に対して報酬を払う
7. 陰陽のバランスを保つ

各テーマについては以下に詳細を説明する。

教訓1：自らの事業を知る

　おそらく最も重要な教訓は，管理者は自らの事業を知る義務があるということである。この責務は，取締役から第一線の管理者，従業員に至るまで，事業に関与するすべての人によって共有されるべきであり，かつ，リスク管理の不可欠な構成要素でもある。たとえば，顧客を知ることは信用リスク管理で与信管理計画の基本概念として広く受け入れられており，いくつかの規制当局によっても要件とされてきた。

　承認権限や監督責任をもつ管理者が事業のことを理解していることは重要である。しかし，個々の従業員の責任が組織のリスクにどのように影響を与えうるのか，そして，彼らの機能や責任がどのように他の人々と関係するのかを全従業員が理解することも重要である。事業管理者は，高度な事業運営プロセス，収入や費用の主たる要因，主要なリスクやエクスポージャー（たとえば，リスクを知ること等）を含む，事業のあらゆる側面について精通していなければならない。

　自らの事業をわかっていなかったことが，キダー・ピーボディーとメタル・ゲゼルシャフトの大きな失敗の原因であった。1994年に行われた内部調査報告のなかで，同調査を率いたSECの法務執行局長ギャリー・リンチは，ジェットの上司は「（ジェットの）日常の取引活動や表面上際立って見える利益の源泉をまったく理解せず」，GE（キダー・ピーボディー）の監査役は「実際には国債の取引についてほとんどわかっていなかった」と述べている。リンチ報告は，全体として，経営者がトレーディング部門における活動を監督し，理解し，監視することができなかったことを強く批判するものであった。

　メタル・ゲゼルシャフトのケースでは，上級管理職がニューヨークの子会社の動向がキャッシュ・フローに与える影響を理解していたなら，同社は悲劇的なヘッジ戦略に手を染めなかっただろう。少なくとも，整然とポジションを手仕舞い，流動性危機とヘッジ損失を回避できたはずである。メタル・ゲゼルシャフトは，本質的な戦略の欠陥というよりも，むしろ不適切な戦略の犠牲となったのである。

教訓 2 : 内部牽制を確立する

効果的なリスク管理に必要なものは内部牽制制度であり，それによって個人あるいは部門が組織を代表して過剰なリスクをとるような権限の行使を防ぐことができる。

これは，資産・負債というよりもむしろ，人・プロセス管理へのポートフォリオ分散の応用と考えることができる。リスク管理の観点からは，市場リスクが特定のセグメント（たとえば，新興市場など）に集中すること，また，信用リスクが1つの取引先企業に集中することは望ましくない。同様に，企業の資本を特定のリスクをとる活動に配賦する際に，個人や特定のグループに権力や権限を集中させることも望ましくない。これには，市場価格に対して巨額のレバレッジを効かせた取引（賭け）を行う権限をもつトレーダーから，他の管理者や非常勤取締役からの牽制を受けずに命令ができる経営陣までが対象となろう。

この点に関して，制度を再設計するうえで潜在的な問題がある。内部牽制制度は，基本的に重複するプロセスが多く，主要な事業運営やプロセスを根本的に設計し直すことになるかもしれない。主要な職務を分離する内部牽制制度は，人，プロセス，システムによる過失を予防する唯一の手段であるばかりでなく，健全な事業管理の基礎ともなることを理解する必要がある。実例としては，独立取締役の任命，効果的な監査委員会の設置から，重要な文書のチェッカーの配置といった簡単なものまで含まれる。

ベアリング銀行の崩壊は，おそらく，この原則の最もよく知られた例であろう。ベアリング銀行シンガポール支店の不正トレーダー，ニック・リーソンはトレーディング・会計部門を直接担当していたので，増大した損失を1年にわたり隠匿することができた。ベアリング銀行がリーソンの数十億ドルという損失の重さに耐えかねて最終的に崩壊した際に噴出したスキャンダルによって，世界中の銀行監督当局と業界が，職務分離とリスク管理の独立性をリスク管理の基本原則として定めるようになった。これを受けて，企業は収益部門からリスク管理とバックオフィス部門を独立させた。

MGAM のケースもまた，効果的な内部牽制制度を確立する必要性を示している。ヤングの直属の上司と同社のコンプライアンス部門は，ヤングの未公開

第 2 章　学べる教訓　　31

株購入のすべてを承認しており，何が起こっているかを正確に知っているはずであった。しかし，ヤングの未公開株の保有が，法的制限の 3 倍以上に膨れ上がるまで，彼の上司はポジションを減らすように指示することはなかった。

教訓 3：限度と限界を決める

　事業戦略と商品計画が企業に進むべき道を示すように，リスク・リミットと限界は企業に立ち止まるべきときを示す。

　リスク・リミットが，健全なリスク管理計画における不可欠な要素であることは広く受け入れられている。市場リスクのリスク・リミットには取引限度，商品制限，デュレーション，市場価格や利率変動に対するポジションの感応度（オプション価格のギリシャ文字として知られる，デルタ，ガンマ，ベガ，セータ等）に関するリミット，バリュー・アット・リスク（VaR）リミット，ストップ・ロス（損切り）リミット[2] などが含まれる。信用リスクのリミットに関しては，取引相手・格付・業種・国ごとの時価会計によるリスク調整済みリミットが含まれる。オペレーショナル・リスクのリスク・リミットには，事業内容あるいはシステム，プロセスの最低品質標準（あるいは反対に，最大ミス発生率）が含まれる。また，未解決の監査項目を解決するための厳格な締切期日が含まれるかもしれない。

　金融リスクやオペレーショナル・リスクについてのリミットに加え，販売方法や製品の情報公開基準のような事業リスクを管理するための限界も確立されなければならない。限界は，また，採用候補者の職歴の確認にかかわる雇用方針や，従業員が就業規則に違反した場合の解雇方針など組織的リスクを管理するためにも設定されなければならない。広範に承認された ERM 方針の一部として，企業は明確なリスク・リミットと重大なリスクの許容水準を提供する「リスク・アペタイト・ステートメント」を確立すべきである。明確な限度や限界がなければ，急成長する企業の管理職は，ブレーキのないレーシングカーのドライバーのようなものである。

　メタル・ゲゼルシャフトのケースでは，ヘッジについて適切なリミットを設定していなかったことが問題を悪化させた。原油価格の下落とともに先渡しと

---

2)　不利益（含み損の金額等）が想定よりも拡大したときに，その取引を手仕舞うことをストップ・ロスという。

先物のポジションは膨張を続け，原油のポジションが決済されたときには，その規模はクウェートの原油生産量の 85 日分までに増大していたと推定された。MGAM のケースでは，未公開株が法的制限を超えた時点でヤングが譴責され，その取引が調査されていれば損害は抑えられただろう。

教訓 4：現金^{キャッシュ}に注意する

　悪名高い銀行強盗であるウィリー・サットンは，なぜ銀行を襲ったかと尋ねられ，「そこに現金があるからだ」と答えた。この単純な答えは，すべての金融機関だけでなく，あらゆる企業にとって重要な教訓でもある。詐欺や横領，単純な窃盗であろうと，犯罪者は現金を追い求めるものである。犯罪ではない取引や事業の失敗でも，現金に影響がある場合には痛みに直結する。
　このため，現金残高とキャッシュ・フローを管理するための適切な取引停止措置^{セーフガード}を設けることが重要となる。それには，取引開始，承認，送金に対する認証署名のような基本的な管理が含まれる。また，現金取引や残高を測り，モニタリング，照合，記録する社内プロセスの開発も含まれる。また，実際のキャッシュ・フローと残高によって，経営者は自社の取引システムと収益モデルに関して有益な合理性の検証を行うことができる。e コマース，オンライン・バンキング，スマート・カードなどの新技術は，金融機関にとって重要な分野での新たな挑戦となる。不適切な現金管理と会計システムは，取引や事業運営の失敗にとっての盲点となるだけでなく，潜在的な不正の見逃しも意味する。キダーのケースでは，ジェットの取引は帳簿上では 3 億 5,000 万ドルの利益と記録されていたが，3 年もの間，キダーの現金残高と報告利益額とを照合した者はなかったのである。『60 ミニッツ』のインタビューにおいて，SEC のゲリー・リンチが後に述べているように，「それらは常に評価益だった」。エンロン社のケースでは，2000 年までの 5 年間に 33 億ドルの純利益を報告していたが，ジェームズ・ラム＆アソシエイツによると，実際にはエンロンはわずか 1 億 1,400 万ドルの現金しか生み出していなかった。報告された利益のわずか 3 パーセントである。報告された利益と実際のキャッシュ・フローとの間の長期にわたる時間のずれは，あらゆる企業にとっても警告となるはずである。あるアナリストの言葉を借りれば，「キャッシュが王であり，会計は意見である」。この教訓は現金を重視せよということである。

教訓5：正しい評価尺度を用いる

　個人やグループの業績を追跡（トラック）するために企業が用いる成功の基準は，行動を牽引する重要な力であり，ひいてはリスク管理の牽引力となる。ほとんどの企業は，規模，収入，利益率について業績目標を設定する。バランス・スコアカード手法を採用し，品質，顧客満足度，社内プロセスに関連する業績評価基準によって財務評価尺度を補強する企業もあった。経営者が適切なリスク・リターンの見通しをもちたいならば，経営者への報告体系を作りあげ，業績の測定プロセスに（教訓3で示唆されたものと同様の）リスク評価基準を組み込むことが重要である。統合的なリスク評価基準は，（事後的な）実際のリスク指標および（事前的な）早期警戒リスク指標を含め，すべての種類のリスクに関する情報をタイムリーに経営者に提供する。

　明らかに不適切な基準を使ったことが，ボシュロムの問題の一因であった。売上と利益目標の重視に加え，きわめて厳しい環境が，顧客の不満足から株価に至るさまざまなレベルでマイナスの結果をもたらす行動へとつながった。同社に降りかかった災厄は，根本的には，成功したいという素直な願望によるものである。同社ががむしゃらに成長を重視しなければ——別の言い方をすると，リスクを無視したリターンに重点を置かなければ——事態は異なる結果となっていただろう。

　その他にも，通常，年率15〜20パーセントという積極的な収益成長目標を設定する企業がある。これらの企業は，次のように自問すべきである。経済全体が3〜4パーセントしか成長しない時代に，その目標は現実的なのか。これらの目標が事業部門にどんな圧力をかけることになるか。積極的な販売目標や収益目標がリスクの適切なコントロールや尺度とバランスがとれていない場合に，人々はどのような行動に出るのか。よくいわれるように，地獄への道は善意が敷き詰められている。

教訓6：望ましい成果に対して報酬を払う

　業績測定のもう1つの側面に，報酬とインセンティブの問題がある。組織は，報酬とインセンティブがどのように設計され，実行されるか，またそれらが望

ましい行動や業績をあげているか否かに注視する必要がある。業績測定と奨励給の組み合わせは，おそらく人間の行動と組織を変化させる最も強力な牽引力となる。これは，企業のリスク管理目標を支えるものとなる場合もあれば，逆の場合もある。

たとえば，管理者と従業員の業績は，売上や収益結果だけで測定され，それにより報酬も決められていて，リスク・エクスポージャーや損失はまったく考慮されていないかもしれない。その場合，企業の潜在的リスクはますます高くなり，最終的には，それが企業のリスク・アペタイトや資本額には収まらない水準にまで達する可能性がある。したがって，経営者は，業績測定と奨励給制度がもたらす前兆に慎重に注意を払い，それらを確実に企業の事業目標とリスク管理目標に合致させなければならない。

「企業に入って，利口な人々が愚かなことをしていたら，まず間違いなく，報酬の決め方に問題がある」とUCLA時代に教わった。不適切なインセンティブ構造は，最近の株式リサーチの独立性の欠如（たとえば，アナリストが投資銀行部門の顧客に株式の購入を推奨すると同時に，同じ株式を個人的に売却すること）に関する問題の根本原因でもある。キダーのケースでは，1993年にジェットの賞与は900万ドルで，彼の上司のエド・セルージョは2,000万ドルを稼いだ。これは親会社の著名な会長兼CEOであるジャック・ウェルチを上回っていた。

教訓7：陰陽のバランスを保つ

従来，リスク管理は，独立したリスク管理機能と監督委員会，リスク評価と監査，リスク管理方針と手続き，システムとモデル，計測と報告，リスク・リミットと例外処理といったインフラの構築に重点を置いてきた。これらはすべてリスク管理のハード面（陽）を構成している。

しかし，（少なくとも）同様に，企業はリスク管理のソフト面（陰）にも重点を置く必要がある。ソフト面での主な取り組みには次のものが含まれる。

■ 経営者が方向づけを行い，上級管理職がその関与を明確に示すことによって意識を高める。
■ 企業のリスク・カルチャーとリスク価値を主導するような指針を確立する。

■ リスク問題について議論し，エクスポージャーを上申し，学んだ教訓やベスト・プラクティスを共有するための開かれた対話を促す。
■ 経営陣が教育・研修・開発プログラムを含む変更に取り組む。
■ 業績測定とインセンティブを通して望ましい行動と結果を増進する。

　ハード面ではプロセス，システム，報告に焦点が当てられるが，ソフト面では，人，技術，文化，価値，インセンティブに焦点が置かれる。多くの点で，ソフトを構成するものがリスク・テイク行動の主たる促進要因となる一方，ハードを構成するものは抑制要因であり，リスク管理活動を支援する。第1章で論じたように，リスクなしにリターンは得られないが，リスクを無闇に，あるいは手当たり次第にとるべきではない。これは，リスク管理のソフト面とハード面──陰と陽──がともに必要であることを意味している。したがって，管理者は企業におけるリスク管理のためにバランスのとれた手法を採用すべきである。

　この章の冒頭で述べたように，ERM プログラムが成功するためには，学習がきわめて重要である。教育に熱心な組織は，過去の過ちを繰り返すことが少なく，リスク管理分野における新たな展開や革新から，より多くの恩恵を受けることになる。つまり，切れ者，賢者であり，馬鹿をみないということである。

第3章　概念とプロセス

　第3章では，リスク管理を支える主な概念とプロセスについて検討する。最初に，ほとんどの組織が直面する主要なリスクの種類を概観する。次に，リスクの評価や定量化において検討すべき主要な概念について議論する。これらの概念に基づき，リスク認識の促進，リスク計測，リスク管理のプロセスを概観する。最後に，本書のなかで私が最も重要なアイデアの1つと考える「すべてのリスクはベルカーブとしてとらえることができる」について論じる。

　リスクはさまざまな形や規模で発生するが，リスク管理の専門家は，一般にリスクを7種類に大別している。

1. 戦略リスクは，企業および事業戦略（たとえば，M&A（合併と買収），成長戦略，製品刷新）に欠点があったり非効率だったりするリスク。
2. 事業リスクは，財務や営業の年間結果が経営陣や株主の期待どおりにならないリスク。
3. 市場リスクは，企業がマイナスの影響を受ける方向に価格や金利が動くリスク。
4. 信用リスクは，顧客や取引先，仕入先が債務を履行しないリスク。
5. 流動性リスクは，企業が適時に，あるいは費用効率のよい方法で必要な資金を調達できないリスク。
6. オペレーショナル・リスクは，人，プロセス，システムが失敗する，あるいは外生的事象（地震や火災など）が企業に損害を与えるリスク。
7. コンプライアンス・リスクは，企業が法律や規制に違反するリスク。

　また，他の種類のリスクもある。たとえば，レピュテーショナル・リスクは，企業のブランドやレピュテーションがマイナスの影響を受けるリスクである。しかし，レピュテーショナル・リスクは二次リスクであり，他の主要リスク・

ファクターの結果であるという考え方もある。

そして，これら広範な種類のリスクそれぞれが，多くの個別リスクを含んでいる。たとえば，信用リスクには，信用問題を原因とする借り手の貸倒れや仕入先の納期遅延のリスクがある。リスク識別や評価においては，根本的な原因を考慮することが重要である。たとえば，上述のように，仕入先は，自らの財務的問題（信用リスク）が理由で，あるいは技術的な問題やプロセスの問題（オペレーショナル・リスク）が原因で義務を履行しないかもしれない。これらのリスクには共通点や相互依存が見られるが，究極的には，それぞれに独自の注意を払う必要がある。

全社的なリスク管理者は，どのようにすれば，これらさまざまなリスクを完全に把握できるのだろうか。単に，すべてのリスクについて，個別にリスク管理者を雇うのは現実的ではない。リスクは事業における意思決定すべての一部であるから，その方法ではすべての事業管理者に対してリスク管理者が必要となってしまう。

より実際的な解決法は，すべての従業員がリスクについて考え，責任の一部を負うことである。これには2つの利点がある。第1に，当該分野の専門家以上にその活動のリスクを理解している人はいないということである。第2に，この手法だとリスクが企業全体で管理されるということである。

しかし，そのためには教育・研修でかなり努力する必要がある。若手であれ幹部であれ，多くのスタッフはリスク管理に精通しておらず，とくに定量的なリスク分析には馴染みがない。定量的分析は時に非常に重要であるが，すべてのリスクにとって実用的なわけでなく，企業のリスク管理部門に委ねられているだけである。

このため，一般の従業員は，比較的簡単に理解できる方法でリスクを認識し評価することを学ぶ必要がある。幸いにも，いくつかの主要なリスク概念があり，これらは，いかなる種類の事業にも応用され，リスク管理計画でも効果的に扱われるに違いない。

リスク概念

第1部で述べているリスク概念すべてが，容易に計量化できるものではなく，とくにオペレーショナル・リスクの概念は容易なものではない。しかし，後に

述べるように，いかなる組織であっても，リスクの性質を理解するために概念は重要であり，リスク管理者がリスクを評価する際に問いかけるべき疑問の基礎となる。順を追って考えるとしよう。

エクスポージャー

何を失うことになるのか。一般的に，エクスポージャーは，何かが起こったときに被る被害の最大値を意味している。他のすべての条件が同じであれば，エクスポージャーが大きくなるほど，ある事象にともなうリスクは高くなる。たとえば，貸し手は，借り手のデフォルト・リスクにさらされている。多く貸し出すほど，リスク・エクスポージャーは大きくなり，その借り手との関係はよりリスクの高いものになる。エクスポージャーの測定は，一般的に，信用リスクや市場リスクのように直接的な金銭的損失を生じさせるものについては，自然科学の領域であるといえる。しかし，レピュテーショナル・リスクのようなその他のリスクについては，計量化が困難であるために定性的なものになろう。

ボラティリティ

将来はどれほど不確実なのだろうか。ボラティリティは，おおまかにいえば潜在的な結果のばらつき具合を意味している。多くの場合，リスクの代替指標となる。オプション価格の決定のように，市場要因に大きく依存する場合にはとくにそうである。他のケースにおいては，潜在的損失という点で，リスク全体の重要な原動力となる。

一般に，ボラティリティが大きいほど，リスクは高い。たとえば，不良債権となった貸出先の割合は，平均すると，商業不動産よりもクレジット・カード事業のほうが高い。しかし，よりリスクが高いと広く考えられているのは不動産貸付のほうであり，これは損失率の変動がより大きいためである。企業としては，商業不動産事業よりもクレジット・カード事業のほうが潜在的損失をより確実に見通すことが可能であり，それに対して準備を整えておくことができる。

エクスポージャーと同様，ボラティリティは一定のリスク分野では特定化されかつ計量化される。たとえば，市場リスクでは，ボラティリティはリターンの標準偏差と同じ意味であり，いくつかの方法で推定できる。しかし，結果の不確実性にかかわる一般的な概念も，他のリスクを考慮する場合には有効であ

る。たとえば，エネルギー価格の上昇は企業の原材料費を増加させるかもしれ
ず，あるいは，コンピュータ・プログラマーの転職率の上昇は企業の技術向上
に悪影響を与えるかもしれない。

確率

そのリスクが現実に起こる可能性はどのくらいか。事象が起こりそうなほど，
つまり，確率が高いほどリスクは高まる。金利変動やクレジット・カードのデ
フォルトのような事象は起こる可能性が高く，管理者は当然のこととして対策
を講じておく必要がある。事業の通常のオペレーションでは，リスク削減戦略
は欠くことができない。コンピュータ・センターの火災のような事象は，めっ
たに起こりそうもないが，発生すれば壊滅的な被害をもたらす可能性がある。
これらに対する適切な準備とは，ほとんど使用されることはないが，これらの
ための適切な準備は，いざという場合には効果的に機能しなければならないバ
ックアップ施設の開発や危機管理計画の策定である。

重大性

どの程度の影響があるのか。エクスポージャーは，一般的には，起こりうる
最悪の事態として定義されるが，重大性は実際に被るだろう被害金額のことで
ある。重大性が大きいほど，リスクは高いことになる。重大性は可能性と似た
ようなものである。どの程度事象が起こる可能性があるか，その結果として，
被害がどれくらいになるかがわかっていれば，われわれは遭遇しつつあるリス
クをかなり適格に理解していることになる。

重大性は，しばしば，ボラティリティのように他のリスク・ファクターに依
存することが多い。たとえば，100ドルの株式ポジションを考えてみよう。株
価は理論的にはゼロまで下がることもあり，株式に投資した資金はすべて失わ
れる可能性があるので，エクスポージャーは100ドルである。しかし現実には，
そこまで下落しそうにないため，重大性は100ドル未満となる。株式のボラテ
ィリティが高いほど，株価が大幅に下落する可能性は高くなる。したがって，
この株式ポジションに関連した重大性はより大きくなり，このポジションはリ
スクが高いことになる。

その他のリスク・ファクターと同様に，このような考え方は，計量化がより
困難なリスクに応用することもできる。たとえば，重要な従業員が退職や定年

を迎えたときの引き継ぎのことを考えてみよう。経営者の交代はいずれ行われ，一般に，新しい経営者への継承は組織にとって重要で，潜在的に破壊的な影響を与えることもあることを考慮すると，このリスクに対して企業が慎重に備えていないのは，憂慮すべきことである。

保有期間

どのくらいの期間そのリスクにさらされるのか。エクスポージャーの期間が長いほど，リスクは高くなる。たとえば，同じ借り手に10年間貸し続けるのは，1年の貸付に比べてデフォルトの可能性はずっと高い。また，保有期間は，意思決定や事象の影響がなくなるまでにどれくらいの時間がかかるか（同じことであるが，どの程度難しいか）という評価尺度とも考えられる。

金融リスク・エクスポージャーの重要な問題は，意思決定や事象によって影響を受けるポジションの流動性である。米国財務省証券のように流動性が非常に高い商品のポジションは，通常，短期間で減らすか手仕舞うことができる。しかし，未上場株式や仕組みデリバティブ，不動産のような流動性の低い証券や商品は，売却するのにより多くの時間が必要となる。オペレーショナル・リスクのエクスポージャーにかかわる保有期間は，企業が事象から回復するのに必要な時間と理解できる。コンピュータ・センターが全焼した場合，バックアップ施設が稼動するまでの間，企業はリスクにさらされることになる。そのようなバックアップ・プロセスがきちんと確立され，検証されていなければ，当該リスクはより大きなものとなる。

企業は，通常，市場流動性の水準やオペレーショナル・リスクにつながる事象の多くを管理できない。しかしながら，その影響についてはある程度コントロールが可能である。企業がリスク事象の発生に気づかず，そのリスクにともなう保有期間を認識せず，かつまた出口戦略を策定していなかった場合に，問題が生じる。

相関

リスクは互いにどのように関連しているのか。2つのリスクが似かよっている場合，たとえば，リスクが同じ要因あるいは同じ金額で増加する場合には，高い相関があるとみなされる。相関が大きいほど，リスクはより高くなる。相関はリスク分散における重要な概念である。同じ業界への貸出，同じ資産クラ

スへの投資，同じビルでの事業など，相関が高いリスク・エクスポージャーは，事業におけるリスク集中度を高める。このように，事業におけるリスク分散の度合いは，その事業内の相関の水準と逆の関係にある。金融リスクについては，リスク・リミットや資産配分目標を設定し，分散することでリスクの集中を低減できる。事業運営部門を分離し過剰なシステムを切り離すことによってオペレーショナル・リスクも分散できる。熟練したリスクの専門家は，価格調整は危機発生時に1つの方向に向かうと認識している。これは警告がある。たとえば，2008年の金融危機の際に，米国財務省証券を除いて，全世界の資産価格（たとえば，不動産，株式，債券，商品）は同時に下落した。そういう前提で企業は，分散の恩恵が，それを最も必要とするときには得られない可能性を考慮し，自社が前提としている相関のストレステストを実施すべきである。

資本

　非期待損失に備えるため，どのくらいの資本を確保すべきか。企業は主に2つの理由で資本を保有している。第1に，投資コストや経費のような現金の支出を賄うためである。第2に，リスク・エクスポージャーから生じる非期待損失に備えるためである。経営者がリスクに備えて蓄えておきたい資本の水準は，しばしばエコノミック・キャピタルと呼ばれる。

　企業が必要とするエコノミック・キャピタルの全社的水準は，企業の目標とする信用格付による。企業がより信頼に足る企業でありたいと考えれば，一定水準のリスクに対して多くの資本を用意する必要がある。これは直感的に理解できよう。信用格付（あるいは一般に信用力の概念）は，企業の倒産確率の予測である。非期待損失を吸収できる資本をより多く保有していれば，それだけ倒産の可能性が低いのは明らかである。したがって，AAAの格付を望む企業は，同じリスクをかかえているがBB格のように投資不適格な格付で満足する他の企業に比べて，一連のリスクに対してはるかに多くの資本を保有しなければならない。

　また，エコノミック・キャピタルの概念は，企業内の個別の事業部門にも応用できる。企業が全体として目標とする信用力を維持したいならば，より大きなリスクをかかえる（そのために損失の可能性の高い）事業部門には，より多くのエコノミック・キャピタルを配賦しなければならないだろう。事業部門へのエコノミック・キャピタルの配賦には重要な利点が2つある。

第1に，それはリスクとリターンを明示的に結びつける。より多くの利益を生み出すべく，多くのリスクをとっている事業部門は，多くのエコノミック・キャピタルの配賦が必要である。第2に，エコノミック・キャピタルは，すべての事業部門の利益率を，一貫性のあるリスク調整済みベースで比較することを可能とする。その結果として，株主価値に寄与した，あるいは株主価値を毀損した事業活動が容易に明らかになる。それによって，経営者は，効率のよい事業部門にエコノミック・キャピタルを配賦するという強力かつ客観的な手段をもつことになる。このことによって，実質的に優れた事業が成長して悪い事業が消滅する内部資本市場ができあがることになる。

リスク・プロセス

前述のリスク概念を正しく認識することが，リスクの性質をより理解するための基本となる。いわば，このような理解が，あらゆるリスク管理プロセスの第1のステップであるリスク認識を支えることになる。第2のステップはリスクを計測することであり，第3のステップはそれをコントロールすることである。可能なかぎり高度な計量化が行われているにもかかわらず，リスク管理は依然として属人的に実践されている。企業のリスク管理プロセスは，人々の日常生活におけるリスク管理方法になぞらえてみるとわかりやすい。

第1は，リスク認識である。ほとんどの人は（少なくとも少数は）自分が現在何をしているか，そして次に何をするつもりかを考えている。彼らが，不慣れな状況のもとで誤った判断を下すとき，あるいは，慣れている状況でも十分な注意を払わなかったときに事故は生じる。人は，はじめてスキーに出かけたときに足を骨折し，野菜を切りながら手を滑らして指を切る。

企業は明確にこのような考え方をするわけではないが，企業の現在および予定される行動へのリスクの影響度合いを考える際に，経営者と従業員は英知を結集しなければならない（もう一度繰り返すが，われわれは過ちを予想し，過ちから学ぶ必要がある）。リスク認識を深めることは，どのようなリスク管理プロセスにとっても出発点となるはずである。人々が自分たちの活動にともなうリスクを考慮するようになれば，そして，それを管理するための自らの役割と責任を理解するようになれば，ほとんど戦いに勝ったも同然である。そうすれば，過ちは避けられるか，直ちに修正される。

第3章 概念とプロセス　　　43

　しかし，認識だけでは十分でない。潜在的リスクがあることをわかっているのと，それがいつ本当の脅威になり，どれほど深刻であるかを理解するのとは別物である。人は遠くにある（車が遠くから迫ってくるような）脅威を見ることができるし，間近に迫った（足元の画鋲のような）脅威を感じることもできる。その脅威によって，その人の反応の大きさや速さは異なってくる。

　同様に，企業は潜在的リスクを示す事業環境の変化を認識できなければならず，また，企業の一部が予想外の事象に苦しんでいるときには，それに気づかなければならない。これは，企業への，あるいは企業内における情報の効果的な伝達を意味している。言い換えると，効率的なコミュニケーション技術と明確で一貫したリスク報告（たとえば，リスク計測）が必要である。

　リスクを特定し計量化すれば，人はそれについて何か対策（リスク管理など）を講じるべきか否かを決めなければならない。人は，多くの方法でリスクをコントロールできるだろう。（たとえば，隕石の直撃を受けるように）リスクの危険性は低いと感じると，通常どおり仕事を続けるかもしれない。または，ルーレットの賭金に上限を課すように，単に潜在的リスクを限定するだけかもしれない。あるいは，車が迫りつつある道から離れるか，足元の画鋲を拾うといった，リスクを削減するための行動を実際にとるかもしれない。さらに，たとえば，電気の配線のやり直しといったリスクをともなう行動を代わりにやってくれる，高い技術をもった人を雇うかもしれない。

　同様に，企業は潜在的リスクを認識しても，それについて何もせず躊躇しているだけかもしれない。たとえば，リスク管理方針を確立しても実行しない，戦略的方向性を変更しない，ある事業部門の戦術的変更を行わない，あるいは保険やヘッジにより特定のリスクの移転を行わないかもしれない。

　結局のところ，個人であれ企業であれ，リスク管理機能は，人生や事業をできるだけ良好なものに保ちながら，リスク水準を確実に許容できる範囲に抑えることにある。注目すべきは，人はそれぞれ異なるリスク・アペタイトをもっていて，大丈夫と感じるリスクの大きさも種類も異なるということである。企業についても同様であり，内部リスク・リミットや信用格付がこれらの性向を測る重要な尺度となる。

　また，人はリスクについて真剣に考えずに評価し，最終的に何か策を講じることがあるという点に注意しなければならない。実際に，人々は常に，思考，感覚，行動の間で断続的なフィードバックを行いながら自らの置かれた状況を

見直している。実社会における企業の事業運営も同様である。リスク管理プロセスは，リスク認識，リスク計測，リスク・コントロールが完全に統合されてはじめて有効となる。これら3つの要素については次節で論じる。

リスク認識

どんなリスク管理プロセスでも，リスク認識が出発点となる。リスク認識を深める目的は，企業の誰もが以下のことを確実に行うためである。

■　企業の主要なリスクを積極的に明らかにする。
■　自らに責任があるリスクの影響について真剣に考える。
■　他の人々が注目しているリスクを組織のあらゆる部署に伝える。

リスクに対する認識が高い環境では，ほとんどのリスク管理上の課題は，大きな問題となる前に対処されている。

企業内ではリスク認識を高めるような，多くの組織的プロセスや取り組みがある。成功するための5つの取り組みとは，

1. 経営陣が方向づけを行う
2. 適切な質問をする
3. リスク分類法を確立する
4. 教育・研修を行う
5. 報酬とリスクを結びつける

ことである。

順番にこれを考えてみよう。

経営陣による方向づけ

リスク管理は，企業が行う他の活動に比べ，上級管理職，とくに最高経営責任者（CEO）の関与がきわめて重要となる。その理由は，リスク管理は人間性に反する面があるからである。人々は熱心にマーケティングや製品開発の成功，あるいはコスト削減などについて話をする。しかし，一般に，現実の損失ある

いは潜在的損失について論じることには，それほど熱心ではない。それが自ら
の事業にかかわる場合は，とくにそうである。

　この消極さを克服するためには，権威や権力を利用する必要がある。CEO
は，リスク管理プロセスを完全に支持していなければならず，「方向づけ」を
行わなければならない。CEO はまず最初に，プレゼンテーション，会議，そ
の他のフォーラムで，企業にとってリスク管理が最優先課題であることを伝え
なければならない。さらに重要なこととして，CEO は自らの行動を通じて，
その関与を示さなければならない。CEO は積極的にリスク管理会議に参加し
ているか。企業はリスク管理を支援するために適切な予算を配分しているか。
上級管理職は企業の重要な意思決定に関与しているか。業務運営責任者がリス
ク管理方針に違反した場合にはどう対処するか。CEO と上級管理職がこれら
の質問にどう答えるかが，彼らがリスク管理プロセスに本気でかかわっている
のかを雄弁に物語ることになる。

適切な質問をする

　上級管理職は常に正しい答えをもっているわけではないといわれる。しかし，
正しく質問することは彼らの義務である。では，上級管理職はリスクに関して
どのような質問をすべきだろうか。頭文字 RISK――リターン（Return），免
疫（Immunization），システム（System），知識（Knowledge）がヒントになる。

- ■　**リターン**：とっているリスクに見合ったリターンは何か。事業部門が並外
  れたペースで成長し利益をあげている場合，どのような種類のリスク・エ
  クスポージャーが生じているか。
- ■　**免疫**：下方リスクを最小限に抑えるために，どのような制限やコントロー
  ルを行っているか。
- ■　**システム**：リスクを追跡し計測するための適切なシステムをもっているか。
- ■　**知識**：効果的なリスク管理を行うための適切な人材と技術を備えているか。

リスク分類法の確立

　効率的なコミュニケーションがリスク管理にとって重要であると前章で論じ
た。意思疎通を効率的なものとする 1 つの方法は，互いに相手の言葉をきちん
と確認することである。しかし，定義が十分に理解されず，定義に解釈の余地

があり，定義が非常に広範であるようなリスクの世界では，それは当然のことではない。すなわち，企業はリスクに関する共通言語を確立するための努力をすべきである。

この努力について重要なことの1つは，リスクのカテゴリーやサブカテゴリーと同様に，リスク管理のためのツール，評価指標，戦略を説明するための共通の構造，すなわちリスク分類法を確立することである。分類法は，リスクについて話をする際に役に立つだけでなく，対処しやすいようにリスクを分解でき，これによってエクスポージャーの測定や報告目的のための集計が可能となる。これは，単発のプロセスではなく，繰り返し行われ，動態的に変化し続ける事業の本質を反映するものでなければならない。

教育・研修の実施

リスク管理計画の策定に携わる経営陣は，彼らの成果の1つとして教育・研修について言及することが多い。従業員は，リスク認識を高めることに加え，教育・研修で自らが担当するリスク管理に必要な技術とツールを身につける。

リスク教育はオリエンテーションから始めるべきである。新入社員は経営哲学や他の業務機能について教わるのと同様に，リスク管理の考え方を教えられ，企業のさまざまなリスク管理機能についての概要説明を受ける。また，それには，職責を果たすうえで必要な技術に応じた継続的教育プログラムも含まれるべきである。これらによって，企業のリスク管理方針に対する個々人の責任と，その背後にある考え方とが結びつく。別の言い方をすれば，従業員は，法律の精神を理解することが大切なのと同様に，リスク管理方針の精神についても理解すべきである。

リスクと報酬を結びつける

人々が，自らの職責は何であるか，また，自らの業績と金銭的報酬がどのように連動しているかに最大の注意を払うのは当然のことである。リスク認識が最も強力に培われるのは，従業員がリスク管理を職責の一部と理解し，事業のレベルでも個人のレベルでも，奨励給が事業のリスクと成果に連動していることを明確に理解したときである。このことによって，リスク認識は最も強力に根づくことになる。これらの事実は，すべての従業員にあてはまることを理解させることが重要である。同じ基本ルールがすべての従業員（とくに上級管理

職）に適用されないと認識されれば，他の者は直ぐに注意を払わないようになるか，あるいは経歴《キャリア》次第では，このルールは無視できると考えてしまうかもしれない。

リスク計測

「計測できるものは管理できる」という原理は，リスク管理では概ね真実である。残念ながら，リスク計測と報告は，多くの企業にとって依然として大きな課題のままである。ほとんどの企業は，データ，分析方法，システム資源にともなう制約に苦戦している。損失や他のリスク評価指標のヒストリカル・データは十分でないことが多いので，重要なリスク情報を報告し把握する社内ルールを確立するという要件が満たされていない。極端なケースでは，企業の上級管理職は，ほとんど意味のない不可解なデータに溺れている。

（企業がリスクに関するデータやレポートを大量に保有していようと，あるいはほとんどもっていなかろうが）上級管理職と取締役会には，事業および方針決定を支えるための適切なリスク情報が必要である。経営陣のリスク報告には何が含まれるべきか。ある程度は事業の性質にもよるが，どのような経営陣のリスク報告にも含まれるべき重要な要素がある。その要素とは，損失，事象，リスク評価，リスク指標である。以下，順に論じる。

損失

信用リスク，市場リスク，オペレーショナル・リスクに起因する損失は，損失データベースに体系だって保存され，集計されるべきである。損失データベースは，損失を詳細に記録すべきであるが，損失の全体的な水準，重要な傾向だけを上級管理職に報告すればよい。リスク報告では，基準点を超えた特定の損失，また，収入と損失総額の対比が明らかにされるべきである。事業においてはまた，予測や予算水準に対する実際の損失を追跡すべきである。

事象

リスク報告では，財務的損失の有無にかかわらず，対象期間における主なリスク事象が報告されるべきである。リスク事象には，主要な顧客勘定における損失，方針違反，システムの不具合，詐欺行為，訴訟などが含まれよう。潜在

的な影響，根本的な原因，主な事故に対するビジネス対応が報告されるべきである。また，顕在化しつつある傾向や事故の重大なパターンについてもすべて明らかにされる必要がある。

リスク評価

リスク報告をする場合，損失や事故については事後的に状況を反映することになるが，潜在的リスクに対する経営者の事前評価もリスク報告に含まれるべきである。前述のリスク概念は，この評価に根拠を与えるものである。リスク報告の経営者評価では，以下のような質問に対応すべきである。夜眠れなくなる原因は何か，あなたにとってトップ10のリスクは何か，事業目標の達成を妨げる不確実性は何か。これらは，経営者を同じ答えに導くための異なる質問である。主要リスクには，新規事業や新製品の発売，主要スタッフの欠員，新技術などが含まれるだろう。

キー・リスク・インディケーター（KRIs）

リスク報告にはまた，事業の主要な傾向やリスク・エクスポージャーを計量化するためのキー・リスク・インディケーターに関する項目が含まれるべきである。たとえば，これらの指標には，貸出におけるクレジット・リミット（与信リスク・リミット）と比較した信用エクスポージャー，トレーディング業務における時価評価での損益やバリュー・アット・リスク（VaR）が含まれるだろう。オペレーショナル・リスク指標には，手続き上の過誤，顧客の苦情，システムの故障時間，調停中の項目などが含まれる。リスク・リターン評価指標には，事業のエコノミック・キャピタルに対するリターン，投資ポートフォリオのシャープ・レシオ[1]が含まれる。

キー・リスク・インディケーターには，早期警戒指標として機能するような将来を見据える基準が含まれていることが重要である。たとえば，信用スプレッドの拡大は，高いデフォルト率や市場流動性の低下の早期警戒指標となる。従業員の転職率の上昇は，ミス発生率の上昇や顧客満足度の低下などオペレーショナル・リスク増大の先行指標であるかもしれない。このような早期警戒指標によって，経営者が潜在的リスクを削減するための予防策を講じることが可

---

1) （訳注）リスク1単位当たりのリターンを示した指標で，超過リターンにどの程度の違いがあるかを見るために使用する。

第3章　概念とプロセス

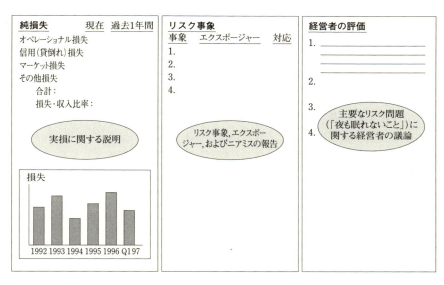

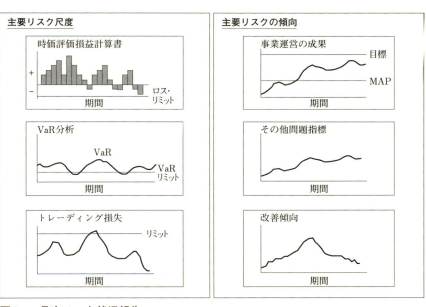

図3.1　月次リスク状況報告

能となる。何十，何百のリスク指標を追跡することになるかもしれないが，必ず注意が払われるように少数に絞り込んで上級管理職に報告すべきである。

図3.1の例には，リスク報告に含まれるべき主要な要素を載せている。このリスク報告には，デザイン上必要な自己修正の機能が含まれている。これは次のように機能する。損失および事故は定期的に容易にとらえられる。しかし，経営者は時間が経過するとともに，その損失と事故がリスク評価において定性的に議論されていないリスク，あるいはキー・リスク・インディケーターによって定量的に追跡されていないリスクによるものであることに気づく。そうであれば，以下の2つの課題のうち，少なくとも1つに取り組む必要がある。1つは事業部門等がリスク評価や計測を改善する必要があるか，もう一つは重要なリスクの問題を企業経営者に報告していないか，のいずれかである。このような自己修正機能によって，リスク計測および報告の質と公正さが継続的に改善されるはずである。

リスク・コントロール

リスク管理プロセスは，リスク認識を高めることやリスク・エクスポージャーの測定で終わりではない。最終的な目的は，事業のリスク・リターンの最適化であり，言い換えれば，企業のリスク特性を真に変化させることである。これを実行するには3つの基本的な方法がある。第1に事業成長を支えること，第2に収益性を支えること，第3に下方リスクをコントロールすることである。

事業成長を支える

リスク管理は，事業の成長を支える部門横断的なチームの一端としての役割を担っている。リスク管理チームは，業務執行部門管理，マーケティング，法務，事業運営，コンピュータ技術部門の代表と協同し，新規事業戦略[2]やアイデアを入念に検証するためのプロセスを確立し維持すべきである。この検証プロセスでは，はじめに主要課題を議論するために適切な人材を召集しなければならない。

検証チームは，開始時点だけでなく継続してフォローするための，事業や製

---

2) 新規事業には合併買収を含む。

組織単位	信用リスク	市場リスク	オペレーショナル・リスク	その他	合計
事業部門 A	エコノミック・キャピタル／ROE	$／%	$／%	$／%	$／%
事業部門 B					
⋮					
事業部門 N					
合計	$／%	$／%	$／%	$／%	$／%

図 3.2　リスク・マトリックス

品に関する公正かつ客観的な評価基準を開発すべきである。これは，多くの組織が個別リスクを扱う方法と同じである。たとえば，銀行は信用に問題がありそうな取引が提案された場合の認証手続きを迅速化するために，認可取引先のリストを作成する。そして，信用格付の引き下げのように，取引先の状態に明確な変化が見られた場合，未払いとなっている取引の検証を行う。

　経営者によるリスク・リターンの最適化を可能とするのは，以下で論じるリスク・リミットによる，リスク調整済みリターンの高い事業活動への企業資源の配分である。リスク・リターン・マトリックス（**図 3.2** を参照）は，強力な戦略計画ツールとなりうる。このマトリックスは各事業部門およびリスクの種類ごとの，エコノミック・キャピタルとその資本収益率（たとえば，ROE）によって表現されるリスク水準を示しており，以下のことを決定するために利用される。

■　どの事業部門が資本収益率のハードル・レート[3]を達成あるいは上回っていて，株主価値に寄与しているか。そして，どの事業部門が寄与してい

---

3)　（訳注）投資案件に最低限求められる収益率のこと。

ないか。

■ 事業の信用リスク，市場リスク，オペレーショナル・リスクの水準は，事業計画における予測と一致しているか。

■ 企業経営全体と事業部門内の双方で，これらのリスク水準を管理するために適切な人材とコンピュータが配置されているか。

■ リスク・リターンを最適化し，株主価値を最大化するために企業の資源をどのように再配分すべきか。

収益性を支える

リスク管理は，プライシングに影響を与えることにより，事業の収益性を改善するだけでなく，成長を促すことも可能である。簡単にいえば，どのような製品や取引の価格にも，伝統的なコストだけでなく潜在的リスクのコストを反映すべきである。当然，リスクの高い取引のほうがリスクのコストは高い。

たとえば，貸付では，年間期待損失，貸倒引当金の資本コスト[4]，資金調達，オペレーショナル・コストを含めるべきである。実際に，商業貸付は，単独商品として利益を生み出すためだけでなく，銀行が対顧客関係を強固にするためにも利用されることも多いので，十分なプライシングがなされていない場合がある。リスク調整を考慮に入れたプライシングによって，商品としての収益性が変わるわけではないが，収益性の低い貸付を補塡するために顧客全体からどれだけの利益をあげなければならないかを認識することができる。リスク調整を考慮したプライシングは，金融業界の至るところで応用されてきた。これは事業会社でも有効であるが，導入は遅れている。

新規投資や事業パフォーマンスを評価するための正味現在価値（NPV）あるいは経済付加価値（EVA）の技法は，通常，リスクのコストを完全には組み込んでいない。一般的にこれらのツールは，非期待損失はいうまでもなく期待損失さえも十分にはとらえておらず，エコノミック・キャピタルとは一致しない簿価資本に基づいているからである。結果として，NPV モデルや EVA モデルは，事業の潜在的リスクに感応的ではない。そのため，高リスク事業の収益性を過大評価し，低リスク事業の収益性を過小評価する傾向がある。リスクのフルコストを盛り込むような調整，あるいは簿価資本の代わりにエコノミッ

---

4) 期待損失，非期待損失，エコノミック・キャピタルについての詳細な議論は第 9 章を参照。

ク・キャピタルを使用することで，これらのモデルの有効性を大きく強化できる。

下方リスクのコントロール

　リスク管理は事業の成長と収益性を支えるが，その使命は下方リスクをコントロールすることにある。損失や失敗などの下方リスクは，事業を行ううえで必ず存在することを忘れてはならない。

　製薬会社は，新薬を導入するたびに，研究やマーケティングのコストがまったく無駄になるリスクがある。銀行は，すべての貸付がデフォルト・リスクにさらされる。製品やシステムを開発する企業も，コストの見積超過，スケジュールの遅延，結果として業績が予想を下回るなどのリスクに直面する。

　事業とはリスクをとることを意味するのであるから，ここで重要なのは，下方リスクを排除することを過度に追求すべきではなく，それを許容範囲内にコントロールすることである。前述のように，許容範囲は，事業を管理するために利用可能な人的，財務的，技術的資源によって決まり，企業のリスク・アペタイトを反映したものである。リスク・アペタイトは，ストップ・ロス・リミットによってコントロールされる実損，また，感応度リミットによってコントロールされる潜在的損失の金額と可能性で表せる。

　ストップ・ロス・リミットは，企業がリスク・ポジションによって負うことができる損失額をコントロールする。ストップ・ロス・リミットは，証券会社によって市場リスクをコントロールするために広く採用されてきた。同じ概念は，他の種類のリスクにも拡張できる。たとえば，信用リスクのストップ・ロス・リミットは，信用スプレッド（たとえば，評価損）をもとにした償却（たとえば，実損など）と，時価評価による損失を組み合わせて測定する現実の貸倒れ損失を用いて設定される[5]。経営者はミス発生率，システムの休止時間，未解決の監査項目などの指標にリミットを設定することによって，オペレーショナル・リスクをコントロールできる。

　実損や実績値がリミットに達した場合，経営者による検証，ヘッジ戦略，コンティンジェンシー・プラン，出口戦略を含めて，経営者が決定し行動を開始

---

5) たとえば，格下げされた（信用スプレッドが拡大した）貸付あるいは証券は，たとえデフォルトや償却が発生していなくても，時価評価による損失は生じる。信用スプレッドを使って，与信ポートフォリオを時価評価すれば，貸倒れ損失の経済的評価となる。

する必要がある。

感応度リミットは，潜在的な経済損失が経営者の閾値を超えないようにする。感応度リミットは，種々の不利な経済シナリオやリスク・ポジションのもとで，企業がリスクにさらされている資本額をコントロールする。これらの感応度リミットは，市場ボラティリティなどのリスク・ファクターの極値をとるか，長期にわたる事業と環境の進化を繰り返しシミュレーションすることによって明らかにできる。

感応度リミットが利用されるのは，主にリスクの過度の集中を避けるためである。リスク・ポジションが感応度リミットを超過すると，経営者は事業における潜在的損失が許容規模を上回る可能性があることを知り，リスクを削減しようとする。ストップ・ロス・リミットと感応度リミットの概念は，一般に，市場リスクや信用リスクの管理に応用されているが，オペレーショナル・リスク管理のために使われる総合品質管理技法（TQM）に非常に似ている。GEやアライドシグナル社のような企業は，実際のミス発生率および潜在的なミス発生率をシックス・シグマ基準と比較して追跡しており，実績値が閾値を下回った場合には是正措置が講じられる。

ストップ・ロス・リミットや感応度リミットに加えて，基本エスクポージャー・リミット（たとえば，新興諸国市場への信用エクスポージャーの総額やハイテク株への市場エクスポージャー）が，下方リスクをコントロールするために設定される。しかし，リスク・リミットを設定することはリスク管理プロセスの一部にすぎない。それらを有効にするためには，リミットに関する情報（とくにリミット超過に関する情報）が経営者に効率的に報告されなければならず，報告を受けた経営者はこの情報をもとに，必要に応じて決断力をもって行動しなければならない。

報告の適切な頻度は事業の特性や受け手により異なる。たとえば，世界的な資本市場で取引を行っている企業や複数のコール・センターをもつ企業は，事業管理者によるリアルタイムでのリスク・モニタリングが必要かもしれない。それほど変動的でない状況で事業を行っている企業は，日次あるいは週次での報告でよいかもしれない。上級管理職や取締役会に対しては，月次か四半期ごとのリミット報告が適当だろう。

資本配賦，リスク調整済みのプライシング，リミット設定は，企業がどのくらいリスク・テイクするかをコントロールするための事前的方法である。しか

第 3 章　概念とプロセス　　　　　　　　55

し，これは，せいぜい話の半分にしかすぎない。すでにとっているリスクを管
理するために可能な方法が他にもある。その管理方法とは，リスクが実際にど
のようなものかを理解することである。つまり，より優れたリスク分析，機能
的な IT 技術，分析報告に重点を置くことである。

　もう1つは，どのリスクが他のリスクを相殺するか，あるいは悪化させるか
を理解することである。デュレーション・マッチングは，一般的なリスク管理
手法であり，これを用いて，金融機関は資産と負債の金利感応度を一致させ，
金利が変化した場合に資産と負債の価値が同じように変化するようにする。
1990 年代に金融機関で高い人気を博したアクティブなポートフォリオ・マネ
ジメントは，新たなリスクをとることが，ポートフォリオ全体のリスクを過度
に増加させるのか，あるいは減少させるのかを明確にしていくもう1つの手法
である。

　通常，これらの内部管理手法が好まれるのは，内部管理手法のほうがリスク
を社外の相手に移転するよりも，一般に長期的視野に立ち，コストがかからな
いためである。しかし，内部管理手法の整備には時間がかかり，企業のリスク
特性への改善効果は小さい。時間，資源，あるいは順応性が欠如している場合，
デリバティブや保険を利用したリスク移転は，タイムリーかつ効果的な解決法
となる。

リスクはベルカーブ

　これまでに，この章において，さまざまな概念とプロセスを紹介してきた。
これらの概念すべてを統合するシンプルな方法は，**図 3.3** に描いたようにリス
クをベルカーブとしてとらえることである。ベルカーブの平均は，期待パフォ
ーマンスを表している。リスクは，実際のパフォーマンスを期待パフォーマン
スから，良い方向にせよ悪い方向にせよ逸脱させる変数である。ベルカーブの
幅という点で，潜在的結果の分布はリスクを表している。

　リスク管理の目的は，リスクとリターンのトレードオフを最適化するか，ベ
ルカーブの形を最適化することである。言い換えれば，リスク管理戦略は期待
パフォーマンスを改善し，潜在的結果の分布範囲を狭めることである。経営陣
は，期待パフォーマンスの改善が保証されているのであれば，より広い分布を
受け入れるかもしれない。5つの主要なリスク種類の観点から，リスクのアイ

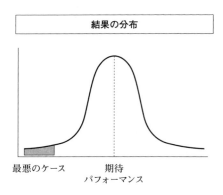

図 3.3 リスクはベルカーブ

デアをベルカーブとして考えてみよう。

戦略リスク

戦略リスクでは，期待パフォーマンスは，長期的戦略計画をもとにした期待企業価値としてとらえることができる。企業価値を増加あるいは減少させる可能性があるリスクには，マクロ経済状況，競争的行動，戦略計画を策定・実行する企業の効率性が含まれる。これらの変数は，企業にとっての戦略リスクを表している。

事業リスク

事業リスクに関しては，翌年の予想1株当たり利益（EPS）が期待パフォーマンスのよい代理変数となる。目的を達成するのにかかわるリスクには，市場シェア，新規顧客，価格マージン，コスト管理が含まれる。これらのリスクは利益変動の原因となりうる。

金融リスク

金融リスクについては，金利リスクが例にあげられる。期待パフォーマンスは，純利息マージン，すなわち金利収入と支払利息の差として表せる。主なリスク変数には，資産・負債のデュレーション・ミスマッチ，金利水準および金利スプレッドが含まれる。

オペレーショナル・リスク

　情報技術（IT）を例に考えると，期待パフォーマンスは少なくとも99パーセントの確率で重要なシステムが稼働するということであろう。主なリスク変数には，重要なシステムを停止させてしまう単一障害点（SPOFs）や有害なウィルスや破壊工作ソフトがIT環境に侵入するのを可能としてしまうサイバー・セキュリティの問題などが含まれる。

規制リスク

　ほとんどの企業にとって，期待パフォーマンスは，主な法律や規制を遵守するという規制に対する優れた対応であろう。潜在的リスクは，企業が十分な備えができていない新しい規制や企業の法令遵守プロセスを認識していない，あるいはそのための訓練が十分にできていない新しい従業員である。

　この章で議論した概念や手法はすべて，単独のリスクに応用できる。しかし，その本当の効力は，統合的方法でリスク全体を管理するために利用する場合に発揮される。次章では，その理由を説明する。

第4章　ERMとは何か

　第3章で，将来的に企業が直面するすべてのリスクに適用可能な概念とプロセスを説明した。また，すべてのリスクをベルカーブとみなすことができる点についても議論した。確かに，重大なリスクのそれぞれについて，企業が効果的なプロセスを構築することが必要である。しかし，リスクごとに独立したプロセスを構築するだけでは不十分である。

　リスクは，本質的に動的で，不安定で，かつ相互依存性が強い。このため，別々の構成要素に分け，別個に管理することなどできない。今日の不安定な環境下で事業を行う企業は，リスク・ポートフォリオ管理に関して，より統合的手法を必要とする。

　このことはこれまで常に認識されてきたわけではなかった。伝統的に，企業は組織的サイロのなかでリスクを管理してきた。市場リスク，信用リスク，およびオペレーショナル・リスクは別個に扱われ，しばしば組織内の異なる担当者あるいは部署により処理されてきた。たとえば，信用リスクの担当者はデフォルト・リスクを評価し，住宅ローン担当者は期限前償還リスクを分析し，トレーダーは市場リスクに責任があり，そしてアクチュアリーは負債，死亡率，その他の保険関連リスクを取り扱ってきた。財務部門や監査部門がその他のオペレーショナル・リスクを処理し，上級の執行部門管理者が事業リスクに対処してきた。

　しかしながら，そのように細分化された手法は，単純にはうまくいかないことが明らかになってきている。というのは，リスクは相互依存性が強く，完全に独立した部門単位で別々に管理できないからである。ほとんどの事業の関連するリスクは，伝統的な組織体制による主要リスク（市場，信用，オペレーション，保険）とは一対一に対応しない。それらの主要なリスクをそのままの形で管理しようとする試みは効果的ではなく，潜在的に危険であることがわかるだろう。相互依存性やポートフォリオ効果がとらえられておらず，リスクが隙

第 4 章　ERM とは何か　　59

間からこぼれ落ちることもある。また，組織的な間隙や無駄によって，次善の
パフォーマンスに終わることもある。たとえば，ある企業が新しい製品や事業
を外国で立ち上げようとしていることを想像してみよう。その第一歩の時点で
は，以下のことが必要となるだろう。

■　正しいプライシングと市場参入戦略を決定する事業部門
■　資金調達や金利，外国為替などのリスクに対する補償を提供する財務部門
■　新規事業を支援する情報技術（IT）および事業運営部門
■　規制や賠償責任の問題を処理する法務・保険部門

　統合的手法のほうがより効果的にこれらのリスクを管理しうることは容易に
判断できる。ERM の機能は，全社的な方針や基準を策定することに責任を負
い，事業部門にまたがるリスク管理活動を調整して，上級管理職や取締役会の
ために全体的なリスク・モニタリングの手段を提供することである。
　サイロ型アプローチのもとでは，リスク・モニタリングもそれほど効率的で
はない。個々のリスク管理部門が，異なる方法や形式で固有のリスクを測定し
報告することには問題がある。たとえば，財務部門は金利や外国為替リスクの
エクスポージャーについて報告を行い，その中核となるリスク計測手法として
VaR を利用する。一方で，融資部門は，デフォルトや未払いとなっている信
用エクスポージャーについて報告を行い，エクスポージャーを未払い残高とし
て測定する。これに対して，監査部門は懸案の監査項目について報告を行い，
ある種の監査評点を付与する等々である。
　上級管理職や取締役会はパズルの断片をもっているが，全体像をつかんでい
ない。実際に多くの企業では，リスク管理部門は何百ページものリスク報告書
を毎月作成している。しかし，有益なリスク情報を上級管理職や取締役会に提
供するようには，リスク管理部門が運営されていないことが多い。それを確か
める良い方法は，上級管理職に次の基本的な質問をしてみることである。

■　自社のトップ 10 リスクは何か。
■　われわれの事業目的のリスクは何か。
■　リスク耐性水準に対する本質的なリスク・エクスポージャーを追跡するた
　　めのキー・リスク・インディケーターをもっているか。

60 第 1 部　リスク管理の背景

■　企業の実際の損失および事象は何か，そして，前出のリスク評価報告書に
　　おいてこれらのリスクは確認されているか。
■　法令，規制および企業のリスク管理方針を遵守しているか。

　もし，これらの質問に企業として確信をもって答えられないとすれば，リス
クのすべての側面を扱う，より統合された手法である ERM[1] が必要である。

ERM の定義

　ERM 実務は今なお比較的新しいものなので，広く業界で受け入れられてい
る標準的な ERM の定義はまだない。よって，多様な異なる定義が可能であり，
それらのすべてが ERM の異なる側面に焦点をあて優先づけを行っている。た
とえば，2004 年の COSO（The Committee of Sponsoring Organizations of the
Treadway Commission：トレッドウェイ委員会支援組織委員会）による定義を見
てみよう。

　「ERM は，企業に影響を及ぼす潜在的事象を識別し，企業のリスク・アペ
　タイトに収まるようにリスクを管理し，企業目的の達成に関し合理的な保証
　を提供できるように設計されたプロセスであり，事業体の戦略策定および事
　業体全体にわたって適用され，事業体の取締役会，経営者，その他の組織内
　のすべての者によって遂行されるプロセスである。」

ISO 31000（The International Organization of Standardization）による別の
定義は以下である。

　「リスクは "不確実性が目的に及ぼす影響" であり，リスク管理とは "リス
　クに関して組織を統制・制御するための組織的活動" といえる。」

　COSO および ISO の定義は有益な概念（たとえば，目的との関係性）を提
供しているが，ERM は付加価値機能として定義されることが重要だと考える。

---

1)　ERM を表現するためによく用いられるその他の用語には，firm-wide risk management, glob-
　al risk management, integrated risk management, holistic risk management などがある。

したがって，次のような定義を提案したいと思う。

「リスクとは予想される結果から変動を生じさせる変数である。ERM は，事業目的を達成し，予想しえない収益変動を最小化し，企業価値を最大化するために，主要リスクを管理するための包括的かつ統合的枠組みである。」

ERM の一般的な定義がないことによって，企業が ERM の枠組みを構築しようとする際に混乱を生じさせる。全企業にとって完全な，あるいは適用可能な ERM の定義などない。各組織が自分の事業範囲や複雑性に最も適した ERM の定義と枠組みを採用すべきというのが，私のアドバイスである。

ERM のメリット

ERM は 3 つの点で統合を必要とする。

第 1 に，ERM は統合的なリスク管理組織を必要とする。これの意味するところは，中央集権的なリスク管理部門が，最高経営責任者（CEO）や取締役会に報告を行い，企業レベルあるいは取締役会レベルのリスク監視責任をサポートすることである。現在，組織内のリスクのすべての側面に監視責任をもつ最高リスク管理責任者（CRO）を置く組織が増えている。このような進展については，後に検討する。

第 2 に，ERM はリスク移転戦略の統合を必要とする。サイロ型アプローチのもとでは，リスク移転戦略は取引レベルや個々のリスク水準で実行されてきた。たとえば，金融デリバティブは市場リスクをヘッジするために，また保険はオペレーショナル・リスクを外部に移転するために用いられてきた。しかしながら，この手法はポートフォリオにおけるリスクの種類の範囲内での，またはそれを超えた分散を組み込んでおらず，結局は過剰なヘッジや保険の手当に陥りがちである。対照的に，ERM アプローチは，ポートフォリオ的な見地から，企業内のすべての種類のリスクについてデリバティブや保険，その他の代替的リスク移転商品を利用して，管理職が望ましくないと考える残余リスクだけをヘッジすべく合理化を行う。

第 3 に，ERM は企業の事業プロセスのなかにリスク管理を統合する必要がある。ERM は，下方リスクや収益のボラティリティを管理するために用いら

れる防衛的または統制型な手法よりもむしろ，プライシング，資源配分やその他事業の意思決定を支援し影響を与えることにより，事業業績を最適化する手法といえる。リスク管理が経営の攻撃面での武器となるのは，この段階においてである。

この統合のすべてが容易というわけではない。ほとんどの企業にとって，ERM の実施には継続的な管理職による支援や人的および技術的な資源への持続的投資が必要であり，長期的な取り組みが求められる。皮肉にも，リスク管理に費やされる時間や資源の量は，先行する組織と出遅れた組織の間で必ずしも違いがないかもしれない。

その本質的な違いとは以下である。先行する組織はリスク管理の観点から合理的な投資をし，先を見越した対策を講じており，自身のリスク特性を最適化している。一方，後れた組織は受動的で一貫性のない投資をし，次々に難局と向き合っている。リーディング・カンパニーでは，リスク管理への投資は効率改善と損失減少によって相殺され，さらにおつりがくる。

ERM の以下の3つのメリットについて議論しよう。組織の効率性増大，優れたリスク報告，そして事業業績の改善である。

組織の効率性

ほとんどの企業はすでに，財務・保険，監査，コンプライアンスといったリスク管理および監督機能をもっている。さらに，専門のリスク管理部門があるかもしれない。たとえば，通常投資銀行は市場リスク管理部を有しており，またエネルギー会社はコモディティ・リスクの管理者を置いている。

CRO の任命や ERM 部門の設置は，これらさまざまな機能を効果的に働かせるために必要なトップダウン式の調整を提供する。統合チームは企業が直面する個々のリスクだけでなく，これらリスク間の相互依存関係にもうまく対処するだろう。

リスク報告

前述したように，リスク管理の重要な要件の1つは，タイムリーかつ適切なリスク報告を上級管理職や取締役会に行うことである。しかしながら，これもまたすでに述べたことであるが，このことは必ずしも一般的ではない。サイロ的枠組みではリスク報告全体の責任を誰もとらないか，または，すべてのリス

メリット	企業	実際の結果
市場価値の改善	大手マネーセンターバンク	S&P500 の銀行銘柄を，58% 上回る株価上昇
リスクの早期警戒	大規模な商業銀行	トップリスクの評価で将来損失の 80% 以上を特定化。グローバル・リスク・リミットがロシア危機以前の 3 分の 1 に削減
損失の減少	大手資産運用会社	企業全体の損失率 30% 削減。特定事業部門の 80% まで削減
法定自己資本の軽減	大規模な国際的商業銀行および投資銀行	必要規制資本の 10 億ドル削減。約 8〜10%
リスク移転の合理化	大規模な損害保険会社	年間再保険料の 13%，4,000 万ドルのコスト削減
保険料の削減	大規模な製造業	年間保険料の 20〜25% 削減

図 4.1　ERM のメリット

ク関連部門が一貫性のない，時に矛盾した報告を行っている。

　ERM 部門は，上級管理職や取締役会に行うべきリスク報告の水準や内容に優先順位をつける。すなわち，損失合計に関する全社的な展望，方針の例外的適用，リスク発生事例，重要なエクスポージャーや早期警戒指標などである。リスク報告は，企業の重要なリスクに関するタイムリーかつ簡潔な情報を含むリスク・ダッシュボードの形をとるかもしれない。もちろん，これは上級管理職の水準を超えている。すなわち，ERM 報告の目的は，本質的に組織の隅から隅までリスクの透明性を高めることにある。

事業業績

　ERM アプローチを採用する企業は，事業業績を著しく改善してきた。図 4.1 は，企業の部門を超えた ERM メリットの報告事例である。ERM は，資本配賦，製品開発やプライシング，M&A のような経営上の重要な意思決定を支援する。これが損失の減少，収益のボラティリティ低下，収益の増加や株主価値の向上といった改善につながる。

　これらの改善は，すべてのリスクについてポートフォリオ的な見方をとる結果として生じる。それはリスクや資本，収益性を関連づけて管理することであり，企業のリスク移転戦略を合理化することでもある。その効果は単なるリスクの低減にとどまらない。事業に関する真のリスク・リターンの経済性を理解

する企業は，収益のあがるリスクをとることができる。しかし，そのようなリスクは，それを理解する企業にとっては意味をなすが，そうでなければ意味がない。これらの改善がどのように達成されるかについては，次章でさらに詳しく見ていくことにしよう。

　これらのメリットをすべて享受できるにもかかわらず，多くの企業は，社内外からの強い要請に迫られないかぎり，本格的に ERM に着手することを躊躇う。実務の世界では，管理職はニアミス，つまり，自らの組織内で避けることのできた災難や，同じような組織が実際に被った危機から刺激を受けてはじめて行動することが多い。

　このとき，取締役会や上級管理職は，自社内の統制環境やリスク報告が妥当かを自問することになる。別の言い方をすれば，彼らは，組織として主要リスク・エクスポージャーを実際どの程度認識していたのかを問題にする。

　このような取り組みはまた，監査役や規制当局からのきわめて批判的な評価を受けた後でも行われる。監査役や規制当局は本来，リスク管理の有効性に関心をもっている。結果として，規制当局は，検査を通してリスクのすべての側面に焦点を当て，リスク・ベースド・キャピタルやコンプライアンス要件を定め，リスク管理プロセスにおける取締役会や上級管理職の重要な役割を強化する。

　この内部からの見直しは，ERM アプローチの立ち上げにおける主要なプログラムを担当する上級管理職のなかから，しばしばリスク・チャンピオンを出現させることになる。前述したように，このリスク・チャンピオンは正式な上級管理職の地位へと次第に昇格しつつある。それが CRO なのである。

　さらにその他にも，株主，従業員，格付機関，アナリストのような影響力のあるステーク・ホルダーからの直接的な圧力にさらされることもある。ステーク・ホルダーが収益の予測性を期待するだけでなく，経営陣がそれをできないことを言い訳できない現状がある。過去数年を振り返ってみると，バリュー・アット・リスク（VaR）やリスク調整済み資本収益率（RAROC）のようなボラティリティに基づくモデルは，組織内のすべての種類の市場リスクを測定するために利用されてきた。現在，信用リスクやオペレーショナル・リスクに対しても利用され始めている。クレジット・デリバティブや CAT ボンドのような代替的リスク移転商品の利用可能性や流動性の増加によって，過去には保有するしか選択肢のなかった多くの受け入れ難いリスクを，企業はもはや保有せ

ずともよくなっている。一般に，そのようなツールが利用できるようになるにつれ，企業が原始的で役に立たない代替手段をもち続けることは困難かつ受け入れ難いものになっている。リスク管理は経営者の仕事である。

最高リスク管理責任者（CRO）

　CRO の役割は，リスク管理の関係者だけでなく，財務や一般的な管理者からも多くの関心をもたれてきた。CRO や ERM に関する記事は，『リスク・マガジン』や『リスク・アンド・インシュアランス』のような業界誌にしばしば登場するが，『CFO マガジン』，『ウォールストリート・ジャーナル』，『USA トゥデイ』のような一般誌にも掲載されるようになってきた。

　CRO の役割について論じる前に，どのようにして筆者がその肩書きに辿り着いたかを述べておきたい。1993 年 8 月，リック・プライスは，GE キャピタルのファイナンシャル・ギャランティ・インシュアランス・グループの新しい資本市場事業の立ち上げを支援させるために私を雇った。私の仕事はリスクのすべての側面を管理することであり，販売やトレーディング以外のすべての機能について直接的な管理責任を有していた。具体的には，市場リスクと信用リスクの管理，バックオフィスの運営，事業計画や財務計画などが含まれていた。

　これは新規事業であったから，プライスは私の肩書きをとくに考えておらず，適当なものを提案するよう言ってきた。この時期，GE をはじめ多くの企業は，事業における IT 資源の統合やコンピュータ技術の役割を高めるため最高情報責任者（CIO）を任命していた。今日の CIO は通常，メインフレーム，パーソナルコンピュータ，ネットワーク，インターネットを含む統合的な IT 戦略の構築と実行に責任がある。

　CIO の流行，市場・信用およびオペレーショナル・リスクに対する新たな統合的責任ということから，私は最高リスク管理責任者（CRO）という役割と肩書きを考えついた。CRO はすべての種類のリスクを含む ERM 戦略の構築と実行に責任を有する。私は CRO という肩書きを GE キャピタルやフィデリティ・インベストメンツでも使用した。

　今日，CRO の役割は，投資活動が盛んか海外事業を行っているような，金融機関，エネルギー会社，一般事業会社のリスクの大きい事業で広く採用されている。米国の大きな金融機関の 80 パーセント以上で CRO がいると思われ

る。

　最近の金融経済危機は包括的な ERM の枠組みへの需要を高めた。このような需要の増大を示すものとして，ERM における経営者訓練プログラムが先進的なビジネススクールでますます実施されるようになっている。たとえば，2010 年 11 月，ハーバード・ビジネススクールは，企業のリーダーとしてリスク管理を行う，CEO や COO, CRO を訓練するために設計した 5 日間のプログラムを実施した。これまで異なる 2 つのセッションが行われた。1 回は 2012 年 2 月，もう 1 回は 2013 年 2 月である[2]。

　CRO には，信用リスク，市場リスク，オペレーショナル・リスク，保険，ポートフォリオ管理の部長が報告を行うのが一般的である。CRO は通常，リスク管理方針，資本管理，リスク分析，リスク報告，そして事業部門のリスク管理に対しても責務を負う。一般的に，CRO の職務は以下のようなことに関して直接の責任がある。

- 企業全体のリスク管理に対する全般的なリーダーシップ，ヴィジョン，指揮
- 組織全体におけるリスクのすべての側面に関する ERM の枠組みの構築
- 具体的なリスク・リミットを通じた経営陣のリスク・アペタイトの定量化を含む，リスク管理方針の構築
- 損失や偶発事故，重要なリスク・エクスポージャーや早期警戒指標を含む，一連のリスク指標とリスク報告の実践
- 事業活動へのリスクに基づくエコノミック・キャピタルの配賦，および事業活動やリスク移転戦略を通じた企業のリスク・ポートフォリオの最適化
- 取締役会，規制当局，株式アナリスト，格付機関，取引先など重要なステーク・ホルダーに対する企業のリスク特性の伝達
- リスク管理計画を支援するための分析，システム，データ管理能力の形成

　ERM がなおも比較的新しい分野だとしても，CRO の役割から多くの障害がまだ取り除かれていない。たとえば，CEO や CFO, COO のような C レベルの地位の人たちと取締役会との間のヒエラルキーにおいて，CRO がどのよ

---

[2] Winokur, L. A., "The Rise of the Risk Leader: A Reappraisal," *Risk Professional*, April 2012, p. 20.

うな立ち位置なのかに関してなお，実に多くの曖昧な点がある。

　多くの場合，CRO は CFO や COO に報告する。これは，企業のリーダーとの間に深刻な利害対立が生じる場合，企業を内部分裂に対し脆弱なものにする。たとえば，HBOS の規制リスクの前責任者ポール・ムーアが「無謀な貸出に対し，ずっと警告を発してきた」と告発したとき，それにともない行われた調査によって，FSA の副議長でもある HBOS の CEO ジェームズ・クロスビー卿が辞任に追い込まれた[3]。

　組織的な解決方法は，CRO と取締役会あるいは取締役によるリスク管理委員会との間に点線の報告関係を設けることである。（たとえば，CEO や CFO の不正，主要なレピュテーション問題や規制上の問題，リスク・アペタイトを超えたリスク・テイクのような）極端な状況下では，その点線が実線に代わり，自分の仕事の補償や報酬のことを心配せずに直に取締役会に報告できる。究極的な効果があるためには，リスク管理には独立した発言権がなければならない。取締役会への直接的な意思伝達チャネルは，発言が聞き入れられることを担保する 1 つの方法である[4]。

　これら CRO と取締役会（あるいは，業務執行部門のリスク管理者と CRO）との間の点線の報告態勢に関して，組織は基本的ルールを設けて文書化する必要がある。基本的ルールにはリスクに関する上申や報告手続き，採用や解雇，年間目標の設定，報告を行ったリスク管理責任者およびコンプライアンス責任者の報酬の決定に関する取締役会や CRO の役割を含む。

　取締役会によるもう 1 つのリスク監視上の選択肢は，既存の監査委員会とリスク管理を統合するように変更することである。S&P 500 のサーベイでは，「回答者の 58 パーセントが，監査委員会はリスク管理にも責任を負っていたと答えた」[5]。しかしながら，このことはそれ自身に問題がある。多くの場合，監査委員会はすでに監査関係の問題を取り扱うだけで精一杯の能力を費やしていて，同じように適切に ERM を監視できない。デロイトのヘンリー・リスチューシャは，「監査委員会がリスク管理の把握を改善できなければ，別のリスク管理委員会が設けられる必要がある」[6] と述べている。

---

3) Davy, Peter, "Cinderella Moment," *Wall Street Journal*, October 5, 2010.

4) Lam, James, "Structuring for Accountability," *Risk Professional*, June 2009, p. 44.

5) Banham, Russ, "Disaster Averted," *CFO Magazine*, April 1, 2011, p. 2.

6) 同上。

ERM 基準がないことが，CRO の役割の積極的な発展にとって重大な障害ともなっている。アライアント・クレジット・ユニオンの CFO モナ・レオンは，「われわれは ERM に関する多くのさまざまな定義をもっていて」，その結果，ERM は企業ごとに意味することがいくぶん異なっていて，違ったやり方で実施されているという。もちろん，違う業界の企業は，自分に合ったビジネス・モデルや規制枠組みの用件を満たすために，リスク管理へのアプローチを調整すべきである（あるいは，調整しなければならない）が，一般的なERM 基準をもつことが重要である。

CRO の役割には構造的な矛盾が残っているものの，いくつかの重要な点でリスク管理専門職の地位を高めてきたと，私は信じている。何よりも第1に，主にリスク管理に責任をもつ上級管理職の任命は，多くの企業においてリスク管理部門の認知度と組織効率性を高めてきた。これらの任命の成功によって，CRO の地位に対する認識が高まり，CRO は受け容れられるようになった。

次に，CRO の地位は，リスクや事業管理に関する幅広い見識を身につけたいと望むリスク管理の専門家に対して魅力的なキャリアパスを提供する。これまでリスク管理の専門家は，信用リスク管理や監査のような限られた部門の責任者を目指すのが関の山であった。私が 2000 年 9 月 13 日に開催したオンラインセミナーに参加した 175 人のうち，約 7 割が CRO を目指していると答えた。

今日，CRO は，CEO や CFO の地位に対する本格的な競争者になっており，企業のリーダーにさえ駆け上がり始めている。たとえば，シカゴ連邦住宅金融銀行の前 CRO マシュー・フェルドマンは，2008 年 5 月に社長兼最高経営責任者（CEO）に任命された。同様に，ドイツ銀行の CRO ヒューゴ・バンジンガーは UBS の CEO 候補であった。マッキンゼー社のケビン・ビューラーは，CRO が管理上の機能から戦略的な役割を果たすように徐々に移行したことが，このような成功の主たる要因であり，年とともにこのような進歩は加速していると述べている[7]。

最後に，CRO の価値は市場における報酬の高騰に表れている。CRO や経営層のリクルーターの話によれば，CRO の報酬の最高額は 1990 年代初頭では高くても 50 万ドル程度であったが，1990 年代末には 100 万ドル以上に跳ね上がった。今日，大きな金融機関では，CRO は年間 1,000 万ドル以上の報酬を得

---

7) Winokur, L. A., "The Rise of the Risk Leader: A Reappraisal," *Risk Professional*, April 2012, p. 17.

ることができ，CRO への報告は 100 万ドルまでなされている。業界，企業規模によって違うが，CRO の平均報酬は約 184,000 ドルとされる。2008 年以来 7.5 パーセントの上昇である[8]。

　リスク管理はすでに CEO や CFO によって行われているとの理由から，企業は CRO を置くべきではないとする主張もある。この主張を裏づけるのは，CEO が常に企業のリスク（および収益）状況に対して最終的な責任を負うことや，多くのリスク部門が CFO の管轄であるということだ。CEO や CFO の責任を減らすべく，CRO のような最高責任レベルの地位を設けるのはなぜだろうか。

　その理由は，企業が最高情報責任者（CIO）や最高マーケティング責任者（CMO）のような最高責任レベルの役割を設けるのと同じである。これらの役割が規定されているのは，最高責任者たちが企業の成功を左右する中核的能力を代表しており，CEO がこれらのベテラン専門職のもつ経験や専門技術を必要とするためである。おそらくすべての企業が常勤の CRO を置くわけではないだろうが，その役割は CEO または CFO に対して暗示的ものではなく，明示的なものでなければならない。

　リスク管理が中核業務であるような金融，エネルギー，さらには他の産業で事業を展開している企業は，CRO の地位について十分に考慮しなければならない。CRO はまた，上級管理職のなかに幅広いリスク管理の経験をもつ者がいないような企業や，常時，経験を積んだリスク管理の専門家が必要なリスク管理のインフラ整備に注意を払うことが求められるような企業に利益をもたらすだろう。

　企業は CRO に何を求めるべきか。理想的な CRO は，5 つの領域で傑出したスキルをもっている。1 つめは，能力のあるリスク管理の専門家を雇用し続け，ERM に対する全般的な見通しを構築するためのリーダーシップを発揮することである。2 つめは，とくに業務執行部門からの当然の抵抗に打ち勝つため，懐疑的な人に考えを改めさせるように説得する技術である。3 つめは，企業の財務やレピュテーションといった資産を守る義務である。4 つめは，信用リスク，市場リスク，オペレーショナル・リスクに関して専門的な技術をもつことである。5 つめは，自らの事業のリスク管理を実行できるよう部門管理者

---

8) Hofmann, Mark A., "Average Chief Risk Officer's Salary Nearly $184,000: RIMS," *Business Insider*, April 24, 2013.

を支援するだけでなく，取締役会や上級管理職を啓発するコンサルティング能力である。すべての技術を一人であわせもつ人はなかなかいないが，CROまたは組織として，以上のような能力が備わっていることが重要である。

ERM の要素

　成功する ERM プログラムは，7 つの重要な要素に分解できる（**図 4.2** を参照）。これらの要素それぞれが，1 つに統合されたものとして機能するように構築され，互いに結びついていなければならない。その 7 つの要素は以下のとおりである。

1. 企業全体のリスクを計測し，管理するための適切な組織プロセスと企業統制を，取締役会や経営陣が確実に構築できるコーポレート・ガバナンス
2. （事業開発，製品・リレーションシップ管理，プライシングなどを含む）自社の収益活動とリスク管理とを統合した業務執行部門の管理
3. リスク・エクスポージャーを集計し，分散効果を組み込み，設定されたリスク・リミットに対する集中リスクをモニタリングするポートフォリオ管理
4. あまりにも高いと考えられる，つまり，自社のポートフォリオに組み込んで保有するよりも第三者に移転するほうがよりコスト削減効果が高いリスク・エクスポージャーを削減するためのリスク移転
5. 外部要因を突き止めるだけでなく，自社のリスク・エクスポージャーを計量化するための，リスクの計測・分析・報告ツールを提供するリスク分析手法
6. 分析・報告プロセスを支援するデータおよび情報技術資源
7. 自社の重要なステーク・ホルダーにリスク情報を説明し，報告するためのステーク・ホルダー管理

　これらを順番に検討していこう。

コーポレート・ガバナンス

　コーポレート・ガバナンスは，取締役会や経営陣が企業横断的にリスクを計測，管理する適切な組織プロセスや企業統制を確実に構築できるようにするも

1. コーポレート・ガバナンス トップダウン式のリスク管理の確立		
2. 業務執行部門の管理 事業戦略の連携	3. ポートフォリオ管理 「ファンド・マネジャー」のような 思考・行動	4. リスク移転 集中リスク，非効率的リスクの 外部移転
5. リスク分析 先進的分析手段の開発		6. データおよび情報技術資源 データ統合およびシステム能力
7. ステーク・ホルダーの管理 主要なステーク・ホルダーへのリスクの透明性向上		

図 4.2　ERM の 7 つの枠組み

のである。効果的なコーポレート・ガバナンスに対する要請は，世界中の規制当局や産業界が主導することで高まってきた。これらには，米国のトレッドウェイ報告，英国のターンブル報告，カナダのデイ報告などがある。これらの報告はすべて企業統制の構築を勧告し，取締役会や上級管理職の責任を強調している。さらに，サーベンス・オクスリー法は，コンプライアンス違反に関する具体的な要件と厳格な罰則の両方を規定している。

ERM の観点から，取締役会や上級管理職の責任には次のものが含まれる。

■ リスク管理方針，損失耐性，リスク対資本のレバレッジ，目標格付の観点から，組織のリスク・アペタイトを定義すること
■ 自身の事業戦略を支援するため，組織が確実にリスク管理技術やリスク吸収能力を保有すること
■ 組織体制を構築し，CRO の役割を含めたリスク管理の役割と責任を定義すること
■ 戦略リスク，事業リスク，オペレーショナル・リスク，金融リスク，コンプライアンス・リスクに関して，統合的なリスクの計測および管理の枠組みを備えること
■ 自社の実務を，業界のベスト・プラクティスをベンチマークとして評価するとともに，リスク評価および監査プロセスを確立すること
■ 言葉だけでなく行動によって方向づけを行い，インセンティブを通じて関与を明確化することで，組織のリスク・カルチャーを形成すること
■ 過去の問題から学んだ教訓や継続中の訓練・開発を含めて，組織の適切な学習機会を提供すること

業務執行部門の管理

リスクの評価やプライシングにおいて，おそらく最も重要な段階はその開始時点にある。新規事業や成長機会を追求する際に，業務執行部門の管理者は，企業のリスク管理方針と事業戦略を調整しなければならない。事業取引のリスクは，事業戦略を遂行する際に十分に評価され，プライシングや収益目標に組み込まれるべきである。

とくに，期待損失やリスク資本のコストは，製品のプライシング，または投資案件に必要とされる収益を決定する際に算入されるべきだろう。事業展開に際しては，新製品や市場機会に関するリスク管理の問題が確実に考慮されるようにするために，リスク・アペタイト水準を設定する必要がある。また取引や事業の検証プロセスは，適切な注意義務を確保するように構築されるべきである。このような効果的で透明性のある検証プロセスにより，業務執行部門の管理者は自部門で独立して引き受けうるリスクと，本社または経営陣の承認が必要なリスクを，さらによく認識することができる。

ポートフォリオ管理

組織における全体的なリスク・ポートフォリオは，たまたまそうなったものであってはならない。すなわち，まったく関係なく行われた事業取引の単なる寄せ集めであってはならない。むしろ，経営者はファンド・マネジャーのように行動すべきであり，適切な分散と最適なポートフォリオ収益を確かなものとするため，ポートフォリオの目標やリスク・リミットを設定すべきである。

アクティブなポートフォリオ管理の概念は，組織内のリスクすべてに適用できる。組織のリスクが１つのポートフォリオとみなされてはじめて，ナチュラル・ヘッジからの分散効果を完全に把握できる。さらに重要なことは，ポートフォリオ管理機能がリスク管理と株主価値最大化の間の直接的なつながりを提供することである。

たとえば，多くの保険会社が ERM を実行する際に大きな障害となるのは，事業ポートフォリオ全体にあるそれぞれの金融リスク[9] が独立して管理されていることである。アクチュアリーの機能は，自社の保険契約から生じる負債

---

9)（訳注）筆者はこの部分において，われわれが「金融リスク」とするものを超えた負債リスクをより含むものとして，"financial risk" という用語を使用していることに注意を要する。

リスクを見積もることを責務とする。また，運用部門は，自社のキャッシュ・フローを債券や株式に投資する。さらに，金利リスクの管理部門は資産と負債の間のミスマッチをヘッジする。しかしながら，ERM を実践した保険会社は，全体のリスク・リターンを最適化するために，負債，投資，金利，その他のすべてのリスクを 1 つの統合されたものとして管理するだろう。金融リスクの統合は ERM プロセスの第一歩であるけれども，戦略リスク，事業リスク，オペレーショナル・リスクもまた全体的な ERM の枠組みのなかで考慮されなければならない。

リスク移転

　ポートフォリオ管理の目的は，望ましくないリスクを外部に移転するコストを削減させ，また組織にとって望ましいが集中しているリスクを引き受ける能力を高めるような，リスク移転戦略によって支えられる。望ましくないリスクを減らすために，経営陣は一貫性のある基準に基づいて，デリバティブ，保険，複合商品を評価し，最も費用対効果の高い代替策を選ぶべきである。たとえば，ハネウェル社やミード社のような企業は，伝統的保険と財務リスク・プロテクションを組み合わせた代替的リスク移転手法（ART）商品を利用してきた。さまざまなリスクを束にすることで，リスク管理者は概ね 2 割から 3 割のリスク移転コスト削減を達成してきた。

　企業は，あらゆるリスク・ポートフォリオにあるナチュラル・ヘッジを組み入れることにより，第三者による補償なしにヘッジや保険コストを劇的に減らすことができる。当然，事業を運営する過程で企業の専門領域におけるリスクの集中が進む。そういうリスクを分析し，仕組みを作り，プライシングできるというのは，正しい情報である。またどんな集中リスクも危険であるというのは，間違った情報である。望ましくないリスクを，たとえば，クレジット・デリバティブや証券化を通じて流通市場へ移転することによって，組織は自社のリスク保有能力を高め，過度に集中したリスク・ポジションを積み増すことなく収益をあげることができる。

　最後に，経営者はタイムリーに直接組成できない，望ましいリスクを購入できる。すなわち，デリバティブ契約を通じ，望ましくないリスク・エクスポージャーを望ましいリスク・エクスポージャーに交換できる。

リスク分析

　進んだリスク分析手法の開発は，より一貫性のある基準での信用リスク，市場リスク，オペレーショナル・リスクの計量化と管理を支援してきた。リスク・エクスポージャーとリスク調整済み収益率の定量化を可能とする技術は，デリバティブ，保険，複合商品のようなリスク移転商品を評価するためにも同じように利用できる。たとえば，（リスク移転の総コストが12パーセントであるのに対し，リスク資本コストが15パーセントの場合のように）リスク移転コストが一定のリスク・エクスポージャーに対するリスク保有コストよりも低いならば，経営陣はリスク移転を通じて株主価値を高めることができる。

　あるいは，もし経営陣が自社のリスク・エクスポージャーを減らしたいならば，その目的を達成するための最も費用対効果の高い方法を決定するのにリスク分析手法を利用できる。リスクの削減に加え，先進的なリスク分析手法は，純現在価値（NPV）または経済付加価値（EVA）ベースの決定ツールを改善するためにも利用できる。たとえば，シナリオ分析や動態的シミュレーションの利用は，株主価値に対する潜在的な影響力の分析に加え，異なる事業戦略の収益性や成果の分析によって，戦略計画を支援できる。

データおよび情報技術資源

　ERMに関する最も大きな難関の1つは，基礎をなすビジネス・データや市場データの集計である。ビジネス・データは，異なるフロントおよびバックオフィス・システムで補捉されたリスク・ポジションを含んでいる。また市場データは価格，ボラティリティ，相関関係を含んでいる。データの集計に加えて，リスク・システムに供給されるデータの質を高めるために，基準や手続きが構築されなければならない。

　この分野の情報技術に関していえば，いまだERMに対する総合的なソリューションを提供するベンダーによるソフトウェアパッケージは1つもない。組織は依然として，必要とする機能を構築するか，購入するか，カスタマイズするか，もしくは外部委託しなければならない。データやシステムの課題はあるが，企業は，ERMプログラムの構築を完全なシステムソリューションが利用できるようになるまで先延ばしにするわけにはいかない。むしろ，企業は，利用可能なものを最善の方法で活用し，同時にシステムの開発プロセスを推進するための迅速な試作技術を採用すべきである。さらに，全社的リスク技術の基

盤を設計する際に，インターネットやイントラネットの力を引き出すことを検討すべきである。

ステーク・ホルダーの管理

　リスク管理は単なる内部管理プロセスだけではない。重要なステーク・ホルダーと企業との関係における，リスクの透明性を高めるためにも用いるべきである。たとえば，取締役会は，リスクを統制するリスク管理方針の検証や承認を行うために，組織が直面する主要リスクに関する定期的な報告やそのアップデートが必要である。規制当局は，健全なビジネス実務が行われていることや，事業運営が規制要件を遵守して行われていることを担保する必要がある。株式アナリストや格付機関は，投資および信用評価を行うためにリスク情報を必要とする。

　これら重要なステーク・ホルダーに連絡をとり報告する際には，適切なリスク管理戦略が効果をあげていると明らかにすることが，経営陣にとって重要な狙いとなる。さもなくば，企業（およびその株価）が全幅の信頼を得ることはないだろう。なぜなら，ステーク・ホルダーが見ているのはリスクであって，それをコントロールすることには関心がないのかもしれないからだ。企業のリスク管理能力に関するアナリストへのプレゼンテーションや年次報告書がますます重視されるようになってきていることは，今日，ステーク・ホルダーとの対話に重点が置かれている証拠である。

　この章では ERM はどういうものか概観を述べた。次章以降では，ERM の7つの要素それぞれについて，さらに詳細に論じる。

第2部　ERM の枠組み
The Enterprise Risk Management Framework

第5章　コーポレート・ガバナンス

1990 年代は ERM が胎動した時代であり，一連の重大なリスク管理の失敗によっても特徴づけられる。それらは，ベアリング銀行，メタル・ゲゼルシャフト，住友商事を襲い，損失は 10 億ドル以上にのぼった。2001 年以降には，さらに劇的な企業の不正行為や破綻が見られた。エンロン，ワールドコム，アデルフィアの破綻により，数十億ドルの株主価値が失われ，株式市場を跪かせた。

これらの災厄は，投資家，従業員，顧客，事業提携先等々のステーク・ホルダーに対し破壊的な影響をもたらした。なかには市場全体の安定を脅かすものさえあった。たとえば，不正トレーダーのニック・リーソンが巨額の損失を出したベアリング銀行の崩壊によって，先物市場は深刻なまでに不安定になった。住友商事の浜中泰男は，市場シェアにより「ミスター 5 パーセント」として知られていた。皮肉なことに，かつてエネルギーリスク管理のリーディング・カンパニーと目されてきたエンロンの破綻によって，エネルギー取引市場をひどく傷つけた。

2008 年の金融危機は，グローバル金融市場およびこれら市場における潜在的な投資家の信頼に混乱をもたらした。とくに，AIG，ベアー・スターンズ，リーマン・ブラザーズおよびその他の規模の大きな金融機関の破綻は，相互に連関するグローバル経済に大混乱を来し，金融市場の流動性と取引を枯渇させ，その結果，資本市場システム全般に対する信頼を失わせた。2011 年，金融危機調査委員会は以下のように記した。「最大の悲劇は，今回のことを誰も予期できなかったという，繰り返されてきた言葉を受け入れ，何もできなかったことを悟ることであろう。このような考えを受け入れたとしても，危機は再び起こる。」

これらの事例を検証することで，組織の背後にある共通の課題が明らかになった。それは，企業および事業運営に関する効果的なリスク管理と幅広い監督

の欠如である。これらの検証の後，規制当局，証券取引所，機関投資家は，コーポレート・ガバナンスに関するベスト・プラクティスの行動規範遵守を新たに強調するようになった。2002年にサーベンス・オクスリー法が可決され，CEOやCFOの財務諸表の適正性に関する宣誓義務，監査役，監査役会の独立性強化といったコーポレート・ガバナンスの実践に関する明確な規則が制定された。

　コーポレート・ガバナンスはリスクに対するトップダウンのモニタリングと管理を提供するものであるから，ERMにとって必須の要素である。それでは，コーポレート・ガバナンスとは何なのか。機関投資家の代表格であり，株主行動主義の熱心な主唱者でもあるカルパース（カリフォルニア州職員退職年金基金）によるコーポレート・ガバナンスのわかりやすい定義は次のとおりである。

　「企業の方向性や業績を決定する際のさまざまな当事者間の関係。主要な当事者は，（1）株主，（2）（CEOに率いられる）経営陣，（3）取締役会である。」[1]

　上級管理職や取締役会は，効果的なリスク管理が適切に行われていることを保証しなければならない。つまり，損をすることに反対する株主や事業提携先への責任，生計の手段を失うことに反対する従業員への責任，そして事業活動におけるその他のステーク・ホルダーへの責任を果たす必要がある。一方で，企業が日々行うリスク・テイクについての責任は問われない。経営陣が企業全体のリスク特性を管理できるのはコーポレート・ガバナンスを通してである。

　コーポレート・ガバナンスの統制は企業のトップから始まる。ここに大きな疑問が生じる。取締役会はどのように構成されているのか。企業の資源やステーク・ホルダーの利益を守るという義務を確実に遂行すべく，取締役会は運営されているのか。

　効果的なコーポレート・ガバナンスは，取締役会に対し日々の業務運営への関与を控え，企業の全体的な監視や管理に集中することを求める。このようにして，取締役会は企業経営に対して統合的かつ客観的な見方を維持し，株主のみならず企業全体が最も恩恵を受けるような方向に企業を導くことに役立つ。

---

1) Monks, Robert A. G. and Nell Minow, *Corporate Governance* (United Kingdom: Blackwell Business, 1995).

経営陣は，優れたリスク管理部門と適切な組織体制を支援するとともに，リスク方針やリスク・リミットを通して事業活動やリスク活動を統率し，影響を与えうる。彼らはまた，監査手続きと同じように，リスクの計測，報告の遵守も確実なものとし，リスク調整済みの業績に見合った報酬制度を導入することにより，望ましい事業運営を促進する強い文化を創造する。

行動規範

近年，世界中のさまざまな機関がコーポレート・ガバナンスのベスト・プラクティスを明文化してきた。これらの多くが世界中の証券取引所によって制定されたが，業界または政府組織，なかには機関投資家によって制定されたものもある。ゼネラル・モーターズ社（GM）の取締役会行動指針のように，企業によって制定されたものもある。

英国や北米だけでなく世界中の多くの国々で，コーポレート・ガバナンスのベスト・プラクティスに関する行動規範が企業の統治手法に強い影響力をもちつつある。これらの指針の遵守は概して任意であるものの，遵守しているか否かの開示は任意ではないことに留意が必要である。たとえば，ロンドン証券取引所（LSE）やトロント証券取引所（TSE）は，現在，各取引所の上場企業に対してキャドバリー・ハンペル報告やデイ報告を遵守しているかどうか，年次での報告を求めている。仮に企業が遵守していない場合，指針に沿うように実務を変更する必要はないが，なぜ遵守していないのを説明しなければならない。

同様に，カルパースのコア原則とガバナンス指針では，以下のとおり，指針は物事を行う1つの方法を示しているにすぎず普遍的なものではないことを謳っている。

「カルパースは，原則と指針に含まれている基準が米国市場の全企業が考慮すべき重要な事項であると信じている。しかしながら，それぞれの企業が原則や指針をすべて採択または採用することをカルパースは期待しないし，求めもしない。発展段階，支配構造，競争環境，その他多くの相違があるため，原則や指針のなかに馴染まないものがあるかもしれないことを認識している。また，他の手法でも同等あるいはそれ以上に，十分に評価できるガバナンス体制を達成できるということも認識している。」[2]

それにもかかわらず，これらの行動規範はビジネス実務に大きな影響を与えてきた。ステーク・ホルダー（とくに規制当局や機関投資家）は，コーポレート・ガバナンスの進歩を示せない企業に対して次第に不満を募らせている。行動規範の遵守は，企業がステーク・ホルダーから賛同を得るための容易な方法である。

たとえば，TSE のコーポレート・ガバナンス委員会とカナダ取締役協会は最近，デイ報告の指針採用 5 年後における企業活動に関する調査を実施し，「TSE 指針の多くが商慣行に幅広く受け入れられている」[3] ことを明らかにした。英国では，財務報告評議会が 2011 年までに「FTSE 350 社の 80 パーセントが，全取締役の再選は年に一度，とする規定を採用した」ことを明らかにした。この規定は，2010 年の調査のわずか 1 年前に，英国コーポレート・ガバナンス・コードの一部としてはじめて定められた[4]。つまり，行動規範によって推奨されたことは，リーディング・カンパニーで採用されていることを示唆している。

ベスト・プラクティス

さまざまな行動規範には，コーポレート・ガバナンスのいくつかのベスト・プラクティスとしてまとめられる多くの共通点がある。それぞれの行動規範の焦点は多少異なっているため，取締役に対する勧告もわずかに異なっている。ここでは，ステーク・ホルダーとの 対 話，取締役会の独立性，業績評価，執行役員や取締役の報酬といった，最もよく引用される行動や課題について検討していこう。

---

2) "CalPERS' Corporate Governance Core Principles and Guidelines," 1995, p 3.

3) Toronto Stock Exchange Committee on Corporate Governance and the Institute of Corporate Directors, "Report on Corporate Governance, 1999: Five Years to the Dey," 1999, co-chair's letter.

4) Financial Reporting Council, "Developments in Corporate Governance 2011: The Impact and Implementation of the UK Corporate Governance and Stewardship Codes," December, 2011, p. 1.

ステーク・ホルダーとの対話

　企業のステーク・ホルダー[5]との対話は，取締役会が神経を使う最も重要な責任の1つである。コーポレート・ガバナンスのベスト・プラクティスの多くは，経営陣が企業について説明責任[6]を負っているということでは一致しているが，実際には，取締役会はある種の情報公開に関して重要な役割を担っている。

　ステーク・ホルダーに重要情報を公開するための最も重要な媒体は企業の年次報告書である。この章ですでに述べたように，LSE や TSE はそれぞれ，企業の情報開示に関するキャドバリー・ハンペル報告およびデイ報告の各勧告を採択しており，上場企業が年次報告書でコーポレート・ガバナンスについて概説することを要求している。

　これにより，取締役会の運営に関する情報への投資家によるアクセスの利便性がかなり向上したが，これはコーポレート・ガバナンスが改善されてきた証左であろう。たとえば，モントリオール銀行やブリティッシュ・ペトロリアム（BP）アモコ社の年次報告書は，コーポレート・ガバナンスの実践についての詳細な情報開示を含んでいる。これらの報告書は，TSE および LSE 各々のコーポレート・ガバナンス要件に関して具体的に言及しており，それらの指針に関係する自社の取り組みを評価している。これらの情報開示はまた，企業のウェブサイトでも入手でき，投資家はコーポレート・ガバナンスの取り組みに関する情報にかなりアクセスしやすくなっている。

　しかしながら，1934年の証券取引所法が1978年に改正され，株主総会招集通知書に「証券発行者における取締役会の体制，構成，機能，また，取締役退任のようなコーポレート・ガバナンスの追加詳細情報」を開示することが必要となった[7]。結果として，GM，GE，キャンベル・スープ社，コンパック社の株主は各企業におけるコーポレート・ガバナンス実践に関する詳細な情報を利用できるようになっている。さらに，サーベンス・オクスリー法に続いて，

---

5) ここでの「ステーク・ホルダー」という用語は，株主だけでなく，企業の日常業務に直接の利害を持つ，従業員，納入業者，および一般大衆といった，あらゆる主体に対しても言及している。

6) （訳注）説明責任という単語は，説明すれば責任を果たしたことになるという印象を与えるが，本来は「説明すべき相手を納得させる説明を行う」ところまで責任を負っているという概念であることに注意が必要である。

7) Woelfel, Charles J., *Encyclopedia of Banking and Finance*, 10th ed. (Chicago: Probus Publishing Company, 1994), p. 939.

ニューヨーク証券取引所およびナスダックは，上場企業に対するさらに明確な
コーポレート・ガバナンス要件を採択している。

取締役会の独立性

　近年のコーポレート・ガバナンスの実務における最も重要な変化は，取締役
会の独立性に関する問題と関係している。この章で取り上げた行動規範のほと
んどは，とくに取締役会が企業とその経営から独立していることを推奨してい
る。取締役会は独立取締役が過半数を占めるべきとの最初の勧告を出した，
1992 年の英国のキャドバリー報告では次のように規定された。

　　「取締役の報酬や株式所有は別として，取締役は経営から独立し，かつ独立
　　した判断を下す際に実質的な障害となりうる，あらゆる事業またはその他の
　　関係から自由でなければならない。」[8]

　組織のステーク・ホルダーの最善の利益のために行動できるように，取締役
会が客観的であることを担保するためには，その独立性が非常に重要であろう。
さらに，取締役会が日々の経営に過度に巻き込まれることなく，企業の監視ま
たは管理といった主要な責任を確実に果たす際にも，独立性が重要である。
　これらの指針に基づいて，多くの企業では，優れたコーポレート・ガバナン
スにとって非常に重要な客観性や外部の視点を取締役が確保できるための手段
が講じられてきた。優れたコーポレート・ガバナンスを実践していることで脚
光を浴びている多くの企業では，取締役会の多数が独立取締役によって占めら
れている。たとえば，GE の取締役会構成員のほとんどは当該企業の日々の経
営には関与していない。このことは，モントリオール銀行，BP，キャンベ
ル・スープ社でも同じである。ペンシルバニア大学ウォートン校から，
1997 年の年間最優秀取締役会に表彰されたコンパック社では，CEO を除いた
すべての取締役会構成員が社外取締役であった。
　対照的に，取締役会の独立性の欠如が不幸を招くということは多くの事例か
ら明らかである。たとえば，メタル・ゼゼルシャフト社の米国子会社の全取締
役が社内の出身者で，かつ日々の経営にもかかわっていたために独立性がなく，

---

8) "The Cadbury Report 4.12," 1992, p. 22.

第5章　コーポレート・ガバナンス　　85

意思決定の際にも利害が衝突するような主張を行うという結果になった。

　CEO が取締役会の議長を兼任することの是非に関して，近年多くの議論があった。英国コーポレート・ガバナンス委員会の英国コーポレート・ガバナンス・コードは，この問題を次のように要約している。

　「取締役会の運営と企業の事業運営に関する経営責任との間で，企業トップの責任を明確に区分すべきである。何人も制限のない決定権をもつべきではない。」[9]

　他の組織の行動規範も内容は同じである。ほとんどの行動規範が，1人の人物が CEO 兼取締役会議長として行動する場合は，慎重かつ公式に正当化されなければならない，としている。同一人物がこれらの地位を兼務することはまったく普通であると認識されてはいるが，それぞれの行動規範はオプションとして「筆頭取締役」の指名を提案している。この筆頭取締役の役割は，CEO と連携して取締役会の活動を調整し，他の独立取締役と調整を行うために独立した権能によって行動することである[10]。筆頭取締役はまた，CEO が取締役会議長を兼ねている場合に，取締役会が「その職責を罷免する」ことを確実に行えるための全般的責任も負っている[11]。

　BP アモコとコンパックでは，取締役会議長と CEO の地位には異なる人物が就くことになっている。モントリオール銀行とキャンベル・スープ社では，CEO が取締役会議長としての職責を果たすが，筆頭取締役の存在によって取締役会の独立性は強化されている。さらに両社では，取締役会の独立性がとくに重要であるような議案について協議するために，少なくとも年に一度は CEO が出席しない取締役会が開催される。

　取締役会の独立性に関する問題はまた，取締役会のガバナンス体制についても意義をもっている。一部の重要な委員会は，独立取締役のみで構成されるべきであると各行動規範は規定している。報酬，監査，指名，ガバナンス委員会は完全に独立性を保つべきものとしてよく引用されている。

　このような風潮を背景に，GM は監査，資本株式，取締役問題，役員，役

---

9)　"The Combined Code," 2000, Principle A.2.

10)　"CalPERS' Corporate Governance Core Principle and Guidelines," 1995, p. 5.

11)　"The Dey Report," 1994, Guideline 12.

員報酬，公共政策委員会のそれぞれが，「独立取締役のみ」で構成されること
を取締役会指針や付属定款に定めた[12]。GE，モントリオール銀行，BP アモ
コ，キャンベル・スープ，コンパックにおけるほとんどの委員会でもほぼ同じ
ことがあてはまる。

　その他に，取締役会の独立性が機能する重要な領域の 1 つが，新しい取締役
会の構成員を選出するところにある。デイ報告は，社外（独立）取締役のみで
構成される委員会がこのような選出と指名を行うべきであると規定し，全米企
業取締役協会（NACD）の報告書も次のように賛意を示している。「取締役な
どの指名については，独立かつ包括的なプロセスを設けることによって，株主
に対する広範な説明責任が確かなものとなり，経営陣や取締役会の構成員間に
おける公正さや信頼の認識が強化されるだろう。」[13]

取締役会の業績評価

　もう 1 つ広く勧められているのは，取締役会が，ベスト・プラクティスの指
針に照らして定期的かつ公式に自らの業績を評価すべきだ，ということである。
カナダのデイ報告は「すべての取締役会は，取締役会全体および各委員会の有
効性，個々の取締役の貢献を評価するためのプロセスを導入すべきである」[14]
としている。NACD の報告書は，評価プロセスがどのように行われるべきか，
どのような基準でどのように評価すべきかなど，細部にまで踏み込んでい
る[15]。

　デイ報告は，カナダの企業が採用すべき課題の 1 つを明確にした。5 年後，
調査対象のカナダ上場企業の 20 パーセント弱が「取締役会の有効性を評価す
るための公式プロセス」を導入した[16]。ただし，多くの企業がどのように公
平かつ客観的な方法で評価を行うのか迷っていることもわかった。グッド・ガ
バナンスのためのカナダ連合会（Canadian Coalition for Good Governance）代
表デイビッド・ビーティによれば，2005 年までは「カナダの大企業，約 100
社近くしか取締役会の評価を行っておらず，金融，石油，ガス会社のわずか

---

12)　"General Motors Board Guidelines," 1994, Guideline 22.

13)　"1996 NACD Report," p. 4.

14)　"The Dey Report," 1994, Guideline 5.

15)　"1996 NACD Report," p. 23.

16)　Toronto Stock Exchange Committee on Corporate Governance and the Institute of Corpo-
rate Directors, "Report on Corporate Governance, 1999: Five Years to the Dey," 1999, p. 19.

25 社しか個々の評価を行っていなかった」[17]。にもかかわらず，最先端のガバナンスを実践している数社は，定期的に取締役会の自己評価を行っている。たとえば，GM の指針は，ガバナンス委員会が「取締役の業績評価を年に一度，取締役会に報告すべきだ」[18] と規定している。いく人かの取締役が自己評価プロセスの採用を妨げてきたとの繊細な問題を認識しつつ，GM の指針 22 は，評価の目的が「取締役会メンバー個々が企業にとって適切なスキルと専門性をもち，全体として機能しているかどうかを決定すること」だと言明するようになっている。

モントリオール銀行の取締役会は，取締役会全体および個々の取締役の双方を年に一度評価している。評価を行うために，同行は NACD 勧告を利用しながら，取締役に何が期待されているかについての文書を作成した。この文書に基づいて，取締役が同僚の業績を詳細に調査する。その結果は外部のコンサルタントによってまとめられ，有効性や活動を測定する業績スコアカードが作成される[19]。企業コンサルタントのブレア・マクオーレによれば「実行するのは容易ではなかったが，高い成功を収めてきた」という[20]。

執行役員と取締役会の報酬

行動規範はさらに，取締役会が業績目標を設定し，CEO の業績評価を行う際に果たすべき役割を詳細に規定している。もっとも，企業がこの行動規範に従うのはかなり容易であることが明らかになってきた。NACD の報告書は，取締役会が「定期的かつ公式に」CEO を評価し，独立取締役がこのプロセスを統制すべきであると規定している[21]。

ここで再び例示すると，GM の指針は他の行動規範で明らかにされているようなベスト・プラクティスを含んでおり，取締役会におけるすべての独立取締役が「(1) 企業の財務状況，(2) 企業の長期的戦略目標の達成，および (3) 企業の経営者層の発展などには限定されないが，これらを含むような定性的・

---

17) Cossette, Jeff, "Can Board Self-Assessment Work?," *Insider Investor Relations*, Feb 1, 2005.

18) "General Motors Board Guidelines," 1994, Guideline 15.

19) "Non-US Firms Compete Through Good Governance," *Investor Relations Business*, March 6, 2000.

20) 同上。

21) "1996 NACD Report," p. 6.

88　　第 2 部　ERM の枠組み

定量的要因に基づき」，年に一度 CEO を評価することを求めている[22]。BP
アモコでは，取締役会が積極的に自社の CEO および役員の評価をする。キャ
ンベル・スープ社でも「報酬および組織委員会が，CEO の参加しない独立取
締役の会議で，CEO の業績を少なくとも年に一度は評価するように取締役会
を主宰する」[23]。

　言うまでもなく，取締役の報酬はこの章で検討した各行動規範によって明示
されるほど非常に重要な問題であり，数多くの研究や報告書におけるただ 1 つ
の焦点ともなってきた[24]。英国コーポレート・ガバナンス・コードは，取締
役を動機づけるために「企業が必要以上の報酬を支払わないようにすべきであ
る」と勧告する[25]。しかしながら，デイ報告は，取締役は過度の報酬を受け
るべきではないとしながらも，各企業の取締役会は「有能な取締役として関与
する責任とリスクを現実的に反映した報酬を保証すべきである」としてい
る[26]。

　すべての行動規範が認めている重要な点は，取締役の目標が株主の目標に確
実に合致するように，取締役の報酬のかなりの部分を自社株とすべきとしてい
ることである。GM の指針 19 は以下のように述べる。「取締役の利害が企業
のステーク・ホルダーの利害と連動するように，各取締役が企業に経済的利害
関係をもつことが重要である。」指針 19 は「非雇用者の取締役は，各々少なく
とも市場価値で 30 万ドル，同社の普通株式を保有する必要がある」[27] と規定
する。

　GE では，社外取締役が少なくとも 50 万ドルの株式を保有することを求め
ている。2006 年，社外取締役の年間報酬の 60 パーセントが株式の形態で支払
われていて，利害を連動させようとする明らかな意図がある[28]。モントリオ

---

22)　"General Motors Board Guideline," 1994, Guideline 36.

23)　"Campbell Soup Company Corporate Governance Standards," October 1, 2012, Guideline 39.

24)　たとえば，全米企業取締役協会（NACD）による「取締役の報酬に関する NACD ブルーリボン委員会の 1995 年報告書」やカナダ取締役会協議会の「取締役会の報酬」（1998 年までの約 20 年間，2 年おきに公表）を参照のこと。

25)　"The Combined Code," 2000, Principle D.1.

26)　"The Dey Report," 1994, Guideline 8.

27)　General Motors Company Board of Directors: Corporate Governance Guidelines (Index), Guideline 19.

28)　"GE Proxy Statement 2007: Non-management Directors' Compensation for Fiscal 2006," February 28, 2007.

ール銀行の取締役会は年に一度，他のカナダや北米の銀行と比較を行い，取締
役の報酬を検証している。さらに取締役会は，「17万5千ドルの年間報酬のう
ち最低10万ドル」が同行の株式で支払われなければならないと定めている。
取締役は報酬の100パーセントを株式で受け取るオプションももっている。
2012年には，取締役報酬の合計のうち83パーセントがこの方法で支払われ
た[29]。

コーポレート・ガバナンスとERMの連関

　すでに述べたように，コーポレート・ガバナンスに焦点が当たることで，一
般にERMの実務が大きく変化してきた。コーポレート・ガバナンスのベス
ト・プラクティスに関するいくつかの行動規範は，リスク管理を取締役会の重
要な責任として明示する。
　とくに，デイ報告および経済協力開発機構（OECD）のコーポレート・ガバ
ナンスに関する諸原則は，リスク管理に関する適切なシステムや方針を確実に
機能させるのが取締役会の責任であると明言する[30]。デイ報告に続く「デイ
までの5年」によれば，1999年には，カナダにおける上場企業の取締役会の
61パーセントがリスク管理のための正式なプロセスを設けている[31]。カナダ
取締役会協議会によるカナダの上場および非上場企業の数百社に関する1998
年の調査によれば，デイ報告が効力を発するようになった1995年以降の2年
間で，取締役の負うリスク管理に対する責務が13パーセント増加した[32]。今
日，60社以上のカナダの企業が戦略リスク評議会（Strategic Risk Council）に
加盟している。評議会の目的は，経営トップ層を集めて，彼らが「ERMプロ
セスを発展させ，整備し，維持する」のを支援することにある[33]。評議会メ
ンバーの増加は，デイ報告がリスク管理により大きな影響を与えている強い証

---

29)　"Bank of Montreal 2012 Annual Report," p. 101.

30)　"The Dey Report," Guideline 1 (ii) and the "OECD Principles of Corporate Governance, 2004, Principle D7.

31)　Toronto Stock Exchange Committee on Corporate Governance and the Institute of Corporate Directors, "Report on Corporate Governance, 1999: Five Years to the Dey," 1999, p. 8.

32)　Brown, David ,Debra Brown, and Kimberley Birkbeck, Canadian Directorship Practices 1997: A Quantum Leap in Governance (Ottawa: The Conference Board of Canada, 1998).

33)　Strategic Risk Council, www.conferenceboard.ca/networks/src/membership.aspx.

拠である。

　コーポレート・ガバナンスと ERM を結びつけるもう 1 つの重要な点は，戦略の方向性，企業の一体感，組織のトップからの動機づけをいずれも重視していることである。コーポレート・ガバナンスと ERM の両者の究極の目標は，メタル・ゲゼルシャフト社やベアリング銀行のような崩壊を防ぐことにある。これらの 2 社を脅かしたスキャンダルに対し責任を負うべきリスク管理が不十分であっただけでなく，コーポレート・ガバナンスも役に立たなかった。コーポレート・ガバナンスの実践が不十分な企業は，リスク管理技術も不十分であることが多く，その逆も同様である。

　他のことはさておき，優れた取締役会とコーポレート・ガバナンスの実践は，効果的な ERM にとって非常に重要である。ERM の発達と成功は取締役会の責任と関与を大いに高めることができる。強い企業の取締役会は，企業の事業運営の統合的な展望をもつ唯一の独立した組織体であり，また ERM の推進に重きを置く理想的な存在でもある。リスク・アペタイト，方針の策定，組織体制の決定，企業文化や企業価値の確立のような，取締役会の機能と密接に関連する多くの側面が ERM にはある。第 12 章のエクスポート・ディベロップメント・コーポレーション社のケーススタディで論じるように，取締役会の関与が同社の ERM プログラムを成功に導く重要な要素であった。

リスク・アペタイトと方針

　ERM が始まったその具体的な成果の 1 つが，企業のリスク管理方針である。それはリスクの哲学，原則，規則，責任，リスク耐性水準，リスク報告，リスク・モニタリングのプロセスを含む，リスク管理に対する企業の包括的アプローチの文書である。リスク管理方針は，事業部門からの情報に基づき経営者レベルで形づくられ，取締役会によって承認される。リスク管理方針では，組織のリスク・アペタイトが文書化され，リミットとの関連でリスク耐性が明確に規定される。リスク管理の全体構造と組織のリスク・アペタイトを成文化することで，リスク管理方針は組織全体のリスク管理の基準や期待について議論する手助けとなる。

　リスク・アペタイト・ステートメントは，企業の価値最大化戦略を考慮する際に，どの程度のリスク水準を許容できるかに関する，経営者と取締役会の間での相互理解だといえる。各組織は，付加価値を生むためにさまざまな事業目

的を設定する。取締役会と経営者は，組織が進んで受け入れるリスクに関する明確かつ共通の理解をもつべきである。リスク・アペタイト・ステートメントが組織の事業運営やプロセスに完全に統合されるためには，企業レベルで設定されたリスク・リミットやリスク耐性水準（たとえば，ストレス時の損失，キャピタル・アット・リスク，アーニング・アット・リスク，キャッシュフロー・アット・リスク，目標信用格付等に関して集計されたリスク耐性）が，事業や運営レベルでのリスク・リミットやリスク耐性水準（たとえば，事業リスク耐性，オペレーショナル・リスク耐性，金利リスク・リミット，市場リスク・リミット，信用およびカウンターパーティ・リスク・リミット）に置き換えられなければならない。

　組織は，達成すべき事業戦略や目標を決定すると同時に，そのリスク・アペタイトを考慮しなければならない。リスク・アペタイト・ステートメントを作成あるいは改正する際に留意すべきは，以下の点である。

■　組織の価値を最大化するための全体戦略は何か。そして，その背後にある事業目的，財務目的，オペレーショナルな目的は何か。
■　適切なリスク・リミットやリスク耐性を決定する際に，取締役会や経営者が評価すべきリスクとリターンのトレードオフは何か。
■　リスク・アペタイト・ステートメントの改訂期日の間で，その検証（あるいは可能ならば改訂）を行うべき事業，規制あるいはリスク事象があるのか。
■　取締役会，企業経営者，事業部門で許容できるリスクやリスク・エクスポージャーの水準は何か。
■　リスク手法や手段に関して，企業レベルでのリスク耐性をどのようにして事業運営部門レベルのリスク耐性にマッピングするか。
■　リスク・リミットやリスク耐性を上回るリスク・エクスポージャーは，リスクの上申および例外的管理に関連していかに処理すべきか。
■　リスク・アペタイト・ステートメントに対する成果をモニタリングするために，取締役会，企業経営者，事業運営部門の管理者に提出すべきリスク報告は何か。

　当然のことながら，ERMにおけるリスク・アペタイト・ステートメントの

適用は組織ごとにかなり異なる。リスク・アペタイト・ステートメントがいかにERMを支援するかの好事例は，JPモルガン・チェース[34]の年次報告書[35]のなかに見ることができる。

「リスクは，JPモルガン・チェースの事業活動にとって本来的な部分である。同社のリスク管理の枠組みやガバナンス構造は，事業活動に本来的な主要リスクの包括的かつ継続的な管理を提供するものである。企業として，事業活動を行う際に幅広いリスクを考慮できるように，全社的なアプローチを採用している。同社のリスク管理の枠組みは，協調や議論，情報の申告や共有化が進むように，企業全体でリスクの検知や個人責任の文化を作りあげようとするものである。

　全社のリスク・アペタイトは，企業の資本，収益力，ビジネス・モデルの多様化を考慮して設定される。企業は，リスク・アペタイトと収益目標・管理，資本管理とを明確に関係づけるように，様式化されたリスク・アペタイト・フレームワークを用いている。企業のCEOは企業全体のリスク・アペタイトを設定する責任を負い，事業部門のCEOは各事業部門のリスク・アペタイトを設定する責任を負う。取締役会のリスク管理方針委員会は，全取締役に代わってリスク・アペタイト方針を承認する。」

組織体制

　どのようなリスク管理の取り組みも，組織体制と効果的に結びつくまでは本当の意味での成功とはいえない。

　理想的には，ERMの実践に関する日常の責任は，CEOまたは取締役会に（CROが任命されていれば，CROを通じて）直接報告を行う，独立したリスク管理部門に任せるべきだろう。この独立性によって，リスク管理部門は最も公平かつ客観的になり，またその報告は，良好なリスク管理を実践する動機づけとなり，リスク管理部が組織内で十分な権限を確実にもてるようになる。

　CROまたはそれに相当する役職者は，取締役会内のリスク管理委員会に対

---

34) JPモルガン・チェースは長い間，ERMのリーディング・カンパニーと目されてきたが，2012年には「ロンドン・ホエール」事件で課題に直面した。学べる事象と教訓については第22章で議論する。

35) "JP Morgan Chase & Co. 2011 Annual Report," p. 125.

して交代で報告すべきである。すでに論じたように，取締役会の直接的な関与によって，リスク管理計画が組織の統合的，全体論的な見方を念頭に入れ確実に実施されるだろう。

　従業員のインセンティブと良好なリスク管理の実践とを結びつけることが重要であることはすでに説明した。このような結びつきは，リスクを認識している取締役が関与するのと同様に，役員レベルから始めるべきだ。取締役会，CEO，その他の執行役員の報酬とインセンティブは，企業のリスク管理方針やリスク・アペタイトに明確に合致させるべきである。

　これは成長に対して全面的に応えることを意味していない。すなわち，企業はリスク・アペタイトに適する程度に収益の安定性にも報いるべきである。たとえば，コンプ・トラック社は，1998年，CEOの報酬を大幅に見直す決定をした。リスク・アペタイトと事業運営を反映して，給与ベースは2年にわたって23万ドル削減され，ストック・オプションの行使価格も引き下げられた[36]。同様の論理が，企業全体の従業員の報酬決定にも適用されるべきである。

リスク・カルチャーと企業価値
　リスク管理の最もソフトかつ重要な側面とは，リスクを企業の文化や価値に統合することである。明らかに，リスクは企業戦略に欠かせないものであると考える必要がある。リスク管理の目標は企業目標に含まれるべきであり，企業が主として取り組むべきはリスク評価とリスク削減戦略との統合である。

　不幸なことに統合は，リスク管理を行ううえで最も困難なことの1つである。マッキンゼーによる2008年の研究によれば，調査した取締役のわずか39パーセントしか「ERMをコアな戦略機能」と認識しておらず，3分の1はERMの枠組みを付加価値の低い活動とみなしている[37]。これは，ERMの真の重要性に関して，取締役の意見に大きな格差が存在することを物語っている。

　組織がどのくらい成功するかを判断する際に，企業文化がきわめて重要であるのと同様に，ERMがどのくらい成功するかは，リスク・カルチャーによって決まる。リスク・カルチャーが脆弱な場合，従業員はリスク管理の重要性や

---

36)　"CompuTrac Announces Restructuring of CEO's Compensation," *Business Wire*, December 11, 1998.

37)　Brodeur , André, Gunnar Pritsch, "Making Risk Management a Value-Adding Function in the Boardroom," McKinsey & Company, working paper, September, 2008, p. 4.

組織のなかでの自身の役割をほとんど認識していない。そのような文化では，おそらく必然的に，リスクを管理する取り組みに妥協が生じるだろう。一方で，もしリスク管理を日々の業務の中心とみなしているのなら，おそらく強固なリスク・カルチャーが機能するようになるだろう。そのような環境は，真に効果的なリスク管理を可能にする。自らのリスク・カルチャーを評価しモニタリングするために，年一度のリスク・カルチャーに関する調査を行う企業がますます増えている。これらの調査では，従業員が，企業のリスク管理方針や基準と整合的なやり方で，リスクをどの程度評価し，意思疎通を図り，削減しているかを調べている。

　すべての文化に関する議論と同じように，重要な要素は経営陣が言うべきことを言うだけでなく，やるべきことをやるかどうかである。たとえば，営業成績の優秀な社員が明らかにリスク管理方針に違反している場合，上級管理職はどのように対応するのか。是正行動をとるのか，またはその問題から目をそらすのか。上級管理職の決定や対応は，どんな明文化された方針よりも影響が大きいだろう。彼らが状況に応じた行動をとることが非常に重要である。

第6章　業務執行部門の管理

　事業会社の主要な収益活動は，通常，地域別，顧客グループ別，製品別，またはこれらを組み合わせた戦略的な事業部門別に体系化されている。これら業務執行部門がほとんどの組織で資産の大半や従業員の大多数を占め，また事業リスク，金融リスク，オペレーショナル・リスクの主な源泉でもある。これらの部門およびそのリスクに責任を負うのが業務執行部門の管理」である。

　業務執行部門の管理者は，さまざまなリスクに直面する。最も一般的なのは，部品や原料の在庫不足，製造プロセスにおけるミス，失敗や損失のような日々の事業活動に関連するリスクである。加えて，業務執行部門の管理者は，新製品の発売，合併・買収の可能性，奨励策の変更といった事業の戦略的な意思決定に関連して，時折生じるリスクにも直面するだろう。最終的に，火災や地震のような天災だけでなく，予想もしない訴訟のような一生に一度しかない災難による壊滅的リスクとも対峙しなければならない。

　この種のリスク管理については，リスク管理というよりはむしろ，品質管理，一般事業管理，事業継続，危機管理という分野で，これまでも多くのことが述べられてきた。

　この章では，業務執行部門の管理者および ERM 機能の相互作用に注目していくことにする。

　ERM では，企業が直面する多くのリスクの発生場所である業務執行部門の管理が重要な役割を果たす。業務執行部門は顧客や納入業者と最も身近に接しているため，リスクの問題への取り組みが成功するかが，潜在的損失の削減だけでなく企業全体のレピュテーションにも重大な影響を及ぼす。それゆえに，新規事業や成長機会を追求する業務執行部門の管理者が，事業戦略を企業全体のリスク管理方針に合致させることが決定的に重要となる。

　つまり，事業取引のリスクが十分に評価され，その評価がプライシングや収益目標に組み込まれるべきである。とくに，期待損失やリスク資本コストが，

製品のプライシングまたは投資計画の要求リターンに含まれるべきである。事業展開に際しては，リスク管理の問題が新製品や市場機会の評価の一部として確実に検討されるようなリスク引受基準が設定されるべきである。

この章では，これらの問題や他のリスクに関する問題について，以下の項目についてより詳しく検討する。

■　業務執行部門とリスク管理部門の関係
■　業務執行部門でのリスク管理における主要課題
■　業務執行部門でのリスク管理のベスト・プラクティス

業務執行とリスク機能の関係

業務執行部門管理とリスク管理の関係は，企業のすべての事業およびリスク・カルチャーを促進する要因である。あらゆる企業の課題は，業務執行部門とリスク管理部門が敵対することなく，独立したリスク管理機能を構築することである。ERM プログラムが成功するためには両者の健全な結びつきが必要である。

フィデリティ・インベストメンツの CRO 在任中，私は，事業部門からの信頼と支持を得ることと，それを維持することに懸命であった[1]。私のやり方は要望や要件を聞き出し，ERM プログラムを定期的に更新し，彼らをベスト・プラクティスや学んだ教訓に関する議論に巻き込むことであった。そして最も重要なのは，事業目的の達成を支援するために，リスク管理の実務を業務執行部門の業務へ統合することであった。他の成功した CRO もまた，社内の事業部門と非常に強固な関係を築いてきた。たとえば，カナダ・コマース銀行の CRO（第 16 章参照）は，事業部門が自らのリスク・リターンのトレードオフ関係を理解し，その後，事業上のより適切な意思決定を行えるように助力した。

業務執行部門管理とリスク管理の関係は，3 つの組織モデルの観点から特徴づけることができる。

1. 攻撃と防御：このモデルでは，事業部門は収益の最大化に，リスク管理部

---

1) Lam, James, "Custom-Built for Success," *Risk Magazine*, Enterprise-Wide Risk Management Supplement, November 1997.

門は損失の最小化に集中する。

2. **方針と監視**：事業部門は，リスク管理部門によって定められたリスク管理方針の範囲内でのみ事業活動を行うことができ，その活動はリスク管理，監査，コンプライアンス部門によってモニタリングされる。

3. **協力関係**：事業部門とリスク管理部門は，共同してリスク管理の問題を評価，解決し，共通の目標や目的を共有化する。

これらの組織モデルは決して相互に排他的ではない。たとえば，企業は日々の事業活動のために協力関係モデルを採用することができるが，取り扱いにきわめて慎重さを要する問題（情報セキュリティ，セクシャル・ハラスメントなど）に対しては，方針・監視モデルを用いることができる。しかしながら，これらの手法がいかに事業行動に影響を与え，企業のリスク・カルチャーを形成するかを強調するために，その意味するところについて論じることは有益である。

攻撃と防御

リスク管理を始めて数年の間，私はリスク管理の専門家，とくに信用リスク・マネジャーが業務執行部門を攻撃，リスク管理部門を防御と表現するのをたびたび聞いた。しかし，いつも私は，この表現は生産的でないと感じていた。このような喩えの由来はスポーツであり，あるチームが勝てば，もう一方のチームが必ず負ける。2つのチームは反対の目標をもっており，多くの点で互いに競合状態にある。これを両者のかなり正確な描写だと皮肉っぽく言う者がいるかもしれないけれども，私はむしろそれは不健全なリスク・カルチャーの現れであると考える。

1990年代の初め，私はある米国の地方銀行のコンサルタントとして働いていた。そのとき，そこの最高与信管理責任者は，融資と審査を表現するために攻撃と防御の喩えを好んで用いていた。同行の融資部の業績は，貸付金の件数と規模，融資の手数料収入，与信ポートフォリオ全体の規模に基づいて測定されていた。一方で，審査部の業績は，融資の貸倒れ，損失，与信ポートフォリオ全体の信用の質によって測定されていた。このように，融資のリスク・リターンの経済性に関係なく，融資が承認されれば融資部が評価され，融資が拒否されれば審査部が評価された。審査部や信用調査委員会が，ある規模以上のす

べての融資を承認しなければならないとき，両者の相反する目的が破壊的な事業環境を作り出すことになる。

　たとえば，融資部は承認を得るため，融資の信用リスクを甘く評価することが多かったので，結果として多くの融資案件が実行後まもなく格下げされるか，または債務不履行に陥った。また綿密な調査をほとんど受けずに承認されることを期待して，締め切りの間際に融資提案書を回付するようなことさえあった。一方で，審査部は融資部によって実施された信用分析に懐疑的であり，さらなる情報と資料の提出を求めた。審査部は承認手続きを遅らせ，締め切り間際での融資提案を防ぐために，大規模または複雑な融資案件に対して何十もの署名を求めた。

　この行動パターンは次第に悪循環に陥り，やがてこの銀行のリスク・カルチャーは機能しなくなってしまった。与信管理者は融資部をカウボーイと呼び，融資部は与信管理者をドクター・ノーと呼んだ。業績は著しく悪化し，他の銀行に吸収され，最終的にその独立性を失った。

　これは攻撃対防御モデルの潜在的な欠点を例示している。業務執行およびリスク管理部門が相反する目的，とくにインセンティブを与えられた場合，その結果はほとんど真逆になることを避けられず，最終的に企業の事業業績に対して非常に不利益となる。この問題はリスク管理に特有のものではない。業務執行部門と監査，財務，品質，法務，コンプライアンスなど統制部門との関係でも，このような問題が起こりうる。

方針と監視

　大規模で分散された企業で利用されることの多い方針・監視モデルでは，リスク管理部門は，業務執行部門の活動すべき範囲内で方針とリミットを設定する。これらは業務執行部門の活動に対する限度として機能し，承認取引，最小与信基準，エクスポージャー・リミット，投資方針などから構成される。これらの方針やリミットの範囲内での業務執行部門の事業活動は，特別な承認や検証を必要としないのに対し，範囲外の事業活動は個別の基準に従って承認されるか，拒否されるかである。リスク管理部門は監査やコンプライアンス部門と協力して，これらの方針やリミットが守られていることを確認し，例外や超過したものを上級管理職へ報告する。

　業務執行部門とリスク管理部門が完全に敵対している攻撃対防御モデルとは

違って，方針・監視モデルのもとでの関係は，政府と市民の関係によく似ている。リスク管理部門は立法者（時には法律の施行者）の役目を果たし，リスク管理方針に背かないかぎり，業務執行部門の活動は完全に自律的になる。新しい状況は個別に判断され，その解決策が方針の一部となる。このモデルは，慣習法に基づく民主主義社会における個人や組織の統制方法と似ている。つまり，彼らが法律を守るかぎり，自らがしたいように行動できる。また，状況に基づいて法律違反の処罰が行われる。そして，法律の詳細な解釈は前例により確立される。

　しかしながら，このモデルには多くの問題がある。リスク管理部門は業務執行部門の日々の業務に携わる機会がなく，結果として，変化する事業環境に接することがないだろう。やがて既存のリスク管理方針が時代遅れになっても，時宜にかなった方法で新しい方針が制定されることがないかもしれない。加えて，監査やコンプライアンスのプロセスが一時的なものとなれば，重要な問題を完全には明らかにできないだろう。いかに優れた監査部門やコンプライアンス部門があるとしても，重大なリスク事象は検証の最中にも発生しうる。

　その結果，業務執行部門とリスク管理の間に隔たりが生じやすくなる。一般的に，業務執行部門は，時として間違った考え方によるリスク管理方針により不意打ちを食らい，リスク管理部門が市場や自分たちの事業を理解していないと不満をもらすだろう。逆に，リスク管理部門は，業務執行部門の活動や決定により不意打ちを食らわされ，業務執行部門がリスク管理方針を十分に理解していないというかもしれない。

　この状況をさらに悪化させるのは，業務執行部門の管理者がリスク管理部に対して問題を伝えることに先入観をもっていることである。政府と市民とで類推してみよう。故意にせよ不注意にせよ，法律を犯した人は，普通，自首するために警察を捜すようなことはしない。実際に法律を破ったかどうかがはっきりしない場合にはなおさらである。市民は法律が自分たちに有利なように変更されうると信じる場合，または損害がすでに発生しているような事例で，彼らが罪の意識をもっている場合に，はじめて法律を破ったことを認めようとする。

　同様に，故意であれ偶然であれ，業務執行部門がその方針違反を徹底的に報告するインセンティブはなく，また方針に違反しているかどうかが明らかでない場合に，リスク管理部の助言を求めることに強いインセンティブももたない。言い換えると，業務執行部門は法律の文言を尊重するかもしれないが，法律の

精神までは尊重しない（業務執行部門が尊重しない場合も，リスク管理部門は即座に気がつかないかもしれない）。状況があまりにも急を要するため無視できないとき，あるいは方針の変更によって問題がチャンスに転じると業務執行部門が考えているときに，リスク管理部門はその潜在的な問題をはじめて耳にすることになろう。

　明らかに，これらは方針・監視モデルがどのように機能するかの風刺画である。企業のより優れた長所に基づいた議論が重きをなすのと同様に，方針の遵守や違反者に対する適切に判断された罰則処置と結びついたインセンティブも同様に重きをなす。リスク管理部門はすでに業務執行部門に反対する立場ではないが，業務執行部門の活動を検証することに多大な時間を費やすことにはいまだ消極的である。より良い代替案は，リスク管理部門が業務執行部門の事業活動を支援するという積極的な立場をとることである。次節で見ていくように，この協力関係アプローチは多くの点で強力な手段となりうる。

協力関係モデル

　協力関係モデルでは，リスク管理は企業の厳格な監督部門ではなく，完全に事業に統合されている。業務執行部門とリスク管理部門の担当者は，問題が生じたときだけでなく，製品開発やプライシング，または投資決定がなされる事業プロセスの初期段階でも，リスク・リターン問題に取り組むために行動をともにする。業務執行部門が事業業績を向上させるために，リスク管理の専門的知識を利用しようとする場合，業務執行部門およびリスク管理部門の関係は顧客とコンサルタントの関係と近くなる。この環境では，業務執行部門とリスク管理部門は個々の業績目標のみならず，リスク調整済み収益率やポートフォリオ品質のような共通の重要な業績評価尺度も備えている。共通の業績目標があれば，事業プロセスの初期段階で，業務執行部門とリスク管理部門はともにリスク管理の問題に取り組み，問題が生じた際に協同して対応するインセンティブをもつ。

　このモデルが機能するうえで基本的に欠かせないのが，文化的かつ組織的な取り組みである。第1に，業務執行部門の管理者は，リスク管理が長期的業績を支えるうえで果たす役割を認識し，短期的収益を抑制するというリスク管理の役割に対して強迫観念を抱くのを止めるべきである。第2に，リスク管理部門は，学問的で非実用的かつ柔軟性を欠く方針を伝えるのではなく，業務執行

部門の事業ニーズを理解して対応する必要があることを認識しなければならない。

第1の課題は，事業のあらゆる意思決定においてリスクとリターンがともに避けられないものであることを業務執行部門の管理者に認識させることで対処できる。したがって，新しい活動を始めるにあたり，助言や指針を提供するために，身近にあるリスクを理解する人物を配置するのはよい考えである。必要に迫られてリスク管理ツールを利用するのではなく，顧客である業務執行部門は自らが進んでそれらを利用すべきである。また，業務執行部門はリスク管理部門を，自身の事業に内在するリスクとリターンの経済性を理解するのを助け，問題を回避させ，事業や財務目標の達成を支援する付加価値を生む事業パートナーとみなすべきである。

第2の課題には，リスク管理部門が自身をコンサルタントであると確実にみなせるようになってからはじめて取り組むべきである。このことは，リスク管理部門が事業部門のニーズに対応し，リスクに基づくプライシング・モデルやシナリオ計画ツールのような，事業上の意思決定を支援するツールを開発すべきであることを意味する。このように，リスク管理部門は象牙の塔のなかで生き残ることはできず，事業部門に分散されなければならない。業務執行部門のなかにリスク管理機能を設けることにより分散は可能となる。特定の組織が主導して，地理的に多様な場所に散らばっている各事業部門へ従業員を配置するか，または事業活動上のニーズを満たすその他の組織体制を構築することによって，これは達成できるかもしれない。

協力関係モデルの主要な問題は，リスク管理部門の独立性に関係する。事業上の意思決定や問題解決に関与する事業パートナーとして，リスク管理部門は企業全体の監視部門という重要な役割を維持できるかどうかということである。これは四大会計事務所が直面しているのと同様の課題である。コンサルティング業務の拡大と収益性により，会計事務所の監査人としての独立性が近年問題となってきている。

会計事務所で考えられる解決法は，コンサルティング業務を別の事業に移管することである。もっとも，これは企業内で協力関係にあるリスク管理部門の選択肢とはならない。1つの答えはこの章で論じたモデルを組み合わせることである。すでに述べたように，業務執行部門およびリスク管理部門の関係についての3つのモデルは互いに排他的ではない。リスク管理部門の独立性を維持

するために，多くの企業は協力関係モデルと方針・監視モデルを組み合わせて
きた。このハイブリッド・アプローチでは，明確に異なるが補完的な権限を有
するリスク管理部門が設置される。

　たとえば，ある企業は，事業パートナーとして機能するようなオペレーショ
ナル・リスクのコンサルティング部門を設置してきたが，独立性を保持するた
めの監査機能も維持してきた。もう１つの例は，多くの商業銀行における審査
部門である。そこでは，融資実行対融資承認モデルは，販売および信用分析に
全面的責任をもつ協力関係管理チームに取って代わられる。一方，クレジッ
ト・ポリシーを確実に遵守させるために，別個の独立した信用監査部門が設置
される。

主要課題

　業務執行およびリスク管理を調整する際に，組織の業務執行部門側とリスク
管理部門側の双方のリスク管理者の対話から生じる，多くの重要な課題がある。

■　業務執行部門と一般管理部門の対立の解消
■　業務執行部門のリスク管理の役割
■　インセンティブの調整
■　非金融リスクの計測

対立の解消

　リスク管理者との会話で最もよく引用されるのは，業務執行部門の管理者と
一般管理部門のリスク管理者の敵対的関係についてである。先に論じた３つの
組織的モデルは潜在的な対立を最小化する方法に最も注目しているが，日常的
に取り組む必要のある問題は必ず存在するだろう。通常，業務執行部門の管理
者と一般管理部門のリスク管理者には，多かれ少なかれ明白な直接的対立があ
る。対立の形は，営業成績または収益の伸びとリスク・コントロールの間の選
択に関することが多い。最も基本的な部分で，リスクを収益機会として認識す
るか，機会損失として認識するかの対立である。

　これは貸付や保険のような金融サービス業における古典的な問題でもある。
ビジネス・サイクルが活発になり，リスクの認識が甘くなるにつれて，貸付や

第6章　業務執行部門の管理　　　103

保険商品への資本供給がこれらの商品に対する需要以上に急速に増え始める。結果として，商品提供者の事業成長がそのあおりを受ける。これらのケースのほとんどで，業務執行部門の管理者は売上を増やすために，プライシングを低くするか引受基準を緩和することを主張する。一方，一般管理部門の管理者は同じ水準を維持し，計画された額の範囲内に損失を抑えることを主張するだろう。

　しかしながら，金融サービス以外でも同様の対立が生じる。たとえば，環境被害を最小化し，それによって壊滅的な訴訟リスクを削減するために，業務執行部門は新たな商品性の追加を一般管理部門から求められるかもしれない。さらに一般的にいえば，販売員は売上の増加または維持のために限界費用によるプライシングを主張するが，一方で財務部門は収益の増加または維持のためにフルコスト原理 2) によるプライシングを主張するだろう。

　こうした状況では，一般管理部門と業務執行部門の間にはある種の軍拡競争が存在する。このプロセスでは，業務執行部門は一般管理部門による監視を避ける方法を模索し，一方で一般管理部門は監視を続けることができるように，業務執行部門の管理者の活動に関する情報を暴き出そうと努力する。予算策定のプロセスはたびたびこのゲームの焦点となる。この対立はビジネス・サイクルの浮き沈みを大きくしがちである。拡大局面では事業展開が優先され，後退局面ではコントロールが最優先となる。このように明らかに減らすことのできない対立を考慮すると，和解というよりはむしろ，構造と手続きに焦点を置いた，建設的に対立を管理する枠組みが課題となる。

業務執行部門のリスク管理

　対立を減らすことはできないとの認識から，事業部門は次第に自己の組織内にリスク管理者を置くようになってきた。またそれと並行して，企業レベルでCRO を任命するという流れがある。

　業務執行部門のリスク管理者の任命は，先に説明した協力関係モデルを強化する。業務執行部門のリスク管理者は，事業部門自らがそのリスクを理解し，ERM 部門が策定した方針や基準を確実に遵守させるための助けとなるという機能をもつ。私がフィデリティ・インベストメンツに勤務していた際に気づい

---

2)　（訳注）プライシングにおいて，原材料コストや人件費などの原価をひとつひとつ積み上げ，最後に適正な利益を上乗せして価格を決める方法。

たことだが，同社の 40 の事業部門それぞれにおけるリスク管理の品質は，事業部門が献身的なリスク管理者を有しているかどうかと直接的な相関があった。

　初期のモデルでは，業務執行部門のリスク管理者は CRO と事業管理者の両方に対して報告を行った。これは，企業における業務執行部門のリスク管理者の役割をおそらく最も忠実に説明しているが，実際は非常に曖昧であり，そのために望ましくない雰囲気を作り出してしまう。業務執行部門のその他のスタッフは，自部門のリスク管理者を敵の一味と考えるかもしれない。一方で，ERM のスタッフは，せいぜい彼を自分自身の都合に合わせてどちら側でも働く二重スパイと信じ込んだままである。業務執行部門のリスク管理者が，自らが綱渡りをしていると感じることが多いのもうなずける。

　1 つの解決法は，業務執行部門のリスク管理者が事業管理者に報告を行い，CRO への点線のつながりをもつことである。CRO を必ず輪のなかに確実に入れておく一方で，事業管理者を業務執行部門のリスク管理者の上司にすることは，先にあげた曖昧さを減少させる。逆の構造のほうがより意味をもつ企業もあるだろう。いずれにしても，CRO は，業務執行部門のリスク管理者の業績評価や奨励報酬について意味のある情報を常に提供しなければならない。ERM プログラムの初期段階ではとくにそうである。

　産業界で一般的になりつつあるもう 1 つの慣行は，階層や事業部門を横断したリスク・コミュニティの創設である。リスクの専門的知識やノウハウが既存の組織には常に不足しているとの認識に基づいてこれらは創設されてきた。しかし，同様の問題や機会は一般的なものだ。成功している組織は，これらの新しい地位やコミュニティを作ってきたが，それにともない関係する個人が効果的に活動できるようにプロセスも変更してきた。

インセンティブの調整

　敵対的な議論の多くは，明らかにインセンティブが調整されないことに直接的な原因がある。一方は成長を模索し，もう一方は品質を追求している。1 つ明らかなのは，販売高，収入，利益，自己資本利益率のような事業の評価指標の組み合わせに基づいて報酬を与えるという，業務執行部門管理者へのインセンティブ構造である。一方，一般管理部門管理者のために設けられた構造もある。彼らは定性的または主観的な業績測定（たとえば，タイムリーな報告，システムの運用展開，方法の機能向上など）を念頭に置きつつ，一般的には，損

失，ミス，計画からのブレを最小化することに集中する。

　理論的には，両者が同じ客観的な機能と向き合いながら，結果として同時に行動するような完全なインセンティブ構造が設計できるだろう。しかしながら，実際には，信頼できるデータが入手できても，業績のある面を測定するには困難がともなうので，必要な評価指標を設計し導入することは困難である。この分野では，リスク調整済みの業績測定をさらに重要視しつつ，バランス・スコアカードへの取り組みに最も労力が費やされている。このような業績測定やインセンティブの仕組みは，部門に特化した評価指標や非定量的基準だけでなく，企業全体の業績評価指標を組み込むように設計されている。

非金融リスクの計測

　これに関連して新たに発生している問題は，非金融リスク（事業リスク，組織リスク，オペレーショナル・リスク）の評価および計測方法であり，これらを業績測定システムに統合する方法である。前述のように，リスク計測や管理アプリケーションを有する多くの管理技術が，別の分野で見られる。

　たとえば，主要産業や製造業における多くの種類のオペレーショナル・リスクは，総合的品質管理（TQM）の取り組みや事業継続計画（BCP）を通して対処されてきた。粗悪なサービス体験，停電，不適切な指定契約のようなオペレーショナル・リスクをいかに定義し，さらには，計測し管理するかについては，製造業以外では今なお論争が絶えない。オペレーショナル・リスク管理は，リスク管理の社会においてますます注意が向けられている課題である（オペレーショナル・リスク管理に関するさらなる議論は第14章を参照）。

ベスト・プラクティス

　前述のように，業務執行部門管理とリスク管理は，ERMプログラムの成功に欠かすことのできない要素である。良好な関係を構築するために，効果的な企業による監視と効率的な業務執行部門の意思決定の間にはバランスが保たれなければならない。そのようなバランスが達成・維持されるために，ERMプログラムではリスク管理を事業管理プロセスに統合する努力をすべきである。それには以下の項目が含まれる。

- 事業戦略と計画立案
- 新製品と事業展開
- 製品のプライシング
- 事業業績の測定
- リスクとインセンティブ報酬

戦略と計画立案

　事業部門によって提示される戦略や計画には，適切なリスク削減戦略だけでなく，関係するリスクについての十分な議論が含まれなければならない。事業部門は次の基本的な6つの問題に取り組むべきである。

1. どのリスク・ファクターが主要な事業目的の達成を妨げるのか。
2. これらのリスク・ファクターをどのように計測し検証するのか。
3. 内部プロセスまたは外部リスク移転を通じて，これらのリスクをどのように削減するのか。
4. 企業経営者はどの程度のリスク水準や範囲を予想すべきか。
5. どのようなリスク・リミットやリスク耐性水準を企業経営者や取締役会に推奨すべきか。
6. 関係するリスクの計測や管理に責任を負うのは誰か。

　事業部門の戦略や計画がこれらの問題に正面から取り組むことで，企業は多くの利益を手にするだろう。第1に，この取り組みによって事業部門の注意がリスクを抑制するのに必要な計測および管理戦略だけでなく，事業活動における主要なリスク・エクスポージャーに向けられる。リスクまたはその削減戦略について論じる準備が整っていない事業部門がまずその対象となるべきである。
　第2に，この取り組みは，顕在化しつつあるリスク・エクスポージャーに関するタイムリーで先を見通す情報を企業経営者に提供する。たとえば，多くの事業部門が日本での事業拡大を予定していれば，財務部は同社のドル・円のヘッジ・プログラムの強化を計画すべきである。第3に，これにより，確実に事業とリスクの問題が認識され解決されるように，業務執行部門とリスク管理部門との議論が早い段階で進む。事業の変化を所与とすると，リスク管理方針を策定，実行することは，リスク管理をより主体的なものとする。また，より多

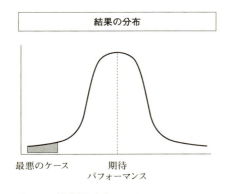

図 6.1 統合戦略と ERM

くの事業部門を横断する形でベスト・プラクティスを広めるために，得られた経験を利用できる。このようにして，有用な手法が企業内で共有され，ある事業が犯したミスは他で繰り返されなくなる。

第4に，事業戦略と ERM との連関は，事業部門が企業経営者や取締役会に推奨するリスク・リミットやリスク耐性の策定を支援する。これらのリスク・リミットやリスク耐性は，企業のリスク・アペタイト・ステートメントと関連づけられているべきである。最後に，戦略とリスクの統合は，事業目的，重要業績評価指標（KPIs），リスク・コントロールの自己評価，キー・リスク・インディケーター（KRIs）を結びつけることで，取締役会や経営者への報告を補強することになるだろう。図 6.1 はこのプロセスの全体像を示している。

製品と事業展開

事業計画の立案に加えて，リスク管理は，新製品や事業機会の発展の一端を担うべきである。これらの機会には，新製品，事業投資，金融資産投資，市場拡大計画や M&A が含まれる。経営者がこれらの事業機会を追い求めることは，売上，価格，コスト，技術のような事業に関する一連の仮定に依存する。これらの仮定にはそれぞれに関連するリスクがある。たとえば，実際の売上額が予想を下回り，損失が予測を超え，技術が利用者の期待に沿わないかもしれない。それゆえに，最初に事業機会について検討したときだけでなく，定期的な事業検証会議のときにも，これらのリスク問題に取り組むことが重要である。

私が最初に見た，新製品および事業開発のための統合リスク管理のベスト・

プラクティスは，GE キャピタルのポリシー 6.0 と呼ばれる事業検証プロセスであった。新規事業または投資を考慮する際，事業部門は事業機会のもとになるすべての重要な事業およびリスク管理上の仮定に注意しなければならない。事業部門はこれらの重要な仮定のそれぞれについて，将来の見込みを検討しなければならない。非常に有用な対応の 1 つがトリガー・ポイントの設定であった。つまり期待値の上下限の水準（たとえば，上下 10 パーセント）を超えると，特定の意思決定または行動計画が作動，すなわち引き金が引かれる。そして，これらのトリガー・ポイントに対して，事業パフォーマンスをモニタリングし検証する担当者が任命される。事業機会が期待から外れた場合，負のトリガー・ポイントによって，事業規模の縮小か完全な撤退計画が始動する。事業機会が期待を上回った場合，正のトリガー・ポイントによって，同社は投資を増やし事業展開の予定を前倒しするだろう。

　新製品や事業展開に関するリスクを評価するために，多くの企業が（リスク，法務，コンプライアンス，HR, IT，監査などの代表者が機能横断的に集まる）リスク管理委員会を設立し，経営委員会や取締役会での審議前に新製品や新規事業の評価および承認の責任を負っている。この評価プロセスには，新製品または既存製品の外国市場への投入も含まれる。外国市場に進出する企業にとっては，地元のビジネス，コンプライアンスおよび文化の問題を理解することはきわめて重要である。グローバル・カンパニーは外国市場で製品を販売する際に代償をともなう失敗を犯してきた。たとえば，エイボンが新製品の販売促進をする際に，中国の役人に賄賂を支払っていたことが 2005 年の監査でわかった[3]。米国と中国の間で事業を始めたときから，海外汚職行為防止法（FCPA）の遵守に関しては長い間問題となってきた。夕食をご馳走したり，その他の娯楽で役人を接待するような，中国の一般的な商慣行は，米国のFCPA のもとでは認められない。これらの違反に対してエイボンが支払わなければならない解決金や罰金はまだ確定していないが，同社のレピュテーションに与えた損害はすでに非常に大きなものがあった。もう 1 つの例としては，メルセデス・ダイムラー AG が，自動車に関する必要な契約を獲得するために，1998 年から 2008 年の間に 22 ヵ国の役人に対して 5,600 万ドル以上の賄賂を支払っていた。同社は，これらの問題を解決するために 1 億 8,500 万ドルを

---

3) China Briefing, "Avon Bribery Case May Face U.S. Grand Jury Investigation," *China Briefing*, February 14, 2012.

第 6 章 業務執行部門の管理 109

支払うことに合意した[4]。

製品のプライシング

先に，製品またはサービスのプライシングがそれらに関連するリスクのコストを含むべきである，と述べた。さらに一般的に，業務執行部門の現場レベルで開発され販売された製品のプライシングは，グループ全体での損失が見込まれるリスクのコストを反映する必要がある。企業はこれらのコストを製品の価格に組み込むことによってのみ，リスクを管理する際に被ったコストを回収できる。多くの企業が営業費用や収益目標を統合したプライシング・モデルを作成してきたが，リスクのコストを十分に考慮できていないことが多い。

リスクのコストには，（瑕疵，ミス，貸倒れ損失などからの）期待損失，（非期待損失を吸収する）エコノミック・キャピタルのコスト，（保険料やヘッジ・コストである）リスク移転コストが含まれる。リスクのコストを組み込んでいなければ，企業は自社製品に安い価格を設定し，受容したリスク・エクスポージャーを埋め合わせることができないだろう。さらに，企業がリスクに基づいたプライシングを行わず，競争相手がそれを行っていれば逆選択に陥りやすく，結果として資金を失うポートフォリオとなる。たとえば，自動車保険会社がリスクの高い運転者に割安のプライシングをし，リスクの低い運転者に割高のプライシングをしていると，自動的にリスクの高い運転者の占有率が大きいポートフォリオとなって，大きな損失を吸収するのに十分な額の保険料収入を得ることはできないだろう。

製品についてリスク調整済みのプライシングが行われないと，意図に反した事業行動の動機にもなる。たとえば，事業部門が製品のプライシングに際して投下資金に見合う十分なコストを組み込んでいないならば，銀行は事業部門が金利リスクをとる動機づけをすることになる。イールド・カーブが右上りである場合（長期金利が短期金利よりも高い場合），事業部門は短期負債（たとえば，6ヵ月物金利など）で調達し，長期資産（たとえば，30年融資など）で運用することで高い収益をあげることができる。しかしながら，そのような戦略は，金利上昇や右下がりの逆イールドという環境の変化に対して銀行の収益を危険にさらすことになるだろう。これが1980年代初頭に米国のS&Lのほと

---

4) Connor, Michael, "Daimler Agrees to Pay $185 Million to Settle Bribery Charges," *Business Ethics*, March 26, 2010.

110 第 2 部 ERM の枠組み

んどを破綻に至らしめた原因である。

業績の測定

事業部門の業績測定や目標には，リスクを含めるべきである。理想をいえば，リスク計測と報告は全社の事業報告に統合されるべきだろう。企業が成長や収益を生み出すためにリスクをとるとすれば，事業業績の測定にリスクを含めてはじめて意味がある。リスク報告と事業報告を別個に行うことは，収入と支出の報告を別個に行うのと同じである。経営者が収入と支出を組み合わせてはじめて収益性を評価できるように，リスク報告と事業報告を統合することではじめて，リスク・エクスポージャーと事業機会のバランスを図ることができる。

1990 年代半ば過ぎから，多くの企業は，経営陣に対する事業報告と財務報告を統合する方法としてバランス・スコアカードを採用してきた。伝統的なバランス・スコアカードは，4 つのカテゴリーによって事業業績を定義する。それらは財務，顧客，社内ビジネス・プロセス，学習と成長である。バランス・スコアカード（またはあらゆる他の事業報告の方法）にリスク評価を含むべきであり，それが良い事例となりうる。そうすることではじめて，企業経営者および業務執行部門管理者の両者が必要とする情報に関してバランス・スコアカードが真に平衡がとれているものになるだろう。2008 年のグローバル金融危機後，バランス・スコアカードの実践者たちはこの本質的なギャップを埋める必要性を認識し始めた。このような認識のもと，バランス・スコアカードの共同発明者であるロバート・キャプランは，リスク評価を考慮したバランス・スコアカードについて調査を行い，積極的に論考した。

リスクとインセンティブ報酬

業績測定の次に，規制当局者や経営者はリスク管理とインセンティブ報酬とを連携させる重要性を認識した。

2009 年，証券取引委員会（SEC）は株主への提供情報を拡大する規則を承認し，これにより上場企業のガバナンスとリスク管理をより評価できるようになった[5]。SEC は，リスクとインセンティブ報酬に関する情報公開を改善するために，これら新しい規則を制定した。SEC のメアリー・I・シャピロ委員長

---

5) U.S. Securities and Exchange Commission, "SEC Approves Enhanced Disclosure About Risk, Compensation and Corporate Governance," Rule 2009–268, December 16, 2009.

は次のように語る。「良いコーポレート・ガバナンスとは，企業を経営する管理者や取締役が，その意思決定や業績を効果的に説明できるシステムである。しかし，透明性がなければ説明責任は果たせない。これらの規則を採用することで，リスク，報酬，コーポレート・ガバナンスに関する情報開示を改善できるだろう。それによってより説明責任を果たせるようになり，直接，投資家の利益になる。」

2009年のSEC規則は「とくに，新規則は以下のような委任および情報文書における情報開示を求める」としている。

■ リスク管理に対する企業の報酬に関する方針とその実施との関係
■ 取締役および被任命者の経歴と適格性
■ 企業の上級管理職，取締役，被任命者に関する訴訟
■ 取締役のどの候補者を任命するのかを考慮するプロセスの多様性への配慮
■ 取締役会のリーダーシップの構造とリスク監視における役割
■ 企業経営者および取締役に対するストック・オプションによる報酬
■ コンサルタント報酬の潜在的な利益相反

2011年，SECは金融機関に関する上記規則をさらに改正した。金融機関に関して提案されたSECの規則は以下のとおりである。

■ 年に一度SECに提出しなければならない，インセンティブに基づく報酬に関する報告を求める。
■ 過度に報酬を与えることにより不適切なリスク・テイクを促す，あるいは企業に重大な損失をもたらすであろうインセンティブに基づく報酬契約を禁止する。
■ 資産500億ドル以上の金融機関には追加要件を課す。それには，上級管理職のインセンティブに基づく報酬の繰り延べ，企業を大きなリスクにさらす可能性がある職権を有する人の報酬の承認を含む。
■ コンプライアンスがインセンティブに基づく報酬に関連した要件を備えているか確認し，モニタリングするための方針および手続きを作成しなければならない。

新規則の結果，金融機関では回収規定がより一般的になった。いくつかの回収規定は，従業員の行動の先にある監督者責任を含むものとなっている。たとえば，ゴールドマン・サックスとモルガン・スタンレーは，リスクをとったトレーダーとその上司から報酬を回収できるような状況について方針を策定した。両社とも，部下が過度にリスクをとる，あるいはその他の誤った行為を犯したならば，当該管理者に回収を求めることができるように定めた。

専門家は，回収規定はますます一般的になっていて，幅広い事象や異なるタイプの報酬に拡大されつつあるという。「開示された回収方針をもつフォーチュン100社の数は，2006年の18パーセントから昨年には84パーセントを超えた。」[6] これは実業界における進歩と説明責任の高まりを象徴するものだ，と感じている人もいる。

---

6) White, Martha C., "Clawback Provisions Go Mainstream, Add Reach," *NBCNews.com*, 2012.

第7章　ポートフォリオ管理

　巨額の資産を誇る投資家ウォーレン・バフェットが ABC ネットワークの新しい看板番組『ナイトライン』に出演するまで7年かかった。当時，バフェットのバークシャー・ハサウェイ投資会社は，競争相手が恥ずかしい思いをするほどの継続的収益をあげていた。バフェットは「オマハの賢人」として知られ，多くの人々から世界で最も賢明な投資家と見られていた。インタビューが始まり，司会のテッド・コッペルがバフェットにどんな仕事をしているか尋ねる。すると，彼は，間髪を入れず「私は資本を配賦しています」と答えた。

　現代を代表する偉大な投資家の簡潔な答えに，すべての経営者に対する重要な教訓が隠されている。資本配賦は資産運用会社だけでなく，他の金融機関，エネルギー会社，一般事業会社を含むすべての事業で重要な概念である。資本はリスクとリターンをつなぐものであり，健全な資本配賦プロセスは，事業展開や株主価値の創造にとって欠かすことのできないものだ。

　一般的に，資本配賦は一連の投資機会を評価し，前もって決められた投資目的に合致する案件を選択することによって行われる。やがて投資は，研究開発ポートフォリオ，証券ポートフォリオ，資産負債ポートフォリオなどのポートフォリオを形成する。結局，企業はそれぞれが独特のリスク・リターン特性を有するさまざまな事業のポートフォリオとみなされるべきだろう。

　歴史的に見て，ほとんどの企業で，事業ポートフォリオはそれぞれ独立した主体によって管理されてきたが，互いの投資目的を調整することはほとんどなかった。このように独立した状態では，企業全体のポートフォリオが最適化されているとは思えない。そうだとすると，企業全体のポートフォリオを最適化するために，既存の投資と今後の投資機会をどのように管理すべきだろうか。

　経営の最終目標は株主価値の最大化であり，企業全体のポートフォリオ管理に関する包括的な原則とは，ファンド・マネジャーが株式ポートフォリオを管理するのと同じ方法で，事業ポートフォリオを管理することである。言い換え

ると，事業ポートフォリオ・マネジャーは，リスク 組 成（たとえば，事業部門やトレーディング部門）とリスク移転（ヘッジや保険）の関係を理解し，企業全体のポートフォリオが古典的なリスク・リターンの効率的フロンティア上に位置するように投資決定を行うべきである。効率的フロンティアとは，同水準のリスクに対するより高いリターン，または同水準のリターンのためのより低いリスクを表すものである。

このプロセスは，資産管理ではアクティブ・ポートフォリオ管理または単にアクティブ管理として知られている。一般的に，アクティブ・マネジャーは，適正でない価格から利益をあげるために，あるいはリスクを管理するために戦略やシステムを実行する。もう1つの選択肢は，市場インデックスに投資するようなパッシブ戦略を用いるか，または最低限の維持管理で済むオルタナティブ投資を行うことである。これら双方の技術は，資本市場における投資の場合にはメリットがあるが，事業への資本配賦に際してとくに関連があるのはアクティブ・ポートフォリオ管理の理論だけである。

アクティブ・ポートフォリオ管理の理論

アクティブ・ポートフォリオ管理に関する理論は，大部分が1950年代のハリー・マーコヴィッツ[1] の基礎理論に基づいており，リスクの計測と管理を中心に展開されている。マーコヴィッツ自身が2000年1月のインタビューで次のように語っている。「リスクは石器時代以来，ずっと変わっていない。モダン・ポートフォリオ理論は，リスクの評価とコントロールのためのツールを発達させてきた。このツールをさらに強化することで，将来のリスク分野は進化するだろう。」[2]

ポートフォリオ理論が最も強化されてきた分野は資産管理であり，現在，理論研究および実証分析の大きな担い手となっている。リターン，ボラティリティ，相関に関する情報が定量化しやすいので，この分野ではポートフォリオ管理に関する洗練されたテクニカルなモデルを容易に構築できる。

事業会社が同じことをするのは容易ではないが，それでもなおアクティブ・ポートフォリオ管理を理解することは有益である。興味のある読者はこのテー

---

1) Markowitz, Harry, "Portfolio Selection," *Journal of Finance* 7, no. 1, 1952, pp. 77–91.

2) Mintz, Steven, "The Gurus," *CFO Magazine* (*online edition*), January 2000.

第7章　ポートフォリオ管理　　　　　　　　115

マをさらに調べてみるべきだろう。ここでは，理論の基本を理解するだけで，事業にどれほど便益があるのかに絞って説明しよう。

　マーコヴィッツとその後継者が提唱するポートフォリオ理論の基礎概念であるリスク，リターン，分散，レバレッジ，ヘッジの検討から始めよう。

　リスクは一般的にボラティリティと同義であり，将来の事象にかかわる不確実性の統計的尺度である。（将来何が起こるかわれわれにはわからないので）リスクを定義するだけでは予測することはできないが，われわれは事業または投資により生じうる将来価値やその価値からの偏差を推定できる。株式市場では，過去の収益の標準偏差を調べるか，またはストック・オプションの価格から，市場がリスクの期待値を現在どうみているかを導出することでリスクを推定できる。

　リスクと表裏の関係にあるのがリターンであり，リスクのある投資をすることでリターンは得られる。リスクと同様，投資により得られるリターンも予測できない。しかし，起こりうるという期待価値の観点から推定できる。たとえば，株式投資におけるリターンは，一定期間における株式あるいはインデックスの期待リターンである。さらに一般的には，新規ベンチャー事業に関する企業のリターンは，組織が特定のリスクをとることで得られる収益である。明らかに，期待リターンはリスクに見合ったものであることが合理的である。しかし，実際には必ずしもそうなってはいない。

　分散とは，多くの異なった案件にリスクを広げることで企業全体のリスクを低減させる概念である。つまり多様なリスクを組み合わせたことによるトータル・リスクは，リスクを別々に足した合計より小さい。分散は，すべての卵を1つの籠に入れるなという格言で表現されるように，非常に一般的な概念である。

　さらに専門的にいうと，分散は，すべての機会がリスク誘発事象に対して同じように影響を受けるわけではないという事実の結果である。たとえば，原油価格の高騰は航空会社の利益を縮小させるが，石油会社には利益をもたらす。石油会社と航空会社の両方に投資している投資家は原油価格上昇という事象に際して，航空会社だけ，または石油会社だけに投資している投資家と比べて影響が少ないだろう。

　このように，多くの異なる投資を組み合わせることで，ポートフォリオのリスクをかなり低減することができる。投資が類似していないほど（これらに相

関がないほど），分散効果がより顕著となる。これら相殺効果により，企業全体の水準でリスクは低減されるが，企業ポートフォリオの期待収益は個々の収益の単なる加重平均のままである。

レバレッジは，事業のリスク・リターン特性を高めるための借入の効果である。固定利率で借り入れた資金は新規投資の資金にあてることができる。これは，投資家のポートフォリオにおけるリスクとリターンを大幅に高める効果がある。投資家は借入額しか返済する必要がないので，借入資本から生み出されるいかなる利益も投資家のものとなる。

投資家は確実なものを見抜いたと考えれば，100ドルの自己資金と100ドルの銀行借入の合計200ドルを投資するかもしれない。仮にその投資で25パーセントの収益をあげるとすると，投資家は50ドル儲けることになるだろう。投資家は100ドルを返済しさえすればよいので（この単純な例では利子を無視する），50ドルが手元に残り，自己資本に対する利益率は50パーセントになる。当然のことながら，投下資本の全額を失った場合には，自己資本の2倍の損失を被ることになるだろう。単純にいうと，レバレッジはリスク・リターン特性を高めるのである。

ヘッジは既存のポジションと負の相関があるマーケット・ポジションをもつことによって，リスクを相殺するプロセスである。これは分散に似ているが，全体のリスクを減らす方法として新規投資を追加するというよりも，むしろ既存の投資に関連するリスクを削減したいという願望が動機になっている。こうした意味で，ヘッジは保険と非常に似ており，保険のように扱われるべきである。

たとえば，新たに雇われたCEOが50ドルで自社株を分与されたが，2年間は売却が認められていないとする。優れた業績をあげた結果，就任の初年度末に株価が上昇し，100ドルになったものの，事業環境が変化したためCEOは自身の持ち株を売却できるようになる前に，再び株価が下がるとの危惧を抱いたとする。

CEOはこの下方リスクをヘッジするため，2年の任期後に100ドルで株式を売却できるプット・オプションを購入する。そのオプションは必ずしも安くはないが，このヘッジによって株式がどんな価格をつけようとも，持ち株を少なくとも100ドルで売却できることが保証される。この保証があれば自社の株価低下を心配せずにすみ，もう少し人生を楽しむことができる。

第 7 章　ポートフォリオ管理　　　117

　さて，これらの概念の検討がどのように ERM の助けになるかを考察していこう。

アクティブ・ポートフォリオ管理のメリット

　ERM の目標は，投資ポートフォリオの個別証券を管理するのではなく，事業ポートフォリオ全体の個々の事業を管理することである。ポートフォリオ管理は，次の 4 つの重要な方法で ERM を支援する。

- ■　リスクの組成，保有，移転をアンバンドリングすること
- ■　企業全体にわたるリスク集計機能を提供すること
- ■　リスク・リミットおよび資産配分目標を設定すること
- ■　移転価格の設定，資本配賦，投資の意思決定に影響を与えること

アンバンドリング

　定義によれば，ポートフォリオ管理は事業単位での管理の枠を超えたものであり，事業全体をひとまとめにして管理するものである。皮肉なことに，リスク組成，リスク保有，リスク移転において，事業のアンバンドリングは頻繁に起こる。経営陣は企業の中核的能力やリスク・リターンの経済性を検証し，その結果として，これらの機能のうちどれに関与するのが望ましいかを決定する。

　実務的には，これは何を意味するか。この種の分化は 30 年近くの間，銀行の住宅ローン業務では標準的なものであったが，そこで問題となっている主要リスクは，消費者の信用リスクおよび住宅ローン融資の期限前償還リスクである。銀行は融資，資金調達とサービス提供をまとめて行うか，またはローンの証券化（個々のモーゲージをひとまとめにプールし，モーゲージ担保証券として流通市場で販売すること）に特化することもできる。

　近年，このポートフォリオ管理アプローチはクレジット・カード，自動車ローン，さらに最近では商業貸付やジャンク債市場に拡大されてきた。今では金融以外の事業会社の間でも次第に普及しつつある。たとえば，エネルギー会社が，探査，輸送と保管，製品開発と流通，トレーディングの利益を取り扱う場合，ますますポートフォリオ管理アプローチを採用するようになってきている。ここで重要な点は，事業全体のリスク・リターンの経済性を理解することによ

り，価値連鎖のなかのどこで競合すべきかを決定できることである。

リスク集計

　全体的なリスク・ポートフォリオは，異なる事業活動，リスクの類型を超え
た，企業内におけるすべての種類のリスクを集計した結果である。経営陣は集
計されたリスク・エクスポージャーだけでなく，それらが互いにどの程度相関
しているかについての情報を必要とする。つまり，次で論じるように，これら
はリスク・リミットや資本配賦目標を設定するための基礎とすべきである。

　企業はリスク集計を計測や報告の目的で行っており，リスク特性は，戦略的
計画策定，資本配賦，リミット設定などの企業管理プロセスを通じて管理され
る。あるリスクに対してより先進的な手法をとることを選好する企業もある。
すなわち，その方法では，すべてのリスク・エクスポージャーは直接的に，ま
たは移転価格の設定メカニズムを通じて，ポートフォリオ管理やヘッジの意思
決定がなされる中枢部門に移される。

　たとえば，たいていの大銀行は，各事業部門がすべての資産・負債に関して，
デュレーション・マッチングされた資金の移転価格の設定を行うことを通じて，
金利リスクを集中的に管理している。これは2つの重要な目的に適っている。
第1に，融資実行や預金集金事業の収益性が金利リスクの収益貢献なしに測定
できる。第2に，ポートフォリオの分散効果を考慮して銀行の金利リスクをヘ
ッジの意思決定がなされる金利リスクの中枢部門で集計できる。

　資金調達やヘッジといった財務機能を集中化し，ファンドに対して移転価格
を賦課することによって各事業部門にヘッジ・コストを課すようにすれば，非
金融会社も同様の機能を有することになる。これらの企業は，企業全体のリス
ク・エクスポージャーを検証し，分散効果を組み込み，適切なリスク管理の意
思決定を集中化することにより，リスク集計から利益を得る。

リスク・リミットと資産配分

　株式ポートフォリオのポートフォリオ・マネジャーは，集中リスク・リミッ
トと資産配分目標を設定することで，分散と運用成果の間のバランスを保たな
ければならない。たとえば，株式ポートフォリオの投資方針が，1つの銘柄が
ファンドの資産の5パーセント以上を占めてはいけないし，1つの業界の合計
が20パーセント以上を占めてはいけない，と定めているかもしれない。これ

らのリミットは適切な分散を確実にする。これらのリスク・リミットの範囲内
で，ポートフォリオ・マネジャーは過小評価されていると思われる業界を重視
するような資産配分目標を設定するかもしれない。逆もまた同じである。この
ような目標は，リスク・リミットにより設定された制限の範囲内でファンドの
運用成果を最大化することを求める。

　事業に関しても，ポートフォリオ同様のリスク・リミットや資産配分目標を
設定できる。たとえば，10ヵ国で運営されるグローバル事業は，各国からあ
がる収益の貢献について，20パーセントのリミット上限を設定するかもしれ
ない。平均すると，各国は総収益に対して10パーセントの貢献をするが，イ
ンドのように見通しが強気であれば，収益貢献目標は20パーセントの上限ぎ
りぎりに設定されるかもしれない。この場合には，楽観的な予測に基づくイン
ドへの高い収益目標は，常にカントリー・リミット（国に対する信用限度額）
によって継続してチェックされる。リスク・リミットや資産配分目標は，事業
に関して最適なリスク・リターンを達成するために，優れたコントロールを提
供する。

移転価格の設定，資本配賦，投資決定への影響

　企業経営陣はいくつかの方法で，事業ポートフォリオのリスク特性に影響を
与えることができる。たとえば，前述の例におけるグローバル事業では，積極
的な成長を動機づけるための努力として，所得から引き去る額を多くする，あ
るいは移転コストを引き下げることによって，インドに対する移転価格を調整
できる。

　経営陣はまた，優れたリスク調整済み資本収益率を生み出すと期待される事
業や製品に，さらなるエコノミック・キャピタルを配賦することも可能である。
収益の伸びが最も見込まれる事業に対してのみ資金が提供される場合に，効率
的資本配賦のプロセスは内部資本市場としての機能を果たす。

　資本配賦のプロセスは，収益性や成長性だけでなく，分散の目標によっても
推進されよう。たとえば，製薬会社における研究開発（R&D）への投資決定
はオプション・ポートフォリオとみなすことができる。このオプションに関し
て，どの新薬もオプション・プレミアム（R&D投資コスト），権利行使価格
に対する現在価格（計画目標に対するプロジェクトの現状），インプライド・
ボラティリティ（計画の不確実性），満期までの期間（製品販売までの時間）

をもっている。製薬会社にとって，その市場価値は，（特許が切れるまでイン・ザ・マネー[3]である）既存製品の成功のみならず，（R&Dポートフォリオにおけるオプションである）見込みのある新薬の供給によっても決定される。このように製薬会社の経営陣は新薬の供給だけでなく，既存の製品のライフサイクル管理にも綿密な注意を払うべきだ。

　ポートフォリオ管理に対するこの動態的な手法は，すべての業種の企業，なかでもアウト・オブ・ザ・マネーのオプション的特徴をもつ商品を扱う企業（たとえば，製薬会社のようなベンチャー・キャピタル企業は成功以上に多くの失敗を重ねる），または短いライフサイクルの商品を扱う企業（たとえば，ハイテク企業）に利益をもたらす。

ポートフォリオ管理の実務的適用

　資本市場におけるアクティブ・ポートフォリオ管理の理論的論争は理に適っているように思われる。しかし，アクティブ管理が，より高いリスク調整済み収益率を絶えず生み出すとの明確な根拠はない。結果として，インデックス投資の多くの擁護者は，経費が割安なことを前提に，投資家および市場は合理的かつ効率的であるとの仮定に反して投資する（特定のマネージャーが見込みのある投資に対して並外れた洞察力を有すると仮定して投資する）より，株式インデックスにパッシブ投資するほうがうまくいくと主張してきた。

　前節で触れたように，これは一般事業会社に対する議論の広がりに反対を唱えるものなのか。実際は，反対を唱えるものではない。なぜならば，理論の不備が必ずしも事業の状況にあてはまるわけではないからである。市場ポートフォリオを保有すること自体が企業経営者にとってほとんどありえないことなので，一般的にはパッシブ戦略は存在しない。それどころか，有能な経営者は，自社を構成する事業ポートフォリオについて優れた内部情報をもっていることや，それぞれの事業に関して合理的決定を行うことを期待されるだろう。したがって，アクティブ・ポートフォリオ管理アプローチが収益目標やリスク・リミットを管理するのに非常に効果的なのだ。

　言い換えると多くの場合，分散は株主価値を増やすことができ，アクティブ

---

3)　（訳注）イン・ザ・マネーは，オプションにおいて，権利行使すれば利益が得られる状態。アウト・オブ・ザ・マネーは，権利行使しても利益が得られない状態。

管理は許容水準以下でリスクを維持することができ，ボラティリティは既存の金融商品により管理できる。分散を行って効率的フロンティア上にとどまることは，1つの領域にリスク・エクスポージャーを集中し，期待収益を達成するために必要以上のボラティリティに直面するよりも合理的である。仮にプロジェクトの選択を通じた分散が選択肢ではないとすると，（オプションや先物などのような）さらに進んだヘッジ手法が検討される。

理論はとりあえず置いておくとして，代わりに2つのケーススタディを検討してみよう。倒産の可能性が急速に高まったことを心配する保険会社へ相当な外国為替エクスポージャーにさらされた製造会社の事例である。

再保険

保険証券の発行は保険会社の主要な事業活動であるが，多くの保険会社は株式を上場しており，主な経営目的の1つは確実に株主を満足させることである。したがって，当該契約のリスク特性が定められた許容水準を超える場合，多くの保険会社は他の保険会社から再保険（保険会社のための保険）を購入する。

住宅所有者にハリケーンのような自然災害による損害保険を提供することに特化する架空のフロリダの保険会社，ウインドガード社のケースを考えてみよう。ウインドガード社は温和な気候と適切にプライシングされた契約により，過去の業績が良好であった。同社は，徴収した保険料の形で，10億ドルの流動資産を保有する。

本質的に，保険は非常にリスキーな事業である。保険会社の価値は，リスクの予測能力と契約の適切なプライシング能力にある。リスクが正確に定量化できれば，保険料の収支残の現金が利益になる。ウインドガード社の場合，典型的な保険金支払率は年当たり約70パーセントである。それは同社が10億ドルのうち約7億ドルを支払い，総利益として3億ドルを得ることを意味する。

しかしながら，1992年に猛威を振るったハリケーン・アンドリューのように，たった1つのハリケーンの影響で財務上の破綻をきたすことがあり，準備が十分でない保険会社は事業から撤退せざるをえなくなる。実際に，1992年には小さな保険会社数社が倒産し，100万人近い保険契約者が途方に暮れた[4]。新しい独自の研究によれば，天候がますます不安定になりつつあり，そのため

---

4) Jastrow, David, "Ikon Delivers in the Eye of the Storm," *Computer Reseller News*, September 27, 1999, p. 65.

に保険金支払率がどの保険会社でも契約額面の20パーセントから120パーセントの範囲内で変化する可能性が高いとされる。

ウインドガード社の経営陣は，損失のボラティリティの増大，とくに来年に備えてすでに発行された1,000億ドルの災害契約について，天候がひどい場合，災害被災者に支払う十分な資金がないことを憂慮している。これは保険金が支払われない被災者だけでなく，保険会社にとっても災厄となる。

ポートフォリオ管理の観点から見れば，同社の期待収益はまだ3億ドルのままであるが，リスクは同社が許容できない水準にまで達している。それを回避する1つの方法が再保険の購入であり，これにより（再保険補償にはコストがかかるため）同社の純期待収益は減少するだろうが，十分にリスクを減らすことにもなろう。再保険契約は，予測できないハリケーンリスクがもたらすウインドガード社のエクスポージャーを，予測可能で，おそらくより小さな再保険会社のカウンターパーティ・リスクへと変換する。

同社は事業撤退のときではないと判断し，適切に同社のリスクを削減できる再保険契約を他の企業から購入する。当該契約は1億5,000万ドルのコストがかかるが，7億ドルを超える支払いの全額を補償するものである。これにより8億5,000万ドルだけが流動資産として残り，同社が徴収した保険料のうち最低1億5,000万ドルは手元に残ることが保証される。

これは必ずしも最も効率的なリスク・リターン特性というわけではないけれども，ウインドガード社が1億5,000万ドルの収益と低い倒産確率が，3億ドルの収益と20パーセントの倒産確率よりも好ましいと考えるならば，この再保険契約は事業にとって合理的である。仮にウインドガード社の経営陣がリスクとその対応を効果的に説明すれば，同社の株主はおそらく納得するだろう。

為替ヘッジ

安定的な収入源は，株主価値の最大化に努めるすべての企業にとって非常に重要である。変動的な収入源は，リスクをともなう事業環境や不確かな将来像を暗示している。株主はこの種のボラティリティに対して，より高い収益率を要求する。このため，少ないリスクで同じ収益率を約束する，より安全な株式に資金を投じるだろう。結果として，収入が不安定な企業の評価は，安定した収入のある同業他社の評価よりも一般的に低くなる。

幸運にも，企業は，この収入リスクを上回って実現するよりも抑制すること

が多い。米国で最も優れた小型機械を長年製造し，株主に安定した収入の増加と収益の伸びを印象づけてきたウィジェット社という架空の企業のケースを考えてみよう。同社の米国での予想売上は 5,000 万ドルである。一方，この年，はじめて海外での売上が過半を占めた。とくに日本で小型機械が流行したことから受注をかなり増加させた。日本での予想売上 50 億円は 1 ドル＝100 円で換算すると，5,000 万ドルの価値がある。

　ウィジェット社の経営陣は，今まで外国為替リスクについて無視できるほどで心配したことはなかった。しかし今は，これら大規模な海外受注が同社の将来的な収入をかなり不確実なものにしている点を危惧している。同社が受注生産を行っている小型機械はその仕様が複雑なため，ほとんどの注文が完了するのに最低 3 ヵ月を要する。支払いは納品の際に行われるが，支払いの条件は生産開始前に成立している。さらに悪いことに，ウィジェット社の日本の顧客は強気で，外国為替リスクの引き受けを嫌がり，日本円でのみ支払うという。さらに，ウィジェット社の仕入先や生産は米国が拠点であり，円ベースの収入と米ドルの支出の間にヘッジ効果は働かない。

　よって，ウィジェット社は，各注文と納品の間にドル・円レートが変動するというリスクにさらされており，同社の日本円での収入は 5,000 万ドル以上または以下になってしまうだろう。ウィジェット社はこのリスクをヘッジすべきだろうか。仮にそうだとしたら，どのようにヘッジすればよいだろうか。

　ウィジェット社はこの外国為替リスクについて，まったく何もしないという決定をするかもしれない。期待収入は依然として 1 億ドルであるにもかかわらず，日本から得る 50 億円の米ドルの価値には，ドル・円の交換レートの変動リスクがある。注文から納品までの 3 ヵ月間，交換レートに何も起こらないとすると，ウィジェット社はいつでも 1 ドル＝100 円の比率で交換でき，合計 1 億ドルの収入を達成するだろう。これは株主には幸いなことであり，ウィジェット社が依然として利益をもたらし成長していることを示すことになるだろう。

　しかしながら，このようにならないかもしれない。より現実的な仮定として，交換レートが生産期間中の 3 ヵ月間に変動すれば，日本からもたらされるキャッシュ・フローは不確実になる。ウィジェット社は円相場の見通しをもっておらず，交換レートが上下する確率が同じであると想定している。それは，日本からの注文の米国での名目価値が多くなることも少なくなることも等しく起こりうることを意味する。たとえば，交換レートが 1 ドル＝80 円になると，50

億円は期待収入 5,000 万ドルよりも著しく大きな価値（6,250 万ドル）となり，ウィジェット社の収入は合計 1 億 1,250 万ドルになる。しかしながら，仮に交換レートが 1 ドル＝125 円となると，同社の日本での収入はわずか 4,000 万ドルの価値になる。

　これら両方の可能性が等しく起こりうるとすると，ウィジェット社は何をすべきだろうか。その答えは株主の考え方による。株主は企業が収入や収益を着実に増やすことを期待しており，期待よりも収入が低くなると，株主の信頼を大きく損ねることもありうるだろう。交換レートが 1 ドル＝125 円の場合，ウィジェット社は年間で損失を出す可能性があり，株主は明らかに潜在的な収入を望めなくなるだろう。

　そこで，この不確実性を回避することが最善である。外国為替レートはランダムに変化するため，おそらく突然の上昇は長期的には持続しないだろう。株主はこれを十分に理解し，おそらく通常でない収益を割り引いて考えるだろう。また，株主は今回の予期しない上昇が，次回の予期しない下落と相殺されると考えるかもしれない。

　ウィジェット社は，幸運にも短期的には収益を報告できるかもしれないが，長期的には期待収益における目に見える増加を望めない。これによって，より大きなリスクをとることが正当化できなくなり，この種の外国為替リスクに対するヘッジを行わなければ，経営陣は注意不足だということになる。ポートフォリオ管理の理論は，特定の収益率に対してリスクが可能なかぎり低いことを支持する。そして，確かにウィジェット社の例ではこれは意味がある。

　審議の後，ウィジェット社は売買契約時に，先渡し契約を締結するという方針を決定する。先渡し契約は，一定額の通貨を前もって決められた交換レートで第三者と交換するという取り決めである。このようにして，ウィジェット社の経営者は，小型機械の生産が確固とした信頼できる事業であり続けることを確信できるだろう。

　これら最後の 2 つの例は，リスクに対する第三者の補償を求めるか否かを，どのようにして決定できるのかを示している。次章では，リスク移転戦略を実際に行うにあたっての代替策を見てみよう。

第8章　リスク移転

　一言でいえば，リスク移転とはリスクをある主体から異なる主体へ移す行為である。より正確には，確率的に異なるキャッシュ・フローを熟慮のうえ交換することである。どちらにしても，ある企業のリスクの一部を外部に移すことを指すことが多い。しかし，リスクを管理するという明確な目的のために，一定のリスクを同じ企業の他の部署に移すこと，または自社グループ内の子会社に移すことを意味することもある。

　企業がリスクを移転する最も伝統的な方法は，いろいろな保険を購入することであり，最も一般的なのは労働災害補償保険，賠償責任保険，損害保険の3つである。事業が保険に加入する場合，その契約によって補償される保険事象に関連するリスクの一部またはすべてが，その事業から保険会社へ効率的に移転される。保険の概念の起源ははるか昔まで遡り，およそ3800年前に書かれたハムラビ法典に海上保険の一種についての記載がある。

　次に一般的なリスク移転手法は，先物，先渡し，スワップ，オプションといったデリバティブ商品を通じたものである。厳密にいえば，その企業に対するリスクの形態または金額を変えるためにデリバティブ取引を利用し，金融債務を通じて企業のキャッシュ・フロー特性を変えることができる。デリバティブは，1990年代の多くの大惨事に関係していたため，冷酷な投機家向けの変動の大きい非常に危険な取引という不当な汚名を着せられてきた。しかし，実は保険に匹敵する起源をもち，多くの企業でリスクを管理するために安全に用いられている。

　リスク移転は，実際に何世紀にもわたって，保険またはデリバティブのいずれかを中心に行われてきた。しかしながら，1980年代後半以降，保険とデリバティブの両方の特徴をあわせもつリスク移転商品が急増してきている。これらの商品は，まとめて代替的リスク移転手法（ART）商品として知られている。今でもなお，これらの商品における潜在的な能力のすべてが認識されているわ

けではないが，第4章でERMの主要なメリットとして取り上げた合理的なリスク移転の可能性を秘めている。

　保険とデリバティブを組み合わせることは，当初まったく適切ではないと見られていた。人々は一般に，（不正確な認識なのだが）保険をリスク削減，デリバティブをリスク増大と結びつけて考える。したがって，両者の要素を統合して新しい金融商品にすることに，多くの人々が警戒する。より正しい見方は，保険はある事象が起こった場合に利用可能な資金源となる条件付資本，デリバティブはリスク操作の手段と考えることである。

　資本準備とリスク操作の組み合わせによって，企業はリスク特性を効果的に変更できる。現代企業は，今まで事業運営につきものとしてみなしていたリスクをアウトソーシングすることによって，リスク管理コストの削減，管理の簡素化，さらに株主価値の増大が可能なことに気づき始めた。

代替的リスク移転手法（ART）の簡単な歴史

　ARTに公式の定義はないが，一連の非伝統的なリスク移転商品と広く理解されている。これらの大部分は，2つのカテゴリーのいずれかに位置づけることができる。すなわち，伝統的なリスクを補償するために用いられる非伝統的手法と資本市場商品に基づく手法である。これらの商品の一部を**表8.1**に抜粋しておく。

　ART市場は，資本市場と銀行業界の収斂（しゅうれん）という，より根の深い動きに端を発している。ART商品は，保険業界と資本市場相互の強い影響がなければ開発されることはないため，昔からその供給が不足していた。1970年代以前，保険会社は銀行の顧客であり，銀行もまた保険会社の顧客であった。いかなる形であれ，保険と資本市場の手法を融合して提供する企業はなかった。

　大企業がコストのかかる伝統的保険に代わるものを模索し始めたことによって，1980年代前半に変化の兆しが現れた。ますます多くの企業が自家保険保有（SIR），リスク保有グループ（RRG），キャプティブ，そしてレンタ・キャプティブを通じて自家保険を活用し始めた。ここで，自家保険は無保険と同じではないことを指摘しておく。自家保険を活用している企業は，特定のリスクを明確に想定し，偶発的な出費に対する準備金を引き当てている。一般に，企業は，リスクが明確かつ損害が重大であり，発生頻度の低い事象を補償するの

表 8.1 ART 商品

伝統的なリスクを補償するための新しい手段

自家保険保有（SIR）：偶発的な出費に対して利用するために所要資金を蓄積しておくこと。

リスク保有グループ（RRG）：多くの中小企業によって積み立てられた自家保険資金。

キャプティブ：親会社を補償するために設立された専門の子会社。税制上の優遇を享受するために
　　しばしばオフショア（海外，とりわけ非居住者（外国人）に対し，租税環境を優遇している
　　「国」や自治権をもった「地域」）に設立される。

レンタ・キャプティブ：数社の中規模会社で共同所有されるキャプティブ。資金はまとめて管理さ
　　れる。

アーニングス・プロテクション：所定の会計年度内における特定された収益不足によって支払いが
　　発生する契約。

ファイナイト保険：損益の変動をならす多年度にわたる保険契約。この種類の保険では，しばしば
　　リスク移転をほとんどともなわないが，資本要件かつまたは税金を削減させる効果がある。

統合リスク・マルチトリガー契約：伝統的な保険リスクではないものも含む，異なるリスクをまと
　　めて補償する契約で，「保険化（insuratization）」とも呼ばれる。

マルチトリガー契約：所定の期間において異なる特定の複数事象が発生したことによってのみ支払
　　いが発生する契約。

マルチイヤー・マルチライン契約：特定された多年度にわたり，異なるリスクをまとめて補償する
　　契約。

資本市場の手法に基づく手段

保険リスク債：特定の事象が発生した場合に，利息かつまたは元金の全額または一部が免除される
　　債券。自然異常災害リスクを再保険会社から資本市場へ移転する方法として最もよく知られて
　　いる。

証券化：金融市場で取引することのできる負債または株式商品にするためにリスクをまとめるプロ
　　セス。

キャット・イー・プット：キャタストロフィ・エクイティ・プット・オプションの略。特定の異常
　　災害事象が発生した場合に，事前に取り決めた価格で企業が株式を発行のうえ，売却できるオ
　　プション。

コンティンジェント・サープラス・ノート：損失事象が発生した場合に，その保有者に資金調達手
　　段を提供するサープラス・ノート（訳者注：米国の相互会社に発行が認められた一種の劣後債）。

クレジット・デフォルト・スワップ：買い手がプレミアムを支払い，債務不履行の事象が発生した
　　場合に売り手から支払いを受けるというデリバティブ。

天候デリバティブ：特定の気象現象が事前に決められた状態になることで支払いが発生する契約。

に自家保険を利用している。数年にわたって保険会社に保険料を支払うのでは
なく，保険会社の利益が不意の異常災害への備えに対する支払いとなるように，
自社のキャプティブに資金を確保している。厳密にいうと，これはリスク移転
というよりもリスク・ファイナンスであるが，伝統的保険に対する代替手段と
して用いられることから ART 手法として引き合いに出されることが多い。

ART 出現の次の段階は，1992 年 8 月に南フロリダに莫大な金額の被害をもたらしたハリケーン・アンドリューの発生によるところが大きい。マイアミへの上陸はわずかに逸れたにもかかわらず，このハリケーンは過去に発生した気象事象としては最も被害が高額で，損失総額は 155 億ドルと推定されている。準備金累計が 2 兆 5,000 億ドルに満たない保険会社や再保険会社はこの災害に十分な備えができていなかった。数社が破産し，破産しなかった会社も保険料を大幅に値上げしなければならなかった。

ハリケーン・アンドリューの影響を受け，リスク移転の最先端の考え方に証券化の概念がもちこまれた。企業が伝統的保険や自家保険を通じて自社のリスクを補償する必要さえないことが明らかになった。その代わりに自社のリスクをひとまとめにして，公開市場で売却することができた。モーゲージ担保証券は，1970 年代後半以降に取引されるようになり，自動車ローン，住宅ローン，クレジット・カードのような商品も証券化された。これらの商品では，金融リスクとりわけ小口信用リスクが商品提供者から切り離され，資本市場の投資家に移転された。

保険リスクに関しても同様のことができないか真剣に検討された。ハリケーン・アンドリューに関連した支払い請求は莫大であったが，それは資本市場の数兆ドルという価値のほんの一部でしかなかった。証券化は，自然異常災害リスクのような単一の大規模リスクを分割して，多くの投資家に分散する手段を提供した。これにより，投資家は，保険会社が単独で保有できる以上に，より分散されたポートフォリオのなかでリスクを保有できるようになった。

1990 年代半ばになると，この移転を促進することを目的とした多くの手法が出現した。1995 年には，世界最大規模のデリバティブ取引所の 1 つであるシカゴ商品取引所が，異常災害保険損失について PCS 指数先物の取引を開始した。同年，保険会社と再保険会社が異なる種類および異なる地域のリスクを，標準化された契約で単位ごとに交換できる掲示板形態の，カタストロフィ・リスク取引所（CATEX）が開設された。2 年後，ユナイテッド・サービス自動車協会（USAA）[1] は異常災害リスク債（CAT ボンド）の市場を創設した。この債券は，異常災害事象が発生すれば，返済額や返済時期が変更されるものである。USAA はハリケーン・リンク債を投資家に売ることで 4 億ドルの補

---

1) （訳注）アメリカ軍人とその家族を対象に金融サービス（銀行，生命保険，損害保険など）を展開する会員制組織。

償を得た。7年後，総額35億ドル以上相当の保険リスクが資本市場で取引されるようになった。

　伝統的保険事業に対する暗黙の脅威は大部分が見逃されてきた。初期の証券化取引にかかわるリスク，すなわち，自然異常災害に関連したリスクは，大部分の保険会社の資本では引き受けられないほどのリスクだった。どちらかといえば，証券化手法は，これまで実行可能ではなかった補償を市場で提供する方法であった。一方，多くの保険会社は，証券化が一時的な流行であり，それゆえ心配するに足らないと考えていた。しかしながら，ART の取引量は上昇し続けてきた。2012年に資本市場における再保険販売は1,900億ドルを突破した[2]。

　さらに，その後の ART 取引は，保険によって補償される異常災害リスク以外にも予防策を提供した。たとえば，天候は，ファッション業界から旅行業，農業に及ぶ多くのさまざまな業界において，企業収益のボラティリティに影響を及ぼす主な要因である。最近まで天候は，企業が一般的にただただ甘受すべきリスクであった。しかしながら，1990年代半ばから企業は，平均気温（たとえば，平均気温日数）またはその他の天候に関する測度に基づく天候保険を掛け始めた。この市場における初期の成功例は，ボストンのローガン国際空港が購入したかなりの大型契約である。その契約は，空港収入に著しく影響を与える積雪水準である44インチ（約112センチ）以上の積雪に対する備えとして結ばれたものであった。この契約により，積雪累計が107インチ（約272センチ）に達した1995年から1996年の冬の直後に，200万ドルもの大金が支払われた。

　ローガン空港の事例は，天候保険を利用した最初のケースではなかったが，その支払額ゆえに高額補償に対する需要を大きく増加させた。予想どおり，その他の企業も同様の方法で恩恵を被ることを望み，1996年から1997年の冬に備えるための天候保険の需要は跳ね上がった。この需要の増加に対して，保険会社は新たに保険料を引き上げた。このことが，資本市場による代替手法，とりわけ天候デリバティブの人気を高めるのに一役買った。天候デリバティブも天候保険と同様の予防策を提供するが，資金を豊富にもつ単一の提供者に依存しない点が異なる。

　新興の ART 市場はすぐにも行き詰まると予想していた人々が驚いたのは，革新的な取引が1990年代後半を通じて継続的に成立したことであった。1998

---

2) "Insurance Market Report2013," *Marsh & McLennan Companies*, February 2013, p. 4.

年7月，ハネウェル社は相当範囲の金融・保険リスクを補償する包括的な統合リスク契約を購入した。同年10月，ブリティッシュ・エアロスペース社が画期的なアーニング・プロテクション契約を購入した。この契約は，今後15年間のリース収入の予想額39億ドルに不足が生じないことを効率的に保証する契約であった。

これ以降もARTはかなりの速さで発展を続けており，近い将来ART取引がますます盛んになるというのが，今日の産業界における経営者の大多数の意見であるといっても過言ではないだろう。ARTのさらなる成長は，リスク移転商品以上に進化している銀行業と保険業の収斂によって支えられていくだろう。それは補償する商品のみならず，業界についてもいえることである。1980年代，AIGやスイス・リーといった大手保険会社や再保険会社が資本市場やデリバティブ事業を大きく拡大させた。1998年4月にシティコープとトラベラーズが合併することによって，銀行と保険会社の組み合わせによる事業の可能性が明らかになった。

銀行業と保険業の統合は，M&Aまたは事業拡大のいずれを通じた場合でも，ART市場に多くの供給能力をもたらすだろう。これらの企業はART取引に要求される必須の能力を有するが，その能力とはリスクの確率と規模を定量化する保険会社の技術に加え，証券をパッケージ化して引受・販売する銀行の経験である。これらの企業はまた，多くの保険会社よりも大きな株式資本を有するという利点をもっており，リスクの一部を保有することが可能になる。このことが複雑な取引を実現するための鍵となっている。

ARTの利点

それでは，保険を好まない企業に対する代替策以外に，ARTは何を提供しなければならないのか。答えは先に示したとおり，ERMの基本的なメリットである，全組織を通じたリスク移転の合理化である。異なるリスクが異なる組織部門によって管理されるサイロ内の伝統的なリスク管理は，企業の方針または経済性の観点のいずれから見ても合理的ではないようなリスク移転計画を生むという結果をもたらした。

全社的方針という点で，一般的な企業は為替リスクを低減するためにとても保守的な（かつコストのかかる）対応策を構築するだろう。しかし，コンピュ

ータ停止といったより重大な潜在的リスクに対するリスク移転戦略をもっていない。これらの機能が同じ部署にある企業でさえ，これらの方針決定は一般に別々に行われる。この多くは，経営陣がほとんど，あるいはまったく方針の調整を行わず，リスク移転を集中管理していないことに起因する。

　これらのリスク移転活動の財務的な目的は，経済性の観点からも明確である。たとえば，企業の財務部長は為替変動に対するすべてのエクスポージャーを削減し，負債発行のコストを最小化するために金融デリバティブを利用したいだろう。信用リスク・マネジャーは新興市場に対する企業の信用エクスポージャーを低減したいだろうし，保険リスク・マネジャーは賠償責任および財物被害に対して同じ補償を維持しながら支払保険料を削減することに重点的に取り組みたいだろう。

　このアプローチに関する重要な問題は，リスク移転活動が全社的方針と整合的でないために，重要でないリスクが過度にヘッジされる一方で，重大なエクスポージャーが見過ごされうる点だろう。ERM によって，企業は，より統合的かつ合理的な基準でのリスクの計測，管理，移転が可能になる。とくにリスク移転に関連して，ERM は次の 3 つのことに役立つ。

■　企業の収益変動に最も影響を与えるリスク・エクスポージャーに優先順位をつけるなど，より整合性のあるリスク移転方針が策定できる。これにより，優先的に重要なリスクから注意が向くようになる。
■　リスク移転に関して，分散効果を十分に組み込むことで，企業のネットの・・・エクスポージャーのみが考慮される。分散を考慮せずにグロスのエクスポー・・ジャーを移転する企業は，過度なヘッジをすることになる。
■　多様なリスク移転戦略のコストと便益を評価できる経済価値ベースの枠組みを構築できる。一般に，企業が特定のリスクを保有することがまったく受け入れ難いとみなされる場合以外，リスク移転コストがリスク保有コストを下回る場合にのみリスクを移転すべきである。

　表 8.2 は，ERM が企業のリスク移転戦略をどのように合理化できるかを簡単に例示している。この例では，信用リスク，市場リスク，オペレーショナル・リスクに対する企業のエコノミック・キャピタル必要額が，それぞれ 50 ドル，30 ドル，40 ドルである。分散による便益額は 20 ドルで，結果としてエ

表 8.2　費用便益分析

	エコノミック・キャピタル	
	ART なし	ART あり
信用リスク	50	25
市場リスク	30	15
オペレーショナル・リスク	40	20
分散効果	−20	−10
エコノミック・キャピタル合計	100	50
資本コスト 15% で見たリスク・コスト	15	7.5
リスク移転コスト	0	5
正味リスク・コスト	15	12.5

コノミック・キャピタル総額は 100 ドルとなっている。もし資本コストが 15 パーセントであれば，リスク保有のコスト総額は 15 ドルである。

今，この企業がリスク水準を半分に引き下げることのできる ART 戦略を検討しているとしよう。すなわち，ART 戦略により要求されるエコノミック・キャピタルは半分に削減され，リスク保有のコストは 7.5 ドルに低下する。もしリスク移転コストがわずか 5 ドルであれば，リスクの正味コストは 2.5 ドル削減できる。このことは，ART が賢明な策であることを示している。

このような意思決定の枠組みは，企業のすべてのリスク源を整合的な基準で捕捉し，分散効果を組み込み，リスク移転の費用・便益を評価するものである。同様の枠組みは，ART だけでなく，伝統的保険およびデリバティブ商品を用いたリスク移転の評価に用いることができ，それはさまざまな効果を比較考量するのに有益である。

ART には，得意分野への集中，オーダーメイド，コスト削減と管理の簡素化，非伝統的リスクの補償，収益の安定性といったその他の利点もある。これらについて簡単に考察してみよう。

得意分野への集中

ビジネスに関する新たな理論的枠組みによれば，企業は最善の方法がわかっていることを行い，わかっていないことは外部委託すべきである。平均的な企業は，たとえば，コンピュータ製造会社や家具メーカーでなければ，自前でコンピュータを製造したり，専用のオフィス家具を作ったりはしない。したがって，多くの企業は金融および保険引受可能なリスクを管理する事業を営んでい

ないので，リスクを外部に移転することが賢明だろう。言い換えると，このように リスクを選択的に委任することにより，事業全体の資本をより効率的に利用できる。

オーダーメイド

　店頭取引（OTC）のデリバティブが取引所取引のデリバティブと対をなすように，ART 契約は伝統的保険契約と対をなすものである。ART 契約は，より標準化された保険契約と異なり，企業に特有なものを反映するのでオーダーメイドとなる。したがって，ART 商品を購入する企業は，必要のなさそうな補償を無理に購入する必要もなく，脆弱性が異常な水準に達した際の追加的補償を容易に準備できる。

　このことは，伝統的保険によって適切に補償されない，一般的とはいえないリスク・ポーフォリオをもつ企業にはとくに役に立つ。たとえば，融資リスク，カウンターパーティ・リスク，オペレーショナル・リスクまたは受渡しリスクの一部またはすべての移転を望む企業でも，1 種類もしくは 2 種類の ART を使えばリスク移転ができる。最近，オペレーショナル・リスク管理に関心が集まっていることに鑑みると，企業は移転したいと思う，より非伝統的なリスクの認識が高まっているように思える。

コスト削減と管理の簡素化

　企業が統合リスク契約またはマルチライン契約を利用すれば，相関のない複数リスク間のナチュナルヘッジの効果を利用することで，同じ保険を別個に購入した場合よりも契約全体のコストを削減できる。外国為替と異常災害リスクの両方を補償するマルチライン契約のコストは，一般に，単体の外国為替契約と単体の異常災害契約のコスト合計よりも低い。なぜなら，通常，自然災害は外国為替レートの変動とほとんど相関がないからである。

　統合リスク契約またはマルチライン・ファイナイト保険[3] を利用することによるもう 1 つの利点は，保険に関連する管理業務の削減である。すべての補償が同一の企業から購入できれば，事務手続きが減り，処理すべき契約書が少なくなり，複数の契約が重複していないか比較する必要がなくなる。

3）（訳注）複数のエクスポージャーからの損失の総額を損失支払いの基礎とし，かつ損失支払いを時間的に平準化することを可能にする特殊なタイプの複数年の損失実績を反映する契約。

収益の安定性

　近年，株主や証券アナリストが収益のボラティリティにますます敏感になっていることは，すでに述べた。長期にわたり同じようなパフォーマンスをあげている2つの証券から選択する場合，投資家は期間収益の変動がより小さいほうを選択するだろう。ますます一般的となったヘッジによって，収益をある程度は平準化できるが，ART商品と同じような均一性を達成するためには，一般にかなり多くの別個の（そしてコストがかかる）ヘッジを行うことになるだろう。

ART の欠点

　これらの多くの利点があるにもかかわらず，ARTはあらゆる問題の解決策とはならない。とくにARTは，その他の形態のリスク移転手法と同様に，リスクを完全になくすことができない。G30（グループ・オブ・サーティー）が作成した1997年の画期的な報告書[4]である『国際金融機関，国内監督およびシステミック・リスク』では，「もちろん，リスクまたは失敗を完全になくす方法はない。市場仲介の事業とは，適切な量のリスクを引き受け，それを効率的に管理することである。リスクをうまく管理することよりもリスクを減らすことを試行する金融システムは，コストがかかりかつ非効率だろう」と述べられている。

　このことは，金融システムのなかで活動する企業にとっても同じようにあてはまる。すなわち金融機関は，業務運営と財務成績を大きく損なうことなしにすべてのリスクを払拭することはできない。どのような形態をとるにしても，リスク移転の効用には限界がある。たとえ信用リスク，市場リスク，オペレーショナル・リスクの大部分を移転できる場合でさえ，直ちにそうすべきことを意味するものではない。リスク移転自体が新しいリスクを作り出す。最も明白なものは，リスク移転サービスの提供者にかかわるカウンターパーティ・リスクである。金融機関がどの程度リスクを外部に移転し，どのリスク移転手段を使うべきかは，その金融機関の特徴やニーズにより異なる。

---

4)　Group of Thirty, *Global Institution, National Supervision and Systemic Risk,* 1997, p. 9.

大部分の企業は少なくともいくつかの伝統的保険を保有している。にもかかわらず、多くの企業は ART 商品をまだ利用していない。通常、合理的に下された判断は惰性的に続くものである。もし、ある企業が伝統的保険で比較的うまくいっているのであれば、ART を試す動機はほとんどない。新しいがゆえに危険をともなうという理由で、ART の利用を検討しないという選択をする役員もいた。

確かに、このことにはある程度の真実味がある。ART はまだ長い歴史をもたないので、その手法の一部は当然洗練されていく必要がある。リスクによっては正確に定量化することが不可能であるため、保険リスク債の発行は必要以上に高くつき、また既定の事象に対して不十分な補償しか提供できないだろう。また、潜在的なコストの問題もある。ART 商品は伝統的保険契約よりも多くの初期費用が必要かもしれないが、これが常にあてはまるわけではない。また、ART 商品の複雑性とオーダーメイドという特徴のため、取引実行の手続きや法的文書作成の手続きが、企業が今慣れているものよりも少々時間を要するかもしれない。

しかしながら、ART 採用における最も大きな障壁は、主として文化的なものである。ART の購入と効率的な利用によって、企業の従業員は、従来のリスクの定義、計測、管理の方法を抜本的に変えなければならない。そのようなパラダイム・シフトは、究極的には企業全体にとって最善の利益になるにもかかわらず、その調整過程には時間がかかるだろう。

もし、企業が ART はよい解決策であるとの結論に達しても、手続きに入る前に、その企業の役員が、商品、購入先、監督・法律の状況についての基本的な理解を含む、一定水準の知識を習得しておくのが賢明だろう。

商品の理解

ART 市場の特徴は、ART 商品のほとんどが伝統的保険契約に比べてまだ標準化されていないということである。購入者の個々のニーズにあわせて商品をカスタマイズできるという観点から、これは大きな利点であるものの公正な価格および適切な条件を決めることを困難にもする。さらには、請求および支払いを効率的に処理できるように保険契約が整備される必要がある。適切な商品が適切な価格で購入されているかを確認するために、次の質問に答えることが必要である。

- この商品は，どの程度正確に機能するのか。支払いのためのトリガーはどのように決められているか。決められた偶発事象範囲でいくら支払われるのか。
- この商品が企業のエコノミック・キャピタル必要額へ及ぼす影響は，正確にはどれくらいか。
- 過去に類似した取引を行ったことがあるか。もしあれば，どのような価格であったか。購入者は，結果に満足しているか。
- 伝統的保険を通じて同様の補償を入手することは可能か。コストは高いのか安いのか。いずれかを選択するとして，他方に対する税制上または規制上の優遇はあるのか。

販売先を知る

　多くの ART 実務は 1990 年代半ばから後半にかけて考え出されたため，ART の引受会社は，親会社から受け継いだ業務をしのぐ専門知識や評判を確立する時間がほとんどなかった。比較的世間で認められた提供者でさえ，既存商品がきわめて多様なことから，ART で入手可能なすべてのバリエーションを提供できる経験が乏しいようである。このため，ART の取引相手候補の能力を慎重に評価することが賢明である。注意を促す質問には次のようなものがある。

- この引受会社は過去に ART 取引を行ったことがあるのか。そうであれば，それらの取引は今回検討中のものと同様のものであるのか。これらの過去の取引は今まで履行されたのか。
- この引受会社の過去から現在までの顧客で，ART の能力についての評価を進んで提供してくれる者はいるか。
- この引受会社が過去に ART 取引をパッケージ化したことがない場合，契約を取りまとめるのに必要な能力を有しているのか。とくに保険と資本市場の両方を橋渡しするのに必要な経験を有しているのか。
- この引受会社はどのようにリスクを計測し評価しているのか。どのような方法論とモデルが使われているのか。引き受けた補償を裏打ちするためリスク計測を外部委託しているのか。もしそうであれば，リスク計測の外部

委託先の企業は信頼できるのか。
■ この引受会社は，発生した支払いのために十分な資本かつまたは再保険を有しているのか。また，再保険会社が関与している場合，潜在的な損失に耐える能力を有しているのか。

　追加で尋ねるべき質問は数多くあるだろうが，それは引受会社とリスク移転市場の状況による。一般に，将来の取引について多く学べば学ぶほど，コストのかかる失敗をしなくなるだろう。

監督・会計基準

　ART のより顕著な問題の 1 つは，その規制に関する混乱である。資本市場，銀行，保険会社は，多かれ少なかれ個別の，そしてしばしば相容れない一連の規則と指針に従って管理されるのが伝統であった。

　さまざまな市場および金融機関の間の境界に存在する ART 商品の増勢は，1990 年代におけるこれら境界の瓦解によるものであった。1 つの ART 取引は保険会社がブローカーとなり，投資銀行がパッケージ化し，資本市場の投資家に販売された。これは 3 つの監督機関と 1 つの会計基準委員会の監視下に置かれることを意味する。

　実際，ART 商品の取り扱いは一般に複雑で，新手の商品や申請に対して複数の監督機関，法令，会計基準が関係する。（自家保有やキャプティブといった）いくつかの ART 手法は確立している。しかしながら，アーニング・プロテクション契約や CAT ボンドといった，その他の多くの手法はまだ初期の段階にあり，時間とともに，より新しい商品が加わっているようである。そのような商品の取引は，普段とは異なる水準での専門家の法律的および会計的助言をもとに行わなければならない。

将来展望

　これから何年かのうちに ART に何が起こるかを語るのは難しい。保険業界と資本市場の両方で，多くの主要参加者は，ART は今後も脚光を浴びるだろうと固く信じている。だが，ART は簡単な問題に対しての過度に複雑な解決策としてここ数年のうちに消滅する一時的な流行と考えている人も多くいる。

伝統的保険よりも効率的なコストで，ART 商品が締結できるかどうかが，重要な問題と思われる。

　ここで，楽観的な見方をしてみよう。1990 年代よりも保険市場が逼迫していれば伝統的補償に対して課せられる保険料は引き上げられ，ART は相対的に安価に見えることになる。ERM プログラムを導入した企業は，リスク移転における最も効率的な手段として ART を利用するだろう。ART 商品の利用はこれらの企業に目覚しい利益と収益の安定をもたらし，その他の事業に同様の商品を試すことを奨励することになる。需要が増えることで既存の ART 業務の充実をもたらし，新しい銀行や保険会社，なかには保険会社と銀行の合弁企業も ART 市場に参入するだろう。銀行と保険会社の両方をかかえる大企業は，ART が単なるクロスセリングよりもずっと大きな機会を提供することを認識するだろう。

　ART の利用が増加すると標準化された法的な取り扱いが必要になり，国内および国際的な監督機関が直接的な ART 規制の指針を採択するだろう。今日の ART 商品市場が成長するとともに，旧来の ART 提供者は新商品を提供し，以前よりも多くの種類のリスクの証券化を始める。投資家は，資本市場のボラティリティの増大にともなうヘッジの必要性に新たに気づき，ポートフォリオを分散するためにこれらの商品をますます熱心に購入するだろう。ART は，ほとんどすべての業界における企業にとって標準的実務となるだろう。

　この見方は，1990 年代に伝統的保険が従来になく軟調な市場の真っただなかにあった際に，ART 市場が目覚しい成長を遂げたことによるところが大きい。ERM に向かう潮流が，さらに統合的リスク移転商品の発達を支えたのだろう。企業が自社のリスク管理方針を満たすのに役立つような新しい統合的リスク移転の解決策を模索するのは，企業がリスク管理にあたって全社的手法を採用してはじめて合理的となる。

　さらに，ART に対する需要はリスク管理分野が成熟するにつれ増大しているようである。企業は，リスク管理が必ずしもリスクを減らすことを意味しないことをいっそう理解するようになる。また，企業は自社の事業能力の核となるリスクと，より効率的に移転できるリスクを区別することを学ぶだろう。この認識ができるようになってはじめて，企業はようやく本当の任務である事業運営にすべての注意を傾けることができる。

　ここ 10 年間における ART 市場の発展は新しい商品とサービスの急増をも

第8章　リスク移転　139

たらした。例として，ファイナイト・リスク商品の成長を見てみよう。この商品は一般的に顧客がより安定的な収益を得るとともに資本コストを削減することを可能にする複数年契約である。この商品自体，損失変動を扱う強力な手段である。損失変動を管理する能力は，企業がキャッシュ・フローやその他の資源をより正確に割り当てることを可能にすることから重要である。保険は，損失を時間および保険契約者間にわたって配分することを可能にすることから，損失変動を管理するうえでとくに有用な手段である。よく知られているファイナイト・リスク商品には，ロス・ポートフォリオ再保険，スプレッド・ロス保険，アドバース・デベロップメント保険，タイム・アンド・ディスタンス保険が含まれる。

　ファイナイト・リスク商品は一般に伝統的な保険手法よりも保険料が高いが，これらの商品は，先例がほとんどないことから損害予想の計算するのが大変困難であるため，その他の種類の保険では通常対象外とされる非常に稀な事象から身を守るのに役立つという正当な理由がある。イノベーティブ・キャプティブ・ストラテジーズ社の代替リスク移転サービス部門のヴァイスプレジデント，ケイト・ウェストーヴァーによると「ファイナイト・リスク手法は伝統的保険の価格付け手法に対する欠くことのできない代替手法」[5] である。

　もう1つの注目すべき商品がコンティンジェント・キャピタルである。これは，あるトリガーが引かれるまたは定義された事象が発生した場合に，株式に変わる債券，本質的に債務である。短期的にコンティンジェント・キャピタルは，一般に債務として分類され，資本コストを低水準に抑えるのに役立つが，有限リスク商品と同様に非常に稀な事象に対するクッションとして機能する。このように，コンティンジェント・キャピタルは銀行およびその他の金融機関が公的資金に頼ることなく資本を再調達することを可能にすることによって，大きすぎて潰せない（too big too fail）問題を軽減するのに役立つすばらしい方法である。

ケーススタディ：ハネウェル

　1997年2月，ハネウェル社は，同社の損害エクスポージャーと外国為替換

---

5)　Westover, Kate, "Appreciating Benefits of Finite Risk Products," *Business Insurance*, February 20, 2005.

算リスクを融合して一契約にまとめることによって，「同社のリスクを移転する一歩進んだ大胆不敵な対策」[6] を講じた。この契約は，J&H マーシュ＆マクレナン社がブローカーとなり，アメリカン・インターナショナル・グループ社（AIG）が引き受けた。ハネウェル社の CFO 兼副社長であるラリー・ストラングホーナーは「われわれの目的は，管理コストとともに全般的なリスクのコストを大幅に削ることであった」と述べている[7]。ストラングホーナーは，この章の冒頭で論じたように，株式市場が時には著しく株価を引き下げるとともに収益のボラティリティにも影響を与えるという前提のもとで，ハネウェル社の決算のボラティリティを抑える契約を探していた。

ハネウェル社のリスク・エクスポージャーを総合的にとらえ，代替的リスク移転手法を利用することで，伝統的なリスク管理実務に対して 20 パーセント以上のコスト削減ができたと，同社のリスク管理ディレクターであるトム・サウンジェンは推定している。取引保険会社数を 17 社から 10 社に減らしたことで，取引の簡素化によりスタッフの時間と固定費を大幅に節約できたという[8]。

ハネウェル社は，今のところ，この契約の実績に満足しているが，同社の温度自動調節器（サーモスタット）販売の暖冬によるリスクを相殺するために，天候リスク移転要素の追加を検討している。またハネウェル社は，金利リスクと外国為替取引リスクを 1 つにまとめる可能性も検討中である[9]。さらに，本格的な ERM 路線へ移行することも検討中である。「われわれはリスク管理の見地から，単なる大災害や金融リスクのみでなく，社内のオペレーショナル・リスクや戦略リスクも含めた社内全体のリスク特性を評価することが合理的であると信じている。いったんそれができたならば，次の必然的なステップは，それらのリスクを減らす包括的な方法をみつけだすことである。そのような方法に辿り着けるかどうかを述べるにはまだ時期早尚であるが，この分野で積極的かつ革新的であるという名声をすでに得ることができたと思っている。」[10]

---

6)　Conley, John, "Risk Coverage Coup," *Global Finance* 13, no. 4, April 1999.

7)　Banham, Russ, "Kit and Caboodle," *CFO: The Magazine for Senior Financial Executives*, April 1999.

8)　Carlson, Neil F., "Global Risk Management," *Strategic Finance*, Volume 81, Issue 2, August 1999.

9)　Banham, Russ, "Kit and Caboodle," *CFO: The Magazine for Senior Financial Executives*, April 1999.

10)　同上。

ケーススタディ：バークレイズ

コンティンジェント・キャピタルへのより高い要求水準を満たすための努力として，英国の銀行の雄であるバークレイズは近年10年満期のコンティンジェント・キャピタル債券を相次いで売り出しており，このART戦略によって回復を見せている。2012年，アジア，欧州，米国の投資家へこれら商品を30億ドル相当販売した。この債券の魅力は，今日の歴史的な低金利環境においては異例の7.6パーセントという債券利回りにあると考えられる。

なお，この高い利回りには，万一バークレイズがティア1，すなわち中核的自己資本比率が7パーセント以下になるような損失を出した場合にコンティンジェント・キャピタル債券の価値がゼロになり，投資家はすべての投資額を失うというより高いリスクをともなっている。潜在的な投資家はこの条項に懸念を示し，これらの債券における非対称的なリスク・リターン特性に戸惑った。ECMのロバート・モンタギューは「自己資本に転換され投資資金が回収不能になることを好む投資家もいくらかはいたが……この証券は株式と同等の下方リスクを負うが上方リターンはまったくない」[11]と語っている。

バークレイズの後に続く銀行もクレディ・スイスやUBSを含めていくつかあったが，多くは代わりに他の形態のART商品を検討した。監督機関は銀行がコンティンジェント・キャピタルに，より取り組むことを奨励している。しかしバークレイズの現在の株主はこれについて，これらの債券が自己資本株式に転換された場合，既存株主の持ち分権は必然的に希薄化されるので，反対意見をもっている。

バークレイズの最近の動きが成功なのか失敗なのかが判明するには時期早尚である。しかしながら，現時点で明らかであるのは，さらなる規制上の自己資本要件と不確実な景気環境のために銀行は自行のリスク移転戦略においてより革新的にならざるをえず，それによりART商品をより高いレベルでの成長へと後押ししているという事実である。

---

11) Watkins, Mary, "Barclays Bond a Key Test for CoCo Market," *Financial Times*, November 22, 2012.

第9章 リスク分析

　その他多くのビジネスの原則と同様に，リスク管理に関しても，計測できるものは管理できるのである。第3章で論じたとおり，リスク計測はリスク認識とリスク・コントロールとともにリスク管理プロセスにおける3つの基本的要素の1つである。

　つまり，リスク計測分析は，リスク管理プロセスにおける重要な部分である。適切な分析手段なしにリスクを管理しようとすることは，計器類なしに飛行機を飛ばそうとするようなものだ。天候が良ければすべてが順調で，企業が多大な損害を被ることはない。しかしながら，悪天候ではどこを飛行しているのかわからず，企業は重大な危機に直面することになる。

　ERMへの課題認識の高まりが，より高度な分析および報告ツールの開発を促進している。1990年代前半からバリュー・アット・リスク（VaR）といったボラティリティに基づくモデルが，組織内におけるあらゆる種類の市場リスクを計測・管理するために応用されてきた。VaRは，ある一定の保有期間内において，一定の信頼水準内でポジションまたはポートフォリオが被る最大期待損失額と定義される。市場リスク管理では，VaRモデルの利用が，期待損失額の推定およびリスク・リミット設定のための標準的実務となっている。

　最近，企業倒産モデルとともに，類似のモデルが信用リスク管理にも応用されている。オペレーショナル・リスク管理にこの技術を応用する試みを始めた企業さえ現れてきている。ボラティリティに基づくモデルが，信用リスク，市場リスク，オペレーショナル・リスクをより整合的な基準で定量化・管理することを支援している。

　また，同じ手法が，リスク・エクスポージャーやリスク調整済みの収益性の定量化のみならず，デリバティブ，保険，代替的リスク移転手法といった商品の利点を評価するために用いられる。リスク移転を取り上げてみよう。企業経営者は，たとえば，リスク移転の総コストが12パーセントであるのに対し，

リスク資本のコストが15パーセントというように，所与のエクスポージャーを移転するコストがそれを保有するコストよりも低いのであれば，リスク移転を通じて株主価値を増加させることができる。あるいは，経営者は企業のリスク・エクスポージャーをVaR 3億ドルからVaR 2億ドルに減らしたいと思うかもしれない。リスク分析は，それを達成するために最も費用効率がよい方法を決定するのに用いられる。

　さまざまな分析ツールが，全社レベルでリスクを管理するために利用できる。これらの分析は，2つの広範なカテゴリーのいずれかに分類される。第1のカテゴリーでは，リスク・コントロールに着目する。これらの分析は，企業の負っているリスクが企業全体のリスク・アペタイトに確実に一致するように意図されている。第2のカテゴリーでは，リスクとリターンの最適化を目指す。これらの分析は，企業がどのリスクをとるべきであるか（とろうとするリスクと比較してより高い収益を提供するものを識別すること），そしてどれを避けるべきであるか（リスクと比較してより低い収益しかないものを識別すること）の決定を支援することを目的とする。

リスク・コントロール分析

　3つの主要なリスク・コントロール分析である，シナリオ分析，エコノミック・キャピタル，リスク指標（早期警戒システム）を見ていこう。

シナリオ分析

　リスク・コントロールの最も基本的な技術の1つがシナリオ分析である。シナリオ分析はトップダウン型で，特定の事象（または事象の組み合わせ）が企業に与える影響を測定する仮定結果分析である。シナリオ分析の例として，2008年のグローバル金融危機と同様の市場および経済状況の財務的影響を評価することがある。ストレステストは，特定のリスク・ファクターに焦点を当てたシナリオ分析の一形態であり，必要に応じてはもちろん，定期的に実施されるリスク評価と併用して行われるべきである。ストレステストは企業特有の企業規模，ビジネス・モデル，リスク・リターン特性の組み合わせに合わせて設計し，その効率性および適合性を確保するために定期的に評価すべきである[1]。

ストレステストの枠組みは，特定のマイナスの結末の可能性に取り組むべき
もので，それらには資本市場およびマクロ経済状況における極端な混乱が含ま
れる。さまざまな感応度およびシナリオ分析，企業のリバース・ストレステス
トを組み込むことによって，所与のシナリオにおけるリスクが組織全体の自己
資本や流動性に与える影響を評価できる。

　企業が脆弱性およびリスクについて，過小評価しているまたは過去に考慮し
ていない領域を特定するのに役立つことから，ストレステストは，その他のリ
スク管理ツールを補完する重要なものである。言い換えれば，企業は確率的リ
スク・モデルによって提供されるものを超えたテイル・リスクまたは損失の推
定を定量化できるようになる。ストレステストは，次のような諸変化を所与と
して，企業に与える影響を把握するものである。

■　金利動向（たとえば，イールド・カーブが 300 ベーシスポイント上昇した
　　ときの企業への影響はどのようなものか）
■　ポートフォリオにおけるデフォルト率の変化（たとえば，ローンのデフォ
　　ルトが 20 パーセント増加したらどうなるか）
■　流動性の減少（たとえば，もし 90 日にわたって大口資金の調達市場への
　　アクセスが制限されたら，われわれの流動性のポジションはどうなるの
　　か）
■　失業率の変化（たとえば，失業率が 10 パーセント上昇したらどうなるか）
■　信用格付の格下げ（たとえば，信用格付が 2 ノッチ完全に下がったら，担
　　保要件を含む財務上の影響はどうなるか）
■　コモディティ価格の動向（たとえば，原油価格が 20 パーセント上昇した
　　らどうなるか）
■　GDP の変化（たとえば，GDP が 5 パーセント落ちたらどうなるか）

　ストレステストの結果は，FRB（連邦準備制度理事会）とドッド・フラン
ク法によって要求される新しい法令の重要な部分となるに十分なものである。
　たとえば，FRB が「500 億ドル以上の連結総資産をもつ米国に本拠をおく

---

1) "Guidance on Stress Testing for Banking Organizations with Total Consolidated Assets Of
　More Than $10 Billion," *Board of Governors of the Federal Reserve System*, May 14, 2012.
　Available at http://www. federalreserve.gov/bankinforeg/ srletters/ sr1207a1. pdf.

の一流の銀行持ち株会社（BHC）」の資本十分性分析を年次に実施する，包括的資本検証レビュー（CCAR）では，明確にストレステストを自己資本分析の一部として要求している[2]。CCARのプロセスで，対象BHCはFRBに資本の管理，特定の最低自己資本比率の遵守，バーゼルⅢの基本要件（詳細は第12章で解説）を満たすための計画概要を説明した提案書を提出しなければならない。もしFRBがBHCの計画を却下した場合，BHCはそれから30日以内に改定版を作成し，さらにFRBの承認が必要となる。

　その引き換えに，FRBはBHCに，BHCの損失とその結果としての自己資本比率を評価するための広範な変数を含むストレステスト・シナリオを提供する。そのようなシナリオの1つは予測期間にわたる9四半期の景気後退から構成される。過去の景気後退を基本モデルとして利用することで，このストレステストは，たとえば，その他のストレスの仮定に加えて，国内外のGDPおよび住宅価格の20パーセント以上の低下，資産価格の低下，失業率の上昇といった場合のBHCの業績を予測する[3]。

　ドッド・フランク法は上で説明したストレステスト要件の法的枠組みを与えている。2012年10月に制定された同法は，FRBによる年度考査と（資産が500億ドル以上のその他の選ばれた金融機関も含めて）BHC自身が実施する年2回のストレステストを要求している[4]。ストレステストの結果の互換性を高めるため，FRBはすべての対象BHCに3つの可能性があるマクロ経済シナリオ——基準シナリオ，不利な経済状況シナリオ，極度に不利な経済状況シナリオ——における収益と自己資本比率を予測することを求めている。すべての3つのシナリオは，実質経済成長率，インフレ率，外国為替レート，金利，資産価格の系列について，9四半期の予測期間にわたる経済状況と経済活動を決める合計26の変数で輪郭が描かれている。

　たとえば，極度に不利な経済状況シナリオは，実質経済成長率が5パーセン

---

2) Board of Governors of the Federal Reserve System, "Comprehensive Capital Analysis and Review 2013: Summary Instructions and Guidance," November 9, 2012, p. 1.

3) "Comprehensive Capital Analysis and Review 2012: Methodology and Results for Stress Scenario Projections," *Board of Governors of the Federal Reserve System*, March 12, 2012. Available at http://www.federalreserve.gov/newsevents/press/bcreg/ bcreg20120313a1.pdf

4) "Dodd-Frank Act Stress Test 2013: Supervisory Stress Test Methodology and Results," *Board of Governors of the Federal Reserve System*, March 2013. Available at http://www.federalreserve.gov/ newsevents/press/bcreg/dfast_2013_results_20130314.pdf, p. 1.

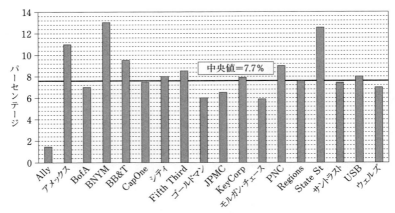

図 9.1　ストレステストによるティア 1 普通株式資本比率

ト，失業率が 12 パーセント，住宅価格が 20 パーセント以上下落と詳しく決められている[5]。BHC はこれらの特定の状況下での自己資本を評価するために，規定の期間における純利益および自己資本を予測することが求められている[6]。(Ally を除いた) BHC のすべてが，図 9.1 に示されるように，最低ティア 1 資本の共通比率である 5 パーセントをパスしている[7]。FRB はまた，(デリバティブ，その他の種類の銀行間貸付や取引に大量に関与している) カウンターパーティ・リスクにより影響を受けやすいとみなされる BHC に対し，他のショック・シナリオを課している。

　これらのストレステストの結果は，厳しいマクロ経済のショックを切り抜けるための能力を評価するための，各社の自己資本と流動性資産に関する透明な情報を提供することを意味する。しかしながら，シナリオ分析およびストレステストは，起こるであろう絶対的な最悪のことを把握するのではないことに留意するのが重要だ (物事は常に悪化するものである)。むしろ経営者が妥当と思う最も深刻な事象に焦点を当てている。

　ストレステストの欠点の 1 つは，極端な損害事象に焦点を当てる一方で，そ

---

5) 同上，p.15.
6) 同上，p.9.
7) Torres, Craig and Joshua Zumbrun, "Fed Stress Tests Show" 17 of 18 Banks Weathering Severe Slump," *Bloomburg*, March 7, 2013. http://www.bloomburg.com/news/2013-03-07/fed-stress-tests-show-17-of-18-banks-weathering-severe-recession.html.

れほど極端ではないものの可能性が高い損害事象の影響を把握しないことである。この問題に対応した分析手法が，金利といった特定のリスク・ファクターまたは一連のリスク・ファクターに関するシナリオのもとでシミュレーションを行うというものである。

　シミュレーションの具体的かつ一般的な形態は，モンテカルロ・シミュレーションである。モンテカルロ・シミュレーションを行うコンピュータは，基本的にユーザーが規定した変数に基づくランダムなシナリオである仮定結果シナリオを生成する。たとえば，金利動向のモンテカルロ・シミュレーションは，各シナリオをパラメータ化するために過去の金利変動を用いる。モンテカルロ・シミュレーションは，信用リスク，市場リスク，保険リスク，オペレーショナル・リスクを含む，多様なリスク計測に用いられる。

エコノミック・キャピタル

　もう 1 つの一般的なリスク・コントロール測度が，エコノミック・キャピタル（EC）である。企業レベルのエコノミック・キャピタルは，信頼水準と企業のリスク特性を所与として，企業が支払い能力を確保するために理論的に保有しなければならない財源額のことである。したがって，エコノミック・キャピタルは企業のいわゆる支払い能力水準とリスクという 2 つの数量の関数である。

　支払い能力水準は企業に要求される信用力であり，（要求）債務格付から推定できる。たとえば，目標支払い能力水準 99.9 パーセントの企業がデフォルトするのは平均的に 1000 年に一度だけである。これは信用格付機関であるスタンダード＆プアーズ社（S&P）から A 格付を付与された企業にほぼ相当する。

　支払い能力水準が高いことは，ある一定のリスク水準に対してより多くのエコノミック・キャピタルを保有していることを意味している。逆にいえば，企業が大きなリスクをとればとるほど，一定の支払い能力水準を保持するために，より多くの財源をもたなければならない。所与のリスク水準に対して金融機関が保有すべき必要資本額に関して，広く受け容れられている理論的枠組みは，デフォルトに関するロバート・マートン・モデル[8] に基づいている。このモ

---

8)　Merton, Robert C., "On the Pricing of Corporate Debt: The Risk Structure of Interest Rates," *Journal of Finance*, 29 (1994), pp. 449–470.

デルは，本質的に次のことを示している。

■ 企業の株主は，債権者への支払いに対する債務不履行（デフォルト）の権利をもち，将来，企業の株主資本の価値（純資産）がゼロとなった場合に，この権利を行使する。
■ 債権者は，彼らが提供する資金に対して安全利子率（リスク・フリー・レート）に上乗せ金利（スプレッド）を求めることによって，株主にデフォルト・リスクに対する対価を課す。
■ デフォルト確率は，企業の純資産価値の現在の水準と潜在的な変動（確率分布）の関数である。

　組織のエコノミック・キャピタルの計算は，一般に，ボトムアップで行われる。すなわちエコノミック・キャピタルは，リスクの種類ごとに別個に計算され，分散効果を考慮して集計されることで，企業全体のエコノミック・キャピタル合計が計算される。基本的なプロセスは，次のとおりである。

■ 各リスク源に起因した企業価値変化に関する独立分布の生成
■ 独立分布の合成，分散効果の組み込み
■ 要求される目標支払い能力水準での合成分布に関するエコノミック・キャピタル合計の計算
■ 活動によって生じるリスク額に基づく，各活動へのエコノミック・キャピタルの配賦

リスク指標

　リスク・コントロール分析の3つめの形態が，リスク指標，すなわち早期警戒システムである。これらはリスクを緩和するために経営者が適切な行動をとれるように，リスク状況の変化について時機を得た情報を提供することを目的としている。早期警戒システムでは，外部市場データと内部データの両方を用いることができる。

　外部システムは，企業がさらされているリスク量の変化を示すために，市場および経済データを活用する。この方法で一般的に用いられるデータには，金利，外国為替レート，信用スプレッド，失業率，経済成長率，これら変数のボラティリティなどが含まれる。この情報は，その水準や傾向をモニタリングし，

第9章　リスク分析　　149

資金コストの上昇といった組織に対する経済的影響に変換できる。

　内部システムは，リスク水準の変化を示すために企業固有のデータを活用する。計測されたリスクは，直接的に収益（たとえば，クレジット・カードのデフォルト率）と連動するか，またはそれほど直接的ではないがリスク水準の増加（たとえば，貸出記録に集中傾向がある，すなわち連続的な借入の利用が増えることは，顧客のデフォルトがより高い確率で起こることを示している）に関連するだろう。いずれの場合でも，事前の警戒を通して，経営者は，早期警戒システムによって認識された特定リスクへのエクスポージャーを削減するための方針や手続きを定めることが可能になる。

リスク最適化分析

　リスク管理の目指すものは，企業のリスクをゼロまで削減することでも，リスクを最小化することでもない。むしろ企業全体のリスク・アペタイトのなかにリスクが収まっているという条件のもとで，企業が負っているリスクに見合うリターンを確実なものとすることである。リスクのないところには収益も生まれない。以下で解説するリスク最適化分析は，リスクに対するリターンを最大化することを支援するために使用される。

リスク調整済み資本収益率（RAROC）

　リスク調整済み資本収益率（RAROC）は，企業全体として，また社内の個々の活動（たとえば，商品，顧客または事業部門）ごとに個別に計算できる。事業活動を支えるために要求されるエコノミック・キャピタルの額は，その活動から生じるリスクに比例するため，エコノミック・キャピタルはリスクの標準測度として利用できる。ある活動のリスクを支えるために要求されるエコノミック・キャピタルとその活動の期待経済収益を組み合わせると，企業が負っているリスク1単位当たりに対して期待される収益率が求まる。

RAROC＝リスク調整済み収益÷エコノミック・キャピタル

　リスク調整済み収益は，純収益または期待収益に基づいている。純収益を用いたRAROCが実際の収益性の目安を示すのに対し，期待収益を用いたRAROCは標準化された収益性の測度を提供する。とくにRAROCを信用リ

スクにかかわる活動に適用する場合，このことがあてはまる。実際の損失よりも期待損失が，収益計算に用いられることが多いからである。

RAROC が主に用いられるのは，潜在的にまったく異なる事業活動間のリスク・リターンを比較する場合である。資本が不十分で，企業が複数の投資先を選択する方法が必要な場合に，これはとくに有益である。加えて，企業は自己資本コスト（Ke）に対する RAROC を評価することで，事業活動が株主価値をもたらす（RAROC が Ke より大きい）のか，株主価値を損なう（RAROC が Ke より小さい）のかを判断できる。

超過経済収益（EIC: Economic Income Created）

業績評価指標としての RAROC の欠点の 1 つは，ある活動から生じる収益の総額を把握できないことである。たとえば，ある事業部門の RAROC が，現在，親会社のハードル・レートである 15 パーセントを大きく超えて，25 パーセントであったとしよう。RAROC が主要な業績評価指標であったならば，この事業部門は現在の RAROC である 25 パーセント以上を満たす事業しか追加的にやりたがらないだろう。なぜならば，その追加的な事業が，平均 RAROC を現在の水準以下に押し下げてしまうからである。これは明らかに問題である。というのは，企業経営者は子会社に，企業のハードル・レートである 15 パーセント以上の収益をもたらすすべての収益機会を追求してほしいからである。

したがって，この事例では，事業部門や活動から生じる収益額を把握するための評価指標を用いることが望ましい。超過経済収益（EIC）は，まさにそのための評価指標として利用できるリスク最適化ツールである。

EIC＝リスク調整済み収益－（ハードル・レート×エコノミック・キャピタル）

限界的なエコノミック・キャピタルの収益率がハードル・レートよりも高い事業では EIC が増加する。したがって，EIC は業績目標および役員報酬支払いを設定するための，より優れた仕組みである。なぜならば，明らかに，事業部門の管理者に対して，ハードル・レートを超えたすべての限界的成長機会の追求を奨励するからである（一方で，RAROC を目標とすると，過去の RAROC 実績が高い場合は，事業の成長を妨げるという反対の効果を生むことになる）。

株主価値，株主付加価値 RAROC，EIC

株主価値，株主付加価値 RAROC，EIC は一定期間における業績測度である。これらの測度は，直近の業況感を提供するが，長期にわたる事業の経済価値を直接的に測定するものではない。株主価値モデルは，これら年間での測度を，継 続 企 業 としての事業の本質的経済価値の測度へと変換する。

株主価値（SHV）モデルでは，取引または事業活動の経済価値全体，つまりすべての将来キャッシュ・フローの現在価値を把握する。株主付加価値（SVA）は，株主価値が投下資本の価値をどの程度上回ったかを測定する。株式投資分析で有名な配当割引モデルを流用すれば，これらの 2 つの測度の算出式は次のように示される。

$$\text{SHV} = \text{キャッシュ・フローの割引価値}$$
$$= \text{EC} \times \left(\frac{\text{RAROC} - g}{\text{ハードル・レート} - g} \right)$$
$$\text{SVA} = \text{経済付加価値（EVA）の割引価値}$$
$$= \text{EC} \times \left(\frac{\text{RAROC} - g}{\text{ハードル・レート} - g} - 1 \right)$$

SVA 分析で導入された新しい要素は，事業の将来成長予想の測度 g である。g は本質的に推定するのが難しく，将来における時間軸で考慮しようとするととくに難しい。各事業部門の詳細なキャッシュ・フロー予測を用いることが，有用かつ正確であるが，大部分の組織が成長率を決定するにあたり 3 年から 5 年の中期的な計画対象期間を用いている。RAROC，ハードル・レート，SHV 定義式における成長率（g）のような比率は，概念的には時価対簿価比率と似ており，したがって外部と比較する基準となる。

SVA は，意思決定を支援するための評価指標として開発された。一般に，SVA は，全社レベルでの企業買収，事業部門の売却や合弁事業に関する意思決定だけでなく，内部資源の配分についての意思決定を支援するために用いられる。SVA は，前述の業績評価指標の構築に際して使われるのと多くの同じ概念的要素を使用するが，有形資産・無形資産の双方の価値変化を把握する点で異なる。

たとえば，事業の長期成長見込みに影響を与える規制や競争上の変化は，（EIC によって測定される）直近期間の貢献価値に影響を与えないかもしれな

い。しかしながら，（SVA によって測定される）より長い期間では，企業への貢献価値を変化させるだろう。全社レベルで適用されるモデルについてはこれくらいにしておこう。ここで市場リスク，信用リスク，オペレーショナル・リスク，保険リスクの評価に用いられるモデルについて見ておく。これらのモデルの技術的な詳細については，後ほど章を設ける。ここでは，各分析の特性について概略を述べるにとどめるが，興味のある読者にはこれらのテーマをより詳細に調べることを強くお勧めする。

市場リスク分析

金利モデル

おおまかにいえば，金利モデル，いわゆる期間構造モデルには，金利依存型商品の価格設定と金利リスク管理という 2 つの使い方がある。とくに，このモデルは金利に依存したキャッシュ・フローの動きを予測する場合によく用いられる。そのようなキャッシュ・フローは，しばしば経路に依存する（すなわち，単に金利水準のみならず，金利の動きに応じてキャッシュ・フローが変化する）。昔ながらの例としては住宅ローンの繰り上げ返済がある。

バリュー・アット・リスク（VaR）モデル

バリュー・アット・リスク（VaR）は，市場リスク計測における最も一般的な方法の 1 つである。VaR 計算には大きく 3 つの方法があり，それぞれに長所と短所がある。パラメトリック法ではリスク・ファクターのボラティリティと相関を用いる。モンテカルロ・シミュレーション法では，起こりうる多数の事象を生成するシミュレーション・モデルを用いる。そして，ヒストリカル・シミュレーション法では，過去に観測された価格と金利の動きを用いる。

パラメトリック VaR の主な利点は，迅速に計算でき，コンピュータでの取り扱いが単純なゆえに，多くの異なる資産とリスク・ファクターをもつポートフォリオを分析するときに有用なことである。しかしながら，資産リターンはリスク・ファクター・リターンと線形関係にあり，かつリスク・ファクター・リターンは正規分布であると仮定している。したがって，パラメトリック VaR はオプションにおけるガンマや債券におけるコンベクシティといった非線形の価格感応度を無視している。加えて，パラメトリック VaR は（通常），

価格変動の正規性を仮定している。この2つの要素によって，ポートフォリオの潜在的な将来ボラティリティは過小評価される。

他方，モンテカルロ VaR では資産リターンが価格と線形関係にあるとの仮定を設けない。モンテカルロ法は，ポートフォリオ損益の計算において，パラメータとしてリスク・ファクター・リターンの分散を用いて正規分布の将来シナリオをシミュレートし，そのシナリオを使ってポートフォリオを再評価する。より複雑なバージョンでは，ポートフォリオ資産を完全に再評価する。結果として，モンテカルロ法は，いくつかの欠点をもつことになる。一般に，モンテカルロ VaR は最も計算時間がかかり，かつリスク・ファクター・リターンはここでも正規分布を仮定している。

ヒストリカル・シミュレーション VaR は，資産リターンは価格と線形にあること，また，リスク・ファクター・リターンが正規分布に従うという仮定を置かない唯一の手法である。ヒストリカル VaR のもとでは，資産ポートフォリオ価値への影響をシミュレートするのに，リスク・ファクターについて過去，実際に観測された日々の変動が用いられる。そうすることによって，ヒストリカル VaR では，完全に値づけをやり直して，リスク・ファクター・リターンの実際の分布をより適切に推定する。しかしながら，ヒストリカル VaR では，過去の特定の観測期間に観測されたままの収益が繰り返し用いられる。これはモデルによる予測が，もっぱら実際に観測された市場変動に基づくことになり，実際には発生していないが可能性のある（かつ潜在的に重要な）市場変動を考慮していないことになる。加えて，ヒストリカル VaR は，ストレス下の市場で観測されたことのない，新しい証券に対しては現実的ではない。

資産・負債管理（ALM）モデル

VaR モデルは，流動性のある商品で構成されるポートフォリオに適している。しかしながら，流動性のないポートフォリオおよび（銀行における資産と負債との自然なミスマッチ・ポジションのような）構造的ポジションは，VaR モデル（とくに，パラメトリック VaR モデル）でのリスク計測に適さないという特徴がある。このような特徴には，流動性の低さに起因した換金までの期間の長さ，顧客行動の非線形性，資産および負債のなかに組み込まれたオプションが含まれる。

資産・負債管理（ALM）モデルは，流動性のないポートフォリオに VaR を

適用する場合と比べ向上している理由がいくつかある。まず，ALM モデルでは，より洗練された金利と外国為替のモデル化が可能である。モンテカルロ法やパラメトリック VaR は，現実に発生しそうにない異常なイールド・カーブの動きを認めている。ヒストリカル・シミュレーションでこの問題に苦慮するかどうかは，シミュレーションがどのように構築されているかによる。ALM モデルは，一般に，短期金利と長期金利の反転といったイールド・カーブの動きをとらえるために，より洗練された仕組みを用いており，より正確な結果を生成できる。

ALM モデルはまた，保有期間が長期の場合に VaR よりも説明力がある。VaR モデルは，（一般に保有期間が 1 日または 10 日，ボラティリティ計測期間が日次といった）非常に短期の保有期間およびボラティリティ計測期間を用いている。この手法は，短期の取引のエクスポージャーには有効である。しかしながら，長期の取引では，短期では現れないリスク・ファクター間の関係も考慮しなければならない。金利の平均回帰または外国為替におけるカバー付き金利平価[9] の問題は，必ずしもリスク・ファクターが純粋にランダムまたは独立した形で変化しないことを意味している。ALM モデルは一般に，より長期の保有期間にわたってパラメータによる表現がなされており，それゆえリスク・ファクター間の長期的関係の影響をより把握しやすくなっている。

ALM モデルの最後の利点は，組み込みオプションと経路依存型商品をうまく取り扱えることである。取 引 商品の大半は，金利および外国為替レートといったリスク・ファクターと比較的単純な関係にある。流動性のないポートフォリオ，とくに銀行の構造的な貸借対照表には，リスク・ファクターと複雑な関係があるような資産および負債のポジションが含まれている。たとえば，米国の住宅ローンのような資産は，負債の期限前償還オプションと一括りにすることができ，その結果，相対的に金利と複雑な関係をもつことになる。ALM モデルは，この複雑な動きを把握するために設計されており，リスク・ファクターの変化による資産および負債の変化を適切に評価する。

---

9)（訳注）「カバー付き金利平価」とは，「2 通貨間の金利差」が「フォワードとスポットの為替レートの比率」に等しい状態のことをいう。

信用リスク分析

信用リスク計測を支援するために，多種多様な分析が利用可能である。利用可能なツールの大部分は，個々の信用エクスポージャーにかかわる期待損失の構成要素を推定することに焦点を当てている。これらの分析には次のようなものが含まれる。

■ 信用スコア・モデルは，与信相手先の一時点での期待デフォルト率を推定する。
■ 格付推移モデルは，時間の経過によりエクスポージャーの信用の質がどのように変化するかに焦点を当てている。
■ 信用エクスポージャー・モデルは，信用取引における融資に相当するエクスポージャーを推定する。
■ 与信ポートフォリオ・モデルは，与信ポートフォリオのリスク・リターン特性を評価し，分散の影響を考慮する。

信用スコア・モデル

信用リスクを計量化するときの主な投入変数の1つは，所与の信用エクスポージャーが一定期間にデフォルトする確率であり，これは期待デフォルト率（EDF）と呼ばれることが多い。この推定を行うのに用いられる最も一般的な分析手段が，信用スコア・モデルである。信用スコア・モデルは基本的に，経験的モデル，エキスパート・モデル，マートン・モデルの3つに分類される。

経験的モデルは，類似の信用エクスポージャーに対するヒストリカルなデフォルト経験率を分析することにより構築される。たとえば，クレジット・カードの利用客がデフォルトする頻度を予測するための経験的モデルは，収入，負債残高，就業期間を用いた分析に基づくかもしれない。フェア・アイザックのFICO スコアは，経験的モデルが消費者顧客ベースで適用された実例である。

エキスパート・モデルでは，信用リスクの専門家の判断をモデルの形で把握することを試みている。多くの場合，信用リスクの専門家は，当該組織のなかで優れた信用評価能力をもつと見られる管理職である。これらのモデルは，信用評価プロセスが複雑かつ難しい際，膨大な量の定量的および定性的情報分析

が必要なときに採用される傾向にある。

　最後に，マートン・モデルは，企業の潜在デフォルト率を計算するためにファイナンス理論と市場情報を用いる。（現在はムーディーズ社の一部門である）KMVコーポレーション社が開発した商品であるクレジット・モニターは，この分類に該当する信用スコア・モデルの一例である。このモデルで使われる基本的なファイナンス理論は，企業の資本構造に関する前述のマートン・モデルである。すなわち，企業は自社の資産価値が負債価値を下回るときにデフォルトし，企業のデフォルト率は資産が負債を上回る額とこれらの資産のボラティリティに依存するという理論である。

　（企業の株価ボラティリティといった）市場情報が，企業の資産のボラティリティを推定するために用いられる。資産価値変化の分布形状に関していくつかの仮定を置く（たとえば，正規分布であると仮定する）ことにより，われわれは，企業の資産価値が負債を下回る確率を推定できる。この確率は，企業がデフォルトする確率を評価する基礎として利用される。

格付推移モデル

　前述の信用スコア・モデルは，企業または事業体の一時点でのデフォルト率の推定を行うのに有益である。しかしながら，信用の質は時間とともに変化する可能性があり，現に変化している。企業が長期の信用エクスポージャーを有している場合，将来どのように信用の質が変化する可能性があるかを理解することが不可欠である。

　長期デフォルト率を推定するうえでの問題は，現実の格付推移が複雑なことであり，実際，企業の財産と信用力は毎年変化する傾向にある。したがって，長期間のエクスポージャーの年単位のEDFと期間1年でのEDFは，必ずしも一致しない。信用力が一定である場合にのみ，それらは一致する。同様に，超短期の与信のEDFも，期間1年のエクスポージャーのEDFとは一致しない。

　格付推移モデルの主な目的は，長年にわたる累積デフォルト率を内部格付に付与することである。EDFに基づいて信用格付基準を調整する方法がいくつかあるように，内部格付への付与の方法がいくつかある。これらの方法は，関連データの使われ方，採り方によって，コホート研究アプローチ，推移行列アプローチ，ベンチマーキング・アプローチの3つに分類できる。

コホート研究アプローチでは，与信ポートフォリオが，開始年月，地域，リスク等級に基づいたコホートに分けられる。次に，異なる信用格付に対して，過去，実際に観測された複数年の累積デフォルト率を用いて複数年の EDF を推定する。これは期間 1 年の EDF を基準に調整するヒストリカル法と似ており，十分に信頼性のあるデータが存在しないという同様の問題をかかえていることが多い。多くの格付基準が長期間にわたって一貫して用いられることはないので，この問題はとりわけ長期間の場合にあてはまる。それにもかかわらず，マーケティング計画と商品特性が毎年変わるので，クレジット・カードや住宅ローンの貸し手によってコホート研究アプローチがしばしば用いられる。このような毎年の変化は，各コホートの信用実績に重大な影響を及ぼす可能性がある。

複数年の EDF を推定するもう 1 つの方法は，推移行列を利用することである。ここでの要点は，格付が変化する率，すなわち信用が格付間を推移する率を観察することによって，デフォルト率を直接計測しなくてすむ点である。推移率はデフォルト率よりも水準がずっと高く（したがって，正確に計測するのが簡単であり），とくに信用の質が高い場合に顕著である。各格付に対してあらかじめ基準調整された EDF とともに，推移確率表は，一連の完全な長期的 EDF を表している。

これは，例示によって最も簡単に説明できる。たとえば，格付が A$^+$ の借り手に対する 2 年間の EDF を計測するために，われわれはまず 1 年間（またはその他の期間）で A$^+$格付の企業が A$^+$を維持する確率（たとえば，85 パーセント）を得るだろう。加えて，この企業が A になる確率（10 パーセント），A$^-$になる確率（4 パーセント）などが必要である。初年度におけるデフォルト率は，A$^+$で 2 ベーシスポイントというのが一般的である。しかしながら，2 年目のデフォルト率は，信用が推移した異なるそれぞれの格付の加重平均となる。このウエイトは A$^+$格付の企業が 1 年で変化する格付ごとの確率に応じて割り振られる。

2 年目以降の場合には 2 つのアプローチがある。1 つめは，同じ種類の分析をより長い対象期間に対して繰り返す（つまり，現在の格付を現在から 2 年目以降の将来の格付と比較する）ことである。もう 1 つのアプローチは，現在の格付を所与として，借り手が 1 年後に特定の格付をもつ可能性についての情報を提供する推移行列を作りあげることである。いずれのアプローチも技術的に

は簡単ではないが，両方とも満足のいく結果を得ることはできる。

カウンターパーティ信用エクスポージャー・モデル

外国為替先渡し，金利先渡し，スワップといった金融商品の取引は，しばしば潜在的な信用エクスポージャーを生み出す。信用リスクを生じさせるのは，市場の状況が一方の当事者に有利に動いたことによって，締結された契約の時価がプラスになるとき，すなわち再構築コストが発生するときである。取引相手（相対取引先）がデフォルトし，契約の履行ができない場合，もう一方の当事者は現在の時価評価額がエクスポージャーとなる。

このエクスポージャーは相対取引先のデフォルトを条件とするので，通常，リスクを評価するために信用リスク管理の枠組みが用いられる。しかしながら，（一定期間の融資のような）エクスポージャーがわかっている多くの形態の信用リスクと異なり，相対取引先へのエクスポージャーは，金利または外国為替レートといった市場リスク・ファクターによって変動する。相対取引先への潜在的なエクスポージャーを推定するために，分析モデルが必要である。

最も簡単な手法は，契約の概念的価値の一定比率を信用リスク計算における期待エクスポージャーとして用いることである。しかし，この場合，契約の種類や契約期間によってその比率は変わりうる。この手法は一般に単純化しすぎており，リスクを誤推定する可能性が相当ある。将来のエクスポージャーの変動は考慮に入っていないが，契約の現在市場価値を用いることで推定は改善される。幸いにも，ほとんどの（しかしながらすべてではない）商品に対する潜在的な信用エクスポージャーは，契約価値のボラティリティと契約期間を投入変数とする公式を用いて計算できる。

これら公式に基づく手法は，外国為替先渡し，金利先渡しといった1回払い契約に対してはうまく機能する。しかし，これらの手法は一般的に，金利スワップといった複数回払い契約に対してはうまく機能しない。これらのケースでは，モンテカルロ・シミュレーション法がより適切だろう。モンテカルロ法を用いると，考えうる広範な金利や価格の動きを与えることによって，期待エクスポージャーおよび最大信用エクスポージャーを推定できる。

与信ポートフォリオ・モデル

この章でこれまで解説した信用リスク分析モデルは，個々の信用エクスポージャーの評価に焦点を当てている。加えて，与信ポートフォリオ・モデルは個々のエクスポージャーの信用リスクを集計するために用いられ，与信ポートフォリオでの損失がどのように変化するかを決定する。与信ポートフォリオをモデル化する一般的な手法には，金融モデル，計量経済モデル，数理モデルの3つがある。これらのモデルの概要について解説する。

金融・計量経済モデル

リスク・メトリックス・グループのクレジット・メトリックスやKMVのポートフォリオ・マネジャーといった金融モデルは，企業の資本構造に関するマートン・モデルに依拠している。前述のとおり，マートン・モデルでは，企業は資産価値がその負債価値を下回った場合にデフォルトすると仮定している。その結果，借り手のデフォルト率は，資産価値が負債価値を下回る確率に依存しており，言い換えると，資産価値のボラティリティの関数である。

資産価値は通常，対数正規分布としてモデル化され，それは，資産価値の変化が正規分布であることを意味している。その結果，デフォルト率は，標準正規変数がある閾値を下回る確率として表されるが，この閾値は負債価値が資産価値を上回る値である。ポートフォリオにおける潜在的損失分布は，モンテカルロ・シミュレーションによって得られる。

マッキンゼー・アンド・カンパニーのクレジット・ポートフォリオ・ビューという計量経済モデルは，マクロ経済変数の変動という観点から，借り手（または類似する借り手の集団）に関するデフォルト率をモデル化することを試みている。簡単にいえば，（類似の借り手の集団を表す）セクターごとのデフォルト率は，金利，GDPなどのマクロ経済変数の変化によって決定される。ポートフォリオの損失分布は，ここでもモンテカルロ・シミュレーションにより計算される。

数理モデル

クレディ・スイス・ファイナンシャル・プロダクツ社（CSFP）により開発

されたクレジット・リスク・プラス・モデルは，数理（保険）論の損失分布の
モデル化に広く用いられる数学的手法を用いている。クレジット・リスク・プ
ラスは，デフォルト率に対し解析的な閉形式の公式，言い換えるならば，投入
変数として平均デフォルト率とボラティリティを用い，出力変数として与信ポ
ートフォリオの損失分布が与えられる公式に基づいている。それ自体は，比較
的少ないデータしか必要とせず，コンピュータの負荷が大きく時間のかかる金
融モデルまたは計量経済モデルで用いられるモンテカルロ・シミュレーション
と比較すると，迅速に評価できる。この手法の主な欠点は，銀行が実用的なデ
フォルト・データをすでにもっていることを仮定しているが，実際には必ずし
もそうとは限らないことである。

　これらのモデルは，仮定と投入データが互換性のある方法で表現されていれ
ば，現実にはほとんど等価であることが（オリバー・ワイマン＆カンパニーの
ウウル・キョイリュオールと E リスク社のアンドリュー・ヒックマンにより）
明らかにされている。しかしながら，実際のところ，これらのモデルの互換性
のなさを克服するのは容易ではない。異なるモデルを用いて同じポートフォリ
オを分析した場合，かなりばらつきのあるリスク分析結果が出ることになろう。
そして，現実に異なるパラメータや仮定に対する損失感応度を計量化すること
により，信用リスク・ポートフォリオにおける真のリスクを突き止める有益な
方法となることもある。

オペレーショナル・リスク分析

　オペレーショナル・リスクを推定する基本的アプローチには，トップダウン
型とボトムアップ型の 2 つがある。トップダウン型は，一般に，企業全体に適
用される。ボトムアップ型は，事業活動レベルで生じるオペレーショナル・リ
スクを分析し，次に，計算された各リスクが全社のオペレーショナル・リスク
を計測するために集計される。これらを個々に見ていこう。

トップダウン型アプローチ

　トップダウン型アプローチで用いられる手法には 2 つの種類がある。最初の
アプローチ法はアナログ法である。この手法では，まず，事業リスク，信用リ
スク，市場リスクといった，識別できるすべての特定リスクを取り除き，残っ

たリスクをオペレーショナル・リスクと分類する。

　この推定されたオペレーショナル・リスクは，次に当該企業と事業内容が一般に似ているような上場企業と比較される。これらの上場企業は，しばしば，その企業の事業運営を専業としている類似企業（アナログ）として選択される。オペレーショナル・リスクの必要資本額が，これら外部のベンチマークに基づき（規模の差を調整して）決められる。たとえば，情報技術（IT）機能に必要な資本額は，純粋な IT 企業の自己資本水準を基準にして推定される。

　第 2 の手法では，オペレーショナル・リスク損失の経験分布を導出するために，ヒストリカル損失データを用いる。損失データベースは損失分布をパラメータ化するための基準として用いられ，企業の事業規模に合うように調整される。

ボトムアップ型アプローチ

　オペレーショナル・リスクを推定するためのボトムアップ型アプローチの 1 つは，セルフ・アセスメントによるものである。これは基本的に特定の活動についての事業または専門家ベースのリスク評価であり，それには，可能性，重大性，統制の有効性が含まれる。リスク評価は第 23 章で詳細に検討する。

　もう 1 つのボトムアップ型アプローチは，活動または事業のキャッシュ・フロー・モデルを構築することである。このモデルの投入変数は，活動の収益性に影響を与えるリスク・ファクターである。その活動の価値分布を生成するために，モンテカルロ・シミュレーションが用いられる。この種のモデルは，事業が外部の市場リスク・ファクターと明確な関係がある場合には機能する。このボトムアップ型アプローチがうまく機能する事業の一例が住宅ローンの組成であり，同事業によって生じるリスク量は金利変化と直接的な関係がある。

GRC システム

　2002 年のサーベンス・オクスリー法（SOX 法）はエンロンとワールドコムの事件に端を発しており，両方の事件は今までに例のないレベルで，連邦証券諸法，財務報告実務，内部統制の精査が行われた。

　本質的に，企業不正に関する法案である SOX 法は，コーポレート・ガバナンスと上場企業の金融システムにおいて失墜した公的信用を強化するために，

企業の自己評価基準についてより厳しい基準を課している。2002年7月30日に立法化された同法に署名したブッシュ大統領は「フランクリン・デラノ・ルーズベルトの時代以来の米国商慣行における最も広範囲にわたる改革」[10] と認めた。とりわけ SOX 法は，腐敗した企業の幹部を根絶する目的で，規制委員会に会計業界を監視する権限を与えることを求めている。

　これらの厳しい新基準を満たすための試みの1つとして，多くの企業は，より全体的な視点で中核部分およびそれを支持する機能を捕捉するために，組織プロセスを統合するガバナンス・リスク・コンプライアンス（GRC）システムを作りあげてきた。SOX 法404条では，上場企業が年次報告書で内部統制構造および財務報告手続きに関して情報提供することを要求している。GRC システムはすべての重要な取引を最初から最後まで記録することよってこれらの内部統制要件を支え，これにより企業活動および金融活動の一定水準の透明性を担保している。

　成功している GRC システムの鍵となる特長は，事業プロセス，財務会計・報告手続き，規制，政策要件，その他の文書化に関する大きな情報データベースを備えていることである。そのようなものとして，GRC システムは次のようなプロセスを支援するときに有用である。

■　SOX 法遵守の検査
■　内部監査の企画と報告
■　リスク・コントロールの自己評価
■　キー・リスク・インディケーター（KRIs）の策定
■　サイバー・セキュリティといったオペレーショナル・リスク・コントロールの強化

　SOX 法開始から GRC システムの需要はうなぎ上りで，それ自身が市場をもつに至り，多くのベンダーが現在，ガバナンス，リスク，コンプライアンスの機能を自動化する高度なソフトウェア商品を提供している。ガートナーによる最近のレポートでは，典型的な GRC システム商品の基本的な機能を次のようにまとめている[11]。

---

10)　Bumiller, Elisabeth, "Corporate Conduct: The President; Bush Signs Bill Aimed at Fraud in Corporations," *The New York Times*, July 31, 2002.

- **コントロールおよび方針マッピング**：GRC システムは，現在の企業のデータを業界標準や規則と比較しながら，多様な方針やコントロールを一貫したライブラリーへとまとめることができる。ここで最も有用な点は，ベンダーがその業界における外部情報を提供していることで，利用者の時間と資源を節約できる。
- **サーベイ機能**：この機能には，またベンダーが集めた業界トレンド情報が用意されている。内部サーベイを実施するにあたって GRC システムを利用する際，企業に比較の基準を提供する。企業は方針の展開や統制評価を検討する際にこの機能を便利に感じるであろう。
- **GRC 資産の保管**：コントロールおよび方針マッピング機能と同様に，GRC システムは情報技術（IT）資産を，システムがサポートするビジネス機能に基づく体系的な分類に組織化できる。GRC システムはまた，外部の資産保管場所から企業がデータを抽出もできる。
- **ワークフロー**：GRC システムでは，企業により柔軟性をもたせるためにワークフロー設計機能ももっているが，通常，ベンダーが提供するワークフローのテンプレートを装備している。

　この章で議論した分析モデルとシステムを支援するために，企業は適切なデータと技術インフラと能力を確立する必要がある。これは次章のテーマとなる。

---

11) Proctor, Paul E., "MarketScope for IT Governance, Risk and Compliance Management," *Gartner*, June 7, 2013.

第10章　データと情報技術

　これまでの章で説明したように，近年，リスクが顕在化するさまざまな過程で，金融機関か一般事業会社かを問わず，あらゆる組織で以前よりもリスクが重要と認識されるようになった。リスク管理それ自体がよいことであるという主張とはまったく別に，どのような規模の組織であろうと，ステーク・ホルダーが経営者にリスク認識の説明を求めることが，当たり前になってきている。

　経営者は，このようなステーク・ホルダーからの圧力に直面するだけでなく，たとえば，重大損失の可能性の削減というような，その成功がしばしば漠然としていて直感的に理解できない場合が多い。このため，リスク管理のなかでも容易に金額で計測できるものに関心を向けがちである。すなわち，リスク管理システムへの投資である。そういった投資の効果を謳う経営者の言説が，ここ数年，金融機関の年次報告書の目玉となってきた。この傾向は，現在，一般事業会社でも見られる。

　この多額の投資は少なくとも部分的には正当化できる。第2章で指摘したように，リスク管理が真に効果的であるためには，陽と陰，すなわちハード面とソフト面のバランスを保つことが決定的に重要である。インプットとして必要なデータを収集し，前章で説明した分析を実行し，アウトプットとして結果を報告するうえで，ハード面は情報技術（IT）と密接にかかわっている。

　しかしながら，IT投資は容易に自己目的化してしまう。場合によっては，何百万ドルも費やしながら成果がほとんど見られないこともあるのに，リスク管理システムのプロジェクトへの投資額とその効果ついては関心が低いままである。この章では，リスク管理システムの進展，コンポーネント，導入を成功させるポイントについて考察する。

初期のシステム

リスク管理システムの最初の段階は，さまざまな意味で未知の世界に足を踏み入れるようなものであった。1980年代から1990年代のトレーディング・ブームによって，債券，株式，デリバティブといった金融商品のプライシングを迅速かつ正確に行うシステムへの需要が急激に増加した。次の段階は，個々の金融商品と取引ポートフォリオのリスクをモデル化するシステム，つまり，第9章で説明したストレステスト，シミュレーション，VaRモデルを組み込んだシステムに対する需要であった。

プロジェクト・マネジャーは，これらのシステムを構築するという職務に直面した。システムは分析対象の各金融商品の取引条件をはじめ，市場速報値，シナリオ作成のための時系列データ，エクスポージャーと比較できるリミット等の膨大なデータを必要とする。これらのデータの大部分が散在しており，一貫性がなく，エラーを含みやすいものであった。管理が最も大変なのは取引条件データであった。取引商品はきわめて多様かつ複雑であり，とくにスワップや仕組み商品といった標準化されていない金融商品で，このことは著しかった。これらの商品の複雑な内容はすべて取引条件に反映されている。

プロジェクト・マネジャーは取引条件データを収集する際に，通常，2つの主要なデータソースから選択しなければならなかった。第1のデータソースは会計システムであり，銀行のすべての所有資産を見ることができた。しかしながら，概して，これにはリスク計算に必要な属性の一部しか記録されていなかった。もう1つのデータソースはフロントオフィスの取引システムであった。各取引の属性はすべてここで見ることができるが，通常，取引は増殖するポジション記録システムと表計算ソフトに分割して記録されていた。

最も初期のプロジェクトでは，会計システムに保存されているデータからリスク管理に必要なすべての属性を引っ張ってきて，次にバックオフィス・システムからリスク・データを収集するという方法が一般的であった。概念的には，この方法は合理的である。大半のデータが1ヵ所で入手できるなら，取引システムに複数のインターフェースを再構築する必要はない。

しかし残念なことに，2つの大きな問題が発生した。第1に，会計システムを拡張するプロセスは予定よりもはるかに長引くことが多く，結果として相当

なプロジェクトの遅延が生じた。第2に，新しいタイプの金融商品が取引されるたびに，その商品をフロントオフィス・システムで登録して，バックオフィス・システムにマッピングしなければならなかった。最終的には，バックオフィス・システムのデータをリスク管理システムに引っ張ってきてマッピングする必要があったが，この延々と続くプロセスの間，新たなリスクは計測できなかった。

根本的な問題は，プロジェクト・マネジャーがフロントオフィス・システム用に構築された既存のインターフェースを活用しようとしたことにあった。これらのインターフェースはリスク管理ではなく会計のために設計されたものなので，それらをリスク管理に流用するプロセスは複雑で大規模なものになった。こうして，新しい手法が必要とされた。

データ管理

1980年代，データ・ウェアハウス[1] は個人向け部門でかなりの成功を収め，顧客情報の保存と管理を含む多くの目的で利用されていた。データ・ウェアハウスをリスク・エンジン[2] に統合するというのは魅力的な考えで，長くは続かなかったものの，大きな成功をもたらした。

そのアイデアは次のようなものであった。バックオフィス・システムとバックオフィスまでのすべてのインターフェースを拡張してリスク・データに変換するのではなく，カスタム・メイドのデータベースに新しいインターフェースを組み込み，リスク・エンジンで分析用データを抽出するのである。この手法には他にも明白な利点があった。高品質で冗長性が排除された包括的なデータを1つのデータベースに集めることで，業績測定システムや顧客管理システム，さらに損益（P&L）エンジンといったその他のアプリケーションを同一のデータベースにリンクできるのである。

しかしながら，すべてのリスク・データを1ヵ所に集める必要があったのは，リスク・エンジンの技術的な能力不足も一因であった。また，リスク管理の新たな特性として，コンピュータ技術よりも数理ファイナンスを専門とする金融

---

1) （訳注）戦略決定などに役立つように，企業が収集・保有しているデータを共通のデータ形式で管理し，加工・分析を行いやすくする考え方・システム。

2) （訳注）リスク・データに実際にアクセスし，検索，削除，更新などの機能を受け持つソフト。

第 10 章　データと情報技術　　　167

エンジニアが，リスク・エンジンを構築するのが一般的になっていた。

　結果として，リスク・エンジンはすべてのデータが 1 つのバッチ処理でマッピングされ，1 回の実行でリスク分析が行われるように構築されることが多かった。そのようなアプリケーションは，半導体結晶上のブラックボックスといわれてきた。より論理的な手法は，リスク分析を複数のコンポーネントに分けて，各コンポーネントが一貫性のある仮定を用いて情報の下位項目を分析し，最後のコンポーネントが分析結果を集計するものと考えられた。

　多くの金融機関がきわめて大がかりなデータ・ウェアハウスのプロジェクトに着手し，ソフトウェア・ベンダーとシステム・コンサルタントを喜ばせた。だが，これらのプロジェクトの圧倒的多数が期待外れとなった。なかには，失敗に終わっただけのものもあった。その理由は主に 3 つある。

　1 つめは，これらのプロジェクトは，たとえあったとしてもユーザーの指示はごくわずかしかなく，しばしば技術主導で行われた。多くの場合，プロジェクトは事業目的が不明確だった。その結果，具体的な成果を生まないまま膨大な予算と資源が浪費された。2 つめの問題は，ソース・システムとの間の多数のインターフェースを構築し維持するのに，多くの時間が必要なことであった。3 つめの問題は，プロジェクトが意気込みだけで進められたことである。結局，リスク管理に必要なデータの種類はきわめて複雑かつ多様で，1 つのデータベースに収まりきらないのである。

　データ・ウェアハウス・プロジェクトの失敗を，批評家は海を沸騰させるようなものと評した。多くのプロジェクトでコストと時間がかかりすぎたため，対応策としてプロジェクトは変更を余儀なくされた。プロジェクトチームは，組織内のすべてのリスク・データを 1 つのウェアハウスで保有するよりも，個々がミニ・ウェアハウスといえる一連のデータ・マート[3] を開発するほうが効率的であると気づいた。データ・マートは機能ごとに必要なデータに特化できたのである。

　こうして，全データを 1 ヵ所に集めるのではなく，一連のデータ・マートがデータのサブセットを格納するように構築された。たとえば，1 番めのデータ・マートはトレーディング・ルームから市場リスク関連のデータをもち，2 番めのデータ・マートは信用リスク情報を保有するといった具合である。3 番

───────────────
3)　（訳注）元のデータベースから，部門や個人の使用目的に応じて特定のデータを切り出して整理し直し，別のデータベースに格納したもの。

めのデータ・マートは，全社レベルでの計算を可能にするために，2つのソース・マートからの抽出データを保有するように構築する。この手法では，データベース開発の規模をより管理しやすい水準まで縮小できるが，保存データの重複が広範囲にわたるために，多くのケースでデータ照合の問題が拡大することになる。

　具体的かつ明確に定義された事業目的がないために生じるデータ・ウェアハウス・プロジェクトの予算超過の問題を，データ・マートは効率的に解決した。しかしながら，インターフェースを開発し，データ・マート内の保存データを照合するのにかかる時間については対処しなかった。さらに，あらゆるリスク・システムの導入（実際には，あらゆる情報技術の導入）で欠くことのできない問題の1つを解決しなかった。つまり，ごみ入れ・ごみ出し[4]という問題である。

　たとえば，時系列データは間違ったデータを多少含むのが普通である。通常は45ドル程度で上下する株価が，ある日，データの破損や入力エラーによって450ドルと記録されることがある。この種のエラーはリスク計算に重大な問題をもたらしかねない。そのため，エラーを探して修正するデータ・クリーニングのアルゴリズムを実行する必要がある。このアルゴリズムは，複数のソースの価格データと比較する，あるいは，ユーザーが定義した許容範囲内に値があるかどうかを見ることで，エラーをチェックする。

　データ・クリーニングが必要となるもう1つの例は取引先データである。ほとんどの金融機関は取引先情報をバラエティに富んだ名前やコードで蓄積している。そのため，チェース・マンハッタン銀行はチェース，チェース・マンハッタン，チェース・マンハッタン銀行などさまざまな形でシステムに記録されている。エクスポージャーをチェース・マンハッタンに名寄せするには，チェースやチェース・マンハッタン銀行も同一の事業体であることをリスク・エンジンに認識させる必要がある。

　データ・クリーニングを扱うソリューション・サービスがいくつか出現している。一流のソリューションはクリーンなデータソースを提供する。ここには，インタラクティブ・データ社やアセット・コントロール社のようなクリーニング済みの包括的な取引条件データベースを提供するベンダーから，オルセン・

---

4)　（訳注）信頼できないデータを入力すれば，信頼できない結果しか得られないこと。

アンド・アソシエイツ社，ロイター社，テレクルス社といったクリーニング済みの時系列データや市況速報データを提供するベンダーなどが含まれる。二流のソリューションは，特定のデータをクリーニングするアルゴリズムやインターフェースから構成されている。

インターフェースの構築

　合理的に計画されたリスク管理システム導入プロジェクトの時間と労力の大部分が，インターフェースの構築に費やされる。フロントオフィスの取引システムからリスク・データを抽出する場合，各取引システムとリスク・エンジンの間にインターフェースを構築する必要がある。初期の開発では，利用可能なツールやパッケージ化されたインターフェースがほとんどなかったので，各企業は自らコーディングして開発しなければならなかった。

　各インターフェースは多くの段階を踏んで構築された。まず，カスタマイズされた抽出プログラムで取引システムからデータを取り出す。多くの取引システムには抽出インターフェースが搭載されているが，リスク分析に必要なすべてのデータを抽出するにはカスタマイズが必要となる。次に，リスク・データをリスク・エンジン用のフォーマットに変換しなければならない。取引システムではクーポン・レートが「7% ANNU ACT/365」と保存されるのに対して，リスク・システムでは同じデータを「0.07ANNACT-365」と変換する必要があるかもしれない。リスク・システムに投入するすべてのデータのすべての属性に関して，このような変換ルールを明確にしなければならない。

　明らかに，各インターフェースは特定の取引システムとリスク・システムに固有のものである。どちらか一方のシステムが更新または置き換えられれば，インターフェースも再構築しなければならない。同様に，インターフェースに登録されていない商品の取引を始める場合も，そのデータをインターフェースに引っ張ってくる必要がある。初期のインターフェースで問題が多発したのは，仕様が十分に文書化されなかったからである。最初の開発者はうまく設計し理解していたかもしれないが，多くの場合，他の者には完全には理解できなかったのである。

　最初の開発者が組織を去ってしまうと，インターフェースの修正は非常に多くの時間を要した。この問題を解決するために，リスク管理システムのベンダ

ーは主力提供商品と一緒にマッピング・ツールの販売を開始した。同時に，多くの統合コンサルタントが，このプロセスを支援するために経験豊かな人材や類似ツールを提供し始めた。

　マッピング・ツールは通常，ユーザーにいくつかの機能を提供する。最も重要なのは，インターフェースをわかりやすいものにし，後の開発者がインターフェースの拡張を比較的容易にできるようにすることである。あるソース・システムからある金融商品の各属性を変換するのに必要なルールが，すべてデータベースに保存され，明確に文書化される。どのルールも簡単に探し出せて，理解し，修正できる。次に，ペアになっている取引システムからリスク・システムへの変換ルールが決まっているので，マッピング・ツールでインターフェースを再利用できる。統合コンサルタントはそのようなインターフェースを開発し，再販することを推奨してきた。しかし，マッピング・ツールの支援があっても，リスク管理システムの導入は依然として何ヵ月も要し，時には数年かかることもある。

ミドルウェア

　開発期間を短くするもう1つの方法は，必要なインターフェースの総数を減らすことである。一般的に，取引を行う組織では多数のフロントオフィス取引システムと，フロントオフィスからのデータ抽出を必要とする多数のシステムがある。これらにはリスク管理システム，会計システム，管理情報システム，業績測定システムなどが含まれる。これらのシステム間で構築しなければならないインターフェースの数は，明らかに，データを提供するシステム数とデータを利用するシステム数の積となる。複数の提供者と利用者がいれば，利用者と提供者の間にメッセージング[5] 指向のミドルウェア（MOM）[6] を導入するほうがより効率的である。

　MOM は Tibco と MQ シリーズが有名だが，プロセス間通信用にさまざ

5）（訳注）2つのアプリケーションの間で，メッセージをやりとりすることによって通信を行う方法。非同期的にメッセージに対する処理と応答を行うことができ，異機種間や異なるプラットフォーム間での通信に適している。

6）（訳注）OS と各種システム固有の処理を行うアプリケーション・ソフトウェアとの間に入り，アプリケーションが要求するさまざまな処理の代替と OS へ依頼する各種手順・手続きを仲介する中間的なソフトウェア。

第10章　データと情報技術　　　　171

なモデルを利用し，ルールに基づくルーティング[7]，エラー・ログ，監査による配信保証，インターフェースのわかりやすさと頑強性など，ERM に対して大きな便益を提供する。

　データの利用者と提供者が複数存在する場合，概念的には，MOM の導入で必要なインターフェース数が減るので，時間と労力を節約できるというのは合理的に思える。しかしながら，多くの場合，MOM を導入してもリスク管理プロジェクトは改善されなかった。特定のリスク・データを必要とする利用者が 1 人しかいないということが多いからである。もっと広く見渡して，フロントオフィスのデータの利用者が多いところで，依然として MOM の導入が最も有効な手段というわけではない。利用者が通常は互いに異なったデータを要求するため，本質的に MOM の導入は，多くのデータ・ウェアハウス開発プロジェクトが陥ったのと同じ要因の犠牲者となってしまうのである。

　MOM が他のチャネルよりも信頼できる配信を提供するなら，リスク・システムのデータはソース・システムのデータと確実に整合的なものになる。だが，これも最終的には完全ではなく，2 つの場所に複製データが保存されるか，機能が複製されるかぎり，依然として照合が必要になる。2 組のデータの照合を不要にするためには，さらに進歩した分散型アーキテクチャーが必要となる。

分散型アーキテクチャー

　1990 年代にアプリケーション設計技法が進展して，分散型アプリケーションの開発が可能になった。これにより，処理を（関連データをソースから抽出しサーバーに移すことが必要な）集中型のアプリケーション・サーバーから，ソース・データのある環境へと移せるようになった。これは，分散したオブジェクトの格納場所をアプリケーション・サーバーから隠す技術が利用可能になったことで達成され，それによって，より多くのモジュールや拡張性のあるソリューションが導入できるようになった。このようなフレームワークの導入によって，（セキュリティのような）多くのネットワーク・サービスが提供され，分散した環境における追加的な経費が抑制できるのである。

　コンポーネントに基づいたソフトウェアのモデルは目新しいものではないが，

---

7)　（訳注）ネットワークにおいて，目的のホストまでパケットを送信するとき，最適な経路を選択して送信すること。

172 第2部　ERM の枠組み

これらの技術を利用して，分散した環境にアプリケーションを迅速に配置する
というアイデアは新しいものである。これによって，開発プロセスを，導入の
複雑な問題ではなく，業務上の問題解決に集中させることができる。これらの
ソフトウェア・ツールによって，ソース・データを処理ロジックと一緒に，企
業内に存在する分散したオブジェクトに効果的に組み込むことができる。結果
として，照合問題を生じさせるような複製データをもつのではなく，全社的に
単一のパーシステンス・ポイントをもつ単一トランザクション，たとえば，保
険契約の内容となる。

　データ管理をソース・システムに残し，そこに機能を移すことによって，複
雑なデータ照合プロセスが必要でなくなれば，問題は同期についてのみとなる。
集計結果を正確なものにするためには，同一時点で同一オブジェクト・バージ
ョンのデータを確実に得ることが必要となる。

　この例としては，所与のシナリオのもとで，一連の取引システムの取引に関
して価値分布を生成するプライシング・コンポーネントがあげられよう。これ
らの分布を正確に集計するには，シナリオや該当する取引，プライシング・ア
ルゴリズムが，すべてのプライシング計算を通して一貫していなければならな
い。このような課題は，集中型アプローチで必要になるカスタマイズされた処
理ロジックよりも，標準的な技術コンポーネントで対処できる。

　分散されたオブジェクト技術によって，データ特有の機能の実行がアプリケ
ーション・サーバーのプロセスから隠される。これによって，組織とともに成
長できるアーキテクチャーという，より高い拡張性が提供される。リスク計算
は，ご存知のように，コンピュータを集中利用する傾向がある。追加的な計算
コンポーネントをプロセッサーのみならずマシンに分散する能力は，まったく
新しいパフォーマンスの展望を切り開くのである。

　この分散型アーキテクチャーのモデルは，全社レベルでのオブジェクト・モ
デルの開発を暗黙のうちに求めることになるが，全社レベルでのデータ・モデ
ルは必要でない。データを中心とする観点から，われわれは依然として各ソー
ス・システムに固有なタスクをマッピングする業務オブジェクトをもち続けて
いる。これは，はるか昔の扱いにくいポイント・トゥ・ポイントのインターフ
ェース[8]へ逆戻りしたように聞こえるかもしれないが，ここでのインターフ

──────────
8)　（訳注）ポイント・トゥ・ポイント・プロトコル（Point-to-Point Protocol, 略称PPP）は，2
　　点間を接続してデータ通信を行うための通信プロトコル。

第 10 章　データと情報技術　　　　173

ェースはアプリケーション間のものではなく，ソース・データと業務オブジェクト間のものである。これらは通常，導入がそれほど複雑ではなく，すべての要件を満たす単一の表記に統一する必要もない。

導入を成功させる鍵となる要因

　全社的リスクを分析するリスク管理システムの開発および導入には多大な資源を投入しなければならないが，それはどの ERM プログラムにとっても必要な要件である。成功すれば，リスクをコントロールして，業務上の望ましい意思決定を行うための重要情報を経営陣に提供できる。失敗すれば，資金が無駄になるだけでなく，時間と組織の資源も無駄になる。成功する確率を高めるための重要な要因をここにあげておく。

■　技術スタッフに任せる代わりに，訓練を積んだリスク管理の専門家をプロジェクト・リーダーとして任命する。
■　ユーザーの要件を明確に定義する。この要件には機能および報告の仕様を定めた報告見本が含まれる。
■　リスク管理システムが社内外の他のシステムと情報の交換ができるように，データおよびプログラムについて一貫性のある標準化を確立する。
■　リスク管理システムが新商品や新手法に拡張できるように，構造化プログラミング技術を利用する。
■　具体的な責任，工程，スケジュール，期待される性能等を盛り込んだ明確なプロジェクト計画を作成する。
■　チャンキング[9] 手法を適用し，プロジェクトを開発とテストが個別に実行できるようなコンポーネントに分ける。
■　プロジェクトの進行を予定と照らし合わせて，担当者，ベンダー，手法を適切に変更する。

　多くのリスク管理プロジェクトが失敗する明らかな理由の 1 つは，目的の中核機能から外れた業務上の問題に対応するためにシステム変更を行うことにあ

---

9)　（訳注）情報の基本的な単位をグループ化し，わかりやすく整理すること。

る。例として，データ・ウェアハウス・プロジェクトの方向性の誤りや，バックオフィス・システムを拡張してすべてのリスク・データを保管する試みなどがあげられる。

　多くの場合，これはベンダーがシステムを強引に売り込むために発生する。明確な経済的インセンティブとは別に，ベンダーは，中核能力を超えるようなシステム拡張にともなうタスク量を過小に見積もることが多い。強引に導入されたプロセスは，しばしば約束された機能が開発中という形になる。そのようなシステムの潜在的購入者は，各システムによって提供される中核機能を明確にし，将来の開発を割り引いて考えるべきである。システムの中核能力がトレーディング・ルーム用の市場リスク管理ならば，それは全社レベルのリスク管理に利用すべきでないし，その逆も同様である。

　また，多くの業務で，事業規模，洗練性，資源の面から見て適切でないシステムの開発を選択し試みている。ほとんどのリスク管理システムは特定の組織向けに設計されている。たとえば，保険リスク管理システムは取引リスク管理システムとは異なる。

　同様に，開発プロジェクトに数十人のチームを配属できる大手多国籍金融機関向けのシステムは，もっと予算の少ない中小企業向けのシステムやアプリケーション・サービス・プロバイダー（ASP）[10]とは異なる。初期の段階では，選択肢は既製のシステムをベンダーから購入するか，社内で構築するかのいずれかだった。一般に，大手金融機関は社内で構築していたが，他はベンダーのシステムを購入していた。この選択肢は現在，購入して構築するか ASP か，という形に進化した。大企業は，多少の追加的開発ができるツール・キットを装備した高度なリスク・エンジンを購入する予算がある。金融機関や一般事業会社の多くは，ASP のようなすでに導入されている手法を活用することによって，たちまちのうちにより優れたサービスを実現できる。

　もう1つの重要な要素は，上級管理者の支援がなければリスク管理システムは成就しないということである。リスク管理システムは本質的に多数の業務と関係している。多くの組織では，業績評価と報酬はシステムで設定されるパラメータと連動しており，そのようなシステムは思慮を要する繊細なものである。したがって，上級管理者の支持を確保することが必須である。

---

10)　（訳注）インターネットを通じて顧客にビジネス用アプリケーションがレンタルされるサービス。

第 10 章　データと情報技術　　　175

　幸いにも，それは比較的容易である。比較的少ない作業でおおまかなリスク
分析結果を提供するのはさほど難しくなく，導入労力の最初の 20 パーセント
で，上級管理者が戦略的意思決定を行うのに十分な情報をもたらすこともでき
る。それにより，さらに進んだ詳細な作業への道が開けるのである。

第11章　ステーク・ホルダーの管理

　　ステーク・ホルダーの管理が重要であることを理解するには，企業における顧客，従業員，投資家，その他のステーク・ホルダーが離反していく割合が高いことを考えれば十分である。米国の企業は平均して5年間に半分の顧客を，4年間で半分の従業員を，そして1年以内に半分の投資家を失っている[1]。これらの高い離反率は企業の収益に甚大な影響を及ぼす。

　　人々が企業のステーク・ホルダーについて考えるとき，株式投資家や，場合によっては債権者のことだけを考えることが多い。しかしながら，ステーク・ホルダーは，企業の存続と成功を支援し，それにかかわるすべてのグループと個人を含めるのが望ましい。ステーク・ホルダーとして明確なのは，従業員，顧客，納入業者，取引先企業，投資家，株式アナリスト，信用アナリスト，特別な利益グループである。許認可および監督が組織の事業の成功に重要な場合，たとえば，金融，エネルギー，製薬業では，規制当局も含まれる。

　　ステーク・ホルダーの管理には，ステーク・ホルダーへの重要なリスク情報の提供も含めるべきである。取締役会と規制当局は，社内規定および社外の法令を企業に確実に遵守させる必要がある。株式アナリストと格付機関は，企業の投資およびデリバティブ業務におけるリスク管理情報について，次第に質問を行うようになってきている。金融機関と他の複雑な組織に対しては，事業部門別の収益性やリスクに関する情報さえ要求するかもしれない。機関投資家と個人投資家は，適切な投資判断をするための財務およびリスク情報を必要とする。主要なステーク・ホルダーの情報ニーズはより複雑になってきており，経営陣はそれらのグループに対してリスクをより透明なものとするために対応していかなければならない。

　　ステーク・ホルダーとのコミュニケーションでは，リスク管理のプレゼンテ

---

1)　Reichheld, Frederick F., *The Loyalty Effect* (Cambridge: HBS, 1996), p. 4.

第 11 章　ステーク・ホルダーの管理　　177

ーション資料およびレポート作成にあたり，個々のグループのユニークなニーズを念頭に置くことが重要である。たとえば，取締役会は，企業が法令を遵守していることと取締役会が承認した諸方針についての主要なリスク情報を示す概要情報を必要としている。株式アナリストは，株式資本に対する収益に関心をもっており，理想的にはアナリスト自身のモデルと比較できるように，事業部門別のリスク調整済みの収益情報を必要としている。格付機関は，企業のリスク・テイキングと株式資本の間の関係を究明するために資本計画と内在するリスク・エクスポージャー（とくにリスク集中度）の情報を必要としている。規制当局は，業界全体の規制企業の安全性と健全性を確実にする任務を負っており，これはエコノミック・キャピタル，リスク管理コントロール，適切なディスクロージャーに関する情報が提供されるべきことを意味する。

　これらのグループそれぞれが企業の成功にとって必要であり，そのため企業は各グループに関連する情報を伝達し，各グループの特定のニーズが確実に満たされるような手段を講じなければならない。プライスウォーターハウス（PwC）の 2013 年グローバル・サーベイによると，CEO の 80 パーセントが顧客が事業戦略において最も重要な影響を与えるといっている[2]。それに続いて，政府と規制当局（50 パーセント），業界の競争相手および同業者（45 パーセント），債権者および投資家（38 パーセント），従業員（36 パーセント）となっている。主要なステーク・ホルダーが事業戦略に重要な影響を与えているのは明らかである。その延長線上で考えると，主要なステーク・ホルダーはリスク管理にも重要な影響を与えている。

　取締役会と投資家のニーズは，第 5 章のコーポレート・ガバナンスでより詳しく論じた。この章の残りは，ステーク・ホルダーの 6 つの主要なグループである，従業員，顧客，規制当局，格付機関，株主向けサービス提供者，取引先企業に関するリスク管理要件について論じることにしよう。

従業員

　従業員は企業の主要な資産とみなすべきであり，知的財産や人的資産に大きく依存している企業ではとくにそうである。従業員から最大の価値を引き出す

---

2) "PwC 16th Annual Global CEO Survey," 2013, p. 22.

ことを追求している企業は，従業員の採用に始まり定年退職，解雇または任意退職までの，従業員の在職期間を通じた上方リスクおよび下方リスクの両方について慎重に管理しなければならない。

　企業がそれを正しく理解すれば，心温まる思いが得られるばかりではない。2011年の『フォーチュン』誌によれば，同誌の記事「米国で働きたい企業上位100社」に掲載された企業は，1998年からの14年にわたって累計株式リターンで同業他社を約229パーセントしのいでいた[3]。効率的な従業員管理は，従業員の離職による不必要な経費を節減するだけでなく，企業および同社の株主に対して価値を生むのである。

　従業員の離職は，もはや単なる採用と解雇の問題ではない。企業は今日，増加するフリーエージェントすなわち自らを従業員としてよりも臨時雇用者とみなしている個人を管理しなければならない。フリーエージェントを雇用するにせよ雇用しないにせよ，ここで重要なのは彼らのインセンティブが企業のインセンティブと必ずしも一致しないことである。彼らの影響力は今日の実社会において，ますます大きくなってきている。2011年には，米国の労働人口の約40パーセント，少なくとも6,300万人がフリーエージェントだった。フリーエージェントは，自身のために働く者または彼らが望むならそうすることのできる者と定義される[4]。

　最後に，労働組合が組織されている業界の企業は，組合固有の追加的リスクであるストライキ，賃金契約，倫理的問題にも直面する。契約更改の際の組合のストライキは，近年，より一般的になってきており，とくに航空業界，自動車製造業で顕著である。そのような紛争は秩序を乱し，かつコストのかかるものである。ストライキは事業運営を混乱させるだけでなく，労働者のモラルを毀損し，かつ企業イメージを損ないやすいからである。たとえば，1998年のゼネラル・モーターズ社（GM）での54日にわたるストライキは，工場を閉鎖し，生産を停止するに至った。このストライキによってGMは22億ドルの売上を失い，市場シェアと信用の失墜により，長期にわたってより大きな損害を被ることになった可能性すらある[5]。

---

3) Levering, Rober, and Milton Moskowitz, "Beyond Perks: Lessons from Tracking the '100 Best'," *Fortune*, January 20, 2011.

4) "Changes in the Labor Market Leads to Increase in Free Agent Workforce, According to Kelly Services, Inc.," *Kelly Services*, August 15, 2011.

5) Bernstein, Aaron, "What Price Peace?" *Business Week*, August 10, 1998, pp. 24–25.

第 11 章　ステーク・ホルダーの管理　　　　179

　従業員のニーズと雇用主の求めるものが必ずしも合致しないことを受け入れるのは重要である。従業員は事業の収益性に大きな影響を与えるので，彼らを効率的に管理することが重要である。このことは自明に思えるかもしれないが，ピーター・ドラッカーはこの概念の難しさを簡潔に次のようにとらえている。

　「すべての組織が，いつも決まって，『人材はわれわれ最大の資産』であるという。しかし，それを心から信じていないだけでなく，実践している組織もほとんどない。おそらく意識していないかもしれないけれども，19世紀の雇用主が信じたことを，大部分はまだ信じている。すなわち，われわれが必要とする以上に，人々がわれわれを必要としていると。しかし，実際には，組織は，製品やサービスをマーケティングするのと同じか，おそらくそれ以上に人をマーケティングしなければならない。組織は，人々を惹きつけ，人々を留め，人々を認めて報い，人々をやる気にさせ，人々に奉仕し，満足させなければならない。」[6]

　われわれは，雇用を次の一連の段階として考えることができる。

■　採用とスクリーニング
■　教育・研修
■　人材確保策と昇格
■　解雇と任意退職

　これらそれぞれの段階に異なったニーズがあり，したがって異なった従業員管理戦略が必要である。

採用とスクリーニング
　まず，企業は適正な従業員を採用するという課題に直面する。従業員の能力，経験，態度，潜在的能力が，彼らの業績と生産性を決定し，したがって企業の収益性への貢献が決まる。適正な従業員を雇用しないリスクは甚大である。一匹狼のトレーダーといった極端なケースでは，採用における1つの過ちが企業

---

6)　Drucker, Peter F., "The New Society of Organizations," *Harvard Business Review*, September-October 1992, p. 100.

全体を破滅させる可能性もある。長年にわたって，フィデリティ・インベストメンツやディズニーを含む，多くの企業が雇用前のスクリーニングの一部として身元確認を導入してきた。今日，身元確認は中小企業でさえ標準的な実務となっている。

多数の企業がより多くの資源を投入し，採用に重きをおくことで利益を享受している。労働市場の競争がより厳しくなるにつれ，企業は適正な従業員を採用するために，より多くの時間と労力を割かなければならないが，適正な従業員ほど企業への定着期間が短い。このことの論理的帰結として，フリーエージェントの台頭がある。彼らは企業運営に欠かせない一方で，多くの異なる企業で簡単な引き継ぎで，ときには瞬時に働くことさえ可能である。当然のこととして，報酬が従業員に対する一番のインセンティブになるといわれることが多い。しかしながら，その他の手当ても適切に考慮されるべきであり，採用時に報酬だけでは不可能な差をつけることもできる。

教育・研修

適正な従業員の採用が重要であるならば，彼らをとどめることもきわめて重要である。従業員の入れ替えにはコストがかかる。価値のある人材，スキル，情報が失われるだけでなく，競合相手に対しても負けることになるかもしれない。そのうえ，当然のことながら新しい従業員の採用や研修にはコストが生じる。ある調査によれば，労働者を入れ替えるコストは，空きポジションの給与の1倍から2.5倍くらいの水準である。ポジションが高くなるほど，コストはより高くなる[7]。

研修は，従業員と雇用主の両者に価値をもたらす。世界最大のコンサルティング会社，アンダーセン・コンサルティング（現アクセンチュア）は，2012年に，OJTに加えて同社のコンサルタントに対する公式の継続教育プログラムに6億ドル（すなわち売上の3パーセント）以上を使っている[8]。職務関係の学習プログラム以上のことを提供している企業もある。食料品店チェーンのウェックマンズ・フード・マーケッツは従業員に生活スタイルおよび健康増進プログラムを提供しており，2009年にはじめて導入された無料の禁煙プログラ

---

7) "Don't Let the Talent Crunch Hurt Your Company's Chance for Success," *PR Newswire*, June 8, 1999.

8) "100 Best Companies to Work For: Snapshots," *Fortune*, 2012.

ムには 2,000 人以上の従業員が参加している[9]。キャリア開発もまた重要である。キャリア開発は，従業員の将来の方向性と彼らを動機づける目標を提供する。適切なキャリア開発プログラムの導入によって，人材確保，生産性，モラルを改善することができる。

人材確保策と昇格

『フォーチュン』誌によると「水泳用プールと賃金の急増は従業員を高揚させるだろうが，継続的な研修と思いやりのある処遇が企業にとどまらせるために最良のものである」[10]。前述した研修とキャリア開発に加えて，企業は従業員を評価し顕彰する必要がある。これには同僚や部下の間でのプロ意識の醸成，権限やプロジェクト所有権の適切な委任，表彰や公表が含まれるだろう。

ゼネラル・エレクトリック社（GE）の前 CEO ジャック・ウェルチは「あなたは心と財布の両方で報われなければならない」[11] と語っている。昇格は官僚主義でなく，実力主義に基づいていなければならない。GE の才能あるグループは，一番業績の優れた者を昇格させ，一番劣る者を解雇することによって，絶えず精鋭化されている。才能のある役員もまた，厳格な実力主義のなかで養成されており，成功は惜しみなく報われ，失敗は容赦なく罰せられる。

解雇と任意退職

大量解雇は企業のモラルを下げ，従業員の任意退職を増加させる。他方で，管理された解雇は従業員のやる気を増大させ，企業の業績を改善できる。たとえば，GE では，同社に在籍する従業員の効率の低い下位 10 パーセントを毎年解雇している[12]。大手のコンサルティング会社も，常に，一定期間内に昇進できない人には辞めてもらう方針を採用している。従業員が辞める場合，企業は退職者面接などの手段を利用して，理由を突き止めるべきである。彼らを引き留めるために，退職する従業員と交渉することは非常に望ましいことでは

---

9) 同上。

10) Branch, Shelly, "The 100 Best Companies to Work for in America," *Fortune*, January 11, 1999, p. 119.

11) DuBois, Shelly, "Internal Competition at Work: Worth the Risk?" *Fortune*, January 25, 2012.

12) Hymowitz, Carol, and Matt Murray, "How GE's Chief Rates and Spurs His Employees," *Wall Street Journal*, June 21, 1999, p. Bl.

ある。けれども，多くの研究によれば，就労条件の逆 提 案 は期待する便益を生み出さないことが多い。それゆえ，企業は従業員の不満の根源的理由の特定と修復のために，退職者面接で収集した情報を活用しなければならない。

顧　客

　従業員が企業にとって最大の資産であるかもしれない。しかし実際には，事業における主な焦点は顧客以外にはありえない，と多くが主張するだろう。結局のところ，企業は顧客なしに存続することはできず，したがって，顧客管理が必要なのは明白である。

　それにもかかわらず，ほとんどの業界で顧客離れは非常に高い。米国企業は5年ごとに平均で半分の顧客を失っている。その理由の少なくとも一部は，多くの CEO が自らの事業について，いまだに販売または製品主導の視点をもっているからであり，実際には多くの企業が主要な問題として顧客管理に取り組んでいないからである。顧客の力が増すにつれて，そのような手法は続かないだろうし，それは，多くの専門家が電子商取引やソーシャル・メディアの避けられない帰結として予想している流れでもある。

　顧客管理には多くの局面と戦略がある。ここでは，リスク管理に関連する主要なもののいくつかについて解説することにしよう。

- ■　顧客の獲得と確保
- ■　顧客の忠実度と満足度
- ■　自社の顧客を知ること
- ■　危機対応

顧客の獲得と確保

　事業では新しい顧客を惹きつけるべきことが必須であり，顧客を確保することはそれ以上にきわめて重要である。顧客確保におけるわずかな差が，企業の競争的地位に大きな変化を生むこともある。新規顧客を獲得するために，既存顧客をつなぎとめるための5倍のコストがかかる場合は，とくにそうである [13]。

　同様に，長期の顧客はその他の理由から収益性が高い。たとえば，長期の顧

客はより多くのものを購入し，価格への感応度が低く，そして最近獲得した顧客よりも，より多くの新規顧客を呼び込んでくれる。ある業界では，顧客離れをたった5パーセント削減することで，50パーセント以上収益性を高めることができるという[14]。

優れた顧客管理では，企業が収入を最大化しようと努力をするなかで，すべての潜在的顧客を獲得しようと試みるべきことではない。むしろ，企業は適正な顧客を特定し，確保する必要があるが，ここでの適正な顧客とは，企業全体の収益性を高めることを支援してくれる者であって，必ずしも収入全体を増やす者ではない。

スーパーマーケット・チェーンを考えてみよう。一見したところ間違いなく大量の製品を扱う事業であり，したがって，獲得した顧客はすべて重要であるように見えるだろう。しかしながら，顧客全員が店にとって収益性が高いわけではない。実際，多くの買い物をする顧客でも，もし彼らが「バーゲン漁り」，つまり割引率の高い品物を追い求めているならば収益性は高くない。スーパーマーケットはこれらの顧客との取引を維持することをとくに欲しているわけではないので，たとえば，割増価格を支払うことを気にしない購入者を惹きつける高級品の品揃えを増やし，割引キャンペーンを縮小することもあろう。

顧客の忠実度と満足度

顧客確保は，効果的な顧客関係の管理，別の言い方をすれば，顧客満足度の1つの結果である。企業は（通常，競合相手に対して）不満足な顧客との取引を失うだけでなく，その不満足な顧客が潜在的顧客および既存の顧客に警告を発することで取引を失う可能性がある。

ジェネシスによって実施された2009年の調査は，「3分の2に近い顧客が現在の関係を終わらせて，競合者と取引を始めている」と述べている。このことは，高水準の顧客満足を維持することの重要性を実証している[15]。米国の企

---

13) Frenz, Helena. "Don: Need to Ensure that Customers Are Fully Satisfied," *Business Times*, February8, 1999, p. 3.

14) Reichheld, Frederick F., *The Loyalty Effect* (Cambridge: HBS, 1996), pp. 33–37; Hunter, Victor L., *Business to Business Marketing: Creating a Community of Customers* (NTC Business Books, 1997).

15) Genesys, "The Cost of Poor Customer Service: The Economic Impact of the Customer Experience and Engagement in 16 Key Economies," November 2009, p. 2.

業では，顧客の不満足の結果として 800 億ドル以上の累計損失が報告されている [16]。金融セクターは最も影響を受けにくい業界のようであるが，それでも 440 億円以上の損失が報告されている [17]。

顧客満足を確保することは，単に否定的な結果に対する守りの問題ではない。それどころか，顧客満足は前向きに株主価値を創造する。2007 年，米国顧客満足度指数のデータを用いたミシガン大学の研究者の調査によると，最も高い顧客満足格付をもつ企業が S&P500 を株式収益で 106 パーセント以上も上回ったことがわかった [18]。

残念なことに，顧客満足は顧客の忠実度と正の相関関係にはない。すなわち，顧客は満足していても企業から離れることがある。離れてしまった顧客の 85 パーセントまでが，過去の関係に満足していたにもかかわらずそうしたのである [19]。明らかに，これは高水準の顧客満足を実現するだけでは不十分なことを示している。また，重要なのは，顧客が忠実であり続けるうえで，十分な価値を享受していると感じているかである。

米国の自動車産業を考えてみよう。この業界の顧客満足度指数は約 80 パーセントであるが，顧客の再購入は著しく低く，業界のリーダーであるトヨタ，フォード，BMW で約 30〜40 パーセントである [20]。忠実度は，顧客維持と反復購入率の観点からうまく計測できる。今日の事業では，欠陥のない製品を届けるだけでは不十分であり，顧客ニーズを理解し，彼らを満足させることが成功への必須条件である。

自社の顧客を知ること

自社の顧客を知ることは，第 2 章の最初に学んだ，自社の事業を知ることの変形である。自らの顧客を知っており，それに基づき戦略的に行動する企業は，顧客満足度と顧客確保を改善できる。顧客ホットラインまたは顧客調査を通じて顧客の意見を聞くことは，顧客の声を聞く確かな方法の 1 つである。デー

---

16) 同上，p. 4.

17) 同上，p. 5.

18) Hart, Christopher W., "Beating the Market with Customer Satisfaction," *Harvard Business Review*, March 2007.

19) Foster, Graham, and Karin Newman. "What is Service Quality When Service Equals Regulations?" *Service Industries Journal*, Vol. 18, No. 4, October 1998, pp. 51–65.

20) Anderson, Jeff, "Automotive Industry Insights," *Experian*, 2013, p. 29.

タ・マイニングはもう1つの方法である。

たとえば，アマゾン・ドットコムは，顧客の購入行動を集めて巨大なデータ・ウェアハウスに蓄え，個人向けサービスを顧客ごとに提供するための分析をしている。複数の購入者の注文を比較することで，ウェブサイトでのはじめての購入後，顧客が興味をもつと考えられる書籍を推薦している。

その他の業務上の課題と同様に，先行きを知ることは重要である。プライバシーはますます重要な課題になってきており，情報が不適切に利用されるか，または保護されていない場合，顧客を知りすぎたことが，不必要な損失および訴訟リスクを招くことになるかもしれない。

危機対応

いかに企業のリスク管理が効率的であっても，危機は発生することがある。それが諦めの理由となってはならない。すべての危機には，それ自身のなかに成功の種と同様に失敗の根源が含まれている。

1982年と1986年に発生したジョンソン・エンド・ジョンソン社の毒入りタイレノール（鎮痛剤）事件について考察してみよう。これらの事件はそれぞれ同社に対して直接1億ドル以上の出費をさせ，それ以上に信用失墜による損失を負わせた。しかしながら，同社の敏速な反応によって，顧客向け商品の梱包における安全性に関する業界基準の設定を含め，これらの悲劇を好ましい機会に変えることができた。この事件後，顧客と一般大衆は同社をより高く評価している。

危機管理で重要なのは，前もって危機管理計画を立て，危機の隠蔽または責任の否定によって問題が悪化するのを避けることである。危機が発生した場合，企業は迅速，誠実に行動し，顧客と大衆に知らしめ続けるようにしなければならない。今日，本当のことを決して公にしない，または経済的損失を永久に先送りできると信じるのは，もはや非現実的だろう。そのため，大失敗の隠蔽を試みることは，犯したあらゆる過ちを隠さずに認めるよりも，企業に対する評判を非常に大きく損なう可能性がある。企業の対応としては，目先の損失を極小化するよりもむしろ，同社にとって長期的に望ましいことに焦点を当てるべきである。

規制当局

　ステーク・ホルダー・グループのなかで，ほとんどの業界における企業にとってますます重要となってきているのが規制当局で，2008年の金融危機以降とくに存在感を増している。最近の経済的混乱に起因する不安が，保護するというよりも息が詰まるような過剰な規制の波を引き起こし，以前は，より放任的であった監督が米国企業に，重く責任を負わせることになったという議論がある。また，監督または効果的な監督の不足が，そもそも金融危機が起こることを許したのだという主張もある。最も厳しく規制されている業界のなかには，金融サービス，製薬会社，医療会社，エネルギー会社（とくに核エネルギーを取り扱う会社）がある。

　2008年の金融危機の影響と新しい監督要件により，取締役会はリスク監視についてはるかに積極的役割をとるようになってきている。最近の調査では，取締役会における一番の関心事は，会計関連からリスク管理に取って代わったことを示している。加えて，取締役会は過去に十分な注意を向けていなかったであろうリスク領域に，より重点的に取り組んでいる。たとえば，PwCが2009年に実施したCEOについての調査報告書では「米国および世界のCEOの7割が取締役会が金融危機を受けて戦略リスクの評価により関与するようになった」ことを明らかにしている[21]。

　新しい監督要件は主にリスク管理実務，役員報酬プログラム，自己資本要件，ディスクロージャー・ルールに焦点を合わせている。2010年に改定され，株主総会案内と年次報告書でリスク管理に関する取締役会の役割の開示を企業に求めている，SECのディスクロージャー要件を検討してみよう。この新しい要件は，上場企業のガバナンスとリスク管理実務での市場への透明性の強化を試みている。加えて，SECは企業に自社の報酬プログラムのリスク評価を提供することを要求している。

　同じく2010年に成立したドッド・フランク法は，金融危機の根本的原因，すなわち透明性の不足，過剰なリスクをとること，そして大きすぎて潰せないという解決困難な状態に対応すべく立案された。この法律の目的は賞賛すべき

---

21) "Point of View: New SEC Rule Prompts Companies to Disclose How Their Boards Oversee Risks," *Pricewaterhouse Coopers*, May 2010.

ものであるが，法案自身は 848 ページにも及ぶ扱いにくいものである。『エコノミスト』誌は，この法律をこれまでに完全に読みきることのできたのはニューヨークの彼らの駐在員と中国政府だけであると皮肉たっぷりにからかっている [22]。ドッド・フランク法および同様の規制の大量さかつ複雑さは，一部の議員がすべての可能性のある問題に対するルールの制定を試みようとしている流れを目立たせている。ルールに基づく法令の反対派は，これらの法律がコストがかかりかつ効果のないものであると異議を唱え，（カナダや欧州に似た）「原則に基づく」法令がより有益であると提言している。

監督当局はとくに銀行業界の監督を強化しており，銀行は現在より多くの資本と流動性準備金をもつことを要求され，また消費者金融保護局といった新しい監督機関の支配下に置かれている。銀行に対するその他の要求には，より厳しいストレステストや（本質的に規則に従う清算計画である）リビング・ウィル要件 [23] が含まれる。

新しい監督環境は銀行に対して重大な課題をもたらしている。ERM の観点からは，エコノミック・キャピタルの割り当てはそれらの課題の 1 つである。過去において，社内モデルで計算されるエコノミック・キャピタル水準は，ほとんどの場合，規制資本要件を上回っていたが，現在では逆になっていることがよくある。銀行は何をすべきなのか。彼らの事業の必要性に応じてエコノミック・キャピタルを配賦し続けるのか，それとも規制資本を割り当て，単に事業をするためのコスト超過分として取り扱うのだろうか。もう 1 つの課題は，健全な商慣習の観点から企業にとって最善であることに反して監督要件を満たすというニーズをどのようにバランスさせるかである。この本を通じて議論してきたように，リスク，監査，コンプライアンス活動の合理化は ERM のきわめて重要なメリットの 1 つである。この合理化が現在の監督環境においてさらに一層決定的に重要な意味をもつようになってきている。

2008 年の金融危機以降，監督当局，立法および一般大衆の誰もが将来の大規模な銀行救済を望んでいないため，米国の最大手の銀行は，大きすぎて潰せない問題についてさらに取り組む必要性について懸命に考えている。興味深い

---

22) "Over-Regulated America," *The Economist*, February 18, 2012.
23) （訳注）システム上重要な金融機関（SIFIs）は，連銀と FDIC に，破綻処理計画のためのコーポレート・ガバナンスの構造を特定した「リビング・ウィル（遺言書）」の提出を求められる。この「リビング・ウィル」は，当該機関が破綻した場合に，米国破産法制のもとで，どのように早期に秩序だって解体されるかを論証するものである

ことに，一部の銀行は監督当局がその答えを見つけ出すのを待つ代わりに，ま
だ進行中である間に規制の具体化に積極的に動いている。たとえば，2013年5
月に，ウェルズ・ファーゴおよびシティグループを含む銀行グループが，大手
銀行の破綻に備えて進んで保有すべき自己資本および負債額について彼ら自身
の提案を発表した。彼らは「自行のリスク・ウエイト資産の14パーセントに
相当する連結負債および自己資本」の保有に合意するというものである[24]。
これは国際要件により義務づけられた15〜16.5パーセントよりも低い水準で
あることから，監督当局が銀行に対して譲歩するかどうかは現時点では不明で
ある。

格付機関

　外部格付機関の信用格付基準としてのERMの重要性は，この10年間，と
くに金融危機以降により今日的意味を明白に帯びてきている。このことから直
感的に，信用格付は倒産確率または資本とリスクの関係を表すものであること
がわかる。ERMは組織に対し予想外の損害から自社の自己資本を守る能力の
強化を提供する。格付機関と債券投資家は信用格付の正確性のみならず，格付
の永続性についても気を使わなければならない。2005年，スタンダード＆プ
アーズ（S&P）はERM実務に関連する一連の格付基準を開発した。この
ERM評価を通じて，S&Pは企業を（優れた順に）「極めて厳格」「厳格」「適
切」「適切かつリスク・コントロールが厳格」「適切かつポジティブ（上向き）」
または「弱い」で格付を行っている[25]。この格付プロセスはリスク管理の文
化，リスク・コントロール，極端な事象の管理，リスク・自己資本モデル，戦
略的リスク管理を含むERM戦略のさまざまな側面の総合的な検討からなる。
各サブカテゴリーの格付は，その企業全体の格付を推定するために組み合わさ
れる[26]。
　最初に，S&Pは対象企業のリスク管理文化を検証する。その他の側面のな

---

24)　Fitzpatrick, Dan, et al., "Banks Present Plan for Crisis Response," *The Wall Street Journal*, June 24, 2013.

25)　"North American and Bermudan Insurers Continue to Step Up Their ERM Efforts," *Standard & Poor's*, May 3, 2011, p. 3.

26)　"Evaluating the Enterprise Management Practices of Insurance Companies," *Standard & Poor's*, October 17, 2005, p. 4.

かでも，ガバナンス構造，全社的なリスク許容度，リスク管理担当役員の役割，対象企業におけるリスク管理専門家の力量を評価することによって，意思決定プロセスにおいてリスク管理がどれくらい大きな役割を果たしているかを数値で見る[27]。

企業のリスク・コントロール・プロセスを評価する場合，格付機関は，各社に合わせて，企業がいかに種類の異なるリスクを特定，モニタリング，管理しているかを検討する。これらのリスク領域には信用リスク，市場リスク，保険リスク，オペレーショナル・リスクが含まれる[28]。加えて，S&P はストレステストの枠組み，広範な起こりうる損失事象の検討，早期警戒指標，定期的に実践される極端な事象の管理プロセスの観点から，企業の極端な事象の管理について検証する。

最後に，企業の戦略的リスク管理の枠組みの検証期間中，S&P は保有するリスク特性とともに戦略的資産配分，商品のリスクと利益，リスク調整済み収益の最適化，調整必要な配当支払いの決定に関する企業の手法について評価する。加えて，S&P は，（たとえば，規制変更の結果顕在化するリスク領域といった）現在は重要でないが将来企業に影響を及ぼすかもしれないリスクへの，企業のアプローチを考察する[29]。

S&P から高い ERM 格付を得た企業がグローバルな金融危機の際により良い成果をあげたのであろうか。S&P は ERM 格付が付与された北米およびバミューダの保険会社 165 社の株価実績を検証することによって，この質問に取り組んでいる[30]。全般に，優れた ERM 格付をもつ企業は 2008 年および 2009 年の両方においてより良い実績をあげている。たとえば，2008 年は，ERM 格付が弱い企業の株価平均は 60 パーセント下落したのに対して，きわめて厳格な ERM 格付をもつ企業は約 30 パーセントの下落であった。2009 年は，きわめて厳格な ERM 格付をもつ企業の株価平均が 10 パーセント上昇したのに対し，ERM 格付の弱い企業の株価平均は 10 パーセント下落した。

---

27) 同上，p. 5.
28) "Evaluating the Enterprise Risk Management Practices of Insurance Companies," *Standard & Poor's*, October 17, 2005, p. 8.
29) "Methodology: Assessing Management's Commitment to and Execution of Enterprise Risk Management Processes," *Standard & Poor's*, December 17, 2009, pp. 4–5.
30) "Enterprise Risk Management Continues to Show Its Value for North American and Bermudan Insurers," *Standard & Poor's*, February 1, 2010, p. 2.

株主向けサービス提供者

　個人および法人による企業の所有が広がるにつれて，専門的助言およびその他サービスをこの非常に重要なステーク・ホルダーのグループに提供する企業が現れてきた。インスティテューショナル・シェアホルダー・サービシス（ISS）はコーポレート・ガバナンスのソリューションの提供において世界的リーダーで，（ヘッジファンドや投資信託といった）複数の企業の株式を保有する団体に対して，彼らがどのように議決権行使すべきかを助言している。もう1つの企業である CtW Investment Group は組合関連のヘッジファンドと連携して，積極的な保有を通じて長期的な株主リターンを高めている[31]。

　両社とも，彼らが助言する株主である企業に相当の影響を与えている。ドッド・フランク法で定めるところにより，上場企業は，現在，役員報酬について株主投票にかけなければならない[32]。これにより CtW や ISS といった議決権行使助言会社の力が強化され，それにより ISS が議案に賛成することを推奨すると，その議案に対する株主投票は15パーセント増加するということが往々にして起こる[33]。

　具体的な例としては，2013年4月と5月に CtW はゴールドマン・サックスと JP モルガンの両社に CEO と会長の役割を分離する提案を推し進めることに，とてつもなく大きい圧力をかけた。これらの提案は，CtW と2つの巨大投資銀行の間での交渉後に最終的には保留にされた。CtW のディレクターのディエト・ワイゼネガーは，今すぐに完全撤回することを意味しないと言っており，その役割は両社に対してそのまま残っている[34]。とくに，JP モルガンに対する CtW の提案は，議決権行使助言会社の主要2社である ISS とグラス・ルイスからも支持されている[35]。

---

31) CtW Investment Group, "Who We Are," http://www.ctwinvestmentgroup.com/index.php?id =1
32) Copland, James R., "Politicized Proxy Advisers vs. Individual Investors," *Wall Street Journal*, October 7, 2012.
33) 同上。
34) Moyer, Liz, "Goldman World Apart from J. P. Morgan as Investor Meeting Looms," *Wall Street Journal*, May 23, 2013.
35) Tribbett, Charles, "Splitting the CEO and Chairman Roles-Yes or No?" Directors' Boards, December 2012, p. 5.

第 11 章　ステーク・ホルダーの管理　　　191

　CtW, ISS, グラス・ルイスの行動は，取締役の独立性をより高める方向に
向かう米国の企業文化の動向を反映しており，この変化は決して金融セクター
に限定されたものではない。過去に会長職を置いたことがまったくなかった巨
大な IT 企業のアップルは，共同創業者のスティーブ・ジョブズが亡くなった
後，アーサー・レビンソンのために CEO とは異なる役割である会長職を新た
にもうけた。同じように，2012 年初めに JC ペニーの CEO と会長を兼任して
いたマイロン・E・ウルマン 3 世は，社外取締役であったトーマス・J・エン
ジボウスに会長職を譲った。
　2006 年以降に CEO と会長の職を分離した企業は 15 パーセント増えており，
2012 年にラッセル・レイノルズ・アソシエイツ社が実施した調査では
S&P500 企業の 44 パーセントが会長と CEO の職をもつ役員を別々にしてい
る 36)。取締役の独立性は，CEO と会長の職を分離することにより，CEO の
行動に関する透明性を高めることで，著しく強化されている。独立性をもった
会長は取締役の課題を推進し，役員の業績についてより高い独立性をもって監
視をすることができる。CtW およびその他の企業は企業文化の特性に対する
驚くべき影響力をもっており，企業は彼らとよい関係を維持することが重要に
なっている。
　2011 年の後半に ISS は，議決権行使を保留する（または取締役に不賛成の
議決権を行使する）かの助言の検討に際し，明白に考慮されていなかった，リ
スク監視を具体的に含めるべく要素を拡大した。ISS の 2012 年度調査は，リ
スク監視が 2 番目に大きな勘案事項であることを明らかにしている 37)。その
ため，2012 年に，ISS は，取締役，委員会メンバーまたは取締役会全体にい
つ議決権行使すべきかに関する検討にリスク監視を加えることとし，自社の指
針を更改した。
　2013 年前半現在，ISS はガバナンス要素と重要な金融数値指標の間の相関
関係を特定する定量的測度に重点的に取り組むために，ガバナンスに関連する
リスクに対する自社のスコアリング方法を更新している 38)。ISS は，取締役
会，役員報酬，監査，株主の権利に関する対象企業のコーポレート・ガバナン

---

36)　同上，p. 3.
37)　"Institutional Shareholder Services Annual Survey," *Ethic Intelligence*, September 2012.
38)　Dunn, Gibson, "Institutional Shareholder Services (ISS) and Glass Lewis Proxy Voting
　　Policies and Other Developments for the 2013 Proxy Season," January 29, 2013.

スに基づくガバナンス関連リスクの数値スコアを企業に提供する [39]。ISS の上場企業に対する著しい影響力を考慮すると，この調整は ERM への取締役会の役割の重要性が増していくことを非常に明確に示している（詳細の議論については第 22 章を参照のこと）。

取引先企業

　戦略的提携は，今日の動きの早いネットワーク経済のなかで活動する大部分の企業にとって，きわめて重要な手段である。提携は，企業が製品サイクルを速め，新市場へのアクセスを手に入れ，新技術の開発により財務リスクを分け合い，または規模の経済性から利益を得ることを支援できる。

　多数の企業が，過去 3 年間に 50 パーセントの成長をする戦略的提携の時流に乗ろうと躍起であった [40]。しかしながら，目をみはるような提携には多くのリスクがつきまとう。提携の 40〜60 パーセント以上が最終的に当事者の目標を達成できず [41]，合弁事業の 70 パーセントは提携企業のいずれかが売却することで終結している [42]。合弁の失敗は企業の資源を浪費し，彼らが競合相手に後れをとる理由となり，時には信用上の損失を招くことにもなる。提携手法には，知的財産に対する損失リスク，利害の衝突，知的所有権に対する法的紛争を含む他の危険もある。

　戦略的提携の潜在的な欠点を，どうすれば最もうまく避けることができるだろうか。提携プロセスの各段階でのリスク管理に対して，慎重な配慮が指示されなければならない。

■　提携の利点と欠点の評価
■　適切な提携先を見つけること
■　時系列的な進捗のモニタリング

---

39)　同上。

40)　Harper, Pamela S., and D. Scott Harper, "Building Powerful Strategic Alliance: How Companies of All Sizes Can Increase Their ROI," 2012, p. 3.

41)　Rock, Glen, "Reasons for Failure and Success of Strategic Alliances Revealed by New In-Depth Study from Business Advancement, Inc.," *Yahoo! Finance*, November 28, 2012.

42)　Sanger, Deborah, "Why Joint Ventures Fail," *Saul Ewing LLP*, January 2004.

提携関係の評価

すべての提携は，具体的かつ価値創造的な目標を念頭に置いて形成されるべきである。提携は決して自暴自棄になって行うべきではない。たとえば，より強い企業に支援してもらうことを期待して行われる提携もある。この場合，弱い企業が強い企業によって不利な価格で買収されることが多い。また，これまで以上の競争力を即座に身につけることを期待した，弱い企業同士の提携もある。これは目の見えない人が目の見えない人を導くようなものである。

もちろん，それらの目標のすべてが，内部開発，市場ベースの取引，垂直的または水平的統合を含む，戦略的提携以外の手段によって達成できる。このため，目標は戦略的提携を通じて達成できるものでなければならないだけでなく，戦略的提携を通じて最もうまく達成できるものでなければならない。

一般に，提携は（市場取引を通じては達成できない）相当量の支配が必要であるが，内部開発ではコストがかかるか，または困難である場合に適している。たとえば，提携では，本格的合併におけるようなリスクを統合することなしに，潜在的に合わない提携相手先と協同できる。

他方でまた，戦略的提携は知的財産が失われる可能性がある。提携相手先はある事業領域に関しては非常に親密であるかもしれないが，これは一時的または限られた合意であるかもしれない。あらゆる提携をする前に，企業は将来の提携相手先との情報共有におけるリスクの程度を評価すべきであるが，それは知的財産の特質，提携相手先の能力，提携の性質によって異なる[43]。

提携が最良の解決策と思われるのは，自動車メーカーが車の組み立てに必要な1万5,000以上の部品をいかに最適に入手できるかを決定する場合である。部品をすべて自社製造する，すべて市場から調達する，あるいは必要な部品メーカーをすべて買収するのは，いずれも途方もなく非効率的，非経済的，かつ非現実的な解決策だろう。しかしながら，提携によって，自動車メーカーと部品メーカーは，個々のプロセス管理を最も理解しているチームに任せながら，有利で信頼の置ける一連の取引を成り立たせるために情報を共有化できる。

---

43) For a more in-depth treatment of this issue, see C. Christopher Baughn, Johannes G. Denekamp, John H. Stevens, and Richard N. Osborn," Protecting Intellectual Capital in International Alliances," *Journal of World Business* 32, No.2, 1997, pp. 103–115.

適切な提携先を見つける

不適切な提携相手先を選択することは，事実上，提携が失敗することに直結する。提携相手先は（文化的適合から競争的地位，法的地位まで）多くの点で共通点がなければならない。したがって，選択プロセスにおけるすべての段階が，将来の提携相手先をこれらすべての次元で適切に審査できる人材によって評価されることがきわめて重要である。意思決定チームのすべてのメンバーは，首尾一貫していてわかりやすい決定をするために，提携の目標が何であるかについて認識を統一しておく必要がある。

最初の段階は，将来の提携相手先を評価するための具体的な一連の基準を設定し，重要な要素が見落とされないことを確かめ，最終的決定に対する支援を提供し，不適切な候補を排除することである。基準設定に盛り込まれるべき質問には次のものが含まれる。

■ 両社は同様の関心および目標をもっているか。
■ 両社は補完する資源や能力を有しているか。
■ 両社は強みのある分野で取引しているか，または一方が他方につけこむ可能性がないか。両社が似たワークスタイル，文化，商習慣を有しているか。
■ 互いに信頼することができるか。

最も重要なものを示すために，基準にはウエイトがつけられるべきである。次の段階は，将来の提携相手先が基準に合致しているか順位づけしたリストを作成することである。契約締結後可能なかぎり迅速に他社を評価するために計画を構築すべきであるが，事前にすべての基準（たとえば，ワークスタイルなど）を評価できるわけではないものの，できるものから評価すべきである。

各企業と打ち合わせた後，選考委員会のすべてのメンバーは将来の提携相手先を各々の基準で採点すべきである。一連の打ち合わせがすべて終わってからでなく，人々の頭がまだ新鮮である各打合わせの後，これを即時に行うべきである。一連の打ち合わせがすべて終わってからのほうが，候補者の相対的な強みについて，よりよい展望が可能であるとの主張があるけれども，実際には遅くなることによって評価の質は落ちる傾向にある。

この選考の議論はどの企業が全体的に一番高いスコアを得るかの検証から始まるべきであるが，チームメンバーのなかでの強い感情も考慮されるべきであ

第 11 章　ステーク・ホルダーの管理　　　195

る。選考委員会メンバーの多くが強く支持するものの少数のメンバーが強い危惧をもつ一番手候補と，全体的に受け入れられているが一番手候補ほど熱狂的に支持されていない二番手候補では，二番手候補が実際にはよりよい選択かもしれない。

進捗のモニタリング

　驚くべきことに，定期的な状況確認が重要であることは忘れられがちであるが，その重要性が強調されすぎることはない。実際，多くの例で，その後の関係維持よりも提携相手先の選択に，より多くの注意が注がれているようである。
　しかしながら，現実的には，日常的に意見や業務目標の新たな方向づけで相違が生じるだろう。また，複数年にわたるほとんどの提携期間中に，提携者双方の目標とニーズが変化することが多く，提携については大きな検証が必要となる。
　提携が成功しているかを評価するのは，典型的に難しい仕事となる。なぜならば，提携のニーズと目標は，時に一方または両方の親会社のニーズと衝突するおそれがあるからである。提携について定期的に評価し，できるだけすぐに修正していくことは重要であるが，それを過度に強調すべきではない。どのような関係でも同様だが，提携は産みの苦しみを経験することが多く，いったん提携開始時の蜜月が薄れてくるととくにそうである。
　それ以上に，提携プロジェクトはしばしば新しい領域に入り込み，成功に関する標準的な財務評価基準が，プロジェクトにおける初期段階に比べ適切ではなくなるのが一般的である。実際に，早い段階での提携の評価は，結果よりもむしろ関係の質に焦点を当てるべきである。連携の質，対等な関係，生産性，努力で得られた知識はすべて評価されるべきである。もしこれらが不足していることがわかったならば，それらを改善するための具体的な措置を講じるべきである。
　企業は，時に提携業務を二次的に重要なプロジェクトとみなす間違いを犯し，より急を要する何かが起きると，提携チームのメンバーが新しいプロジェクトに配置されることがある。これは危険な見方である。なぜならば，提携がよって立つ知的財産や協同作業の環境は，それらを作り出したメンバーをはずすことで簡単に壊れてしまうからである。提携の管理者と提携チームは企業にとどまり，提携に全力を傾ける人材でなければならない。提携要員の配置転換の多

さはほとんどいつも提携にとって元凶となり，企業にとって惨事となりうる。

　企業ごとに重要なステーク・ホルダーは異なり，この章では6つの主要なステーク・ホルダー・グループである，従業員，顧客，規制当局，格付機関，株主向けサービス提供者，取引先企業の要件について論じてきたが，経営者はリスク管理およびすべての重要なステーク・ホルダーに対する報告要件に積極的に取り組むべきである。

　おそらくステーク・ホルダー管理は，ERM のその他の側面以上に，組織の多くのレベルおよび多くの部門の協力が求められる。経営最高幹部，事業部門管理者，リスク管理者，人事，IR，マーケティング，広報のすべてが，企業がステーク・ホルダーと良好な関係を確実に維持することに関与すべきである。

第3部　リスク管理の応用

Risk Management Applications

第12章　信用リスク管理

　信用リスクの効果的な管理はあらゆる企業が直面している問題であり，大き
な信用エクスポージャーをかかえている金融機関やエネルギー会社にとって，
重要な経営課題でもある。当然のことながら，金融機関は企業や個人債務者が
債務不履行になるかもしれないというリスクに直面している。したがって，銀
行は信用リスクに応じて融資を引き受け，プライシングを行い，与信ポートフ
ォリオが十分に分散するよう留意しなければならない。

　しかしながら，金融機関であろうとなかろうと，企業は，融資業務に関連し
たデフォルト・リスクの他に信用エクスポージャーをかかえている。たとえば，
商品やサービスの売り手は，受取手形に内在する信用リスクを負っている。投
資家は，デフォルトや信用力悪化の結果，保有するポートフォリオの価値が下
落するかもしれない。資本市場商品の売り手と買い手は，どれほど有益な取引
であっても，取引相手が各自の義務を果たしてはじめて決済が行われる。さら
に，外部委託や戦略的提携などの取引によって，互いに依存し合うことが増え
ていくと，互いの信用状況を開示するようになる。

　このような多様な事象を考えると，信用リスクを明確に定義することが必要
なのは明らかであろう。信用リスクは，借り手や取引相手がデフォルトするこ
とによって被る経済的損失であると定義できる。デフォルトは必ずしも取引相
手の法的な倒産を意味するのではなく，能力や意欲の欠如により直ちに契約上
の義務を果たさないことを意味する。

　バーゼル銀行監督委員会が1999年に発行した論文には，「銀行が従来からか
かえている重大な問題の主要原因は，借り手や取引相手に対する杜撰な信用供
与基準，貧弱なポートフォリオ・リスク管理，経済その他環境変化に対する関
心の欠如に直接関連するものであり，そのことが銀行の取引相手の信用状態悪
化につながりうる」と記されている[1]。この引用文はとくに銀行業に焦点が当
てられているが，顧客の売掛金勘定，投資活動および取引相手のエクスポージ

ャーに対して健全な信用リスク管理を確立する必要があるのは，どの業種も同じである。

信用リスク管理では，取引とポートフォリオの両方のレベルで信用リスクの識別，計量化，モニタリング，コントロール，および管理を実施する。将来損失の水準やボラティリティはもともと不確実であるが，統計的分析やモデルを活用することによって，リスク管理者が引受とプライシングを行い，ポートフォリオを決定するために，潜在的な損失を計量化することが可能となる。しかしながら，これを実行する前に，信用リスク管理における主要な概念を定義する必要がある。

主要な信用リスクの概念

エクスポージャー，損失率，デフォルト

単純な融資であろうと，複雑なスワップであろうと，すべての取引の信用リスクに関する損失は，常に3つの概念で計測が可能である。

$$損失＝エクスポージャー×デフォルト×損失率$$

損失は，借り手や取引相手のデフォルトや格下げのような，いわゆるクレジット・イベントの結果として組織が被る実際の経済的損失である。エクスポージャーは融資総額であり，クレジット・イベント時に取引相手から受け取ることになる有価証券の市場価格である[2]。これがリスク量となる。デフォルトは，単独の借り手や取引相手に関しては（取引が債務不履行であるなら）1か0の確率変数であるが，ポートフォリオ全体ではデフォルト率を表すことになろう。損失率は，エクスポージャー全体のうち，実際に損失が発生した部分の比率である。借入約定，ネッティング，担保の取り決め，格下げ条項によって，損失率は減少させることが可能である。

---

[1] バーゼル銀行監督委員会「信用リスク管理のための原則」討議用ペーパー，1999年7月（Basel Committee on Banking Supervision, "Principles for the Management of Credit Risk," consultative paper, July 1999)。

[2] エクスポージャーは少なくともゼロで，決してマイナスにはならない。すなわち，もし，ある企業が取引相手のエクスポージャーをかかえていて，取引相手がデフォルトしたならば，利益を得ることはできないだろう。事業承継企業，あるいは，裁判所指名の管財人が最終的には回収する。

期待損失

　もう1つの主要な概念は期待損失（EL）である。期待損失は，時間の経過とともに，組織が自らの信用リスク・ポートフォリオが被ると予想する平均的な損失のことである。これは事実上，事業活動を行ううえでのコストであり，直接，取引価格の設定に反映されるべきものである。貸倒れ損失の期待値（Eと表記）は，それぞれの構成要素の期待値の積に等しくなる。

$$EL＝期待損失＝E(貸倒れ損失)$$
$$＝E(エクスポージャー)×E(デフォルト)×E(損失率)$$

　E(エクスポージャー）はクレジット・イベント時の期待エクスポージャーであり，主に取引の種類と将来無作為に発生する事象によって決定される。融資を例にあげると，エクスポージャーは通常，融資総額である。取引相手へのエクスポージャーにかかわる部分については，通常，期待エクスポージャーをモデル化しなければならない。たとえば，長期にわたるスワップや先渡しの期待エクスポージャーを計算するには，シミュレーション・モデルを用いる必要がある。

　E(デフォルト）はデフォルトの期待頻度であり，特定の借り手や取引相手の基本的な信用リスクを反映している。それは，借り手や取引相手の公開されている債券格付や，自組織内の内部信用格付に換算することにより評価できる。個々の取引は明らかに収益を生んでいる状態か，デフォルトの状態かのいずれかであり，両者の中間の状態というのはあまりないが，ポートフォリオ全体で見れば期待デフォルト率が存在する。

　E(損失率）はデフォルトしたときの期待損失額である。それは，担保物件の種類，優先度，担保の関数である。損失率は，失った元利金に十分機能しない担保物件の管理費用を加え，それをデフォルト時のエクスポージャーで割った比率で表される。ただし，公表されている回収率のデータは不十分であるため，その数値は取引種類によって変動する傾向があり，通常，その企業独自の回収データによって評価せざるをえない。公募債の回収率は，主要な格付機関から入手可能である。

　ポートフォリオ全体の期待損失は，個々の取引の期待損失を単に積み上げた合計である。

$$EL_{portfolio} = \sum EL_{transaction}$$

非期待損失

　非期待損失（UL）は期待損失（EL）よりもさらに重要なリスク評価尺度である。期待損失はその名が示すとおり，合理的に予測ができる平均的な損失率のことである。取引が正しくプライシングされ，適切な引当を積んでいると仮定するならば，組織は期待損失に対して資本を保有する必要はない。一方，非期待損失は予想される水準付近で発生しうる実際の損失のぶれを表している。もし損失が予想を大幅に上回れば，組織存続のために資本余力が必要となるのは，この非期待損失の存在による。

　統計的には，非期待損失は貸倒れ損失の標準偏差と定義できる。数学的には，期待損失の構成要素から計算することができる。

$$\text{UL} = \text{貸倒れ損失の標準偏差}(\sigma) = \sqrt{\text{貸倒れ損失の分散}}$$

　すべての取引が同時にデフォルトすると仮定するなら，個々の取引の非期待損失を単純に足し合わせることによって，ポートフォリオ全体の非期待損失を算出することになる。しかしながら，ポートフォリオのすべての取引に影響を与える共通の要因がないかぎり，明らかにこのようなことは起こりえない。

　国内金利水準の変化は重要な共通要因だろうが，たとえば，異なる地域に居住する個々の借り手が，まったく同時にカード破産するということは，現実には起こらない。同様に，シェアを有している地域や業種が，企業の借り手に関しては主要な共通要因になるだろう。

　個々のデフォルト事例の関連度合いは，デフォルト相関として知られている。概ね，ポートフォリオにおける取引が多様であればあるほど（相関関係が低いほど），同時にクレジット・イベントに見舞われる可能性が低くなる。したがって，ポートフォリオの非期待損失は，個々の取引がかかえている非期待損失のみならず，分散の度合いにも左右される。非期待損失は，取引間のデフォルト相関によって計測される。取引を分散させることによって，ポートフォリオの非期待損失は個々の取引の合計額よりも小さく抑えることが可能になる。つまり，以下の式が成り立つ。

第 12 章　信用リスク管理　　　　　　　　　　　　　　　　　　203

$$UL_{portfolio} = \sqrt{\sum_{i=1}^{N} \sum_{j=1}^{N} (UL)_i (UL)_j \rho_{ij}}$$

ここで，$(UL)_i$ はポートフォリオの i 番めの取引の非期待損失，ρ_{ij} はポートフォリオの i 番めと j 番めの取引のデフォルト相関を表している。新規契約とポートフォリオ間の相関が高ければ高いほど，ポートフォリオがかかえるリスクは増加する。したがって，リスク管理者の主な目的の 1 つは，ポートフォリオを十分に分散させることである。すなわち，信用エクスポージャーが特定の債務者，業種，国，経済区域に過度に集中しないようにすることで，ポートフォリオの非期待損失を減少させることができる。

デフォルト相関に関する警告の言葉――一般的な資産価格の相関と同様に，デフォルト相関は市場が危機的状況にある期間はかなり上昇する。そうした理由から，信用ポートフォリオを分散させることの効用は最も必要な期間中には実現できない。

引当金とエコノミック・キャピタル

貸倒れ損失の引当金は，企業の信用エクスポージャー全体から発生する期待損失に備えるためのものである。たとえば，貸倒れ繰入れは，与信ポートフォリオの契約期間中に発生が予想される損失を相殺するためのものである。引当金は貸借対照表の特定の項目であるが，繰入れや実際の損失は損益計算書の項目として扱われる。

企業は，多額の非期待損失に対して，何らかの資本を割り当てなくてはならないけれども，この資本はエコノミック・キャピタルとして知られており，多額の非期待損失リスクを支えるために必要なものである。エコノミック・キャピタル必要額[3] は，以下で説明するように，貸倒れ損失分布から決定される。

エコノミック・キャピタルは，債権保有者だけでなく株式所有者にとっても重要な概念である。株式所有者は個々のリスク・テイキングが生み出す収益を整合的に計測できる評価尺度として，エコノミック・キャピタルを使うことができる。債権保有者にとってエコノミック・キャピタルは，一定の債券格付を維持するのに必要な，非期待損失に対応する資本余力とみなされる。それは，

---

3)　簿価資本が貸借対照表の実際の資本であり，規制資本は監督機関が要求する資本に基づいているが，エコノミック・キャピタルは非期待損失をカバーするのに必要な資本水準と定義される。

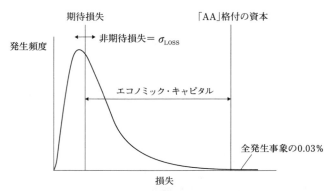

図 12.1　損失分布における期待損失，非期待損失，資本乗数

S&Pやムーディーズのような格付機関が信用格付を付与する際に適用する，ソルベンシー（支払い能力）テストと同様の手法で決定される。

　たとえば，S&PでAAが付与された企業は，保有期間が1年であれば0.03パーセントのデフォルトが起こりうる。ある企業がAA格水準の支払い能力があると仮定すると，そのエコノミック・キャピタルは，保有期間1年，信頼水準99.97パーセントで支払い能力を維持するのに必要な水準に決定される。これは確率的な値であるため，貸倒れ損失分布に従うことになる（**図12.1**を参照のこと）。

　貸倒れ損失はゼロより小さくはなりえないので，貸倒れ損失分布は歪んでいる。それは，景気が予想よりよくても，借り手が実際の債務より多くの金額を返済することはないことを意味する[4]。通常の経済環境では，（どれほど優良な企業に対しても）比較的低水準の損失しか予想しない。しかしながら，景気が想定より悪化，たとえば景気悪化が高水準のデフォルトを引き起こす場合には，貸倒れ損失は平均よりも大幅に増加することがあり，長く歪んだテイルを生じさせる。分布の尖度が大きい（分布が尖っている）ことは，分布が正規分布の場合と比べ，所与の平均や標準偏差から単純に計算される損失よりも大きな損失が生じる可能性が高いことを意味する。

　損失分布は次のように推定できる。

4）　貸出金融機関のなかには「上ぶれ部分」を得るためにワラントやその他株式のような特徴を融資契約に組み込んでいるところもある。

第 12 章 信用リスク管理 205

■ 損失分布がベータ分布やガンマ分布のような標準的な教科書の分布の 1 つ
に従うと仮定して，ポートフォリオの平均および標準偏差と一致する分布
をパラメータ化する。
■ 対象となる企業について，（いくつかの単純な仮定を置く必要はあるが）
過去の損失のぶれと資本の対比のような，一般に利用可能な情報を分析す
る。
■ 多くの景気循環にわたるポートフォリオの年間損失水準を推定し集計する
ために，数学的手法やシミュレーションを利用する。

　いったん非期待損失が計算されて損失分布が推定できれば，望ましい債券格
付（または目標とする支払い能力基準）がエコノミック・キャピタルの計算に
必要な要素として組み入れられなければならない。これは資本乗数（CM）を
導入することによって可能となる。資本乗数とは，企業の信用格付に基づく推
定信頼水準での損失を吸収するのに十分な資本余力に必要とされる，非期待損
失に対する倍数である。資本乗数は損失分布によって決まる。前述のように，
AA 格取得を目指している企業であれば，1 年に 0.03 パーセント未満の確率で
発生する非常に大きな損失を除く，すべての損失から守られるのに十分なエコ
ノミック・キャピタルを備えていなければならない。信用リスクのエコノミッ
ク・キャピタルは以下のとおり計測される。

$$\text{信用リスクのエコノミック・キャピタル} = CM \times \$UL_{portfolio}$$

オフバランスの信用リスク

　信用リスクについて考えるとき，最初に思い浮かぶのは，巨額の貸倒れ損失
である。過去 20 年間に非常に喧伝された衝撃的な信用危機には，商業用不動
産，発展途上国債務（LDO），レバレッジド・バイアウト（LBO），ロシア債券，
LTCM，エネルギー取引先企業，小口向けの貸し手を苦しめた消費者債務問
題（1990 年前半における多数の住宅ローンの回収不能問題，散発的なクレジ
ット・カード問題）などがある。つい最近でも，サブプライムローンや不動産
担保証券の貸倒れ損失は，貸し手や投資家に健全な信用リスク管理の重要性を
再認識させた。
　しかしながら，この章の冒頭で述べたように，信用リスクは銀行と金融機関

に限った話ではない。どの市場でも，どんな事業でも，取引相手との取引は必然的に信用エクスポージャーをともない，経済的損失や事業中断につながりかねない。組織がかかえる大きな信用エクスポージャーは，必ずしも貸借対照表に現れるものではない。近ごろでは，組織は，たとえば，外国為替取引，先渡し，スワップ，債務保証，オプション，特定目的会社，財務保証のようなさまざまなオフバランスの金融商品等から，信用リスクの責任を負っていることも多い。オフバランスの金融商品がいかに信用エクスポージャーを生じさせるかについて，2つの例を以下にあげる。

オプションの信用リスク　基本的なコール・オプションは，予定価格で資産を購入するための権利（義務ではない）を提供する。一度オプションの買い手がオプション・プレミアムを支払うと，オプションの売り手は決して信用エクスポージャーをかかえることはない。というのは，買い手には取引を実行する義務はなく，したがって，デフォルトするようなものはないからである。オプションの売り手にとって最も望ましいシナリオは，オプションが無価値となって期限を迎え，その結果，将来の支払いの必要がまったくなくなることである。
　しかしながら，オプションの買い手は信用エクスポージャーにさらされている。なぜなら，オプションが買い手にとって価値が生まれ，権利行使されると，売り手は支払いを余儀なくされるからである。したがって，オプション価値はオプションの売り手がデフォルトした場合に被るであろう経済的損失（再構築価値）となるため，ある時点の買い手の信用エクスポージャーは，その時点のオプション価値である。オプションは常に満期まで正の価値がある（満期までの間に価値が生まれる機会がある）ので，基本的なオプションの買い手は，オプションが満期を迎えるまで常に信用リスクをかかえることになる。ブラック・ショールズ・オプション価格方程式を用いることにより，オプション価値，つまり信用エクスポージャーを計算できる。

スワップの信用リスク　スワップは取引相手の双方が，1つないし複数の指数に基づいて，キャッシュ・フローを交換する金融契約である。デリバティブ商品の信用リスクを評価するにあたって，2つの大きな問題がある。

■　スワップの取引相手のデフォルトによる損失率に関する情報がほとんどな

い。これはスワップ取引が関係するデフォルトが少ないからである。米国の破産法のもとでは，スワップの取引相手は，デフォルトした相手方の資産について，最も劣位の請求権しか有していないと考えられている。しかしながら，請求順位が劣位であることは，格下げトリガーや担保要件のような別の信用補完によって緩和される。

■ 信用リスク評価における重要な要素は，スワップのエクスポージャー額，すなわち，その時価評価額（それは通常，初期状態はゼロに近い）である。どのエクスポージャーも価格変動の影響により生じる。スワップやその他ほとんどのデリバティブ取引における信用エクスポージャーは，資産や負債が原資産の価格や金利の動きに依存しているため，確定していない。たとえば，市場金利が低下すると，金利スワップで固定金利を受け取る側は本質的に資産を得ることになり，相手側に対して信用エクスポージャーをかかえることになる。もし市場金利が上昇すれば，状況はまったく逆となる。

スワップのエクスポージャー評価には，多くの異なる手法が取り入れられている。最も単純な方法は，時価評価額にスワップの想定元本の一定割合を加算することである。この方法には2つの問題がある。1つは，どのように加算部分を評価するか。もう1つは，関連するエクスポージャーが特定のスワップではなく，むしろ取引相手の全取引にかかわる（ネット）エクスポージャー合計となる点である。

専門的なデリバティブ・ディーラーやユーザーは，スワップのエクスポージャー算出にあたって，シミュレーション法を採用している。シミュレーション法の基本的な概念は，取引相手がデフォルトしたときのイールド・カーブの形状がわかれば，そのスワップの価値や正確なエクスポージャーを評価できることである。

もちろん，取引相手がいつデフォルトするか，また，その時点のイールド・カーブの形状など知る由もない。しかしながら，もしイールド・カーブの変化をモデル化できれば，金利スワップの残存期間において多数の金利パスを発生させ，それぞれの金利パスにおけるエクスポージャーを評価できる。そして，最も蓋然性のあるエクスポージャーや，その変化の可能性についても評価が可能となる。

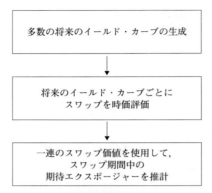

図 12.2　基本的手続き

この手順で正否を決めるのは，明らかにイールド・カーブを生成するモデルの精度である。基本的な手順を図示する（**図 12.2** を参照のこと）。

例として，想定元本 100 万ドル，期間 5 年，固定クーポン・レート 6 パーセントのプレーン・バニラの金利スワップについて考えてみよう。このスワップの変動クーポンは，短期金利で当初 5 パーセントである[5]。シミュレーションの結果を **図 12.3** に示しており，期待エクスポージャーと信頼水準 97.5 パーセントの最大エクスポージャー（MLE）を図示している。

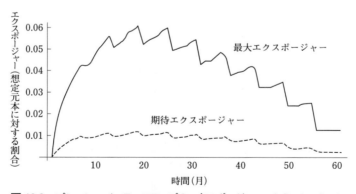

図 12.3　プレーン・バニラ・スワップのエクスポージャー・シミュレーション

5）　短期金利は長期的には 6 パーセントに，ボラティリティは 7.5 パーセントに平均回帰する。

期待エクスポージャーはスワップ契約期間のほぼ中間まで上昇した後，ゼロに向かって減少することがわかる。このような手法は外国為替やコモディティ・デリバティブにも適用可能である。イールド・カーブおよびシミュレーション・モデルによって，原資産価格の変動を評価できる。

信用リスク管理のプロセス

図 12.4 は信用リスク管理のプロセスの概要を示しており，5 つの段階がある。基本方針とインフラ，信用供与，モニタリングとエクスポージャー管理，ポートフォリオ管理，信用力の検証である。順を追って見ていこう。

基本方針とインフラ

この段階は，適切な信用リスク環境の確立に関するものである。信用リスク管理方針および手順の採用と実行，適切なシステムによって支えられた方法論およびモデルの開発，データ基準および規約の定義が含まれる。これらは，信用リスク管理に関して，経営者が適切なコントロールを確実に行うための土台である。

組織は，信用リスクを定義，計測，モニタリング，コントロールし，定期的に上級管理職および取締役に報告することを決めたクレジット・ポリシー[6]（基本方針），方法論，手順を明文化しなければならない。これらの文書には，当該企業の信用リスクの適切な管理の展望を反映するとともに，企業活動，事業目的，競争あるいは規制環境，職員や技術の能力等々の性質や複雑さを考慮

図 12.4　信用リスク手続きの流れ

---

[6]　（訳注）「クレジット・ポリシー（credit policy）」は，融資商品の定義，融資実行手続きや要件，文書規定義務を定めたものであり，一方，「信用リスク管理方針（credit risk policy）」は，信用格付，信用割当，信用リスク管理手法，債務者・業界・国ごとのリミットにより焦点を当てたものであるが，両者をとくに区別しないで使用している場合も多いことには留意する必要があろう。

210　　　　　　　　　第 3 部　リスク管理の応用

しなければならない。

　規制当局はそのような基本方針を非常に重視している。たとえば，FRB の取引マニュアルは次のように記載している。

　「信用リスク管理については，信用リスク管理方針が取締役会による承認を受け，上級管理職による信用リスク管理委員会が設置され，信用供与の承認手続きを備え，企業全体でかかえている信用エクスポージャーを測定し，モニタリングする信用リスク管理の職員を配置するなど，その企業がとりうる最高水準のもので開始しなければならない。」[7]

　「万能な」信用リスク管理体制というものはないが，一般にクレジット・ポリシーには次のような項目が記載されるべきである。

■　信用リスク管理の基本的考え方および原則
■　信用力分析および承認手続き
■　信用格付システム，および引当金やエコノミック・キャピタル必要額との関連
■　審査基準とリスク調整済みプライシングに関する指針
■　オンバランス，オフバランス項目のエクスポージャー測定
■　貸出権限の委任とエクスポージャー・リミット
■　目標とするポートフォリオ・ミックスとリスク移転戦略の利用
■　信用モニタリングと検証プロセス
■　例外および問題となる信用リスク管理
■　リスク計測および報告活動

　上級管理職や取締役会にて採用された基本方針は，信用手続きにかかわる者すべてに伝えられ，一貫した方式で即時に実行され，法令が遵守されているかをモニタリングする必要がある。それらは，新しい金融商品，新市場や顧客，規制環境の変化のような，内部および外部環境の変化を考慮に入れ，少なくとも年 1 回改定しなければならない。

---

7)　FRB「取引活動マニュアル―パート 1」1994 年 3 月，pp. 1-74（Federal Reserve System, "Trading Activities Manual −Part 1," March 1994, pp. 1-74）。

信用供与

第2の段階は，顧客や取引相手への信用供与に関連する。取引相手の信用力分析，格付，適切な組織による信用力の確認，プライシング，期間，取引条件，書類整備の適切な確認も含まれる。

リスク評価に関する正確で一貫性のある体系は，洗練された信用リスク管理の不可欠な基礎をなすものである。信用評価は，その企業の信用リスクの総合的な査定である。それは，貸倒引当金やリスク資本の割当て，リスク調整済みの収益性およびプライシング・モデルの開発，エクスポージャー・リミットの設定，企業のリスク・リターンにおけるトレードオフ管理等，一連の重要な活動の基礎となる。

一般に利用可能な債務者格付が，企業の取引信用度に関するデータに基づいて，（ムーディーズやS&Pのような）格付機関によって付与されるのと同じように，社内格付は，信用力に敏感な取引によって生じる経済的損失の可能性を自組織で評価したものである。格付プロセスを向上させるにあたって，企業は，取引相手や発行者の評価をするのか，特定の取引を評価するのかを決めるべきである。前者であれば，その取引相手に関するすべての取引契約は同じ評価となるが，後者であれば，担保や保証のような取引特性を加味した評価となる。後者の手法は，より正確という利点はあるが，正確に評価するのが困難という欠点もある。取引相手と取引契約の両方に格付を付与している企業もある。

リスク評価制度は有効性（正確性，一貫性，格付の迅速性）と効率性（一定の頻度で格付を付与するコスト）が両立するよう設計する必要がある。リスク評価は，決定論的モデルによる純粋な判断に基づいて実行することが可能である。一般的に次のような事項の組み合わせとなる。

■　企業の財務力，業界動向，信用見通しの分析
■　業者が提供する，もしくは自社による信用格付モデルの使用
■　外部格付機関の格付の利用[8]

信用格付は，開始時点の企業のオンバランス，オフバランスの信用エクスポージャーについて付与される。さらに，そのシステムは取引相手や発行者の取

---

[8]　現在，商業格付機関は2,000社以上の米国企業および法人を格付しているが，欧州企業は約250社にすぎない。

引における信用リスク特性の変化に敏感でなければならない。信用特性が悪化しているエクスポージャーは，要注意先リストに掲載し，上級管理職や取締役会で定期的に検証する必要がある。

バーゼル銀行監督委員会の「信用リスク管理のための原則」討議用ペーパー（1999 年 7 月）では，銀行の信用力承認プロセスで検証すべき要因について概要を記載している[9]。これらの要因は一般の信用供与にまで一般化することができ，次のような項目の評価を含んでいる。

■ 規模，仕組み，満期等の信用特性
■ 借り手や取引相手の現在のリスク特性，および経済・市場発展への感応度
■ 借り手の返済履歴，および過去の財務的傾向やキャッシュ・フロー予測に基づく現在の債務返済能力
■ さまざまなシナリオを踏まえた債務返済能力についての先を見通した分析
■ 発行者あるいは取引相手のレピュテーション
■ 取引相手の商品知識と責任を負う法的能力
■ 取引相手のリスク特性の将来における変化を制限するように設計された，担保や約定を含む貸付の提案条件（しかし，これらは分析不足や情報不足を埋め合わせるために使用すべきではない）
■ 適用可能であれば，担保や保証の妥当性および法的強制力

先に示した信用供与の基準は，明らかにリスク評価制度に密接にかかわっている。なぜならば，それらは格付査定の基礎となるからである。信用供与には，利益を生み出す，あるいはリスクを別の相手に移転する（たとえば，スワップ契約を締結することによって，市場リスクを移転する）ためにリスクをとることも含む。融資については，多くの銀行が，リスク評価によって貸出金利にフロア（下限）を設けることで ROA（総資産利益率）が改善すると認識している。

信用供与の権限は，信用取引の効率と信用力の検証や承認手続きの効果との間で，適切なバランスが確保できるように設計すべきである。通常，融資権限は，想定取引（元本）額やリスク評価，エコノミック・キャピタルの観点から

---

9) Basel Committee on Banking Supervision, "Principles for the Management of Credit Risk," consultative paper, July 1999.

決定される。

モニタリングとエクスポージャー管理

　個別エクスポージャーとポートフォリオ全体のエクスポージャーはともに定期的にモニタリングしなければならない。単独の信用エクスポージャーは，個々の取引相手への過度のエクスポージャーを避けるという目的に沿って，一定のリスク・リミットに対してモニタリングすべきである。さらに，業種や国，経済セクターごとに集計したエクスポージャーも，適正なポートフォリオの分散を確保するため，リスク・リミットに対してモニタリングすべきである。信用スプレッドや株価のボラティリティのような指標は，潜在的なクレジット・イベントの予兆として追跡すべきである。個別またはカテゴリー別に見て，金額の大きな信用エクスポージャーは，上級管理職や取締役会にも報告しなければならない。

　効率的な信用リスク管理の基本的要件は，最新の信用エクスポージャーの情報である。たとえば，企業はある取引相手と複数の事業部門で異なる契約を交わしているかもしれない。信用リスク管理者がその取引相手の現時点のエクスポージャーを測定したいと思うなら，個別契約のエクスポージャーを集計しなければならない。このような方法で事業活動のエクスポージャーを測定することは，たとえば，リスク報告，リスク・リミットとの対比，貸倒引当金，エコノミック・キャピタルのような多くの目的にとって重要である。

　信用エクスポージャーには，カレント・エクスポージャーとポテンシャル・エクスポージャーの2つがある。カレント・エクスポージャーは現時点のリスク量と定義され，全与信取引を即時に決済し，全融資資産を売却したと仮定したときに被るだろう損失を意味する。しかし，この定義によって，カレント・エクスポージャーが将来の市場価格の変化を考慮していないという事実を明らかにすべきである。

　一方，ポテンシャル・エクスポージャーは，取引の種類や将来無作為に発生する事象に依存している。信用限度額のない融資や売掛債権を例にとると，ポテンシャル・エクスポージャーとカレント・エクスポージャーは，融資の償還や元本返済がなければ同額になる。スワップや信用限度額のような取引については，ポテンシャル・エクスポージャーは残存期間および原資産のボラティリティの関数となるので，モデル化や評価が必要である。さらに，担保，第三者

保証，格下げトリガー[10]，ネッティング契約[11] のような信用強化が，取引相手の信用リスクを減少させるために用いられる。それらが担当部門で実行されると，リスク削減効果がエクスポージャーの計算に反映される。

エクスポージャーの計算には異なる手法が用いられる。カレント・エクスポージャー，最大ポテンシャル・エクスポージャー，平均期待エクスポージャー，想定元本の１パーセントを加算する経験則などの手法が用いられる。さらに，エクスポージャーは，想定元本や（取引にかかわるリスクをより反映している）エコノミック・キャピタル必要額の観点から測定可能である。エコノミック・キャピタル・エクスポージャーに関しては，１ドル当たりのエコノミック・キャピタルは貸倒れ損失のボラティリティに対するエクスポージャーに等しくなる。どのエクスポージャー計算を適切に選択するかは，エクスポージャー計算のビジネス・アプリケーションや信用リスクのレベルや複雑さによって決まる。

エクスポージャー測定にあたって，最も重要なのは一貫性である。企業が直面する課題の１つは，ポートフォリオ全体の信用エクスポージャー用に一貫した測定方法を開発することである。ポートフォリオ全体について重要事項を発見し，承認されたリスク・リミットとエクスポージャーを対比させるには，個々のエクスポージャーの集計が必要となるので，全契約のエクスポージャーを一貫した方法で測定しなければならない。

信用リスクの集中が，主な問題の最も重要かつ唯一の原因である。私が初期に出会ったある専任の信用担当調査役は簡潔に「集中は死を招く」と語った。与信先の集中は，事業の専門化の直接的な影響として与信ポートフォリオに生じる。企業は専門化を進めることによって，市場で主導権を握り，競争力を獲得できるが，それでも集中リスクを十分に評価するのは困難である。しかしながら，エクスポージャー・リミットの利用によって，コントロールが可能となる。

エクスポージャー・リミットを設定することは，信用リスク管理の重要な要素であり，これによって企業は与信ポートフォリオの適切な分散を図ることができる。リスク・リミットは，企業が現在あるいは将来，信用エクスポージャーをかかえる可能性のある単独の取引相手，関連する取引相手のグループ，商

---

10) 格付が一定レベルよりも低下した場合に，取引相手との契約を打ち切るためのもの。
11) 取引当事者同士が支払いを相殺するためのもの。

第 12 章 信用リスク管理 215

品，業種，さらには国や地域に対して設定しなければならない。

　信用リスク・リミットは，信用リスクをかかえるすべての企業活動で有益である。それらは経営者の信用リスクへのアペタイトを反映し，リスクを減らすために事業に対して意味のある制約となる必要がある。したがって，水準は高すぎても低すぎてもいけない。実際の信用エクスポージャーは，設定したリスク・リミットと定期的に比較され，リスク・リミット抵触時には，一定期間中に適切な行動をとるよう規定しなければならない。

　リスク・リミットは，関連する主要な信用リスク管理プロセスで有益である。

1. **リスク・コントロール**：リスク・リミットがあることで，1つの取引相手や業種に対して過大な信用リスクをとる事業に取り組まなくなる。企業は，適切なリスク管理の枠組みが備わってはじめて，新商品・市場に参入することが可能となる。リスク・リミットは，企業が得意分野ではないため積極的になるべきではないと判断する分野では，ブレーキをかけるよう設定される。リスク・リミットはリスク・リターンのトレードオフが不十分であるという判断を反映するだけでなく，オペレーショナル・リスク管理にも貢献する。たとえば，事業や契約に関する法律に問題がある国に対しては，信用リスク・リミットの設定額は小さくなる。

2. **リスク負担能力の配分**：その他の乏しい財源と同様に，信用リスク・リミットは商品や事業に対して合理的に設定しなければならない。潜在的に集中した形で賭けを行うようなリスク・リターンのトレードオフに関する経営判断にも，リスク・リミットは反映されるべきである。集中リスクについては，1998年の電力取引会社，パワー・カンパニー・オブ・アメリカ（PCA）の破綻が最もよい例である。1998年6月24日，米国中西部でさまざまな要因が複雑に組み合わさって，電力価格が1メガワット時当たり30ドルという標準的な水準から，1メガワット時当たり7,500ドルという驚くべき水準まで急騰した。PCAの供給業者の1つであるフェデラル・エナジー・セールス社は送電不能に陥った。PCA社はデフォルトせざるをえず，結局，2億3,600万ドルの負債をかかえて倒産した。1998年のはじめに，フェデラル社に対する信用リスクをその他の企業と同水準に抑制していれば，エクスポージャーが致命的に拡大することはなかっただろう。リスク・リミット管理を効果的に実施していれば，違った結末になったかもし

れない。

3. **権限の委任**：信用リスク・リミット運営では，必要なスキルと適切な権限によって，信用リスクに関する意思決定がなされる。信用リスクに関する権限の委任は，通常，クレジット・ポリシーを通して取締役会が承認する。このような手順で，企業の上級管理職は，個々の事業部門に対し信用リスクの権限をさらに委任する。さらに，この手順を進め，事業部門内の個々人に権限を委任する。明示的に信用リスク・リミットを権限委任することによって，日常の事業およびリスク・テイクを柔軟にする一方で，中央の管理者は信用リスクをコントロールすることが可能となる。

4. **法規制の遵守**：どの業種に対する規制も，コーポレート・ガバナンスや対象となる企業の監査手順について焦点を当てることが多くなっている。重大な金融リスク・エクスポージャーを有する企業に対しては，VaR法によるリスク計測が一般的である。銀行や証券会社のような信用リスクが集中している企業に対して，規制当局が，エクスポージャー・リミット管理を含め，厳密な信用リスク管理を維持することが期待される。

　信用リスクの報告プロセスによって適切な情報が上級管理職や取締役会に伝えられ，それによって効果的に監督や受託者の機能が発揮される。企業の鍵となる信用エクスポージャーについて効果的かつタイムリーな報告をすることによって，リスク管理の目的が達せられ，経営者の適切な決定と行動が容易になる。

　信用リスクの報告は，リスク管理部門によって準備され，ポートフォリオの傾向，リスク調整済み収益率，大規模で複雑な取引，規定されたリミットに対応する信用エクスポージャーの合計，主要な例外事項等の情報が含まれるべきである。実際，企業の信用リスク報告プロセスの効率性は，データ入手源の質や情報管理システムに大きく依存している。事実，ほとんどの金融機関が直面している困難な課題は，与信ポートフォリオを包括的に展望するためにさまざまなデータベースやシステムを統合することである。

　1999年7月，バーゼル銀行監督委員会は「信用リスクのディスクロージャーに関するベスト・プラクティス」を発行した。この報告書によれば，信用リスクの情報は以下のようにあるべきだと述べている。

第 **12** 章　信用リスク管理　　217

- **目的適合性と適時性**：企業の財務状況に関する意味のある情報は，十分な頻度と迅速性がともなっていなければならない。目的適合性を有するために，情報は，金融革新や信用リスク・モデルのような信用リスク管理手法の発達に足並みを揃えたものでなければならない。
- **信頼性**：情報は信頼性の高いものでなければならない。通常，市場リスクよりも信用リスクの計測のほうが困難である。というのは，不安定な市場で物価動向を計測するよりも，デフォルト率や回収率を計測するほうが不正確だからである。さらに，格付付与作業は判断の要素や担当者の資質に依存する。
- **比較可能性**：市場参加者や他のユーザーには，金融機関や国同士で比較可能な情報が必要である。よって，外部格付機関が格付を付与している相手先に社内格付を付与することや，信用エクスポージャー測定の業界標準を適用することは有益である。
- **重要性**：重要性の観点から，情報開示を企業活動の規模や特性に適合させるべきである。省略したり言い換えによって，情報利用者の判断や決定が変わったり，影響を与えたりする場合，その情報は重要と考えられる。

ポートフォリオ管理

　最近まで信用リスクは，取引が決済されるか，金融資産が償還あるいは売却されるまで企業の貸借対照表に通常残っていたが，アクティブなポートフォリオ管理や融資の証券化，リスク移転戦略の提唱により，与信ポートフォリオ管理の概念が発達した。これらのツールを用いれば，リスク・リターン特性が最適化された目標ポートフォリオを定義できる。そして，ポートフォリオ管理戦略によって，実際の与信ポートフォリオをこの目標へと導くのである。そのような戦略には条件なしでの資産の売買も含まれるが，ポートフォリオの一部を証券化したり，信用デリバティブによってヘッジしたりすることもある。与信ポートフォリオ管理は，与信ポートフォリオのリスク・リターンを最適化するだけでなく，希少資本や信用リスク・リミットの制限を解いて組織を成長させるためにも使われる。

　ポートフォリオ管理部門は，与信ポートフォリオ全体のリスク・リターン特性を最適化する責任がある。与信ポートフォリオのリスク特性は貸出目標やプライシング，リスク移転戦略を通じて最適化される。既存のポートフォリオを

考慮し，貸出目標によって，どのような信用エクスポージャーを安全にリスク・テイクするかを決定する。プライシングは，エクスポージャーに対して十分に見合った収益が得られるようにするために使われる。リスク移転戦略は，企業のポートフォリオでは不適切で非効率と思われるリスクを排除あるいは削減する一方，望ましいリスクをとる，あるいは増やすことも可能にする。クレジット・ポリシーには，使用する金融手法（たとえば，証券化商品，デリバティブ，保険商品，資産の売却，代替的リスク移転商品）を記載しなければならない。また，使用可能な取引やポートフォリオ管理手法，リスク移転手法も特定しなければならない。

　ホールセール・バンキングにおける革新的な傾向は，融資組成の分解やポートフォリオ管理，サービシング活動である。ホールセール・バンキングのこのような変質の根拠は，10年前の住宅金融業のそれとほとんど同じである。この根拠の1つに，企業向け融資は，一般に，与信取引以外と抱き合わせでなければ，利ざやが低く収益性が悪いということがある。低い経済性，高い資本消費，好ましくない税金[12]処理が組み合わさるため，これらの融資が実行されれば，すべて投資家への転売が図られることになる。また，融資からローン担保証券（CLOs）や商業用不動産ローン担保証券（CMBS）を組成することは，企業の信用リスク管理プロセスの3つの要素（引受，プライシング，文書化）に市場の規律を与えることになる。まず，格付機関が取引のさまざまなトランシェ[13]の格付を行う際に，個々の融資の信用力を検証するので，企業の信用リスクの引受が確認される。次に，投資家が証券化商品に入札するとき，当初の融資のプライシングが適正であったかに関して市場の評価がなされる。最後に，法的な検証によって，融資関連書類の品質や融資契約に組み込まれた担保保証について確認がなされる。

信用力の検証

　規定されたクレジット・ポリシーや手続きが確実に遵守されるためには，正

---

[12]　金融機関とその株式所有者の両方が所得税の納付義務を負うと仮定すれば，金融機関の貸借対照表に記載される商業ローンは，二重課税になりやすい。対照的に，（オープンエンド）投資信託会社かヘッジファンドが保持する同様なローンの投資家は，一度だけ課税される。

[13]　（訳注）トランシェは，フランス語で一切れという意味の言葉。証券化商品等で1案件で同時に複数の債券クラスが発行される場合の各クラスを指す。各トランシェ間には優先劣後構造を持たせることが一般的である。優先順位の高いほうから，シニア，メザニン，エクイティと呼ばれる。

式な信用力の検証が，単独の信用リスク管理プロセスあるいは全社的な監査の一部として実行されなければならない。これには，取引および文書のサンプル検証，システムやデータの整合性のテスト，審査基準の履行，特定の方針や手続きの遵守が含まれる。信用力の検証を行う部署は，融資実行部署から独立しているべきである。さらに，リスク管理部署からも独立していたほうがよい。

　取引が常にモニタリングされ，個々の事業が審査基準や与信基準に従っているという規律ある状況を明確に作りあげることが大切である。組織のクレジット・ポリシーや手続きの遵守だけでなく，適切な内部統制も大切である。リスク・リミットの超過や連続格下げのような注意指標が出た場合には，報告のうえ，対処しなければならない。効率的な信用力の検証により，潜在的な信用リスクの問題点を発見し，クレジット・ポリシーや手続きに対する例外事項あるいは違反事項を認識することが可能になる。

　リスク管理部署は，検証の頻度やクレジット・ポリシー違反への対応策を明確にし，上級管理職および取締役会はそれを承認する必要がある。これらの対応策には，取引相手や取引の再評価，取引の契約条件の改訂，他の市場参加者への資産の売却，リスク移転戦略の実行が含まれる。文書化，クレジット・ポリシーの例外事項の報告，解決のためのスケジュールの設定は，いずれもよい実務慣行である。

バーゼル（銀行監督委員会）の要件

　自己資本規制は業界の実務慣行において重要なものであるが，これまではバーゼル銀行監督委員会が開発した自己資本システムしかなかった。バーゼル委員会は 1975 年に G10 の中央銀行総裁によって設立され，そのメンバーは各国の銀行監督機関である。今日ではさらに拡大し，銀行監督機関の代表と，ベルギー，カナダ，フランス，ドイツ，イタリア，日本，ルクセンブルク，オランダ，スイス，英国，米国の中央銀行総裁で構成されている。

　バーゼル委員会の信用リスクに対する資本配賦に関する指針は，金融市場や信用リスク管理の発展に大きく貢献している。1998 年に委員会は，貸借対照表上のリスク加重エクスポージャーに対し 8 パーセントの自己資本比率を維持することを，金融機関に要求した。資産項目に応じたリスク・ウエイトが決められており，米国債は 0 パーセント，企業向け融資や債券は 100 パーセントで

あった。自己資本比率規制は信用リスク資本規制のための世界基準となり，金融機関が行動するための主な指針となった。

しかしながら，1990年台半ばまでに自己資本比率規制は，多数の専門家から多くの欠陥があることが指摘された。たとえば，リスク・ウエイトがあまりにも大雑把かつ恣意的であったため，AAA格企業への融資とBB格のOECD加盟国への融資が同じ評価であった。また，信用リスクの期間構造もほとんど考慮していなかった。その結果，1年間の融資と20年間の融資とでは，明らかに20年の融資のほうがデフォルト率は高いという事実にもかかわらず，同じ評価となっていた。また，担保の効果やポートフォリオの分散効果についても考慮していなかった。

1990年代後半にバーゼル委員会は，金融市場は過去10年で大きく変化したことを認識したうえで新しい枠組みを構築した。新しい枠組みは，最低必要自己資本，監督上の検証プロセス，市場規律の3つの柱からなっている。導入のための報告書を引用すれば，「規制資本要件は潜在的なリスクを反映するような方向に改善されるように設計されている。ここ数年に起こった金融革新にも対処するよう設計されている。……この見直しは，また，すでに行われているリスク計測やリスク・コントロールの改善を認識することも目的としている」[14]。

バーゼルⅡの枠組み[15]を理由として，多くの金融機関が世界中で信用リスクや他のリスクの先進的な管理ツールを採用した。先進的な銀行は，監督当局の検証や承認を得ることを条件に，外部のものではなく内部モデルや社内格付を利用することを許された。バーゼル委員会は，市場リスクやオペレーショナル・リスクのような他のリスクに対する資本要件の変更も含めたため，信用リスクは，新しい資本ガイドラインの一部にすぎなくなった。

「バーゼル委員会は，今回の合意が金融革新やリスク管理実務の発展に対応するものと考えている。委員会の長期的な目的は，銀行がかかえるリスクをより正確に反映する柔軟な枠組みを構築することである」[16]。ほとんどのリスク

---

14) Basel Committee on Banking Supervision, *A New Capital Adequacy Framework*, June 1999.

15) （訳注）信用リスクの先進的計測手法として内部格付手法を使用できることで正式に決着した。2007年3月末から実施のバーゼルⅡの概要とそれを受けたわが国の銀行監督における規制対応については，http://www.fsa.go.jp/policy/basel_ii/index.html を参照のこと。

16) Basel Committee on Banking Supervision, *A New Capital Adequacy Framework*, June

第 12 章　信用リスク管理　　　　221

管理の実務家は，技術的な問題点は残されたままであるが，バーゼルⅡは正しい方向への確かな第一歩だと考えた。

　最新の枠組みであるバーゼルⅢは，米国で 2013 年初めから導入が始まり，2019 年までの移行期間が設定されているが，グローバル金融危機によって露呈した金融規制の弱点に対応して策定された。バーゼルⅢの最新の必須要件は以下のとおりである。

- 普通株式の最低所要水準を 2.5 パーセントから 4.5 パーセントに引き上げ
- 資本保全バッファーは 2.5 パーセント（普通株と合わせ 7 パーセントにまで引き上げ）
- ティア 1 比率の最低所要水準は 4.5 パーセント
- カウンターシクリカル・バッファーは 0 パーセントから 2.5 パーセントの間
- トレーディングやデリバティブに対応する全面的に高い必要資本 [17]

　これらの主要比率は以下のとおり計算される。

- **普通株式**：普通株式には，調達資本（capital instruments），関連する資本剰余金勘定，留保利益，他の重要な累積収益や準備金，銀行のリスクに対する資金が含まれる [18]。
- **資本保全バッファー**：この項目には，配当金，完全なまたは部分的な優先配当株式等の調達資本，自社株買い等の調達資本が含まれる [19]。
- **カウンターシクリカル・バッファー**：バーゼルⅢに参加する各国がカウンターシクリカル・バッファーを設定する。

　その結果，バーゼルⅢは全体として見れば，個別行や金融業界に大きな影響をもつことがわかるだろう。今日の厳しく，すでに非常に規制された事業環境においては，銀行が必要資本要件を満たしつつ，収益性や成長目標を達成する

1999.

17)　"Basel III Summary-Guide to the Changes," *Basel II Risk*, August 24, 2012.

18)　Accenture, "Basel III Handbook," 2012, p. 16.

19)　同上，p. 25.

ことを一層重視することは困難であろう。これらの新しい必要資本は，短期融資から長期融資へと需要を変化させ，銀行の融資能力を制限するかもしれない。

　最終的には，バーゼルⅢを完全に実施すると，ユーロ圏の銀行はリスク・アセットの保有が 23 パーセント増加し，5,770 億ユーロの資本不足となるかもしれない [20]。2019 年までに米国の銀行業界は，8,700 億ドルの追加ティア 1 資本，8,000 億ドルの短期の流動性資金，3.2 兆ドルの長期の財源が必要になるだろう。結果として，ROE は米国で約 3 パーセント，欧州で約 4 パーセント低下する可能性がある [21]。

　一方，バーゼルⅢの実施は金融業界に重要な恩益をもたらすに違いない。バーゼルⅢの必要要件が国内，国際レベルの両方で満たされれば，より安定的な金融システムの構築に寄与し，将来広範囲で銀行危機が発生する可能性を低減するだろう [22]。不都合なショックに耐えるように銀行システムを強化することで，金融業界の混乱が最近の金融危機レベルの世界的な大混乱を引き起こす可能性を低減することをバーゼルⅢは意図している。バーゼルⅢは予測能力を改善し，そのような大惨事を避けるため，「銀行の透明性やディスクロージャーを強化するだけでなく，リスク管理やガバナンスを改善」することも意図している [23]。

　バーゼルⅢは，システミック・リスクやカウンターパーティ・リスクについての懸念も表明している。潜在的な損失をさらに吸収するためには，「システム上重要」とみなされている銀行は最低資本要件を超過することが要求されている。バーゼルⅢはこれらの銀行に対し，最低自己資本比率に加え，システミック・リスクを低減する手段として，レバレッジと流動性の基準についての条項も規定した。最低ティア 1 レバレッジ比率は 3 パーセントであり，個別リスクの必要資本要件を超過する追加防御としての役割を果たす [24]。米国の銀行規制は，最低ティア 1 レバレッジ比率については上位 8 行に対しては 5 パーセ

---

20)　Auer, Michael, Jacek Kochanowicz, and Georg von Pfoetsl, "Basel III and Its Consequences: Confronting a New Regulatory Environment," 2011, p. 5.

21)　Hårle, Philipp, et al., "Basel III and European Banking: Its Impact, How Banks Might Respond, and the Challenges of Implementation," working paper, p. 2.

22)　"Basel III: Issues and mplications," *KPMG*, 2011.

23)　"Basel III: A Global Regulatory Framework for More Resilient Banks and Banking Systems," *Bank for International Settlements*, December 2010, p. 9.

24)　同上，pp. 15–16.

第 **12** 章　信用リスク管理　　　　223

ントへの引き上げ，連邦預金保険公社によって保証された銀行子会社に対しては6パーセントへの引き上げを要求する予定であることが最近公表された。

　カウンターパーティ・リスクに対処するため提案された改革のなかには，銀行は「懸念される情報を含むカウンターパーティの信用リスクに対する必要資本を決定」[25]しなければならないという必要要件を含んでいる。バーゼルⅢは銀行に対し，取引相手の時価調整のリスク（CVA VAR）に対する資本コストを引き上げることで，カウンターパーティの信用リスクを管理するさらなる動機を与えた。

　バーゼルⅢの枠組みにとって，規制当局がグローバルな銀行システムに固有のリスクを削減できる範囲には大きな制限が残ったままであり，リスク管理の多くはこれまでどおり個別行に任せざるをえない[26]。バーゼルⅢの他の批判は，バーゼルⅡの枠組みの弱点について言及していないことである。具体的には，バーゼルⅢは（格付会社の評価で決定される）リスクの高い資産に対し，さらなる資本を保有することを金融機関に要求するというリスク・ウエイト・アセットの問題を解決していないという意見がある[27]。『エコノミスト』のなかで，2008年と2009年の金融危機は「サブプライムローンに対する直接のエクスポージャー」ではなく，「その後リスクがあることが判明したサブプライムローンを裏づけとした AAA の債権へのエクスポージャーによって」引き起こされた，とノア・ミリマンは説明している[28]。また，バーゼルⅢはこの問題を解決しておらず，一定のリターンがあるリスク・ウエイトの低い資産をみつけ，新たな貸出競争を始める動機を非常に強くするため，追加的な問題を引き起こす可能性があると主張する[29]。最後の分析では，バーゼルⅢのような規制の枠組みは，信用リスク管理には必要ではあるが，不十分な基準しか提示していないと説明している。銀行や他の信用リスクを多くとっている企業は規制の必要要件以上の対応を行い，業界のベスト・プラクティスを採用しなければならない。

---

25)　同上，pp. 11–12.
26)　"Basel III Tackles Systemic Risk and Counterparty Risk," *Risk.net*.
27)　Salmon, Felix, "The Biggest Weakness of Basel III," *Reuters*, September 15, 2010.
28)　Millman, Noah, "Third Time's the Charm?" *The Economist*, September 13, 2010.
29)　同上。

信用リスク管理のベスト・プラクティス

　信用リスク管理のベスト・プラクティスは，他のリスク管理の基本的考え方と同様に，動く標的のようである。ベスト・プラクティスと考えられている内容は，数年のうちに業界標準になるだろう。信用リスクが顕著な事業に関して，経営者が直面する主要課題は，企業が実践している実務が，最低限，業界標準と整合的であり，理想的にはベスト・プラクティスとなることである。次に，信用リスク計測および管理手法の3分類について述べる。

1. **基礎的実践**：効果的な信用リスク管理に必要な最低限の管理
2. **標準的実践**：洗練された次の段階の信用リスク管理
3. **ベスト・プラクティス**：先進的金融機関が採用している最も先進的な信用リスク管理

　重要なのは，企業が必ずしもすべてのリスク管理でベスト・プラクティスを行う必要はないということである。どのレベルのリスク管理を実践しているかは，その企業のリスク特性次第である。たとえば，製造業の企業は商業銀行と同じレベルの信用リスク管理は要求されない。したがって，多くの企業が，事業の規模や複雑性，リスク特性に応じてベスト・プラクティスと考えられる手法を採用してきた。

基礎的実践

　信用リスク管理の基本的なステップは，部門横断的なリスクやエクスポージャー測定の定義を行うことである。この定義には，信用エクスポージャーに関連する法人を認識するための取引相手名，一貫した審査基準に基づくリスク評価格付，融資や想定元本のような簡単なエクスポージャー測定および集計方法といった項目が含まれる。基礎的なレベルでは，ほとんどリスク評価格付基準が設定されず，主に融資を受け入れるか断わるかを決めるために使用するという考え方が組み込まれる。信用エクスポージャーの大部分は2つくらいの評価に集約されている。信用リスク・リミットの利用は，ポートフォリオのリスク・リミットにはほとんど抵触しないような，債務者やリスク評価ごとの最大

額といった個々の取引に焦点が当てられている。信用リスク・モデルは，単純な集計モデルや比率分析，信用調査レポートへの使用に限定されている。

信用リスク管理部門は，主にクレジット・ポリシー，承認，およびモニタリングの機能をもっている。また，信用をどう評価し，どの格付であれば承諾可能かを定めるクレジット・ポリシーや引受基準を定めている。信用アナリストや委員会での承認が必要となるのは，一定規模以上の取引だけである。継続的な基準として，信用リスク管理部門は，問題融資の認識，注意先リストの維持管理，審査プロセスで中心的役割を果たしている。また，信用リスク管理部門の業績は，主に損失処理額や不良債権額の水準によって決まる。

標準的実践

このような基礎的実践を構築したうえで，標準的実践の企業は，潜在的な信用リスクをより区別するために多くのリスク評価格付基準を設定し，リスク評価を明確に価格設定や引当金，必要資本額と関連づけている。たとえば，一定評価の融資は，プライシング・モデルやプライシング・マトリクスに基づいて値づけされ，リスク調整済みの引当金や資本に割り振られる。フォーミュラベースのエクスポージャー測定や集計法によって，オンバランス，オフバランスともに，そのエクスポージャーは融資相当額に換算される。一方，信用エクスポージャー・リミットは，取引相手，リスク評価，業種，国ごとに設定される。信用リスク・モデルの使用は，信用リスク管理部門に限定されるが，モデルには内部開発モデルと業者モデルの両方が含まれる。これらのモデルは，詳細な金融情報，株価や信用スプレッドのボラティリティ，および経済指標を考慮したものである。

信用リスク管理部門は，融資実行部門に統合されている。商品マネジャーは個人向け商品を割り当てられる一方，リレーションシップ・マネジャーやチームは大口顧客を担当する。これらの管理者は，ポートフォリオ全体だけでなく，個々の取引の収益性・リスクを考慮したうえで，関係づくりや商品計画を作りあげる。信用アナリストや融資担当者は，事業や信用リスク上の懸案に対処するために，特定の取引や商品を構築し，プライシングを行う。信用リスク管理部門の業績は，損失処理額や不良債権額の水準だけでなく，事業部門の成長やリスク調整済みの収益性にどれだけ貢献するかによっても影響を受ける。

ベスト・プラクティス

ベスト・プラクティスの企業は，信用リスク管理の各フェーズで，これまでの議論以上に進んだツールや手法を構築している。これらのツールや手法には，次のような内容が含まれる。

■ **統合的な信用エクスポージャー測定**：モンテカルロ・シミュレーションは，解が不定の信用エクスポージャー（たとえば，スワップ，先渡し，融資極度額^{クレジット・ライン}）を測定するために使用され，融資エクスポージャーと合算が可能である。これによって，管理者は取引相手，業種，リスク評価，国，または他の定義された信用セグメントごとに，どれだけ信用リスクが集中しているかが計測可能となる。また，信用エクスポージャーの集計には，ネッティングや担保調整の影響が組み込まれている。信用データベースは，信用エクスポージャーの集計以外にも，異常時の信用リスクの状況や変化を認識するために使われる。

■ **シナリオ分析および計画**：ベスト・プラクティスの企業は，クレジット・イベントや市場の変化が金融機関のリスク状況をいかに悪化させるかを測定する能力がある。管理者は，複合的事象がもたらす潜在的な影響を評価することが重要である。たとえば，世界的な株価暴落がメキシコ・ペソの下落と結びついた場合，当該金融機関のメキシコ企業への直接的な信用エクスポージャーや，メキシコと経済的なつながりが強い他社への信用エクスポージャーにどれほど影響するだろうか。そのようなシナリオ分析の次に，リスク削減計画や先行指標が明確化され，さまざまなシナリオの発生を認識し，適切な行動がとられる。

■ **先進的な信用リスク管理ツール**：これらのツールには次のものが含まれる。信用アナリストによる，取引相手の評価や，長期にわたるデフォルト率の追跡を支援する信用スコア・モデル。株価，債券価格，信用スプレッド，新しい企業情報，他の市場および競合市場の情報をモニタリングすることによって早期警戒指標を発する信用調査システム。現在の信用格付が予想シナリオあるいはストレス・シナリオ下でどのように低下するかを予想することによって，管理者が将来の貸倒れ損失，引当金，必要資本可能額を評価することを支援する格付推移モデル。リレーションシップ・マネジャーが商品のリスク調整済みのプライシングや取引関係の収益性を判断する

ことを支援するプライシング・モデル。管理者は事業のリスクとリターンの関係に基づいた最適資産配分を決定することを支援するポートフォリオ管理ツール。

■ **アクティブなポートフォリオ管理**：前述の情報やツールをもとに，ベスト・プラクティスの企業は，与信ポートフォリオ全体のリスク・リターンを最適化する戦略を構築する。これには，ローン債権売買，証券化，信用補完，クレジット・デリバティブ，その他手法を通じて，現在の与信ポートフォリオを変えていくだけでなく，金融機関がかかえる信用リスクの現在あるいは将来の集中リスクについてのトリガー・ポイントや出口戦略を構築することも含まれる。中央のポートフォリオ投資部門は，アクティブなポートフォリオ管理アプローチを促進し，銀行の融資実行と流通市場の中間に位置する。また，融資資産の所有権を引き受け，ポートフォリオ全体の収益と損失（P&L）に責任をもっている。さらに，資産管理者のように行動する，すなわち，ポートフォリオのリスク・リターン評価に基づき，どの資産を，どの価格で売買するかを決定する。アクティブなポートフォリオ管理手法の一番の長所は透明性である。個々の部門は，プライシングや融資実行の生産性のようなコントロール下にある価値の源泉，融資リターンやポートフォリオ投資に対するエコノミック・キャピタルの活用，サービシングの規模や効率性に関する説明責任を有している。透明性が高まれば，客寄せ商品を評価することにつながる内部補助の排除や，市場の発展に基づいた価格や引受基準の設定に向け大いに効果がある。

　ベスト・プラクティスの企業は，信用リスクが個々の取引とポートフォリオの両方のレベルで管理されるような信用リスク管理の文化に特徴があり，事業目的とリスク管理の目的に最適なバランスが図られている。この文化は，組織のクレジット・ポリシーを強化するための，適切な信用リスクに関する教育・研修や動機づけによって支えられている。ベスト・プラクティスの信用リスク管理能力を構築するには，高度のスキルをもった人材や広範囲に及ぶシステム投資が必要となるために，大きなコストがかかるが，多くの利点がある。第1に，融資の承認やプライシングの決定が契約単位で改善される。第2に，ポートフォリオ・レベルでの信用リスクの集中がコントロールされ，巨額の非期待損失を回避できる。第3に，より正確な貸倒引当金や必要な引当金の推計によ

り，収益を平準化できる。第4に，先進的な信用評価指標や報告によって，信用の悪化が進む前にリスク管理の意思決定や行動を起こすことが可能となる。最後に，アクティブなポートフォリオ管理およびリスク移転戦略が，与信ポートフォリオ全体のリスク・リターンの最適化を可能にする。

　結局，ベスト・プラクティスの企業にとっての真の試練とは，単に，使用している先進的モデルや方法ではなく，収益目標の圧力のなかで行う必要がある，困難な意思決定である。好例としては，2002年の大手銀行による電気通信企業向けの大規模な債権放棄がある。これらの銀行の多くは，非常に先進的な信用リスク・モデルをもっていたにもかかわらず，巨額の投資銀行手数料が見込まれ，直近の魅力的な成長期待があったことから，電気通信企業に対して大きな信用エクスポージャーを積み上げていた。

　貸し手は，集中は死を招くという言葉に注意すべきである。

ケーススタディ：カナダ輸出金融公社（EDC）

　カナダ輸出金融公社（EDC）は重要な使命を有するカナダのクラウン・コーポレーション[30]である。1944年以来，EDC は国際的な取引や海外投資を通じて，カナダの企業を成長，繁栄させてきた。EDC は国際貿易省を通じてカナダ議会に説明責任があり，コマーシャル・クラウン・コーポレーションとして事業を営んでいる。EDC の目的は，カナダの輸出貿易や貿易に関与し国際的な事業機会に対応するカナダの能力を直接間接にサポートし，発展させることである。EDC はカナダの輸出をサポートする貿易関連の金融サービスを提供することに特化して貢献する唯一のカナダの金融サービス会社である。

　パトリック・ラベル（事例当時，会長）は次のように語る。「全体的に見て，われわれの成果は，カナダの輸出取引や貿易にかかわり，国際的な事業機会に対応するカナダの能力を直接的，間接的に支援するという公共的な方針・使命を明確に反映したものとなっている。われわれは財務上有効な方法である信用保険，入札，契約履行保証，保証を通じてリスクをとることや，多数の融資オプションで外国人がカナダを買うことを容易にすることによって，これを行ってきた」。さらに「EDC の社長としての私の主な目的の1つは，リスク管理に

---

30)　（訳注）カナダ政府が 100 パーセント出資している企業のこと。

第 12 章　信用リスク管理　　　229

おけるベスト・プラクティスに向けて努力することで公共的な方針目標に適う
ことである」。

事業分野

　EDC は 250 億カナダドルの金融資産をもち，顧客を支援する広範囲の金融
商品とサービスを提供する。EDC はセクターごとの事業チームを通じて，商
品やサービスを提供する。中小企業やさまざまな企業拠点に貢献する分野横断
的なチームは，業界や国に関する詳細な知識を提供し，事業チームをサポート
する。EDC の金融商品とサービスは大きく 5 つに分類できる。

1. **信用保険サービス**：支払い不能，デフォルト，製品の返済拒否，契約消滅
   のような商業リスク，または，換金や送金の問題，輸出あるいは輸入許可
   の取消，戦争関連のリスクのような買い手や銀行がコントロール不能なカ
   ントリー・リスクであっても，買い手や銀行による不払いに対して EDC
   の保険契約者（一般にカナダの輸出業者）を保護する。
2. **金融サービス**：さまざまなストラクチャー（外国銀行や政府機関との融資
   限度額や協約，債務買取協定，ダイレクト・バイヤー・ローン[31]，長期間
   の出荷前融資，レバレッジド・リース[32] 融資，プロジェクト・リスク・
   ファイナンシング・パッケージ[33]）を使って，柔軟性のある中長期の融資
   を，EDC の顧客に対して提供するか，あるいは，EDC の顧客が彼らの顧
   客に対して同様のサービスを提供できるようにする。
3. **契約保険および保証（ボンド）サービス**：EDC の顧客の購入者が，入札や
   契約履行，すでに受け取っている前払金を保証する保証保険の発行を求め
   るような場合，とくに資本設備や計画については，多くの国際的なクレジ
   ット・コミットメントに関与する。
4. **政治リスク保険サービス**：海外へ投資する EDC の顧客を支援し，また，
   海外の EDC の顧客が行った取引に資金手当てを行う貸し手を支援する。
   政治リスク保険は，送金，換金リスク，収用リスク，戦争，革命，暴動リ

---

31) （訳注）直接買い手と締結する融資。
32) （訳注）通常，複数の投資家からなる賃貸人が借入金をテコとして航空機などの高額物件を取得
　　し，その物件をユーザーにリースする取引のこと。
33) （訳注）企業の信用力そのものに依拠するのではなく，ある事業を実施した場合に，その事業か
　　ら生み出される収益に注目して融資する金融手法のこと。

スクに対して保険契約者を保護する。

5. **株式投資サービス**：EDC の顧客や彼らのプロジェクト，海外で活動する企業，あるいは市場や特定の業種に投資するファンドを通じて，株式や他の形態の関連投資を提供する。

EDC の信用リスク

EDC の信用リスクは，EDC の事業活動のなかのクレジット・コミットメントから生じる金融損失の可能性と広く定義されている。信用リスクは，EDC の直接的なクレジット・コミットメント，あるいは，EDC の間接的なクレジット・コミットメントに対する請求につながるようなリスク事象による財務的損失から生じるデフォルト・リスクとして一般に顕在化する。クレジット・コミットメントの種類によって，信用リスクには，財務支払い能力リスク，契約履行リスク，業種リスク，クレジット・コミットメントに関連した損失可能性に影響をもつ債務者や関係者の不払い，債務者や関係者が居住する国のカントリー・リスクが含まれる。

信用リスクを受け入れることは EDC の方針・使命と長期的成功の重要な要素なので，ベスト・プラクティスが行われることは上級管理職にとって重要である。そうした理由で，1999 年の夏，EDC は業界でベスト・プラクティスとなるクレジット・ポリシーの枠組みを進んで構築した。CFO（最高財務責任者）のピーター・アレンとリスク管理担当部長（2001 年に CRO（最高リスク管理責任者）に昇格）のジェームズ・ブロックバンクは取り組みのために経営上の支援を行った。一方，リスク管理委員会の上級メンバーであるクリストファー・クラブは，プロジェクト・マネジャーとして活躍した。EDC の信用リスク管理の主な目的は次のとおりである。

■ 組織の与信の基本的考え方および手続きを明確にし，文書化すること。
■ クレジット・ポリシーおよび実務について意義のある改善を行うこと。
■ 取締役会の役割を取引の承認からクレジット・ポリシーとポートフォリオ管理に変更すること。
■ EDC の信用リスク管理の全社的な枠組みを規定する信用リスク管理方針マニュアルを作成すること。

このプロジェクトは，EDCの信用リスク管理のベスト・プラクティスへ向けた重要なステップであった。プロジェクトが終わったとき，当事者すべてがプロジェクトは成功し，目的は達せられたと感じた。成功の要因は次のとおりである。

■ **取締役会の関与**：取締役会のメンバー，とくに会長のパトリック・ラベルとリスク管理委員会議長のピア・マクドナルドは，目に見える形でプロジェクトに従事し，大きな役割を果たした。彼ら個々人の関与が，EDCのリスク管理能力の飛躍的向上につながることがたびたびあった。さらに，ロバート・ホルト，ジェームズ・パティロ，ユゲット・ラベルやリスク管理委員会の他の構成員は，マニュアル全体の管理を再検討し，取締役会がマニュアルを承認するよう提言することで重要な役割を果たした。

■ **経営管理の関与**：イアン・ガレスピーCEOとピーター・アレンCFOは両者とも，このプロジェクトに深く関与していた。必ずクレジット・ポリシーが遵守されるように，その遵守と報告手続きはプロジェクトの最後に定められた。この手続きの一部として，取締役会がEDCの与信活動がクレジット・ポリシーに違反していないかをモニタリングし，例外事項は必要に応じて報告されることを担保する「遵守証明書」に，ガレスピーとアレンは毎月署名するようにした。さらに，上級管理職は信用リスク・ポリシーを継続的に改善させるために毎年見直すことを取締役会で合意した。

■ **経営管理運営委員会**：プロジェクトはほぼ半年ごとに見直され，期中では経営リスク管理委員会は，プロジェクト完成に向けた運営委員会として機能し，プロジェクトを完成に導いた。委員会はガレスピー，アレン，ブロックバンクに加え，中期・長期金融サービス担当部長のエリック・シーゲル，短期金融サービス担当上席部長のラルフ・クック，法務サービスおよび秘書担当上席部長のジル・ロスによって構成された。

■ **ステーク・ホルダーの管理**：ジェームズ・ブロックバンクとクリストファー・クラブによって主導されたリスク管理部は，主要なステーク・ホルダーとのコミュニケーションに大きな注意を払った。彼らは取締役会や業務執行管理部門の賛同を得るために，各部門の信用リスク管理方針マニュアルを段階的に導入した。さらに，彼らは，信用リスク管理の目的および実践について取締役の理解を深めさせるために，小グループごとに公開ミー

ティングを開催した。
- **公開討論と解決**：プロジェクトの期間中，聖域はなかった。すべての課題は議論するために公開され，解決するまで討議された。アレンが EDC のクレジット・コミットメント手続きに関する多くの重要な問題を提起したのは，プロジェクトにおける決定的瞬間の 1 つであった。クレジット・コミットメントに関する適切な方針について最終合意に至るまで，これらの課題について十分に議論がなされた。この合意によってはじめて，何年間も混乱を招いていた未解決の問題を解決できた。
- **信用リスクに関する文化的変化**：信用リスク管理方針マニュアルが完成する前に，このプロジェクトによって，EDC の信用リスクに関する文化は実質的に変化した。信用リスクの検討は，取引およびポートフォリオの両レベルで上級管理職の意思決定に組み込まれた。さらに，業務執行管理部門はいっそうリスク管理部の指示を求めるようになった。

EDC の信用リスク管理方針マニュアル

　以下では，EDC の信用リスク管理方針マニュアルの主要な要素について要約する。

組織体制　パトリック・ラベルは以下のように語る。「EDC が，ますます不確実な世界的経済環境における活動だけでなく，カナダの事業のためにハイリスク市場をターゲットとすることを与件として，企業経営の主要なリスクを特定し，適切なシステムによりリスク戦略を確実に管理できるように，取締役会内のリスク管理委員会を設置した。」

　EDC のリスク管理に関する組織体制は，**図 12.5** に示されている。

　取締役会内のリスク管理委員会は 1998 年 5 月に設置され，社外取締役であるピア・マクドナルドが委員会の議長を務めている。当面の焦点は，適切なクレジット・ポリシーを完備することであった。また，EDC のリスク・ポートフォリオ全体をモニタリングするだけでなく，事業取引を検証・承認することにも責任を負った。取締役会内のリスク管理委員会は，以下のメンバーで構成される。

- 取締役会の議長

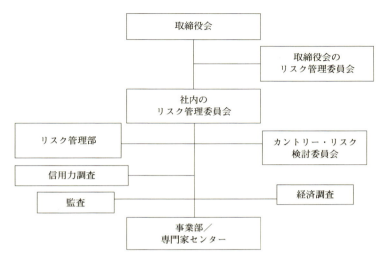

図 12.5　EDC におけるリスク管理体制

■　社長
■　ピア・マクドナルドを含む，取締役会によって任命された 4 人の取締役

　ジェームズ・ブロックバンクが長を務める，社内のリスク管理委員会およびリスク管理部は，事業部門によって求められた資産およびエクスポージャーの承認について，第 2 の公平な見方を示すために設置された。同委員会の使命は，企業の事業計画や目的と整合的な信用エクスポージャーをタイムリーに組成する能力やニーズを最適化することにある。

基本的考え方に関するステートメント　すでに述べたように，大きな信用リスクをかかえる企業は，信用リスク管理の枠組みを支える基本的考え方を文書化する必要がある。このステートメントは，組織内に存在する信用リスクに関する文化を表しており，その下には信用リスク管理方針や，方法論，手続きがある。EDC のステートメントは以下で説明するが，上級管理職によって作成されている。

信用リスクの基本的考え方に関する EDC のステートメント

事業独特の使命により，EDC の信用リスクの基本的考え方は次のように記載されている。

■ 事業の使命を達成するため，同社の財務持続性を保つと同時に，カナダの永続的な繁栄を創造するための助けとなるように，EDC の能力を最大化するという 2 つの責任のバランスを図る。

■ 他のカナダの金融機関がかかえるものより，高いリスク特性をもったクレジット・コミットメントを実行し引き受ける。また，他のカナダの金融機関よりも高い集中度をもった与信ポートフォリオを保有することに備える。

■ 融資実行段階で信用リスクを適切に分析し，許認可団体に十分に情報を開示し，適切に特性を明らかにすること（たとえば，格付）を確実なものとするために，適切な水準での適正評価を受ける。また，可能であれば，流通市場でのクレジット・コミットメントの市場性を最大化するという目標に沿って，クレジット・コミットメントが適切に構築され，プライシングされ，文書化されるように，先進的な商業上の原則を適用する。市場慣行の観点からクレジット・コミットメントを評価する。

■ クレジット・コミットメントを実行するとき，金融サービス・プログラムにおけるコミットメントの違いを認識する。一般に，信用保険サービス，契約保険および保証サービス部門における信用供与は，クレジット・コミットメント全体のリスク・リターンに注目する一方，その他の EDC の事業部門における信用供与は，個々のクレジット・コミットメントのリスク・リターンに注目する。

■ 成長を続け使命を達成するため，信用リスクを管理し財務持続性を確保する。

■ 期待損失および非期待損失を吸収するのに十分な引当金や資本を保持する。

■ EDC の商業上の財務要件と，カナダに付加価値利益をもたらすという EDC の公共政策上の使命のバランスを図るよう，企業ポートフォリオの価格と収益目標を設定する。

■ ポートフォリオの集中度を管理するために，（債務者，国，業種ごとに）信用リスク・リミットを策定する。

■ ポートフォリオの集中リスク・リミットやポートフォリオ目標の範囲内で，

第 12 章　信用リスク管理　　　235

　　信用エクスポージャーを管理するためにリスク移転能力を活用する。
■　適切であれば，重要な信用リスク管理のベスト・プラクティスを統合する。

信用リスク管理方針マニュアル　EDC は，すべての信用リスクが確実に認識，計測，モニタリング，コントロールされ，取締役会に定期的に報告されるような方針や手順を文書化し，それを承認する必要があることを認識していた。信用リスク管理方針マニュアルは，1999 年に策定され，ポートフォリオにおけるクレジット・コミットメントの慎重な実行と管理に関する EDC の見通しを記載している。EDC が内部財源を使用することによって，あらゆる規模の企業に付加価値のある商業上の財務的解決法を常に確実に提供できるようにこのマニュアルは設計されている。

　　また，このマニュアルは，同社の信用リスクの受容水準を維持するために適切な方針を作成するという，取締役会内のリスク管理委員会が責任を果たすうえで役立っている。信用リスク管理方針は，取締役会内のリスク管理委員会の監視責任を残したままにしており，経営者が同委員会に対して確認し報告を行うことを遵守する義務がある。

　　マニュアルは 3 つの章に分かれている。第 1 章は使命，事業目的，信用リスクの基本的考え方，信用リスク原則を検証することで，マニュアルおよび方針を EDC の文脈で記述している。第 2 章は，要約，目的，方針，方法，例外，経営者，取締役会への報告という構成で，EDC の信用リスク管理方針を記載している。

　　方針の項目は以下のとおりである。

■　リスク評価方針
■　信用供与方針
■　信用エクスポージャー測定方針
■　カントリー・リスク・リミット方針
■　業種および債務者のリスク・リミット方針
■　貸倒引当金および適正資本方針
■　信用モニタリングおよび検証方針
■　与信ポートフォリオ管理方針
■　リスク移転方針

■ 経営者および取締役会への報告方針

第3章は信用リスク管理のための組織体制，各事業部門および委員会の役割と説明責任，方針維持の責任について定めている。

取締役会は，取締役会内のリスク管理委員会および EDC の経営者が提案するマニュアルや方針を承認した。経営者は，方針を遵守していることの証拠として，取締役会に定期的に報告を行う。マニュアルは EDC の事業環境や信用リスク管理のベスト・プラクティスの発展を反映し，毎年検証と改訂が実施されている。経営者，取締役会内のリスク管理委員会，取締役会は，すべてを実行するには数年を要すると認識している。したがって，経営者は毎年マニュアルや方針を検証し，取締役会内のリスク管理委員会に変更を提言している。マニュアルをすべて変更するには，取締役会の承認が必要である。

信用リスク管理方針マニュアルの発展のために，EDC は信用リスク管理をベスト・プラクティスのものとすべく大きな第一歩を踏み出した。この発展には，組織内のさまざまな積極的な関与があった。リスク管理部は，各事業部門から支援を受け，一連の「ワークショップ」を通じて役員を教育するとともに，クレジット・ポリシーの草案づくりに技術的資源を提供した。ピーター・アレン CFO の努力により，上級管理職は適切な信用リスクの基本的考え方や基本方針についての健全な議論に参画した。取締役会および取締役会内のリスク管理委員会は，クレジット・ポリシーの検証と承認に十分な時間を費やした。EDC のケーススタディは，信用リスク管理方針を定めるうえでの要素だけでなく，上級管理職や取締役会の積極的関与という成功のための主要な要件を示す好例である。1999 年 12 月，信用リスク管理方針マニュアルは，取締役会内のリスク管理委員会ならびに取締役全員によって承認された。

第13章 市場リスク管理

　市場リスクの一般的な定義は，以下のようなものになろう。すなわち，市場価格や金利の変動により潜在的損失が生じるエクスポージャーである。すべての企業は何らかの市場リスクをかかえている。市場リスク・エクスポージャーのレベルや形態は業種によって異なるし，同じ業種でも企業によって異なる。該当する価格や金利（時に市場リスク・ファクターと呼ばれる）には株価，コモディティ価格，金利，外国為替レートが含まれる。たとえば，金融機関が直面する市場リスクの1つとして，資産・負債のデュレーションにミスマッチがある場合の金利変化に対するエクスポージャーがある。金融機関がかかえる金利以外の市場リスクは，ディーリングとマーケット・メイキングから生じる。

　一方，オフショアの収入とコストの通貨が異なっていれば，グローバル企業は外国為替リスクをかかえているかもしれない。同じ通貨建てでも，収入を本国通貨建てにして送金する際に外国為替リスクは顕在化することになる。エネルギー会社は，もし，投入価格（たとえば，原油価格）の変化が産出価格（たとえば，石油製品価格や航空機燃料費）の変化と一致しないならば，エネルギー価格変動の影響を受ける。さらに，エネルギー会社の備蓄の価値は市場価格と連動している。

　業種が異なれば，業種特有の市場リスクをかかえるけれども，すべての企業が共通に直面する市場リスクがいくつかある。たとえば，企業の投資ポートフォリオの成果は，直接，財務実績に影響を与える。投資の流動性，積立て財源や偶発債務の組み合わせによって，すべての現金債務が満たされるならば，どの企業も支払い能力を維持できるだろう。共通する市場リスクの別の例としては，年金基金や確定給付年金の支払いがある。2009年の構造改革の3年後，GMは2012年の第2四半期で1,090億ドルもの年金基金の積立て不足があった[1]。

---

1) Klayman, Ben and Deppa Seetharaman, "GM to Cut about One-Fourth of U.S. Pension Liability," *Chicago Tribune*, June 1, 2012.

GMだけでなく，多くの大企業も多額の年金損失を近年発表し，2013 年 1 月にはフォードが 187 億ドルの積立て不足を発表した[2]。

この章では，さまざまな種類の市場リスクの計測・管理方法，今日のベスト・プラクティスについて論じる。

市場リスクの種類

市場リスクには取引（トレーディング）リスク，資産・負債のミスマッチ，流動性リスクの 3 種類がある。取引リスクは，金利，外国為替レート，株価，コモディティ価格の変化により，投資および取引ポートフォリオで企業が直面するリスクである。取引リスクのエクスポージャーは短期間であり，数日でポジションを手仕舞うか，あるいはヘッジすることが可能である。また，取引リスクは，投資銀行やディーラーが直面する主要な市場リスクであり，マーケット・メイキングを行うエネルギー会社やトレーディング勘定をもつ事業会社も取引リスクをかかえている。

資産・負債のミスマッチは，貸借対照表上の資産と負債の金利感応度の違いから発生する。金利リスクは一般に流動性が低く，頻繁にポジションを調整・手仕舞うことは困難だが，取引リスクは頻繁にヘッジを繰り返すことが可能という点で大きく性質が異なる。資産と負債のミスマッチは，商業銀行やリテール銀行がかかえる主要な市場リスクである。保険会社や投資銀行は貸借対照表上の金利リスクをかかえている。たとえば，エネルギー会社は，投入および産出価格のミスマッチによるリスクを資産・負債管理の枠組みで分析できる。同様のことが年金の資産・負債のギャップ管理についてもいえる。

流動性リスクは，債務の増加，あるいは重大な損失を被った資産を換金することにより，満期時に負債に見合う資金を確保できないリスクである。そのため，すべての企業がこのリスクに直面している。また，大きなポジションが市場で確保できないときや，（たとえば，新興市場で一般に見られる）流動性の低い市場で取引する際の取引ポートフォリオでも顕在化する。

図 13.1 は，3 つの主要な市場リスクが個々のリスクに細分化される様子を示している。このうちの金利リスク，外国為替リスク，コモディティ・リスク，

---

2) Muller, Joann, "Ford's Leaky Pension Boat Is a Multi-Billion Dollar Problem," *Forbes*, January 31, 2013.

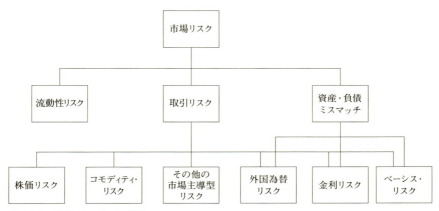

図 13.1　市場リスクの種類

株価リスク，ベーシス・リスクは重複している。さらに，市場リスク・ファクターの変化によって，他のリスクが（おそらく，さらに複雑になって）顕在化する。

- **金利リスク**：金利のボラティリティによって生じる金融損失リスク。損失はイールド・カーブの水準や形状の変化によって生じる。
- **外国為替リスク**：外国為替レートの変化によって生じるコストやリターンが悪化するリスク。
- **コモディティ・リスク**：コモディティ価格の変動リスク。
- **株価リスク**：株価の変動リスク。
- **ベーシス・リスク**：2つの指標で変化率が相対的に異なるリスク。たとえば，プライムレートとLIBOR。
- **他の市場主導型リスク**：最も一般的な上記の市場リスクに加えて，オプションのリスク（たとえば，住宅ローンや証券の期限前償還リスク）や他の市場価格に対するエクスポージャー（たとえば，不動産価格）のような市場リスクがほかにもある。

市場リスクの主な計測手法はバリュー・アット・リスク（VaR）である。VaR は一定期間，通常の市場環境，一定の信頼水準の条件下で期待される最大損失である。VaR はユーザーに市場リスクの標準的な計測手法を提供し，

損失額を金額で表現できるので有益である。たとえば，銀行は取引ポートフォリオの日次 VaR が信頼水準 99 パーセントで 3,000 万ドルというように報告する。言い換えると，通常の環境下で 100 回に 1 回だけ，つまり，1 年に 2, 3 日だけ，日次損失が 3,000 万ドルを超過する可能性がある。VaR やその他の広く使用されている有益な市場リスク計測手法を検証しよう。

市場リスク計測

ギャップ分析

　ギャップ分析は，後に論じるような制限はあるものの，金利リスク計測では最も一般的で，おそらく最も理解されている手法である。また，方針の策定およびリスク・リミットの定義にも用いられている。ほとんどのメガバンクでは，金利リスク・エクスポージャーについて検討し，年次報告書にギャップ分析を掲載している。

　ギャップ分析では，再評価が行われる時期によって，企業の資産と負債は期間ごとのバケツ[3]に分類され，再評価された資産価値と負債価値の差異がギャップとして認識される。再評価された負債価値が資産価値を上回っている場合，ネガティブ・ギャップが発生し，金利上昇に対するリスク・エクスポージャーを表す。しかしながら，ギャップ分析は，さまざまな期間のバケツ内にあるミスマッチを把握できない。たとえば，再評価された資産価値は翌年度中に再評価される負債価値と翌年度中は等しいかもしれないが，その翌月には再評価によるミスマッチが発生しているかもしれない。さらに，ギャップ分析は通常，決まった満期がない勘定（たとえば，当座預金勘定），管理金利勘定（プライムレート・ローン），ベーシス・リスク（プライムレートと LIBOR）やオプション・リスク・エクスポージャー（住宅ローンや証券）の取り扱いを含むような，複雑な金利リスク・ファクターに対しては効果的な計測手法ではない。

---

3)　（訳注）バケツの大きさは，貸借対照表の構成と資産と負債の満期構成に依存する。一般に，幅の狭いバケツは短期項目，幅の広いバケツは長期項目に使用される。バケツの大きさは，金融機関の種類に応じてさまざまである。たとえば，商業銀行は，1 ヵ月まで，1 ヵ月超 3 ヵ月まで，3 ヵ月超 6 ヵ月まで，6 ヵ月超 1 年まで，1 年超 3 年まで，3 年超という期間を使用するのが一般的である。

デュレーション

　デュレーションは，金利リスクを測定するうえで基本的な技術であり，金融商品の金利に対する価格感応度を表している。数学的に，デュレーションは，すべての将来キャッシュ・フローの受け取り時期を，キャッシュ・フローの現在価値でウエイトづけした加重平均期間と等しくなる。また，債券のクーポン・レートや満期利回りが異なることによる影響をとらえる。デュレーションは，市場利回りの変化から生じる資産価値の変化率に直接比例するという重要な特性を有している。たとえば，5年のデュレーションをもつ資産を考えると，1パーセントの金利上昇があった場合，およそ5パーセント価格が下落する。このように，デュレーションは投資による金利感応度を計算できる。

　しかしながら，デュレーションは金利の平行移動しか考慮していない。すなわち，各年限で同じ幅の金利変動が起こる（3ヵ月金利の変化と5年金利の変化が同じ）という前提である。実際にはイールド・カーブの変化は決してパラレルではない。イールド・カーブの水準や形状の実際の変化をとらえるためには，他のデュレーション測定手法（たとえば，キーレート・デュレーション）が使用されるが，これはイールド・カーブの各年限の変化に対する個別商品やポートフォリオの価格感応度を測定するものである。

バリュー・アット・リスク（VaR）

　バリュー・アット・リスク（VaR）の概念は，取引ポートフォリオの市場リスクを計測・報告するうえで，急速に業界標準になった。VaRはポートフォリオ全体のリスクを，米ドルのような単一通貨で表現した潜在的損失のような，標準的な基準に変換するものである。VaRがそれほどまでに魅力的で有名になった理由は，それが単純な共通基準だからである。VaRは一貫性があり，あらゆる手段，商品，トレーディング・デスク，事業分野で比較可能な手法である。1995年，国際スワップ・デリバティブ協会（ISDA）は「市場リスクの計測で，ほとんどの先進的な実践者に適切とみなされているのは，バリュー・アット・リスクの手法である」（**図13.2**参照）と述べている。

　VaRはあらかじめ定めた信頼水準と保有期間におけるポートフォリオの市場リスクの期待損失である。保有期間中にポートフォリオが被る損失額が，VaRで設定されたリスク・リミットを下回ると考えられる一定の確率（信頼水準）がある。また，損失額がVaRを超過してしまう一定の確率もある。し

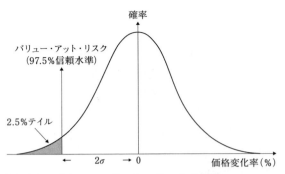

図 13.2　バリュー・アット・リスクの例示

したがって，ありがちな誤解であるが，VaRのリミットは，実際にどれだけ損失を被るかとか，最大可能損失額を示しているのではない。それは，かなり状況の悪い日にどれくらい損失を被るのか示しているにすぎない。

　別の見方をすると，VaRは通常発生しうる損失と例外的に発生する損失の線引きをしているということであり，企業活動によって発生しうる日常のリスクを考慮することが有益なのは明らかである。しかしながら，何が重大な損失に当たるのかに関して単一の業界基準はまだない。したがって，実際に何がVaRかを規定した業界基準もない。リスク管理に関して広く使用されている基準を発表したシンク・タンクのG30は，VaRを計測するにあたって，毎日の市場の動きの2標準偏差を使用することを推奨している。それは，正規分布の97.5パーセント信頼水準に相当する。他に広く使用されている基準としては，リスク・マトリックス[4]がVaRを5パーセントの事象（95パーセントの信頼水準に相当）と定義し，BIS規制は99パーセントの信頼区間を要求している。金融機関によって採用している信頼水準はさまざまであるが，95パーセントから99パーセントの間が一般的である。特定の信頼水準を使用するよりも，全社で一貫した信頼水準を採用することのほうがはるかに重要である。

　BIS規制は，トレーディング・ルームでのリスクに関してVaR計測に用いるパラメータについて特別な基準を設定している（**表13.1**）。パラメータの選択は，複雑な取引における積極的なリスク管理の観点というよりは，規制当局の要請で決まるものである。ただし，10日の保有期間は，流動性の低いほと

---

[4]　リスク・マトリックスは，JPモルガンによって開発されたツールであり，これにより金融市場参加者はVaRの枠組みによる市場リスク・エクスポージャーの評価をすることができる。

第 13 章　市場リスク管理　　　　243

表 13.1　VaR 計算に関する BIS 推奨のパラメータ

BIS ガイドライン	
信頼水準	99%，片側
保有期間	10 日
観測期間	1 年
モデルタイプ	すべての重大なリスクを捕捉できるかぎり，とくになし

資料：Basel Committee, January 1996.

んどの証券にとっては長すぎる。同様に BIS 規制が定める計算方法は単純で
わかりやすいが，遠い過去よりも足元の市場変動を重視する一般的手法と比べ
て，将来のボラティリティを予想するという目的からは効果的とはいえない。
しかし，BIS 規制の VaR と内部管理用の VaR の両方について計算する企業
があったとしても問題はなく，ほとんどのリーディング・カンパニーは両方の
VaR を計測している。商業的に利用可能な VaR システムは 2 本立ての計算が
可能である。

　VaR 法は，貸借対照表上の金利リスクの計測にも適用可能である。取引リ
スクの VaR 分析よりも少ないリスク・ファクターが用いられ，そのリスク・
ファクターは貸借対照表上の資産や負債の価格評価に影響を与えるイールド・
カーブにかかわるものに限定される。その理由は，日次取引と比べ，貸借対照
表は長期のポートフォリオを表しており，多少異なる手法が必要になるからで
ある。主な相違点は，取引リスク計測が日次で行われるのに対し，金利リスク
のリスク・ファクターの変化は，日次のような頻度では計測されないことであ
る。

VaR の計算

　VaR は 3 つの基本ファクターの積として計算される。

1. エクスポージャーと呼ばれる，リスクにさらされているポジション量
2. 価格ボラティリティ・ファクターと呼ばれる，商品の価格ボラティリティ
3. 流動性ファクターと呼ばれる，不利な価格変動をした場合に，ポジション
   を手仕舞うのに要する時間

　エクスポージャーの値は，オープン・ポジションのネット・エクスポージャ

一量である。これは，一般に事業部門ごと，あるいは関連商品からなるポートフォリオごとに計算される。ポジションを時価評価するプロセスは，エクスポージャーと市場リスクの正確な測定に不可欠である。エクスポージャーを計算するには，（たとえば，米ドル・日本円の変化に対するエクスポージャー全体を）適切に集計することが大切である。

　市場でポジションをもつことによる固有のリスクは，市場のボラティリティに依存している。最も重要なボラティリティ尺度は価格ボラティリティ・ファクターであり，これは市場価格の将来日次ボラティリティの最良推計値である。ヒストリカル・ボラティリティも観測されるが，将来のボラティリティは，過去のデータや市場の将来についての判断，オプションから推測されるインプライド・ボラティリティを使用することによってのみ評価可能である。

　企業が単独資産の代わりにポートフォリオを扱うのであれば（通常そうであるが），2つの市場価格間の過去の相関で通常評価される，各市場変動の相関を考慮すべきである。企業はこの手法を採用できるが，最も一般的な市場価格をカバーする第三者の相関マトリックスを入手することも可能である。相関マトリックスは理想的には先を見通す方法であるが，現在の市場環境を反映するために，過去のデータを調整することが必要かもしれない。

　流動性ファクターは，秩序ある手法で不利な市場環境下のポジションを清算するのに要する時間（数日）を表している。異常に大きなポジションや枯渇しそうなほど取引が不活発な市場は，清算するのに1日以上要するだろうという事実は，VaR分析ではしばしば見過ごされる。流動性ファクターを組み入れるためには，いろいろな商品の流動性に応じて保有期間を調整しなければならない。

3種類のVaR

　VaR計算には，主にパラメトリック法（分散共分散法とも呼ばれる），モンテカルロ・シミュレーション，ヒストリカル・シミュレーションの3種類がある。それぞれに長所短所があり，これらを合わせてみると，総合的なリスクの視点を与えてくれる。それぞれについて簡単に説明する。

パラメトリック法　これは最も単純なVaR法であり，価格の動きと，ポートフォリオ価値の連続的な変化について，2つの基本的な仮定を置くものである。

第 13 章 市場リスク管理　　　　245

1. 各リスク・ファクターの変化は正規分布で線形関数である。
2. リスク・ファクターの変化から生じるポートフォリオ価値の変化は線形[5)]である。

　最初の仮定は VaR 計算を画期的に単純にしたが，実際には必ずしもそのとおりにはならない。この仮定のもとでは，計測，モデル化することに必要なのは，資産や商品間の分散と共分散である。それがあれば，大きな市場変動の可能性や損失の影響を予測できる。2つめの仮定は，単純な金融商品にはあてはまるが，とくにオプション性をもつ他の多くの商品にはあてはまらない。そのため，この手法による VaR 評価は，オプション性（非線形性）がほとんどなく，価格変化がほぼ正規分布と仮定できる場合に，最も正確となる。
　このような制約にもかかわらず，パラメトリック VaR は，企業のリスク特性を合理的に近似していると考えられている。たとえば，倒産したベアリング銀行のポートフォリオは，日本国債先物や日経平均先物が中心であった。このポートフォリオは（2つの商品だけで）集中リスクが高かっただけでなく，非常に単純ではあるがデリバティブ商品も含んでいた。パラメトリック VaR を計測していれば，不正トレーダーのニック・リーソンが 10 億ドルものリスクをとっていることが明らかになっただろう。彼の最終的な損失は約 13 億ドルに達した。阪神大震災後の日経平均の大幅下落に加え，集中リスクが高く，デリバティブの占率が高いポートフォリオを仮定した場合，その損失はパラメトリック VaR の値に非常に近い値となった。この推計値は，ベアリング銀行の経営者にとって非常に有益な情報となったはずである。

モンテカルロ・シミュレーション　この手法は，多数のシナリオでポートフォリオを再評価することにより，ポートフォリオの価値変化の分布を作り出す。各シナリオは，リスク・ファクターが各時点で別々に，かつランダムに変化するにつれ，ポートフォリオの価値も時間経過とともに変化する経路を表現している。ポートフォリオの価値がランダムに変化する全体的な効果は，前述したボラティリティや相関係数の情報を用いて観察することが可能である。各シナ

---

5)　線形とは，金利が1パーセント変化したときにポートフォリオ価値が x 変化し，金利が2パーセント変化すればポートフォリオ価値が 2x 変化するような比例関係にあることをいう。

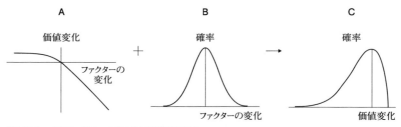

図 13.3　デリバティブ商品の非線形性

リオ下で観察されるポートフォリオ価値の組み合わせは，最も起こりうる動きの推計値である。

　パラメトリック VaR 法が正規性と線形性という２つの仮定のうえで成り立っていることを思い出してほしい。モンテカルロ法は線形性の仮定は緩和している。デリバティブのような非線形商品の価値変化の分布を理解するため，**図 13.3** を見てみよう。

　図 A は原資産価値が変動した場合のオプションのペイオフ図を示しており，非線形となっている。次の図は原資産価値の変動が正規分布であることを示している。**図 C** は**図 A** と**図 B** を組み合わせ，デリバティブ商品の価値変動を示している。シミュレーションでは，**図 C** の結果を得るために，**図 B** のデータをランダムに発生させ，**図 A** のデータを用いてデリバティブ商品の価値を再計算する。**図 B** は完全な正規分布に見えるが，**図 C** は正規分布に見えないことに注意してほしい。これは，**図 A** のような非線形性によってデリバティブの価値変化は非正規分布となるからである。シミュレーション法によってのみ，こうした結果が得られる。

　したがって，モンテカルロ法は，非線形の商品がポートフォリオ全体のなかで大きな割合を占め，潜在的なリスク・ファクターが正規分布である場合，最も有益な手法となる。たとえば，金利変化は正規分布を示すが，プリペイメント・オプションによって，金利変化に対して非線形の動きを示す住宅ローン債券がよい例である。実際，モンテカルロ・シミュレーションは，住宅ローン債券を保有する人が価格を評価し，リスク管理を行う目的で広く用いられている。

ヒストリカル・シミュレーション　この手法では，実際の価格変動の時系列データを用いてシナリオを作り，これらのヒストリカル・シナリオに基づいてポ

第 13 章　市場リスク管理　　　247

表 13.2　VaR 推計例

手法	推計 VaR
線形パラメトリック	2 万 4,935 ドル
モンテカルロ・シミュレーション	3 万 2,624 ドル
ヒストリカル・シミュレーション	3 万 6,038 ドル

ートフォリオを再評価し，ポートフォリオの価値変化の分布を作成する。

　したがって，ヒストリカル・シミュレーションは，リスク・ファクターの変動がランダムに決まるのではなく過去の経験に基づくという点以外は，モンテカルロ・シミュレーションに似ている。ヒストリカル・シミュレーション法は，パラメトリック VaR の線形性と正規性という両方の仮定に寛容である。**図13.3** の図 A の非線形性に加えて，このケースでは図 B も非正規分布である。リスク・ファクターが非正規分布となるよい例には，価格の急上昇が起こりうる電気料金がある。

　ヒストリカル・シミュレーションは，明らかに 3 種類の VaR 計測法のなかで最も一般に適用可能であり，最先端の国際的な証券会社が使用しようとする動きがある。唯一の欠点は，過去に実際に起こった市場変動の情報しか利用できないことである。起こりうる動きや今にも起こりそうなことを含めることができないのである。この欠点を補うため，企業はヒストリカル・シナリオに加え，ストレス・シナリオを設けている。

　3 種類の VaR 法を比較するため，G7 以外の通貨，たとえばメキシコ・ペソの将来ポジションに対するヨーロピアン・コール・オプションを考えてみよう。VaR の推計値を**表 13.2** に要約する。この結果から，非線形のリスク量は 7,689 ドル（モンテカルロ法とパラメトリック法の差）であり，非正規のリスク量は 3,414 ドル（ヒストリカル法とモンテカルロ法の差）であることがわかる。簡単に計算できる線形のパラメトリック VaR を信頼すると，市場リスクを 1 万 1,000 ドル以上過小評価することになるので，注意してほしい。

極端な事象の市場リスクの評価

　すでに見てきたように，VaR は 1 年に 3, 4 回発生するような損害事象（日次 VaR で 100 回のうち 1 回起こるような事象）を表現するのに有効である。しかしながら，5 年に 1 回しか起こらないが，ポートフォリオに大惨事をもた

らしかねない事象をとらえるのは比較的不得手である。

　したがって，極端な事象の影響に対処できるような異なる種類の分析を行う必要がある。この種の分析は，後述するが，ストレステストあるいはシナリオ分析と呼ばれ，規制当局から実施するよう要求されている。たとえば，チェース・マンハッタン銀行では，主要なリスク計測法として VaR とストレステストの両方を使用している。「VaR は日常の市場環境における市場リスクを計測するが，ストレステストは非日常的な市場環境における市場リスクを計測する。……この 2 本立ての手法をとる理由は，通常の市場変動時に収益を生み出す機会をとらえるのに十分な多様性，規律性，柔軟性があるリスク特性を確保するためだが，市場の混乱時の備えにもなるからである。」[6]

　ストレステストとシナリオ分析は，リスク管理の文脈ではほとんど同じ意味で使用されている。ここでは定義上，分けて考えてみる。ストレステストは，重要なリスク・ファクターに対する大きな変動（ショック）の影響に基づくボトムアップ分析である。一方，シナリオ分析は，トップダウン手法であり，（東南アジアの金融危機のような）世界の代替的状況を定義して，ポートフォリオ価値にとっての含意を引き出す。実際には，ストレステストとシナリオ分析には，明らかな違いが生じないこともあれば，生じることもある。どちらにしても，定義を明確にしておけば，問題の理解を深めるのに役立つだろう。

ストレステスト

　ストレステストは，該当事象や間接損失の可能性を考慮せずに，極端なアウトライヤー（異常）事象発生時における損失を計量化するものである。その目的は，鍵となる市場リスク・ファクターが大幅に変動するときにポートフォリオがどう動くかを観察することである。FRB が 50 ベーシスポイントの利上げを宣言したら，原油価格が 2 倍になったら，タイ・バーツが 30 パーセント切り下げられたら，ポートフォリオの損益はどうなるか。これらの事象は皆，通常の環境で発生する可能性は低いが，確かに起こりうるし，環境が変われば急に発生する可能性が高まるものである。

　したがって，ストレステストの手続きには，これらの潜在的変動を特定することや，ストレスとしてどの市場変数を含めるか，どれだけストレスを加える

---

6) Chase Manhattan Corporation 1998 *Annual Report.*

第 13 章　市場リスク管理　　　249

か，ストレス分析を実施する期間をどうするかも含まれる。一般に，ストレステストは次のような手順で行う。

1. どの変数にどの程度ストレスを加えるかを決定する。
2. ポートフォリオ内の価格変動の相関を仮定する。
3. ポートフォリオ内のストレステストの影響を計測する。
4. 実施可能な代替戦略を考案する。
5. 代替戦略の費用便益を評価する。

　1995 年にデリバティブズ・ポリシー・グループ（DPG）は，米国の証券会社によるデリバティブ取引を記述するために，「自発的管理のための枠組み」を発行した。このなかで，DPG はストレステストの鍵となるリスク・ファクターや損益計算書への影響について基準を提示している。

■ イールド・カーブが上下 100 ベーシスポイントのパラレルシフト（平行移動）
■ （2 年と 10 年の）イールド・カーブの傾きが 25 ベーシスポイントほどスティープニング（傾きが急になること）またはフラットニング（傾きが緩やかになること）
■ （2 年と 10 年の）イールド・カーブが 25 ベーシスポイントだけスティープニングまたはフラットニングし，かつ，イールド・カーブ全体が上下100 ベーシスポイントほどパラレルシフト
■ 3 ヵ月金利のイールド・ボラティリティが 20 パーセント上昇または下落
■ 株価指数が 10 パーセント増加または減少
■ 株価指数のボラティリティが 20 パーセント上昇または下落
■ （対米ドルの）外国為替レートが主要通貨に対して 6 パーセント，他の通貨に対して 20 パーセント上昇または下落
■ 外国為替レートのボラティリティが 20 パーセント上昇または下落
■ スワップ・スプレッドが 20 ベーシスポイント上昇または下落

　これらの分析は多くの金融機関で実施されている典型的なストレステストである。しかしながら，標準的なテストに頼らず，企業が独自のポートフォリオ

や事業環境に合わせたストレステスト手法を構築することが重要である。

シナリオ分析

　シナリオ分析は，事前に定義した市場変動の即時的な影響以外に，当該事象が収入源や事業に与えるより広い影響を描き出そうとする。それは，取引ポートフォリオの価値への即時的衝撃を超える影響を及ぼす外部マクロ経済環境の大幅な変化というような，めったに起こらないが壊滅的な事象の影響を経営者が理解するのに役立つ。1998年のロシアの債務再編，1997年のタイ・バーツ暴落，1994年のメキシコペソ通貨危機は，過去に用いられた仮定が適用できなくなった極端な状況の歴史的な例である。

　シナリオ分析の設計は，さまざまな部門でさまざまな背景をもつ多くの人々の専門的技術を必要とする，複雑で困難なプロセスである。シナリオ分析は企業の長期的な戦略の脆弱性を評価する非常に主観的な手法である。次に，効果的なシナリオ分析の指針をあげる。

- **シナリオの定義**：最初の段階は，もっともらしいシナリオを定義することで，これには2つの方法がある。1つは，（1987年の株価暴落，1994年のメキシコ・ペソ通貨危機，1995年の阪神大震災，1997年のアジア危機のような）歴史的事件と同様の事象が今日発生したらどうなるかを考えることである。もう1つは，（自然災害や戦争のような）壊滅的事象によってもたらされるまったく新しい環境や，（米国の景気後退や欧州通貨統合EMUの失敗のような）マクロ経済の長期的変化を想定することである。このようなシナリオを作り出す1つの方法は，事業管理者やトレーダーに，事業にとって最も悪いことが何かを聞いてみることである。
- **シナリオからリスク・ファクターの動きを推測する**：いったん1つ（または複数）のシナリオを決めたら，次の段階は，シナリオによって影響を受けるすべてのリスク・ファクターやその影響度を認識することである。たとえば，中東危機は外国為替レート，イールド・カーブ，原油価格へのショックという観点から，モデル化できるかもしれない。
- **結果への対応**：次の段階は，シナリオに先行する初期警戒指標と，対策としてとられるべき経営陣の行動を決めることである。シナリオ分析は，業務執行部門の管理者，リスク管理者，上級管理職に報告しなければならな

い。特別な行動計画やヘッジ戦略は，集中度の高い特定の状況や識別され
たエクスポージャーを組み込んで作成する必要がある。

■ **シナリオを定期的に検証する**：シナリオ分析が開発されたあとも，ポート
フォリオや市場環境の変化に応じて，修正が必要かどうか定期的に（たと
えば，四半期ごとに）検証すべきである。

計測結果の検証：バックテスト

バックテストは，リスク分析の正確さを評価するため，評価結果やリスク・
モデルを過去の実績と比較することである。言い換えれば，分析が過去のある
時点で実行された場合に，次に実際に起こったことと照らし合わせて，役に立
つ情報を提供したかどうかを見るのである。この仮定は，市場リスク・コント
ロールの重要な部分であり，3つの重要な目的がある。

■ ソフトウェアとデータベースが適切に導入，実行されているかどうかを調
べるテスト
■ モデル化された確率分布（VaR）が経験値と整合的かどうかを調べるテス
ト
■ モデルによって作成した損益が実際の損益と一致するかどうかを調べるテ
スト

もし，実際のテスト結果がモデルの結果とはかなり異なる場合，リスク管理
者は，モデルによって使用される方法によるものか，あるいはデータや仮定の
不完全性によるものなのか，単なる想定外の市場変動かなど，具体的な原因を
特定しなければない。規制当局もまたバックテストを要求する。たとえば，銀
行業務の取引リスクについて定めた1996年バーゼル委員会のルールに従う銀
行では，必要資本を計算するためにVaR内部モデルを使用することを許可さ
れるかもしれない。もし内部モデルを採用するならば，内部モデルの推計が正
確であるかを，少なくとも四半期ごとにバックテストを行って検証する必要が
ある。詳しくいうと，250営業日の間，実際の取引結果が日次VaRと比較さ
れ，実際の損失額が日次VaRを超えた日数を記録する。**表13.3**に示すとおり，
250日のうちの超過日数によって，資本乗数が決定される。

超過日数を数えるという手法は，単純化したテストであり，金融機関はバッ

表 13.3　必要資本決定のバックテスト結果

250 日中の例外	BIS ゾーン	資本乗数
0		3.0
1		3.0
2	グリーン・ゾーン	3.0
3		3.0
4		3.0
5		3.4
6		3.5
7	イエロー・ゾーン	3.65
8		3.75
9		3.85
10 以上	レッド・ゾーン	4.0

資料：Basel Committee.

クテストの基準を再考する必要がある。監査部門が，独立したテストを行うの
が理想的かもしれない。バックテストの手続きには，適切な期間や変数（たと
えば，VaR や損益），許容水準を設定する必要がある。もしバックテストによ
ってリスク分析が役に立たないことが判明したら，すぐにモデルや方法を再検
討しなければならない。

条件付バリュー・アット・リスク（CVaR）または期待ショートフォール

　VaR は異なる事業，商品のリスクを一貫した手法で計測するものであるが，
左右非対称でテイルの長いリスクを過小評価してしまう。この VaR 固有の弱
点として，1 年間のうち 12 日に相当する 5 パーセントの日数の実際の損失は
95 パーセント VaR を超過してしまう。1 年のうち 30 日 VaR を超過したと報
告している企業もある。

　この問題に対処するため，多くの企業では条件付 VaR（CVaR：期待ショ
ートフォール，テイル VaR，期待テイル損失としても知られる）を計測して
おり，信頼水準の VaR を超えるようなリスク・イベントが発生した場合にお
けるポートフォリオの期待損失を表している。CVaR は極端な市場環境にお
ける潜在的な損失を計測する効果的な手法となりうる。さらに CVaR と VaR
の比率があれば，分布曲線におけるテイル部分の歪みの評価に役立つ。**図 13.4**
に示す 2 つの異なるリスク分布を考えてみる。

　上段のベルカーブの CVaR/VaR 比率は 1.2（5.9÷5）であるが，下段のベ

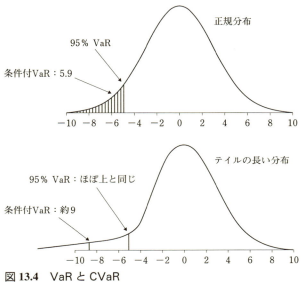

図 13.4　VaR と CVaR

ルカーブの CVaR/VaR 比率は 1.8（9÷5）である。したがって，CVaR/VaR 比率が高ければ高いほど，非対称の損失分布のテイルが長いことを反映している。

　一方，VaR は 1990 年代よりリスク計測の業界標準として広く認識されてきたが，2000 年代後半の金融危機の間，その信頼性は大きく損なわれた。非常に残念なことではあるが，この事実からストレスのかかった市場においては，VaR のようなストレステスト・モデルでわれわれが計測し予想可能な範囲をはるかに超過する壊滅的な影響を受けうることに気づかされた[7]。VaR の予測値は非常に的外れであったため，バーゼル委員会は 2012 年に規制手法を VaR から，VaR に欠落している性質である「分散の恩恵を生む」期待ショートフォールに修正した[8]。

　しかしながら，VaR からの手法修正を肯定的にとらえない多くの人たちが存在する。ダンスク銀行の定量分析部長であるジェスパー・アンドリーセンは，VaR の問題点は「過去データの 250 日分を加工する」という「計算手法」に

---

7)　Carver, Laurie, "Basel Committee Proposes Scraping VaR," *Risk Magazine*, May 3, 2012.
8)　同上。

あることから，この変更には意味がないと主張する。VaR の基本構造を修正することなく切り替えることは，問題を期待ショートフォールの枠組みに単に移し変えるだけでまったく意味がない[9]。AQR キャピタル・マネジメントの CRO であるアーロン・ブラウンは，人々は VaR の意味，使い方を認識したうえで，今も信頼しているので，VaR は期待ショートフォールよりもずっと信頼できると主張し，この動きをさらに批判する[10]。

2 つの有益な経験則

VaR モデルを使用する際には，2 つの簡単な経験則があり，覚えておくととても有益である。1 つめは VaR を超過する時価ベースの損失が発生する日数を推計するのに役立つ。これは次のような算式で近似できる。

（100％－信頼水準）×250＝日次の時価損失が VaR を超過する期待日数

上式で使用されている 250 日は 1 年の取引日数を表している。たとえば VaR モデルで使用される信頼水準が 95 パーセントなら，VaR を超過する損失が発生すると予想される日数は 12.4 日（(100％－95％)×250）である。

2 つめの経験則は，日数の平方根を日次の VaR に単に乗じるだけで，日次の VaR 推計値を別の保有期間の VaR に変換できる。ルート関数は期間の増加に応じてボラティリティがどのように増加するかを素早く近似する方法として広く知られている。たとえば 1 日の VaR が 500 万ドルの場合，10 日の VaR は 500 万ドル×$\sqrt{10}$：500 万ドル×3.2＝1600 万ドルと計算できる。同様の概念が市場リスクのエコノミック・キャピタルの計算にも適用できる。このケースでは保有期間は 250 日（1 年の取引日数）であり，500 万ドル×$\sqrt{250}$＝7900 万ドルとなる。

市場リスク管理

リスク管理によって損失を排除することはできないが，それでも企業は自社がとっているリスク水準を認識すれば安心していられるという意味でも，リスク管理は重要である。この章は市場リスクのみに説明を費やしているが，市場

---

9)　同上。
10)　Carver, Laurie, "Basel Committee Proposes Scraping VaR," *Risk Magazine*, May 3, 2012.

第13章 市場リスク管理　　　255

リスクは企業全体のリスク管理の枠組みで戦略リスク，事業リスク，信用リスク，オペレーショナル・リスクと併せて検討することが重要である。

　市場リスク管理は（前章で論じたように）信用リスク管理と同様，企業内の5つの主要な部門（取締役や上級管理職，フロントオフィス，バックオフィス，リスク管理を行うミドルオフィス，会計監査）の参加が必要である。各々の部署がリスク管理において異なる役割を果たすが，各部署の努力が適切な管理環境の構築に不可欠である。市場リスク管理の要素には方針，リスク・リミット，報告，エコノミック・キャピタル管理，ポートフォリオ戦略がある。それぞれについて簡単に論じておく。

管理方針

　信用リスクと同様に，すべての市場リスクを識別，計測，モニタリング，コントロールし，定期的に取締役会の上級管理職に報告するように，企業は市場リスク管理方針を文書化しなければならない。これらの文書には，市場リスクの慎重な管理に関する企業の見通しを反映し，取締役会が承認する必要がある。このような方針は企業活動の性質や複雑性，事業目的，競争力，規制環境や職員，技術的能力を考慮して作成しなければならない。

　人事面やリスク管理の定性的な側面は考慮すべき重要事項である。VaRでも，程度の差こそあれ洗練されたリスク管理技術でも，無能もしくはモラルのないトレーダーを取り締まることはできない。最近発生した多額の取引損失の多くは，正確には詐欺やオペレーショナル・リスクの類と考えられている。リスク管理システムは，強固なガバナンスや会計監査に取って代わることはできない。したがって，市場リスク管理方針が遵守されるよう定期的にモニタリングする必要がある。管理方針はまた，内部および外部の環境変化（たとえば，新しい金融商品，新市場，規制環境の変化）を考慮に入れて，定期的に検証すべきである。

　すべての企業に適用可能な市場リスク管理方針はない。むしろ，管理方針はその企業の投資や，資金調達，取引活動を考慮して調整する必要がある。リスク管理方針の策定には2つの重要な利点がある。1つは，リスク管理方針を策定するプロセスで，重要な課題について管理手法の議論や合意を促すことである。もう1つは，最終成果物が，社内でリスク管理をどのように実施するかを明確にした文書となることである。一般に，市場リスク管理方針は次のような

内容を含む。

- **役割と責任**：ここでは，組織や報告ラインだけでなく，企業内の誰が市場リスク管理の各方面に責任を有するかを定義する。たとえば，取締役会はリスク管理方針およびリスク・リミットを検証・承認し，財務部門およびトレーディング部門は戦略を立案し，リスク管理部門がポートフォリオ全体のモニタリングおよび報告を行う。検証および承認のプロセスは，新規事業や新製品のためだけでなく，新しい取引戦略やモデルのためにも策定される。個々の機能や事業の責任に加えて，さまざまな市場リスク委員会の構成や特権も規定される。
- **権限の委任とリミット**：ここでは，誰が企業の市場リスクにかかわるポジション構築を行うことを認められているかを明確にする。この部分には，個人に付与される特別な権限，商品や戦略の種類，取引限度，承認プロセスを含む。ほとんどの企業はいくつかの部署に資本市場やデリバティブ取引を実行する権限を集中させている。企業が直面する各市場リスク・エクスポージャーに対するリスク・リミットは，明確に定義されなければならない。もう1つの重要なコントロールは，取引を始める組織と取引を実行・記録する組織を分離することである。
- **リスク計測と報告**：方針と比較するポートフォリオのリスクを一貫した手法で計測するために，さまざまな市場リスクを計測する基準，方法，仮定を定義する必要がある。危機的事象（たとえば，リスク・リミット超過，許可されていない取引など）に対する即時対応方針だけでなく，担当役員や委員会への重要な計測結果の定期的な報告の観点から，報告および上申手続きも定めておく必要がある。取締役や上級管理職は，危機的なリスク・エクスポージャーや動向を知るのに，他の人や部門に頼らなくてはならないので，彼らにとってこの部分は重要である。
- **評価とバックテスト**：正確かつタイムリーな財務諸表の作成とリスク報告は，効果的な市場リスク管理の必要条件である。ここでは，実際の市場価格が入手可能であるとき，ポジションはいかに時価評価されるのか，また，入手不能であるとき，ポジションがどのようにモデルに依存しているかを定義する必要がある。たとえば，ある企業で新規に評価する場合，少なくとも3つのビッドが必要である。さらに，企業はさまざまなポジションを

第13章　市場リスク管理　　　257

評価するのに，どの価格（すなわち，ビッド，オファー，ミッド）を使用するかも決める必要がある。モデルにより計算された価格が，実際の商品価値を反映するように，バックテスト手法や基準が開発されなければならない。

■ **ヘッジ方針**：ヘッジ方針には，ヘッジするリスクの種類や目標とするリスク水準，利用可能な商品や戦略を定義する。ヘッジ効果の定義や測定は，管理者がヘッジ・プログラムの目標を達成できるように策定する必要がある。ヘッジ戦略が期待どおりに機能しない場合，検証や解決手続きを発動すべきである。多くの企業がヘッジ損失を発生させているのは，基本的なヘッジ戦略の目的やリスクだけでなく，商品内容を理解させるうえで必要である適切なヘッジ方針がないからである。

■ **流動性方針**：企業の流動性管理は，市場リスク管理方針の重要な側面の1つである。ここでは，企業の流動性ポジションをモニタリングするために，測定手法を定義する必要がある。流動性の計測は容易ではない。貸借対照表の測定（すなわち，流動資産から短期負債を控除）の代替手法として，キャッシュ・フロー測定（キャッシュ・インとキャッシュ・アウト）やシナリオ分析測定（企業の格下げ事象）がある。流動性の計測に加え，ここでは資金繰りリスク発生時のコンティンジェンシー・プランや目標となる流動性ポジションを規定する。

■ **例外管理**：市場リスク管理方針は，例外事項の取り扱いや報告方法についても規定する必要がある。たとえば，（新たな取引行動に対して）大幅な市場変動が原因で市場リスク・リミットを超過した場合，何が起こるか。1つの対応方法は，直ちにリスク・ポジションを削減することである。もう1つは，あらかじめ策定した一定期間にリスク・ポジションを削減することである。例外事項には，正規の顧客対応によるものなど意図的なものがある。ともかく，この節では，承認や解決方法だけでなく，例外事項のモニタリングや特別な報告基準を設定する必要がある。

市場リスク管理のベスト・プラクティス

信用リスク，市場リスク，オペレーショナル・リスクという3つのリスク管理のなかで，業界標準やベスト・プラクティスに関して最も成熟しているの

は，おそらく市場リスク管理である。前章で信用リスクについて行ったように，市場リスク管理についても基礎的実践，標準的実践，ベスト・プラクティスの3つを解説する。

基礎的実践

最も基礎的なレベルで，企業は金利や外国為替の変動のようなさまざまな市場リスク・ファクターによる収益への影響を評価する。ギャップ分析は，再評価した資産と負債，あるいは外貨建ての予測収入と予測コストを比較するものであり，市場変数の変動が企業収益にどれほど影響を与えるかを評価するために使用する。リスク・リミット方針の範囲で企業の市場リスク・エクスポージャーを管理するため，資産・負債管理やヘッジ戦略を構築・実施する。このレベルの市場リスク分析は，通常，規制および公的な報告目的のために求められるものである。市場リスク・モデルの使用は，表計算モデルや基礎的な業者モデルに限定される。

市場リスク管理の機能は主に管理方針，分析，報告である。市場リスク管理方針やリスク・リミットを策定し，これらのリスク・リミットに対する企業のリスク・エクスポージャーを分析し，上級管理職にリスク計測結果やヘッジ報告を行う。該当部門や財務部門は通常，財務諸表やヘッジ戦略を作成する。モニタリングおよび報告機能としての市場リスク管理の実績は，方針の策定や報告の効率性，収益変動評価に関する分析スキルにかかっている。

標準的実践

標準的実践の企業は，VaR，収益および株価の感応度分析，シミュレーション能力のような頑健性のあるモデル化能力を有している。これらの企業は内部移転価格機能をもち，すべての金利リスクや外国為替リスクを統合し一元管理できる。こうして，外部ヘッジを行う前に内部ヘッジが考慮され，それによってヘッジ・コストを削減できる。異なる市場リスク戦略のリスク・リターンのトレードオフを評価するために，金融工学の分野も開発されている。リスク・リミットを超過した場合，市場リスク管理方針では，投資および市場リスク管理部門が市場機会を有効に活用できるよう，目標や許容範囲（たとえば，3年から7年の許容範囲をもたせた5年という株式の目標デュレーション）を策定する。

第13章　市場リスク管理　　259

　標準的実践の企業の市場リスク管理では，もっと積極的に貸借対照表を管理する。市場リスクの制約を前提にして，金融収益を最大化するような，投資や資金調達，ヘッジ取引を含む貸借対照表にかかわる戦略を実践する。ヘッジ・コストだけでなく，金利や外国為替リスク・エクスポージャーの仮定から計算された収益は，中央の市場リスク勘定に記録される。確かに，市場リスク管理部門には損益計算書があるが，その使命は収益を最大化することではない。したがって，市場リスク管理の業績は，まずリスク・リミット方針の遵守，次に市場リスク勘定による収益によって決まる。

ベスト・プラクティス

　ベスト・プラクティスの企業では，市場リスク管理には企業統制機能と完全なプロフィット・センターとしての側面がある。企業統制機能としての市場リスク管理は，市場価格や金利の変動が超過損失とならないような管理を行う。プロフィット・センター機能として，取引・投資・財務部門の市場リスク管理は，企業統制機能によって策定するリスク・リミットの範囲内で収益を最大化する。これらの企業は，世界中の資本市場における割安な証券に投資可能な，高度なリアルタイム取引とリスク管理手段を構築してきた。また，良質な調査や先進的な分析モデル，取引情報を扱う手段に基づいたタイムリーな市場情報を開発することによって，競争優位性も追及している。

　これらベスト・プラクティスの企業にとっては，先進的な市場リスク管理が中核業務である。裁定機会を早期に発見し，より正確な住宅ローン期限前弁済モデルを構築するといったわずかな優位性が，何百万ドルといった追加利益をもたらしうる。これらの先進的リスク管理手法の例は次のとおりである。

■　ホット・スポット分析は，（ポートフォリオ VaR やポートフォリオ・ボラティリティによって計測される）全般的なポートフォリオ・リスクを貢献要素ごとに分解するプロセスである。リスク・ファクター，資産クラス，地域，トレーディング・デスク，商品クラス，ポジションといったさまざまな区分でリスクを分解する。
■　最適ヘッジ分析は，ポートフォリオ内のリスク最小化ポジションを実現するために必要な各資産の売却・購入額の計算に関するものである。この手法によって，貸借対照表やヘッジ・コストの変動によるポートフォリオの

最適なヘッジを支援できる。

■ 最適な複製ポートフォリオは，ポートフォリオが元来有しているリスクを複製する小規模な資産の組み合わせという形で，企業の取引ポートフォリオ全体を単純化して表現するものである。わずかな資産におけるリスクを要約することで，報告はポートフォリオに現れた市場見通しを明示する。

■ インプライド・ビュー（または暗示的見解）分析は，現在のポートフォリオを入力として，資産収益に関する一連の暗示的見解を分解して解析する。こうしたリスク管理によって，経営者は，どのような市場傾向が現状のポートフォリオに利益（または損失）をもたらすかについて明確に理解できる。

大幅な悪化と小幅な改善という左右非対称な特性のある信用リスクやオペレーショナル・リスクと異なり，市場リスクのリスク・リターン特性は比較的左右対称である。企業統制とプロフィット・センターとしての両方の機能をもつ市場リスク管理は，取締役会や上級管理職にとって重要な意味をもつ基本的問題である。大きな市場リスクをかかえる企業にとって，市場リスク管理の文化も大切である。私には，損失が倍になるかもしれない不正取引や無闇に戦闘的なトレーダーによる巨額損失の話よりも，そうした話とは対極にある，トレーディング・デスク・マネジャーについての次の実話が好ましい。ある日，規模の大きな投資銀行の上席トレーダーが日々の取引リミットの2倍の取引で収益を生み出した。なぜ，リミットを超過したのかについて明確な回答が得られなかったことから，そのマネジャーは即座にトレーダーを解雇した。甘い管理者だったら，見て見ぬ振りをしていただけだろう。私は，最も進んだ手法をもってはいるが誠実ではない管理者よりも，先進的な手法をもっていないこのトレーディング・デスク・マネジャーのほうが好ましいと思う。

ケーススタディ：チェース銀行の市場リスク管理

チェース・マンハッタン銀行（この原稿の執筆後，チェースはJPモルガンを買収し，JPモルガン・チェースとなった）は，米国最大の銀行の1つであり，輝かしい歴史をもっている。同行の前身ははるか1799年設立の水道業者にまで遡ることができる。しかし，現在の組織は，米国の銀行史上最大の2つの合

第 13 章　市場リスク管理　　　261

併の結果による。1 つは，1991 年のマニュファクチュラー・ハノーバーとケミカル銀行（1823 年設立）の合併であり，もう 1 つは 1996 年のチェース・マンハッタン（1877 年設立）とケミカル銀行の合併である。このチェース・マンハッタン銀行は次の 3 大事業を運営する持ち株会社である。

1.　商業・投資銀行サービスを提供する国際的銀行
2.　データ処理と決済を提供する国際的サービス
3.　個人顧客に幅広い金融商品やサービスを提供する国内消費者サービス

　1999 年度，チェース銀行は 4,000 億ドル以上の資産，230 億ドルの売上（1998 年の 200 億ドルから 17 パーセント増加），54 億ドルの営業利益（1998 年の 40 億ドルから増加）を誇り，普通株主資本利益率は平均 24 パーセントだった。
　チェース銀行のこの業績には多くの要因がある。主要な要因は，株主価値の創造を強調し，それを従業員の給与に連動させた高度なリスク管理システムである。チェース銀行はリスクをビジネスの中心にすえ，リスク管理システムを競争優位の分野とみなし，1999 年の年次報告書 94 ページのうち 19 ページを割いて，その主張を述べている。会長のコメントは次のとおりであった。

　「当たり前なことから述べる。われわれは"リスク"のある事業に従事しており，重要な戦略的優位性を創造する先進的なリスク管理システムによって，適切かつ積極的なリスク管理を行う。」

　これは当然のことを述べているかもしれないが，組織のために役立つのは明らかである。チェース銀行のリスク管理は，次の原則や行動に焦点を当てている。

■　リスク管理によるガバナンスの公式の定義
■　事業部門から独立したリスク監視
■　リスク・リミットを通して伝えられる，リスク・アペタイトの継続的評価
■　分散
■　VaR 分析やポートフォリオ・ストレステストを含む，規律あるリスク評

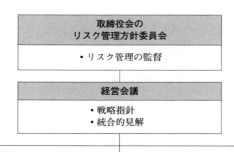

図 13.5　チェース・マンハッタンのリスク管理体制

価と計測
■ エコノミック・キャピタルの事業部門への配賦および株主付加価値（SVA）ベースの成果の計測

　3つの委員会（信用リスク委員会，市場リスク委員会，資本委員会）は前述の活動を行う。それらの責任は，**図 13.5** に要約するが，それぞれが意思決定権限を備えている。しかしながら，経営委員会が主要な方針決定に責任をもち，企業のリスク・アペタイトを決定し，企業のリスクを定式化し，そして取締役会のリスク管理方針委員会に報告する。
　チェース銀行の市場リスク管理グループは JP モルガンとの合併に先立ち，世界中から 70 人の専門家を雇った。グループの仕事は適切なリスク計測手法を開発し，リスク・リミットを設定し，モニタリングすることであり，企業のリスク特性を取締役会によって定められた範囲内に保つことである。このグル

ープが成功した理由の１つは，スタッフが監査・信用・コンプライアンスのような伝統的な監視部門からではなく，グローバル・マーケット事業から集められたことにある。市場リスク管理手法は，マーケット事業とリスク管理の必要性をバランスさせようと努めた結果であり，マーケット事業側のドン・レイトンとレスリー・ダニエルズ＝ウェブスターが構築した。

市場リスク・グループの発展は，1996年のチェース銀行とケミカル銀行の合併でさらに加速した。現上席ヴァイスプレジデントで市場リスク管理の責任者であるダニエルズ＝ウェブスターはこう語る。合併したのは予想外の時期だったが，技術力はすでに合併による巨大事業を行い，１つ１つのポジションからボトムアップで評価できる水準にあった，と。企業の従来の制度は個々の仕事に浸透していたが，銀行は重要と判断した新技術を進んで取り入れようとした。

市場リスク・グループは，現グローバル・マーケット担当の副会長であるレイトンと金融・リスク担当の副会長であるマーク・シャピロの支援を受け続けている。「この２人の支援を受けることにより，多くの信頼が得られ，自分たちの役割を当局のためのものから，事業部門に付加価値を与えるためのものに変えた」と市場リスク管理担当常務のジョン・ダディは語る。このグループは多くのフロント部門で発生する市場リスクを管理する。

■　市場価格およびや金利変動（すなわち，金利リスク，外国為替リスク，株価リスク，コモディティ・リスク）による取引ポートフォリオの市場リスク
■　投資・商業銀行活動がかかえる資産・負債のミスマッチ
■　取引，投資，資産・負債のベーシス・リスク

同行は，市場リスク計測および管理はこれら３つの活動を横断的に拡大すべきであると認識している。ダニエルズ＝ウェブスターによれば，同行は1994年にこの教訓を学んだようである。この年には，FRBはいくぶん予想外だったが連続的に利上げし，その結果，モーゲージ担保証券（MBS）市場がかなり混乱した。

「われわれの 取 引 事業は好調だったが，州免許の小さなS&L（貯蓄貸付組合）の１つが主要な資本をMBS（モーゲージ担保証券）に投資したことがわかった。財務上の影響はきわめて小さかったが，非常に重要であるとわかっ

たのは，取引活動の観点だけでチェース銀行のような企業を見ることはできないと学んだことだった」とダニエルズ＝ウェブスターは語る。このことは，単に時価会計評価ではなく，活動がもたらす総収益の観点から市場リスクを再定義するのに役立った。その定義は，チェース銀行の株主価値の追求や管理の目的に適うものだった。

リスク計測と管理

　チェース銀行はすべてのリスクを把握するのに，たった1つの統計値で判断すべきとは考えておらず，多数の補足的な計測基準を採用している。それにはVaR法やストレステストに加え，ネット・オープン・ポジション，ベーシスポイント・バリュー，オプション感応度，ポジション集中度，ポジション回転率などの非統計的計測手法も含まれている。これら非統計的手法を採用することにより，統計的計測手法が破綻したとき（たとえば，異常な市場環境）にとくに役立つ，リスク・エクスポージャーの大きさや方向についての追加情報が得られる。

　チェース銀行は，ストレステストとVaR法を，収益ボラティリティ管理における重要な手法と位置づけている。VaRの計測値は，いったん計算手法を確立してしまえば，ほとんど変動せず，極端な損失結果が算出される可能性は低いと認識しており，チェース銀行は総じてストレステストのほうに関心をもっている。「われわれのリスク管理の中核はVaR法ではなく，ストレステストである。VaR法の長所は，いったん統計的手法を確立してしまえば，ほとんど論じる余地がないことである。一方，ストレステストは発展の余地が残されており，資本配賦にあたっては，大変重要なリスク管理手法である」とダディは語る。

　ストレステストは，（たとえば，1994年の債券市場急落，1994年のメキシコ・ペソ危機，1998年の流動性危機のような）実際に発生した事象や，仮想的な経済シナリオの両方に基づいて策定される。1999年12月31日現在，チェース銀行は6つのヒストリカル・シナリオと5つの仮想的シナリオ・テストを1ヵ月に約1回実施している。このストレステストは，企業のリスク特性が変化するような事象が発生しても，何の行動もとらないことを前提としており，市場危機時にしばしば見られる流動性の低下をシミュレーションする。各ストレステストの内容は詳細に決められていて，60ヵ国以上の市場金利や価格に

ついて，1万1,000種類の個別の変動を特定している。ストレステストはすべての実取引，投資，資産・負債（A/L）のポートフォリオについて実施している。ストレステスト成功の1つの鍵は，関連事項はできるだけ詳細に残し，検証と更新を繰り返すことである。

チェース銀行のVaR法は，ヒストリカル・シミュレーションに基づいており，市場指数のヒストリカルな変動を用いることが，将来を予測する最もよい方法であると信じている。VaRは，直近1年の市場価格の変化に基づき，日々の最終ポジションで毎日計算される。ヒストリカル・シミュレーションは個々のポジションだけでなく，事業・地域・通貨・リスク種類ごとのポジションを使って計測する。ヒストリカルVaRは使用可能なデータの質に依存しているので，チェース銀行は実際の損益と比較したVaRのバックテストを実施し，信頼区間を分析し，VaR計算の合理性を確保している。

同行は，自社のリスク・アペタイトに合わせて，取締役会によって承認を受けたさまざまなリスク・リミットと対比することにより，市場リスクを管理している。リスク・リミット管理の構造は，企業全体や事業部門ごとのレベルだけではなく，担当者レベルまで掘り下げたものとなっている。そのリスク・リミットは，承認商品，投資商品の満期上限，統計的あるいは非統計的なリスク・リミット，損失状況勧告についても取り扱っており，関連市場分析，市場流動性，取引記録，事業戦略，管理の経験や深さに基づいている。

リスク・リミットは，取引戦略や市場環境の変化を反映するため，少なくとも1年に2回更新する。また，継続的に生じている損失状況を業務執行部門の管理者に知らせるために，ストップ・ロス勧告を利用している。取締役会が定めたリスク・リミットを超過したら，自動的にポートフォリオを見直すこととしている。チェース銀行は，リスク・リミットへの抵触状況を追跡することにより，通常の環境下で日々のVaRがリスク・リミットを超過する可能性を削減できると考えている。

障害と成功

リスク管理を実行するうえでの障害の1つに，リスク管理者とトレーダーとの間の緊張関係がある。この緊張関係は通常は健全なものであり，銀行は事業とリスクの目的を両立しようとするが，両者が衝突し，ルールを無視することのないように注意しなければならない。この問題は通常，担当者レベルの話で

ある。事業管理者のほうは，目標を達成することに没頭している人々よりも，リスク管理者を理解し，信頼する傾向がある。

　この問題を解決する1つの方法は，リスク管理をすることによって，複雑な取引を円滑にすすめ，問題となるような取引でもただ単に止めることはしないことである。「われわれは警察みたいなものだ。もし物が盗まれようとしているときに，われわれがそこに居合わせたら，あなたはわれわれのことを好ましく思うだろう。しかし，あなたがスピード違反をしていて，われわれが捕まえたなら，われわれは憎まれるだろう」とダディは語る。もし，リスク管理者がトレーダーに，安全に儲けてほしいと説得するなら，トレーダーの信頼を得られるだろう。

　規模の大きな取引がよい例である。「市場機会や顧客の要求から引き受けた1回かぎりの取引には，リスクを限定するか適切な値決めを行うことができるようなヘッジや仕組み，プライシングの問題が普通は含まれている」とダニエルズ＝ウェブスターは語る。リスク管理者の学問的な知識と事業管理者の市場経験を両立することによって，多くの収穫が得られる。

　チェース銀行が市場リスク管理で成功した最も顕著な事例は，1998年の市場暴落を乗り切ったことである。この年，チェース銀行は前年を約4.4パーセント上回る40億2,000万ドルの収益をあげたと報告した。チェース銀行は最近数年でも大きな増収を記録していたが，1998年の環境下で，同業者や競争相手が大きな損失を被るなか，収益を増加させたのは驚くべきことである。

　チェース銀行が1998年のロシア危機を乗り越えられたのには，2つのリスク管理方針，つまり，過去からの教訓の価値とストレステストの重要性が貢献している。1997年まで，チェース銀行は市場暴落時の損失を5億ドルに抑えることを目的としてきた。しかしながら，この年，南米の取引で約1億ドルの損失を計上した。そのため，この異常な市場環境下で，損失が急激に5億ドルを超過する可能性があり，リスク・エクスポージャーが予想以上に大きいことを警告していた。同行は損失許容額を2.5億ドルに修正した。チェース銀行がこの事件で得た2つめの教訓は，世界の1地域で発生した経済問題は，世界の他の地域経済には影響しないとの仮定に反して，実際の金融損失は世界規模になったということである。

　このような理解によって，1997年の終わりごろには，海外で起きた事象も含むシナリオを用いて，全取引および与信ポートフォリオのストレステストを

第 13 章　市場リスク管理　　　267

始めることが決まった。チェース銀行は，仮想的なシナリオを用いたストレス
テストを実施することにより，VaR 法のヒストリカル・シミュレーション利
用における，過去に依存するという潜在的な欠点を埋め合わせることができた。
「われわれはこれらのストレステストを実施し，約 5 億ドルの損失額を予測し
たが，その結果は衝撃的なものであった。われわれはその巨額の数字を見て，
どうしたらよいかわからず，目を疑ってしまった」とダニエルズ＝ウェブスタ
ーは語る。

　しかしながら，1997 年秋の東南アジア経済の暴落で，テストが正当なこと
はすぐに証明された。チェース銀行の損失はストレステストの予想値よりも小
さかったが，非常に近い数値であった。事後検証を経て，リスク管理部署と事
業部門との相互関係は転換点を迎えた。「このときが文化的には分岐点だった。
人々は仕事を失いたくなかったので，事業に規律を求め方向転換し，事業の弱
みを理解したうえでそれらをヘッジするためにストレステストが本当に必要だ
といった。」

　1997 年のアジア危機が 1998 年にも尾を引き，世界規模の流動性の枯渇に発
展し，世界の金融市場の安定を脅かしたが，チェース銀行は他の銀行より影響
が小さかった。実際に起きた事象に非常に酷似したシナリオ（投資家は株式市
場から撤退し，債券市場へとなだれこみ，ほとんどの市場で流動性がなくなる
という質への逃避現象が突然発生）を想定していたのである。チェース銀行
はこの事象が自行のポートフォリオに与える影響を分析し，リスクを緩和する
ストレステストをすでに実施していたため，実際に発生した損失額はその分だ
け少なくてすんだ。

　チェース銀行はこの流動性危機に関連して 2 億ドルを負担したが，そのよう
な危機に対して事前にヘッジを行っていたため，パニックが起きた後の投資機
会で有利な立場に立つことができた。また，銀行の多様性と事業ミックス（た
とえば，株式市場で大規模な活動は行わないこと）が健全なリスク管理と結合
することで，事業を展開するうえで強固な立場に立つこともできた。他社が混
乱しているなかで，1998 年 10 月の外国為替取引のように，市場機会を十分活
用できた。市場危機の間，競合銀行は顧客に信用供与できなかったが，チェー
ス銀行は貸出を続け，企業の信念に沿った活動を行うことで企業の信用を増し，
新たな顧客を獲得したうえに既存顧客からの取引も拡大した。

将来展望

ロシア危機はチェース銀行にも影響を与えたが,「1997年と同様のリスクを今日もとるとしたら,大きなリスクが発生するだろう。というのは,ストレス・シナリオのなかに1997年の危機を織り込むようになっているからだ」とダディは語る。ロシア危機以前の取引高目標を達成するのは容易ではない。市場リスク・グループが新たに挑む課題の1つは,実際に発生したことへの対処方法を探ることである。

もう1つの市場リスク・グループの今後の課題は,流動性の増した融資市場への取り組みである。「デフォルトによる損失を予想することが,信用リスクを管理するうえでますます重要になっている。市場は実際の取引や市場ベースの手法へと急速に発達している」とダニエルズ＝ウェブスターは語る。チェース銀行にとっては,シンジケート・ローンの先導役として,この市場の発展と並走することが非常に重要である。融資間の違いだけでなく,融資と債券のような資産間の違いを認識したうえで,経済価値の変化としてのリスク概念が重要になる。次の課題は,融資の市場リスクと信用リスク管理をうまく統合していくことである。

第14章 オペレーショナル・リスク管理

　多くの点で，オペレーショナル・リスクは新しいリスクではない。古くから実務では，人間の過誤，プロセスの欠陥，信頼できない技術に対応してこなければならなかった。しかしながら，ERM の出現，新しい規制資本要件の導入，（市場リスクや信用リスクのような）異なるリスク種類ごとの洗練された計量化モデルがいっそう強調されるようになったことで，積極的にオペレーショナル・リスク管理を行うことへの関心が活発になってきている。

　オペレーショナル・リスクは，過去数年間，経営者の注目の的となってきた。デロイトによる 2011 年の報告書によれば，調査対象の金融機関のうち 66 パーセントが，信用リスクや市場リスクと同様に，オペレーショナル・リスクに対するエコノミック・キャピタルを計算している一方で，69 パーセントが次年度においてオペレーショナル・リスク管理システムの改良を優先課題としている（12 の優先課題のリストのなかで第 3 位にランクされている）[1]。前回調査では，調査対象会社の 45 パーセントがオペレーショナル・リスク管理の推進役に（上級管理職に加えて）CEO を指名していた[2]。これらの数字は，どれくらい経営者がオペレーショナル・リスクを他の形態のリスクと同じくらい重要だとみなすようになってきたかを示している。最近の企業スキャンダル（たとえば，エンロン，ワールドコム，JP モルガン）により，コーポレート・ガバナンスとコンプライアンスを巡る議論と併せて，オペレーショナル・リスク管理への関心はさらに大きくなり続けている。

　このような関心の高まりは正しいものだろうか。伝統的に，自らの仕事の一部がリスク管理に関係しているとはまったく考えたこともない管理者によって，オペレーショナル・リスクは非公式のうちに，日常業務の一部として管理され

---

1) Deloitte, "Global Risk Management Survey, 7th Edition: Navigating in a Changed World," February 2011, p. 42.
2) Deloitte, Management of Operational Risks in Insurance, June 2007.

てきた。オペレーショナル・リスクについては，一般的に，日常的管理のもとにあるというよりも，伝統的な監査およびコンプライアンス機能を通じて対処されてきた。しかしながら，伝統的な監査およびコンプライアンス機能を利用した一時的な手法では，リスクが顕在化した後に気づくという結果に終わることが多い。

　焦点を絞った事前的な手法がなぜ望ましいのかについては，主に３つの理由がある。第１に，過去20年間に起こった主要な金融破綻（ベアリング銀行，キダー・ピーボディー，大和銀行，UBS，ソシエテジェネラル）では，大多数の事件でオペレーショナル・リスクの問題が主要な原因とみなされてきた。そのため，ERMプログラムの一部としてオペレーショナル・リスクに取り組まねばならないと，上級管理職は認識するようになった。第２に，オペレーショナル・リスクは信用リスクや市場リスクと相互関係があり，市況が悪いときのオペレーショナル・リスク管理の失敗は，非常に高くつく。たとえば，ベアリング銀行の場合，シンガポールのトレーディング業務に対する管理監督が効果なく，さらに地震直後の日経平均株価の急落という出来事が重なった結果，233年の歴史をもつ銀行が10億ドルの損失をかかえて破綻したのである。第３に，オペレーショナル・リスクがリスクの明確な専門領域として管理されなければ，企業の異なる領域で異なる方法により管理されがちである。このような一貫性のない取り扱いは，主要なリスク問題の無視や最終的には不正確な情報に基づく経営判断に結びつきかねない，さまざまな業績測定の歪みへとつながりうる。

　オペレーショナル・リスクは，いかなるビジネスにおいても本質的な部分である。多くのビジネスでは，収入のかなりの部分が，ありふれたプロセスの欠陥や人的ミスによって失われる。また，これら日常的損失に加え，重大なオペレーショナル・リスクにも直面している。これらの事象には，意図しない事故や失敗の結果も含まれるし，不正やその他犯罪行為のような意図的なものも含まれる。たとえば，1994年から1995年にかけて，シティバンクは，電信送金ミス，貸付承認管理の失敗，コンピュータ・ハッキングという３つの異なる事件の結果，総額で10億ドルにのぼる損失を出した。オペレーショナル・リスク管理が欠如している場合に起こりうる，その他の有力な事例としては，不正トレーダーに起因する有名な1995年のベアリング銀行の破綻，詐欺容疑による1996年のキダー・ピーボディーの消滅がある。バンカース・トラストとエ

ンロン，この浮き沈みの大きい2つの業界におけるきわめて酷似した企業倒産もまた，オペレーショナル・リスクによるものである。皮肉にも，両者は，かつて金融リスク管理（市場リスクや信用リスク等）におけるリーダーと目されてきた。

これらのオペレーショナル・リスク事象は，発生可能性は低いが，その結果は甚大であった。過去の失敗から学ぶことをしなければ，再発の可能性が増すだけであろう。オペレーショナル・リスクの最近の事例として，2011年のUBSの不正トレーダー・スキャンダルを考えてみよう。UBSのトレーダー，クウェク・アドボリは管理者に見すごされて，承認されていない一連の取引に関与し，最終的におよそ20億ドルの損失を会社に与え，会社のレピュテーションを毀損した。このレベルの監視は，UBSの監督方針に規定された基準のなかで，明らかに軽視されていた。けれども，方針違反に対する度重なる対応の欠如が，とんでもないコンプライアンス違反行為をますます増長させた。

当時，UBSのオペレーショナル・リスクの枠組みは，フロントオフィスによる自己評価に大きく依存していた。さらに，オペレーショナル・リスク部門は，これら自己評価結果を評価する内部検査を実施していなかった。2010年にUBSが発行したトランスペアレンシー・レポートによれば，過度のリスク・テイクを促す「過剰な」リーダーシップを非難すべきではなく，「最高経営責任者は非常に自己満足していて，すべてのことがコントロールされていると誤認していた」[3]。批評家は，一人の人物がそんな大きな力を振るえないように，適切なリスク管理システムを設けなかったとして，銀行を激しく非難した。『ハーバード・ビジネス・レビュー』の筆者の一人，マイケル・シュレーグは信じられない思いで以下のように語る。「われわれは，不誠実な人の貪欲さ，身勝手さ，卑しい性格を非難できるが，ごくわずかの有能なシステムでさえ，一人の悪党を首尾よく見抜いたり，制止したりできない。」[4]

不幸にも，一人の不正トレーダーのために巨額損失を被った企業はUBSだけではない。第1章のケーススタディを思い出せば，2008年にはソシエテジェネラルが，トレーダーのジェローム・ケルビエルが向こう見ずな一連の取引に関与し，最大のトレーディング・スキャンダルの1つに巻き込まれた結果，

---

3) Schrage, Michael, "UBS Systems Failed the 'Too Big to Fail' Bank," *Harvard Business Review*, September 20, 2011.

4) 同上。

49 億ユーロの損害を銀行に与えた。

　収益への影響は別にして，オペレーショナル・リスクによって，企業は，詐欺や錯誤，コントロールの欠如を防止したり処理したりするのに，十分な備えがないかのようにみなされてしまう。言い換えると，オペレーショナル・リスクは，結果として，企業の評判に大きな損害を与える。レビュテーションによる損失は計量化するのがきわめて困難であるが，そのような損失は，現在および将来の提携関係とともに顧客関係にも影響を及ぼすように思える。そのうえ，企業の評判が損なわれれば，資本市場における取引にもマイナスの影響を与えるだろう。たとえば，オペレーショナル・リスクを効果的に管理できなければ，資金調達コストが上昇し，株式市場で株価が下落するかもしれない。

　オペレーショナル・リスク管理が個別リスクの領域として扱われなければ，同じ企業の別々の領域で異なった方法で管理されるようになる。それは，リスクの評価や計量化が事業部門ごとに異なり，結果として，同じリスクを一貫性なく扱うことを意味する。たとえば，オペレーションの過誤による損失を，損失合計額で報告する事業部門もあれば，純損失額で報告する事業部門もあろう。また，損失を収入から控除してしまい，損失だけを別個に報告しない事業部門もあるかもしれない。したがって，それらの事業部門の業績評価測定には偏りがあり，結果的に最善ではない経営判断となってしまうかもしれない。オペレーショナル・リスクの責任が明確でない状況でも，同じことが起こる。たとえば，ある事業部門が，他の事業部門が対処すべきであったリスク事象の責任を負わされたとする。当該事業部門の資本収益率は，他の事業部門の分だけ人為的にハードル・レート以下に押し下げられて，上級管理職は当該事業を拡張しないという決定を下すかもしれない。この場合，不適切な業績測定が事業の真の価値を見えにくくすることになり，結果として，成長の機会を逃がすことになる。

　効果的なオペレーショナル・リスク管理は，3 つの明確なメリットを実現する。

1. 厳格なオペレーショナル・リスク管理は，日常的損失を最小化するとともに，より重大な事象の発生可能性を低下させる。
2. 効果的なオペレーショナル・リスク管理は，企業が事業目的を達成できる可能性を高める。経営者は，次から次へと危機管理を行うのとは対照的に，

第 14 章　オペレーショナル・リスク管理　　　273

増収活動に注力できる。
3. 最後に，オペレーショナル・リスクを考慮することは，ERM システム全
体を強化する。オペレーショナル・リスクに関して理解の進んでいる企業
は，さまざまな事業のリスクや得られる収益についてより完全なイメージ
をもつことになる。さまざまなリスク・ファクター，信用リスク，市場リ
スク，オペレーショナル・リスク間の相関関係を取り込んだ，洗練された
ERM モデルの道が拓かれる。

　オペレーショナル・リスク管理はその他のリスク管理の領域に比べ比較的新
しいかもしれない。しかし，今までのところ，その発展に関して次の3点につ
いてはいえるだろう。第1に，すでに広く受け入れられているが，すべての企
業がオペレーショナル・リスクに直面しており，それを計測・管理するための
体系的計画を推進すべきである。第2に，オペレーショナル・リスクは複雑な
ので，包括的な方法が用いられるべきである。この章の後半で見るように，そ
れは，総合的品質管理のようなプロセス重視の方法と，エコノミック・キャピ
タルや極値理論のような統計的手法を統合することが理想だろう。最後に，オ
ペレーショナル・リスク管理計画の焦点は，市場・信用リスクとオペレーショ
ナル・リスクの統合を包含するような形で，計測ではなく管理に焦点を当てる
べきである。
　企業は，オペレーショナル・リスクの問題に十分に対処していないのに，
ERM プログラムを備えていると主張してはならない。この章の残りでは，オ
ペレーショナル・リスクの定義と範囲，その計測および管理に役立つ手法，業
界の実践例について論じる。

オペレーショナル・リスクの定義と範囲

　ビジネスの世界には，一般に，計測できないものは管理できないという言い
古された言葉がある。オペレーショナル・リスクの場合には，もう1つステッ
プがある。定義できないものは計測できないのである。市場リスクや信用リス
クとは異なり，ほとんどの企業にとって，オペレーショナル・リスクを定義づ
けることが課題である。当初，オペレーショナル・リスクは，信用リスクでも
なく市場リスクでもないようなリスクの集合というように，否定的な言葉で定

義されていた。長い時間を経て，業界の定義はより一般的なものに収束してきた。

「オペレーショナル・リスクは，内部プロセス・人・システムが不適切であること，もしくは機能しないこと，または外生的事象が生起することから生じる直接的あるいは間接的損失にかかわるリスクである。」[5]

この定義は一般的な見方を示しているが，どのように適用すべきかについては，なお議論の余地がある。たとえば，（マージンや競争等の）事業リスクと（ブランドの毀損，市場の信頼の喪失等の）レピュテーショナル・リスクをオペレーショナル・リスクのなかに含めるべきかに関しては，多くの組織で意見の相違がある。これら2つのリスクは，バーゼルⅡからは明確に除外されているが，リスク管理上の重要な問題であり，潜在的損失の主要な要素でもある。バーゼルⅡの枠組みは，「主要情報を報告するためにインフラを強化すること」および，その他の新しい努力のなかで「リスク・データの集約（の改善）」により，これらの領域に焦点を当てる[6]。

オペレーショナル・リスクの全体的な定義と，それを補助する要素については，個々の企業が明確化すべきである。この章では，プロセス・リスク，人的リスク，システム・リスク，イベント・リスクを含む上記の定義を用いる。さらに，事業リスクを追加しよう。以下，これらの用語を順に定義する。

プロセス・リスク

オペレーショナル・リスクは，非効果的あるいは非効率的なプロセスを通じて発生する。非効果的なプロセスは，目的を達成できないプロセスと定義される。一方，非効率なプロセスは目的を達成できるが，余計なコストがかかるプロセスである。時として，両者には性質上の違いがある。たとえば，効率性改善に焦点を当てたリストラやコスト節減の努力は，（過剰となりがちな）内部統制を排除するので，コントロール・プロセスの効果を不注意にも損なってしまう結果に終わるかもしれない。したがって，効果的なプロセスと効率的なプロセスの間にはバランスが保たれなければならない。

各事業に共通のプロセス・リスクは，取引の手続きに関連する。これは，販

---

5) Basel Committee on Banking Supervision, "Principles for the Sound Management of Operational Risk," June 2011, p. 3.

6) Thomson Reuters, "Why You Should Worry About Operational Risk," December 2012, p. 4.

売，プライシング，文書化，確認，引渡しを含む，商取引のあらゆる段階における失敗の可能性を含む。取引の手続きのどの段階でも，企業は，金銭的損失，顧客を失う損失，レピュテーションによる損失につながるリスクに直面している。プライシングの失敗が収益性を低下させる一方で，引渡しのトラブルによって顧客が企業との取引を停止することがある。さらに，企業は，法律および規制上の規定の範囲内で確実に事業運営を行う必要がある。（ドッド・フランク法，サーベンス・オクスリー法，米国愛国者法等）新規制の導入により，職業上および金銭の両面で，企業経営者にとって法律違反の影響がより重大なものとなっている。コンプライアンスもまた，企業内部の方針および手続きに関する重要な問題である。たとえば，投資会社は，内部の投資方針と同様，顧客と合意した条項も遵守し資産を運用しなければならない。

　オペレーショナル・リスクの別の重要な要素は，文書化のプロセスから生じる。不適切あるいは不十分な文書は，契約者間に誤った意思を伝達し，紛争になれば，追加的で不必要なリスクを生む結果となる。金融商品取引の基本契約書の例を考えてみよう。今日，基本契約書は，取引上重要な役割を果たす。すなわち，基本契約書は，2人以上の当事者間の異なる金融商品にわたる信用リスクおよび法務リスクを最小化する統一的な方法を提供している。それはまた，ネッティングの利点も提供しており，それによって，取引頻度の高い当事者間の信用エクスポージャーの総額を減少させている。

　しかしながら，世界的なデリバティブ・ディーラーの多くは，基本契約書と悪戦苦闘している。1998年の連邦準備制度理事会（FRB）の報告によれば，20〜30パーセントの銀行が，決済手続きやカウンターパーティ・リスク管理に関して，国際スワップ・デリバティブズ協会（ISDA）の不完全な基本確認書を使用していた[7]。規模の大きなディーラーは，常に数百の有効な基本契約書を管理している。なかには，新商品，業界における発展，または合併に適応しながら時とともに修正も行い，数千の基本契約書を適切に管理しているディーラーもいる。彼らは，しばしば基本契約書の履行に際して，遅延，混乱，誤った意思の伝達により，莫大な収入が危険にさらされることを経験している。

　規制当局者が好む回答の1つは，プロセスの自動化であろう。リスク・コンサルタントのチャールズ・フィシュキンは，この考えをさらに一歩進めている。

---

7) *Capital Markets Report*, March 24, 1999.

すなわち，新規顧客，既存顧客両者について，履行のための最初の打ち合わせから修正に至るまで，基本契約書のすべての活動を1つのシステムで管理すべきであるという[8]。統制のとれたコンピュータ環境のもとで，すべての段階ごとに履行し，記録することで，すべての参加者（トレーダー，マーケティング担当者，信用リスク管理担当者，弁護士，文書作成の専門家，事務担当者）が，以前よりもかなり容易にいつでも状況を確認できる。包括的な報告書も作成でき，（事業部門，商品種類，地域等）カテゴリーごとの分類も簡単にできる。情報の流れはより一貫性があり，透明性が高いものとなる。必要なときに文書が不完全であることが発覚する，あるいは不適切な基本契約書のもとで取引が締結されるというような問題は最小化できる。結果として，決定はより迅速に行われ，オペレーショナル・リスクを（この場合は，信用リスクも）削減できる。

ナイト・キャピタル（Knight Capital）　2012年8月1日，ナイト・キャピタルが，取引開始数分のうちにニューヨーク証券取引所に意図しない売り注文の形で大量の誤発注を行うことになる，新しいソフトウェアを導入した。アルゴリズムの検証期間中に見つからなかった小さな技術的ミスが，即座に4億4,000万ドルという巨額損失につながり，次の日には株価は10.3ドルから2.5ドルに大きく下落した。ナイト・キャピタルが被った損失によって，自動売買取引のリスクに再び注目が集まった。

　批評家は頭を悩ませながら，ナイト・キャピタルの信じ難い失敗に困惑した。クレディ・スイスのイアン・グリーンは，そのプログラムが人や他のプログラムによって発見されないまま30分間も中断されなかったことに驚きを隠せなかった。「既知の動きやリスク・パラメータをモニタリングするファイアー・ウォールを，アルゴリズムの周りに設定することができる。もし，おそらくは論理的ミスや無限ループ，あるいは『タイプミス』のために，プログラムがこれらのパラメータの外で作動すれば，その取引はマーケットに発注する前にブロックできる」と，プログレス・ソフトウェアで最高技術責任者を務めるジョン・ベーツは言う[9]。

---

8) Fishkin, Charles A., "Controlling the Documentation Vortex," *Middle Office*, Spring 2000, pp. 13–17.

9) Davidson, Clive, "Knight Capital Losses Spur Focus on Algo Risk Management," *Risk*

この事案に対するその他銀行の対応はさまざまであった。多くの銀行は自己防衛的な立場をとり，アルゴリズムの安全尺度を強化しようとする動きには対抗している。というのは，彼らは，1社の誤りを業界全体のさらなる制限に結びつけるべきではないと考えているからである。これは，提案されているようなサーキットブレーカーのさらなる導入に対する一般的な感情であるように思える。サーキットブレーカーとは「価格が，特定期間において一定割合以上動けば，取引を停止する自動的なスイッチ」のことである[10]。このことは，金融セクター内の企業はリスク管理に関する重大な技術的防御の重要性に気づいているけれども，多くの企業は，人的あるいは自動売買取引の動きを制限する結果として失う，潜在的な利益を犠牲にするつもりが今もってないことを表している。

人的リスク

人的リスクは，人員の制約，無能力，不誠実，リスク検知力を養成するという企業文化がないことから生じるのが一般的である。人員の制約は，労働力不足のため，あるいは報酬その他のインセンティブが新規採用者にとって魅力的でないために，企業が必要な空きポストを充足できないときに発生する。無能力は，従業員が業務を正確に行うために必要な技術や知識を有していない際に問題となる。専門的な教育・研修を行わないと，さらに人的ミスを悪化させる。社内の不誠実さは，従業員による窃盗のような不正行為に結びつく（興味深いことに，全国小売連盟（NRF）の研究によれば，小売り業者の在庫管理責任者は，在庫損失の25.8パーセントを万引き犯，44.2パーセントを従業員の窃盗のせいにしていることがわかった）[11]。そして，リスク検知を積極的に行わない，あるいは，利益獲得の方法を考慮せずに利益を追求するという企業文化も，従業員に利益を損なう行動をとらせる結果となる。

身元調査が人的リスクを緩和するために必要な理由は，組織内のすべての従業員についてリスクがあると考えなければならないからである。ディズニー・ワールドでのスキャンダルは，安全についてのレピュテーションが事業の浮沈

Magazine, September 6, 2012.

10) 同上。

11) Smith, Ned, "Retail Inventory Shrinkage Has Shrunk," *Business News Daily*, November 28, 2012.

につながり，従業員関連リスクの見落としが危険なことを如実に物語っている。1998 年 7 月，ディズニー・ワールドの 17 歳のコックが，ホテルの浴室で 16 歳の旅行客を強姦したことを理由に告訴された。これだけでも十分に恐ろしいことだが，この少年は，加重暴行，強盗，窃盗，高級車の窃盗を含む，重罪の少年犯罪歴があったにもかかわらず雇用されていたことが暴露され，事態はさらに深刻化した。ディズニーが雇用した時点においても，被害者に銃を突きつけたとして告訴された不法侵入に関して保護観察中の身であった。

そもそも，どうしてそのような人間が採用されたのか。ディズニーは，当時全従業員について身元調査を行っていなかったのである。身元調査は，現金取引の必要がある仕事や警備員・保育員のような職務にのみ必要とみなされていた。そして，またディズニーの対応は透明性を欠くものであった。当初は，身元調査に関する方針は変更しないと弁明していたが，後になって前言を翻し，新しい従業員についてのみ身元調査を実施すると発表した。さらに，同社は，明文化した指針がなく，その場その場の基準で採用者を評価していると語った。対照的に，ディズニーの主たる競争相手の 1 つであるユニバーサル・スタジオ・エスケープでは，すでに，すべての新人従業員の犯罪歴に関する身元調査を実施していた。

システム・リスク

ビジネスのより多くの領域で，コンピュータ技術が必要になるにつれて，システム障害に関するオペレーショナル・リスク管理が喫緊の課題となってきた。企業は，今日，全社横断的に統合され，かつ，特有のビジネス・ニーズに応じて特別に設計されたシステムを使用することが多い。もしも，その企業の技術インフラの発達が事業発展のスピードに追いついていけなければ，新しいリスクが発生しうる。システム・リスクには，システムの可用性，データの整合性，システム能力，不正アクセスや不正利用，さまざまな不慮の事態からの復旧がある。

システム・リスクのもう 1 つの例は，欠陥のある金融モデルによる損失リスクである。企業は，事業機会や投資機会を評価する際に，誤った方法，前提，パラメータを使うかもしれず，その結果，負っているリスクを過小評価することになる。モデル・リスクのエクスポージャーは，リスクのコストを軽視するような経済付加価値モデルに基づく戦略的意思決定から，複雑なデリバティブ

のプライシングに関する間違った前提に基づく投資の意思決定まで幅広いものになる。不適切な金融モデルのために企業が損失を被ったニュースは枚挙に暇がない。

さらに，プログラムミスや計画性欠如のリスクは，重大である。1つのアルゴリズムにおける小さなミスは，いくつかのモデルやネットワークに容易に伝播し，ミスが発見される前に大きな損害を引き起こす。Y2Kバグ[12]の補償にともなう莫大なコストは，小さな見落としがすぐに大きな損失となる好事例である。最後に，システム障害は，収入活動を停止させるかもしれないので，事業にとって大きなリスクとなる。

機密保護も，eコマースの増大とともに，急速に，コンピュータ技術の主要リスクとなりつつある。2000年はじめ，ウェブ・ハッカーが，インターネットによる音楽小売業者CDユニバースから30万人以上のクレジット・カードのファイルを入手した。これは，同社が暗号化されていないクレジット・カード・データをウェブ・サーバー上に保存しているからであった。ハッカーは，カード処理ソフトウェアの弱点を利用して，個人情報をダウンロードできるという設計上の基本的欠陥を突いた。

このような事件は起こりうるし，また，実際に起こるということがしばしば警告されてきた。このことは，今日の高度なネットワーク環境下で事業を行うすべての組織が，事業プロセスおよびシステムを設計する際に，データの機密保護を最重要目標とすべきであることを明確に思い起こさせた。十分に動機があって能力の高いハッカーは，おそらく，ほとんどのソフトウェアのセキュリティを破ることができるだろうけれども，容易に犠牲者とならないために遵守すべき，いくつかの基本的指針がある。

イベント・リスク

イベント・リスクは，起こりそうにないが，いったん起これば深刻な影響を及ぼしかねない単一の事象，たとえば，内部不正あるいは外部不正，システム障害，市場崩壊，天災や人災に由来する損失のリスクである。イベント・リス

---

12) （訳注）コンピュータの2000年問題ともいわれる。西暦表記では通常上2桁を省略して表現するが，コンピュータの日付管理の年情報を人間の慣習と同じように省略した仕様で設計していると，コンピュータが正常に動作できなくなる可能性がある。このコンピュータの誤作動の可能性が2000年問題である。

クの発生は不規則で，そのために予測が困難なことが多い。たとえ，そのような事象が起こりそうにないとしても，実務では予期できないことを想定しておかねばならない。主要な事象は，市場リスク，信用リスク，流動性リスク，オペレーショナル・リスク等，すべての種類のリスクと密接な関係がある場合が多いことに注意を払うことも重要である。さらに，起こりそうもない事象が，予想していたよりもずっと高い頻度で発生することもある。過去10年間で10シグマ（標準偏差）を超える市場の動きが少なくとも毎年1つは起こってきたと，レズリー・ラルは記している[13]。このような市場の動きのなかには，1999年のブラジル危機，1998年のロシア危機，1997年のアジア危機が含まれる。エンロン，ワールドコム，アデルフィア，その他の同じような企業不正は，考えられないようなオペレーショナル・リスク事象のますます増え続けるリストに付加されるだろう。

最近の思いもよらぬ事象の1つには，2001年9月11日のテロ攻撃がある。テロ攻撃では，3,000名を超える人命が失われ，米国保険情報協会の推計によれば保険損失は400億ドルを上回った。その他の目立った損失としては，バンク・オブ・クレジット・アンド・コマース・インターナショナル（BCCI）の170億ドル，ロング・ターム・キャピタル・マネジメント（LTCM）の40億ドル，テキサコの30億ドル，住友商事の29億ドルがあげられる。UBSのオペレーショナル・リスク管理部長ジュリアン・フライは「1980年代には10億ドル超の損失事象はわずか3件であったが，2000年代には104件発生，この10年ですでに54件である」と注意を促す[14]。

事業リスク

事業リスクは，競争環境の予期せぬ変化，フランチャイズの毀損等，事業運営上の経済力を損なう損失リスクである。戦略，顧客管理，商品開発，プライシング，販売というフロントオフィスの問題も含まれ，本質的には，一定の期間内において収入で支出を賄えなくなるリスクである。企業の評判やブランドが重要であれば，レピュテーショナル・リスクは事業リスクに含まれるか，そうでなければ，別のカテゴリーとして取り扱われるべきである。事業リスクは，

---

13) *Risk Budgeting* (London: Risk Books, 2000).

14) Campbell, Alexander, "OpRisk North America: Billion Dollar Losses Are the Result of Op Risk Failure," *Risk.net*, March 21, 2013.

主に，環境的要因，競争的要因，進化的要因によって規定される外部要因の影響を強く受けるが，効果的な管理を通じて減少させることができる。

　最近，ほとんどすべてのビジネススクールで講義されている，今や古典的な事業リスクの例がある。それは，事業の定義を鉄道から輸送に定義し直すことに失敗した結果，ほとんどが破綻に至った鉄道会社の例である。一方で，事業リスク管理の最近の成功例としては，ハードウェア会社からサービス・ソリューション会社に転進したIBMがある。すべての事業は，長期的成長と収益性を生み出すような健全な事業戦略に基づかなければならないというのが，インターネット・バブルから得た主な教訓の1つである。当然，この目的を達成することが事業管理の基本である。事業リスク管理の貢献は，次のような主要問題に対処することである。

■　事業戦略や事業計画において脆弱なものは主に何か。
■　事業や商品の多角化は十分か。
■　レバレッジ（固定コスト　対　変動コスト）は適切であるか。
■　事業の前提条件が間違っていた場合，どうなるのか。
■　いつ事業から撤退すべきなのか。撤退の戦略をもっているのか。

オペレーショナル・リスク管理のプロセス

　オペレーショナル・リスクの範囲と重要性が明らかになれば，経営者は，リスクの識別，計測，管理に関して体系的なプロセスを確立しなければならない。オペレーショナル・リスク管理プロセスには次のステップが含まれる。

1. リスク管理方針と管理体制
2. リスクの識別と評価
3. 資本配賦と業績評価
4. リスク削減とリスク・コントロール
5. リスク移転とリスク・ファイナンス

　これらの各ステップについて順に見ていこう。

リスク管理方針と管理体制

　最初のステップとして，企業は，すでに述べてきた目標を達成するために，いかに組織づくりを行うかを含め，実現したいことを定めたオペレーショナル・リスク管理方針を作成しなければならない。オペレーショナル・リスク管理方針には以下のことが含まれるべきである。

■ **オペレーショナル・リスク管理の原則**：企業のオペレーショナル・リスクに関する基本的考え方や諸原則は何か。たとえば，信用リスクや市場リスクに共通する原則は透明性である。悪いニュースによって企業は窮地に追い込まれるので，本格的な危機に陥る前に問題発生時点で対処するのが，オペレーショナル・リスク管理の鍵である。

■ **オペレーショナル・リスクの定義と分類**：これまで論じてきたように，企業のなかでオペレーショナル・リスクをどのように定義するのか，何を含め何を除くのか，何をサブカテゴリーとするのか。企業内でオペレーショナル・リスクについて論じるために，共通の言語を確立しなければならない。

■ **目的と目標**：経営者は，（コアビジネスの効率性改善等）全体的目的と（オペレーショナル損失の 20 パーセント削減，未解決の監査問題を解消する際の 30 パーセントの期間短縮等）個別目標を設定しなければならない。

■ **オペレーショナル・リスク管理プロセスと管理手段**：管理方針の当該部分において，事業部門が採用しようと考えている，リスク評価，計測，報告，管理プロセスのような，全社的プロセスと手段が明確化される。このようにして，プロセスと手段のための共通の用途や基準に基づき，オペレーショナル・リスクに関して一貫した手法が用いられる。

■ **組織体制**：管理方針では，オペレーショナル・リスク管理のための組織体制を文書化しなければならない。主要な委員会，メンバー，設置趣意書はどうなっているのか。取締役，上級管理職，業務執行部門管理者，リスク管理・監督グループ間の報告体系はどうなっているのか。

■ **役割と責任**：オペレーショナル・リスクの複雑さゆえに，オペレーショナル・リスク管理の主要な側面すべてについて個別の役割と責任を明確に定義することが重要である。最も低いレベルでは，全従業員は，彼らの身の回りのオペレーショナル・リスクについて認識し，問題や懸案を上申する

責任がある。さらには，さまざまなリスク管理や監督機能の役割と責任を（以下で論じるように）明確化すべきである。

ほとんどの企業において，オペレーショナル・リスク管理に何らかの関係がある，数多くのリスク管理グループ，統制グループ，監督グループが存在する。以下のように各機能に関して，個別の役割と責任を定義しておくことが必要である。

- すべての枠組みが確実にオペレーショナル・リスクを計測し管理できるように設計されたオペレーショナル・リスク管理
- 事業計画やその検証と同様に，新しい合併戦略や商品プランに関しても，事業リスクが確実に検討されている戦略計画
- 帳簿管理だけでなく事業予測や収益モデルの適時性・正確性・品質を保証する財務会計
- 事業部門が会社の方針や手続きを遵守することを確保するための監査
- 事業活動が，適用される法律や規制に準拠していることを保証する法務，コンプライアンス
- 重要なシステムやデータベースのバックアップがなされ，事業復興計画（BRP）が規定・検証されたうえで，情報安全管理が適切になされていることを担保する情報技術（IT）
- 企業資産が維持・保護されることを保証する企業の安全対策

オペレーショナル・リスク管理には，保険，法務・コンプライアンス，（シックス・シグマのような）品質管理，人的資源等々，他にも重要な機能がある。主要な問題の1つは，その機能が主としてコンサルタントとして設定されているか，あるいはチェッカーとして設定されているか，あるいはその両者として設定されているかである。たとえば，多くの企業では，オペレーショナル・リスク管理グループは，上級管理職や事業部門のためのコンサルタントとして主に行動し，監査グループはチェッカーとして行動し，法務グループはコンサルタント兼チェッカーとして行動する。なかには，監査グループをコンサルタント兼チェッカーとして位置づけようと悪戦苦闘している企業もあるが，苦労している理由は，前者の役割が後者の役割の独立性を簡単に妨げてしまうからで

ある。

リスクの識別と評価

　オペレーショナル・リスクの範囲は広いので，企業は，オペレーショナル・リスクを評価，計測，管理するためにさまざまな定性的手段と定量的手段を用いるべきである。以下は，企業が今日使用している主なオペレーショナル・リスク管理手段を要約したものである。

■ **損失事象データベース**：企業は，主に 2 つの理由のために，オペレーショナル・リスクの損失と事象を捕捉すべきである。第 1 に，損失は容易に計測でき，傾向や（損失・収入比率等）比率を示すのに利用できる。一方で，ある事象によって，注意すべきその他事象を捕捉できる。第 2 に，企業内のすべての損失および事象が，学習の機会を提供し，それなくしては過去の失敗は繰り返される可能性が高い。そのため，損失事象データベースは，根本的な原因分析やリスク削減戦略の支援だけでなく，学べる教訓を企業内で共有化するためにも利用すべきである。さらに，より頑強性のある損失事象データベースを開発するという，自発的取り組みが数多くの業界で行われているが，どれが業界標準となるかを答えるにはきわめて時期尚早である。しかしながら，オペレーショナル・リスク管理が完全にデータ駆動型処理になるとは思えない。なぜならば，オペレーショナル・リスクは，その性質により，計測というよりも常に管理の問題となるからである。

■ **コントロール・セルフ・アセスメント（CSA）**：（リスク評価としてもよく知られている）CSA は，主要リスク・コントロールおよび経営への影響についての内部分析である。各事業部門が，オペレーショナル・リスクの要素に関する現況を評価することが重要である。これを行うことによって，各事業部門は，オペレーショナル・リスク管理のプロセスをどこから始め，どのように進めるかについて，より明確なイメージを描くことができる。各事業部門は，自己評価のプロセスを通して自分の会社であるという強い意識をもつようにもなる。自己評価を支援する手段には，質問状，固有問題のインタビュー，チーム討議，研修会が含まれる。アウトプットは，主要リスク・エクスポージャーと主要リスク・コントロールへの自発的取り組みの一覧，時には，リッターマン・スタイルのトップ 10 リスクも作成

される。

■ **リスク・マッピング**：CSA の作業をもとに，企業の主要リスク・エクスポージャーが発生可能性と重大性という観点でランクづけされ，経営者は二次元のリスク・マップという形で相対的な見方ができる。（資金繰り管理，特別目的事業体（SPV）等）より複雑な事業運営に関しては，さまざまなリスク・エクスポージャーがどのように発生するかを見るために，リスクベースのプロセス・マップが作成される。これらのマップは，1回かぎりの失敗のポイントなのか，ミスがしばしば起こるポイントなのかというように，問題の箇所を指し示すことによって，各事業部門が直面するリスクを識別する助けとなる。これらのマップによって，各事業部門は，最も重要なリスクに対処するためにリスク管理の自立性を高め，かつそれを優先させることができる。

■ **リスク指標とパフォーマンス・トリガー**：リスク指標は，特定のプロセスに関するオペレーショナル・リスクの状況を表す定量的尺度である。例としては，販売やサービスに関する顧客の苦情，トレーディング業務における取引ミス，会計業務に関する不一致項目，また，IT 業務に関するシステム・ダウンがあげられる。これらのリスク指標は，普通，個々の事業部門で開発され，その事業目的と密接に結びついている。（従業員の長期欠勤や転職等々，将来の事業運営の失敗に先行する）早期警戒指標も，経営者に先行的シグナルを提供するために開発されるべきである。プロセスの遂行状況が予想の範囲内にあるのかを観測し検証するために，（どこに行きたいのかという）目標と最低限の受容可能なパフォーマンス（MAP）に関してトリガー水準を設定すればよい。もし，主要リスク指標が MAP を下回っていれば，それは，上級管理職に報告を行う契機となるばかりでなく，適切な行動計画を実施させる契機となる。一方で，リスク指標が目標を一貫して上回っていれば，経営者は，改善の効果が継続的に上がるように，目標と MAP 双方の引き上げを考慮すべきである。

　リスク認識や評価に関するその他の有益な情報源としては，内部監査報告書，外部評価（外部監査人，規制当局），退職従業員との面接，顧客アンケート調査，苦情などがある。

資本配賦と業績評価

　リスクの識別・評価の次には，資本配賦プロセスを通じてリスクと業績測定とを結びつけることが重要である。リスク計測手法が長年にわたり開発され検証されてきた市場リスクや信用リスクとは異なり，オペレーショナル・リスクには広く受け入れられているモデルがない。手法の選択（あるいは，手法の結合）においては，各社が，第1にその目的と資源を明確にしたうえで，それに従って選択を行うべきである。異なる手法は，オペレーショナル・リスクの異なる解釈を意味し，有効とするためにはさまざまな情報を入力する必要がある。唯一の解決法はないように思えるため，手法を組み合わせることは，あるモデルの短所を別のモデルの長所で補うことにより，頑強で全般的な計測を可能にする。最も一般的な手法について，その長所と短所を含め以下で説明しよう。

■ **トップダウン・モデル**：オペレーショナル・リスク・モデルのトップダウン・アプローチでは，企業あるいは業界全体の財務状況のような容易に入手可能なデータを使って，事業のインプライド・オペレーショナル・リスクが計算される。トップダウン・モデルでは，企業が直面するオペレーショナル・リスクの一般像を描くために，比較的簡単な計算と分析が行われる。

　これらのトップダウン・モデルは，信用リスクや市場リスクのためにすでに開発された，洗練された手法の長所を活かしている。オペレーショナル・リスクに関するトップダウン・モデルの例としては，インプライド・キャピタル・モデル，収益変動モデル，経済価値評価モデル，アナログ・モデルがある。

■ **インプライド・キャピタル・モデル**：この手法では，オペレーショナル・リスクの領域は信用リスクや市場リスクの外側にあるとの前提に立っている。したがって，オペレーショナル・リスクへの資本配賦は，全体の資本配賦額から信用リスク・市場リスクへの配賦資本を控除した残りとなる。このモデルでは容易にオペレーショナル・リスクのための数値を計算できるが，この簡便さはいくつかの欠点ももっている。第1に，企業の実際の資本，および現実の信用格付と目標格付との関係を所与として，リスク資本合計を推定しなければならない。第2に，それは，オペレーショナル・リスク資本と信用リスク資本・市場リスク資本との相互関係を無視してい

る。最後に，このモデルでは，オペレーショナル・リスクに関する因果関係のシナリオを捕捉できず，黙示的にしか説明できない。

■ **収益変動モデル**：このモデルは資本配賦モデルに似ているが，資本配賦の主要要因である収益変動を見ることによって，さらに一歩進んだものとなっている。オペレーショナル・リスクに寄与する収益変動は，インプライド・キャピタル・モデルと同じ方法で計算される。すなわち，全収益の変動から，信用リスク・市場リスクの要因が控除される。このモデルの長所の1つは，データの入手可能性である。信用リスク・市場リスクのヒストリカル・データはいつでも容易に入手でき，全収益の変動も観察できる。しかしながら，このモデルにもいくつかの欠点があり，その最も顕著なものは，企業や産業の急激な成長を無視している点である。新技術や新規制のような構造変化は，このモデルではとらえられない。収益変動モデルも，また，機会費用やレピュテーションによる損害のような，ソフトな（客観的評価がより困難な）ものを把握できない。さらに，このモデルでは，トップダウン・モデルのすべてについていえるように，発生可能性が低く影響の大きなリスクをとらえられない。

■ **経済価値評価モデル**：資産価値評価モデル（CAPM）は，おそらく最も広範に利用されている経済モデルである。資本のその他決定要因との比較を通じて，オペレーショナル・リスクの価格形成における分布を決定するのにCAPMは利用できる。CAPMは，すべての市場情報が株価に反映されていると仮定する。つまり，公表済みのオペレーション・ミスによる損失の影響は，企業の時価総額を評価することでわかる。この手法の長所は，個別のリスクとともに，レピュテーションによる損害や逸失機会の影響のような，ソフトな問題も組み込まれている点にある。この手法に従えば，（オペレーショナル・リスクによる）企業の株価変動は，企業の株価変動の合計から（信用リスクと市場リスクによる）株価変動を控除することによって求められる。しかしながら，CAPMアプローチは，オペレーショナル・リスクに関して不完全かつ単純な見方しか提供しない。それは，個別のオペレーショナル・リスクについての情報ではなく，資本が十分かに関する総論的見方しか示さない。さらに，オペレーショナル・リスクのエクスポージャー水準は，個別のコントロールや事業のリスク特性によって影響を受けないので，事業運営を改善しようとする動機づけが存在しない。

そして，テイル・リスクがモデルに組み込まれている一方で，テイル・リスクがまったく説明されない。これは，重大な見落としである。テイル事象は，事業価値を損なうという程度の影響にとどまらない。すなわち，テイル事象は，完全な事業の終焉へとつながりうる。結局，このモデルは，オペレーショナル・リスク事象を予測し，結果的にそれを回避することの助けとはならない。

■ **アナログ・モデル**：アナログ・モデルは，同じ事業構造をもち同じ事業運営を行う外部の会社を参照することで，自組織のオペレーショナル・リスク量を導き出せるという前提に立っている。このモデルは，外部の企業におけるオペレーション・ミスによる損失の原因・影響を探るように拡張できる。このモデルは，ある企業がオペレーション・ミスによる損失について信頼できるデータベースをもっていない場合に，実行可能な1つの方法を提供してくれる。しかしながら，他社の高い水準の数値で自社のオペレーショナル・リスクを正確に測定できるとの安易な前提に立っており，この手法に疑問を抱く人も多い。あるアナリストの言葉を借りれば「リスク・アペタイト，上級管理職の質，トレーダーの賞与規程のような企業内の無形資産は，オペレーショナル・リスクの計算式のなかに多くの予想不能なものをもちこむので，事業規模，取引量，文書化されたリスク管理方針，その他の品質等評価できるものの類似点も台無しにしてしまう」。

■ **ボトムアップ（損失分布）・モデル**：ボトムアップ・アプローチは，損失要因と原因要因を利用して，期待損失を導き出す。このアプローチでは，企業は，直面するオペレーショナル・リスクのカテゴリーについて明確に定義し，これらリスク・カテゴリーごとに詳細なデータを収集し，損失リスクを計量化する必要がある。企業は，内部データに外部損失事象データベースを追加する必要があることが多い。ボトムアップ・アプローチの最終的成果は，（目標とする信用格付等）所与の信頼水準に応じたオペレーショナル・リスク資本を推定できる損失分布モデルである。英国銀行協会，ISDA，ロバート・モリス・アソシエイツにより実施された1999年11月の調査によれば，トップダウン・アプローチに比べてリスクベースのボトムアップ・アプローチがますます選好されるようになっている。

この手法に必要なデータは，事業のオペレーショナル・リスクの特性に関するより強固なイメージを作りあげるために，事業活動の長期にわたる

変化と結びついた要因を引き出せる。長期間にわたりリスク・ファクターを追跡することによって，企業は，継続基準でオペレーショナル・リスクのエクスポージャーを評価でき，必要とされる領域のコントロールを適切に改善できる。さらに，継続的な追跡は，企業経営者に事業運営に関する優れた情報を提供し，オペレーショナル・リスクの原因についての認識を高めさせる。

　しかしながら，ボトムアップ・モデルにもいくつか問題点がある。事業構成，規模，範囲，事業環境が異なっていれば，ある企業からの損失データを他の企業にあてはめるのは複雑となる。リスクの各原因を数値化することが困難であり，分離が困難な複数のリスクを源とする合計値として損失が報告されることが多いからである。たとえば，トレーディング部門の損失は，個人的なリスク・コントロールの欠如，海外事業の拡張，バックオフィスとフロントオフィスの未分離，市場の変動，上級管理職の混乱や能力のなさから生じているかもしれない。さらに，信頼できる内部のヒストリカル・データが利用できないかもしれない。かつ，このモデルは，予測を大規模な数値データベースに依存しているため，発生可能性が低く影響の大きな事象に関しては，本質的な欠陥がある。ボトムアップ・モデルは，一般に，統計分析とシナリオ分析に基づいている。

統計分析　伝統的なパラメトリック統計分析および計量経済モデルでは，潜在的に，ほとんど観察値が得られないテイル部分のあてはまりを犠牲にして，多くのデータが適用可能な領域でのあてはまりがよくなるようにしている。しかしながら，オペレーショナル・リスク・モデルでは，発生可能性は低いが影響の大きな損失を把握するために，損失分布のテイル部分の説明力を高めなければならない。この関係において，すべてのデータよりも極事象のデータに焦点をあわせる極値理論（EVT）は，より適切かもしれない。極値理論は，望ましいことに，極端な発生可能性について信頼性のある推定が可能になる。たとえば，一般化極値推定法では，前12ヵ月の各月で観察された最大損失を使って，これら12の数値に最もよくあてはまる分布パラメータを求める。結果は，日次，週次，月次で，12ヵ月周期基準で更新される[15]。

---

15)　詳細にはついては以下を参照。Embrechts, Paul et al., *Modeling Extreme Events for Insurance and Finance* (Heidelberg, Germany: Springer, 1997).

統計分析では，事業部門の損失データが豊富に提供される必要がある。したがって，適切な内部データの欠如は，この手法を広範に適用する際の最大の障害となる。代理変数としての外部データの利用には，前述したようにいくつかの問題がある。しかしながら，オペレーショナル・リスクに対する認識が増大するのにともない，データ収集が進めば，近い将来，統計分析が広く応用できる見込みがある。

シナリオ分析　シナリオ分析は，これまでの方法に比べてより主観的なものとなるが，定量的モデルでは解決できないいくつかの長所を有している。シナリオ分析は，主要管理者の多様な意見，関心，経験・専門性を把握し，それらをビジネス・モデルのなかで表現するのに適している。シナリオ分析は，オペレーショナル・リスクの定性的・定量的特性をとらえるのに有益な手段である。リスク・マップは幅広い損失状況を示しており，調査対象となった管理者が予測する損失シナリオの詳細を認識できる。各事業部門のリスク・マップでは，オペレーショナル・リスクのエクスポージャーがどこに存在するのか，関連リスクの重大性はどうか，どのように適切にコントロールが行われているのか，コントロールの形態はダメージ・コントロールか，予防的コントロールか，発見的コントロールなのかが明らかにされる。この手法によって，因果関係をとらえることができる。しかしながら，このモデルの短所は主観的であること，すなわち，十分に注意を払わなければ，一貫性のないデータの記録となるか，結論に偏りが生じることである。

スタムフォード・リスク分析によれば，2008 年のグローバル金融危機は「リスク管理実務におけるパラダイム・シフトの必要性を惹起した」[16]。「予測不可能かつ重大な影響を及ぼす事象」と定義されるブラック・スワンのリスク寄与度に目を瞑っているので，現在の計量化モデルの多くがリスクを正確に描けていないと，同分析は指摘する[17]。さらに，リスク・モデルはヒストリカル・データに非常に依存しがちであり，そのために企業のリスク特性の現実の変化に対応できていない。

加えて，スタムフォード・リスク分析によれば，これらのモデルは「リスク

---

16)　Stamford Risk Analytics, Home Page.

17)　Wladawsky, Irving, "Spotting Black Swans with Data Science," *Wall Street Journal*, May 17, 2013.

と報酬の裁定機会」を作り出すので，本来的に偏りがある。すなわち「ステーク・ホルダーのリスク許容範囲内で業務を行っているように見えるその一方で，非倫理的な管理者がハイリスクの行動をとる」[18) ことを許している。これが明らかに危険なのは，競争力を維持したい，その他の企業でも同様の過失行動を引き起こすからである。

　これまで論じてきたモデルの短所にもかかわらず，複数の異なるモデルを適用すれば，実際に，どれくらいのオペレーショナル・リスク資本が必要なのかについて，より信頼できる一定の見方を経営者が習得できるようになる。いったん，オペレーショナル・リスク資本の推定法が確立すれば，（第9章で論じたような）企業の全体的なリスク・リターン分析に統合できる。

リスク削減とリスク・コントロール

　オペレーショナル・リスクの評価と計測は重要であるが，主要リスクの原因の是正およびコントロールを通じたオペレーショナル・リスク管理の改善に向けたものでなければ意味がない。オペレーショナル・リスク管理の目的は，簡単にいえば，経営者が事業目的を達成する手助けをすることにある。一度，計測の枠組みができあがれば，次のステップは，オペレーション・ミスによる損失を削減するための対応策を講じることである。これらの対応策には，人的資源の追加投入，教育・研修のさらなる実施，プロセスの改善あるいは自動化，組織体制および組織上のインセンティブの変更，（より頻度の高い集中的なモニタリング等）内部統制の強化，システム能力の向上が含まれる。効果的なオペレーショナル・リスク削減への鍵は，顕在化しつつあるオペレーショナル・リスク問題に対処し解決するための，部門横断的な緊急対応チームを創設することである。フィデリティ・インベストメンツのある事業部門では，これらのチームはターボ・チームと呼ばれ，オペレーショナル・リスク指標がMAPを下回ると対応し，数日か数週間以内にその評価および対応策を経営者に報告するようになっていた。最後に，可能な改善策を評価し優先順位づけを行う仕組みを作らなければならない。費用便益分析と準備完了評価が，評価プロセスに含まれるべき有益な手段である。

　これまで論じてきたオペレーショナル・リスク管理手法のいくつかは，当然,

---

18)　Stamford Risk Analytics, Home Page.

事業部門レベルのオペレーショナル・リスク管理の改善に結びつくものである。事業部門は，データ収集およびその分析をもとに事業目標，エクスポージャー・リミット，MAP を設定し，オペレーショナル・リスクの水準をモニタリングし改善できる。たとえば，事業目標は伸縮的な目標であり，新しいプロセスを通じて一定期間後に到達したい目標かもしれない。MAP は，事業プロセスにおける許容しうる最大ミス発生率かもしれない。もし実際のミス発生率がMAP に抵触すれば，そのプロセスは見直されるだろう。オペレーショナル・リスクに対するエコノミック・キャピタルの配賦が，業績や行動に効果を及ぼすならば，資本負担を削減するためにオペレーショナル・リスク管理を改善しようとするインセンティブが，事業部門に与えられなければならない。たとえば，事業運営上の問題に従業員が迅速に対応し，オペレーショナル・リスクの状況をモニタリングし改善していくのに必要なコントロールを実行する手続きを，事業は確立できる。リスク削減に関して主として必要なのは，訓練の欠如や不十分なシステムといったオペレーショナル・リスクの根本原因を理解し，これらの根本原因に対する是正処置に注意を集中することである。

　事業プロセスやコントロールを通じたリスク削減のほかに，経営者が考慮しうるものにその他の財務的な解決策もある。企業は，オペレーショナル・リスクの期待損失をカバーする積立金を積むことができる。これらの準備金は，自家保険の一種と考えられる。期待損失は，製品価格のなかに織り込むべきである。市場リスクと信用リスクは，実務上すでに取引価格に上乗せされている。オペレーショナル・リスクも含めることで，より包括的なイメージを描くことができ，的確にリスクを反映したプライシングが可能となる。たとえば，ある事業部門が年間 1 万回の取引を行っていて，年間の期待損失が 8 万ドルであれば，1 取引当たり 8 ドルのリスク調整を行うことによって損失をカバーできるだろう。さらには，オペレーショナル・リスク（およびその他のリスク）の資本コストも取引価格に反映すべきである。プライシングはリスクのコスト以外に，企業が製品に期待するリターンの目標水準にも影響される。

リスク移転とリスク・ファイナンス

　企業は，重大なオペレーショナル・リスクのエクスポージャーに関する最善の戦略が，内部統制の実行なのか，それとも，リスク移転戦略の実施なのかを決定しなければならない。両者は互いを排除するものではなく，補完的なこと

が多い。たとえば，多くの企業は作業現場の安全手続きを備えるとともに，労災保険を購入している。事実，前者は後者のコストを引き下げる。別の例は，製造物責任である。企業は，商品開発のコントロールを強化すると同様に，製造物責任保険も購入する。リスク移転戦略のなかには，内部統制に対する防御策もある（たとえば，取締役や管理職の損害賠償保険は，不法行為に対する補償を提供している）。より最近では，確立したリスク・コントロールが失敗した事象において，「サイバー・セキュリティ」に対する保険契約の見積もりを行っている企業もある。過去，保険マネジャーは，構造，コスト，料率，サービス水準に基づいて，この種の保険契約を購入していた。企業は，ERM とオペレーショナル・リスク管理の関連で，以下のことを行うべきである。

- オペレーショナル・リスクのエクスポージャーの識別，その発生可能性，重大性，エコノミック・キャピタル必要額の計量化
- 全社のリスク・リターン特性を評価するための，オペレーショナル・リスクと信用リスク・市場リスクとの統合
- （MAP，エコノミック・キャピタルの集中化等）オペレーショナル・リスク・リミットの設定
- 内部統制の実施，およびリスク移転戦略とリスク・ファイナンス戦略の開発
- （リスク保有とリスク移転のコスト比較のような）費用便益分析に基づく代替的なプロバイダーや構造の評価

　リスク移転とリスク・ファイナンスの間には重要な違いがある。リスク移転は，免責額と支払い上限額との間の損失を，第三者の保険プロバイダーが引き受けるのに対して，リスク・ファイナンスでは，保険会社が資金を提供し，時間経過とともにその資金が返済される。第 10 章で論じたエコノミック・キャピタルとリスク調整済み資本収益率（RAROC）の枠組みは，異なるリスク移転戦略の影響を評価するのに有益な手段である。たとえば，リスク移転戦略の実施では，経済的便益に期待損失の低下および損失のボラティリティ低下が含まれるのに対して，経済的コストには保険料やカウンターパーティ信用エクスポージャーの上昇が含まれる。ある意味，企業はリスクを出再（再保険に出してリスクを移転する）とともにリターンも引き渡しており，その結果として出

再後 RAROC を計算できる。企業は，さまざまなリスク移転戦略の出再後
RAROC を比較することによって，異なる構造，価格，相対取引先を同一基
準で比較でき，最適な取引を選択できる。さらに，出再後 RAROC が企業の
資本コストを下回るようなリスク移転戦略は，株主価値を引き上げるだろうし，
その逆もまた真である。

オペレーショナル・リスク管理のベスト・プラクティス

　オペレーショナル・リスクは，企業が当初から直面するリスクであり，最古
のリスクであることは議論の余地がない。にもかかわらず，ERM のなかで，
最も発展が遅れているというのは皮肉だ。今日，オペレーショナル・リスクは，
企業がコントロールしなければならない最も重大なリスクとして広く認識され
ているが，また大きな機会が存在する領域でもある。基本的実践，標準的実践，
ベスト・プラクティスという観点から以下で論じるように，オペレーショナ
ル・リスク管理の領域でも，幅広の実務がある。

基本的実践

　基本的実践のレベルでは，企業はオペレーショナル・リスクを明確なリスク
管理領域として認識している。オペレーショナル・リスクとそのサブカテゴリ
ーの定義が適切になされている。CRO に報告を行うオペレーショナル・リス
ク管理者が，全体的なオペレーショナル・リスク管理計画推進のために任命さ
れる。オペレーショナル・リスク管理委員会が，業務執行部門および監督部門
からの代表者で組織される。同委員会は，共通の情報について議論し，オペレ
ーショナル・リスクの計測および管理活動について調整を行うために毎月開催
される。

　リスク評価・計測に関して，企業は，オペレーショナル・リスクにかかわる
損失記録の収集を始めているだけでなく，リスク指標に関する報告を始めてい
る。さらに，業務執行部門によるコントロール・セルフ・アセスメント
（CSA）が毎年実施されている。オペレーショナル・リスク管理方針が作成さ
れ，取締役会によって承認されている。オペレーショナル・リスク管理グルー
プが，上級管理職や事業部門のコンサルタントとして行動し，危機管理の状況
下での支援も行う。監査およびコンプライアンス・グループは，オペレーショ

ナル・リスク管理方針をチェックする。

標準的実践

　上記の基本的実践をもとに，標準的実践の企業では，事業部門による一連の完全なオペレーショナル・リスク指標を開発している。彼らは，また，これら管理指標に関する目標とMAPを設定し，毎月の報告および継続的モニタリングのプロセスを作りあげている。これらの報告およびモニタリングのプロセスは，取締役会および経営者が主要リスクのエクスポージャーや傾向を理解する助けとなる。さらに，標準的実践の企業では，主要オペレーショナル・リスクのエクスポージャーに関する早期警戒指標の開発に着手している。オペレーショナル・リスクをより理解するために，執行業務におけるエクスポージャーの主要領域を明確化したリスクベースでのプロセス・マップが開発されている。標準的実践の企業では，数年間にわたりオペレーショナル・リスク損失および事象が集められ，内部データベースと業界の損失データベースもリンクされている。

　リスク削減とコントロールに関して，標準的実践の企業では，オペレーショナル・リスクが顕在化した際の対応計画やコンティンジェンシー・プランを作成している。オペレーショナル・リスクの専門家チームがオペレーショナル・リスク管理者を支援している。その役割と責任は，その他の監督および統制部門との関連で明確に定義されている。効果を最大化するとともに，ギャップや余剰を最小化するため，彼らは同じ組織内の一部として統合されている。監査はオペレーショナル・リスク管理の積極的な参加者であるけれども，オペレーショナル・リスク管理部門からの独立性を維持している。組織的な学習を確実なものとするために，オペレーショナル・リスク管理部門は，教育プログラム，オンライン上でのリスク管理方針の開示，過去の損失事象の事後的分析を実施している。

ベスト・プラクティス

　オペレーショナル・リスクはなおも急速に発展しつつある一方で，いくつかのリーディング・カンパニーが採用しているより進んだ応用事例をここで述べることは有益である。ベスト・プラクティスの企業は，オペレーショナル・リスクの評価および計測を支援する定性的ツールと定量的ツールを統合している。

彼らも，また，一連の完全な早期警戒指標を開発してきた。これらの指標には，内部の業務プロセスだけではなく，この企業が事業を行っている外部の事業環境に関する先行指標も含まれる。外部指標の例としては，世論，政治不安，規制変化，技術動向を追跡する尺度もあげられる。ベスト・プラクティスの企業では，エコノミック・キャピタルを信用リスクや市場リスクと同じようにオペレーショナル・リスクにも配賦し，そのことによって，リスク調整済みの業績評価が可能となり，事業部門には，オペレーショナル・リスク管理を改善するインセンティブが与えられる。さらに，これらの企業は，潜在的リスクの定量化のみならず，さまざまなリスク削減戦略を評価するために，シナリオあるいはシミュレーションに基づくオペレーショナル・リスク・モデルの開発を始めている。

　保険機能は，完全にオペレーショナル・リスク管理機能に組み込まれている。エコノミック・キャピタルの枠組みに基づき，企業がリスクを保有するのが望ましくないと判断したうえで，もしリスク移転コストがリスク保有コストより低ければ，リスク移転戦略が実行される。オペレーショナル・リスクを首尾よく管理するために，ベスト・プラクティスの企業では，オペレーショナル・リスクのコントロールを事業管理のなかに組み込んでいる。これには，事業計画やその検証だけでなく，新商品戦略や合併戦略におけるリスク分析が含まれる。その結果，オペレーショナル・リスク管理機能は，狭義の統制機能から，プライシング・成長および収益戦略に関する優れた事業決定を支援する機能へと進化してきている。

エマージング IT リスク

　過去数年間，ERM およびオペレーショナル・リスク管理者は，新しく複雑な IT 関連リスクに対処してきた。サイバー・セキュリティ，クラウド・コンピューティング，そしてソーシャル・メディアという3つのエマージング・リスクについて見てみよう。

サイバー・セキュリティ

　2013 年3月，合衆国国家情報長官ジェームズ・クラッパーは，今日における国家安全保障の最大の脅威はもはや過激派によるテロではなくサイバー犯罪

第 14 章　オペレーショナル・リスク管理　　　297

だと述べた。このことは，米国が物理的な脅威からサイバー攻撃へと舞台を変
えたように，国家のパラダイムが大きくシフトしたことを示している。エネル
ギー産業だけでも，サイバー犯罪は年間 1,190 億ドルから 1,880 億ドルという
損害を米国経済に与えてきた。その数字は着実に増加しながら，攻撃の激しさ
が増してきている。

　米国政府は，脅威の増大に応じてサイバー犯罪を次のように 6 つの段階に分
類してきた。

■　ティア 1 および 2：最低レベルであり，攻撃者は「よく知られた脆弱性」
　　を目標にしている。
■　ティア 3 および 4：より多くの資金を使って，攻撃者は「新しい脆弱性」
　　をピンポイントで攻撃し悪用する。
■　ティア 5 および 6：攻撃者の資金は 10 億ドルにも達し，実際に「脆弱性
　　を作り出すこと」を可能とする [19]。

　民間部門にとって，このようなサイバー犯罪の増加と攻撃者の高度化は，サ
イバー空間という新しい戦場の出現を意味しており，サイバー・セキュリティ
の問題は ERM の枠組みにおいてますます欠くことのできないものとなってい
る。前国家安全保障担当補佐官トム・ドニロンは，民間部門で生じた「事業の
極秘情報や特許技術をターゲットとする盗難」に深刻な懸念を表明した。その
ことは，企業データのセキュリティという概念が，企業が関心をもつかどうか
にかかわらず，企業にとっていかに重大であるかを切実に示している [20]。
　情報を盗み取ることを目的としない別のタイプのサイバー攻撃もある。しか
し，これは，それらの攻撃が危険でないことを意味しない。たとえば，サービ
ス妨害（DoS）は，ウェブサイトに大量の情報を送りつけてネットワークを混
乱させようとする試みである。これによってネットワークは麻痺し，ユーザー
はインターネットやその他サービスへのアクセスを拒否される。そして，本質
的な日々の活動を行う企業の能力を深刻なまでに損なわせる。2013 年 4 月，

---

19)　Department of Defense, "Task Force Report: Resilient Military Systems and theAdvanced
　　Cyber Threat," January 2013, p. 2.
20)　Martinez, Luis, "Intel Heads Now Fear Cyber Attack More Than Terror," *ABC News*,
　　March 13, 2013.

チャールズ・シュワッブは DoS の攻撃を受けた結果，企業のウェブサイトと
モバイル・アプリケーションがダウンし，2 日間の機能停止に陥った。シュワ
ッブの報道担当グレッグ・ゲイブルは「DoS は顧客データあるいは勘定に影
響を与えなかった」と語った。DoS の攻撃に苦しむその他の企業は，それほ
ど幸運ではないかもしれない [21]。

　他のタイプのリスク管理と同様，サイバー・セキュリティの狙いはサイバー
攻撃の脅威を除去することではない。なぜならば，これらは企業のコントロー
ルを超えた外部からの攻撃だからである。その代わり，企業は失われるデータ
量を最小化することで受ける損失を減らすことに集中すべきだ。最近，シドレ
イ・オースティンによって出された白書によれば，経営者が知的財産やその他
サイバー上の資源を盗難から守るためにとるべきいくつかの主要手段を，LLP
（有限責任事業会社）は明らかにしている。興味深いことに，サイバーの脅威
と戦う最善の方法は完全に自閉することではなく，企業が互いに協調すれば，
サイバー・セキュリティはより効率的になるということである。

　もちろん，反トラストや競争問題がこの種の企業間の協力を困難にしており，
その結果，企業は孤立化してきた。民間企業がそのサイバー・セキュリティの
枠組みのなかで進んで違反を暴露することは難しく，これらの弱点を意図的に
隠蔽することは逆の結果を招きかねないことは理解しやすい。サイバー犯罪と
戦うための一貫性ある統率のとれた努力が必要なことを認識していたので，政
府は失われたデータの流出をせき止めるために，先頭に立って努力をしてきた。
しかしながら，透明性のある議論を通じた民間企業による協調がないので，こ
れら努力は大きな失敗に終わった。初代の国土安全保障省長官トム・リッジは，
国家全般の強力なサイバー・セキュリティにとって最大の障壁となっているの
は公的部門と民間部門との間の緊張関係であると考えている。というのは，
「政府が依存しているインフラは，一般に民間部門によって所有されている」
からだ [22]。

　政府は現在，「基本的インフラ産業」（たとえば，金融，輸送，公益企業な
ど）に含まれる企業が，情報共有化・分析センター（ISACs）と呼ばれる政府
委員会を企業構造のなかに組み入れることを受け入れるよう求めている。これ

---

21)　Barlyn, Suzanne, "Cyber Attack Briefly Shutters Charles Schwab Website," *Yahoo! News*, April 23, 2013.

22)　Roman, Jeffrey, "Cybersecurity: The Role of DHS," *Bank Info Security*, March 4, 2013.

は，サイバー・セキュリティに関する知見の利用可能性を増大させ，それによって政府と民間企業双方にメリットをもたらす。ISACs を通じて，政府は国全体のサーバー犯罪に対する防御を支援し高めることができる一方で，民間企業は政府のサイバー・セキュリティの資源を活用できる[23]。

サイバー・セキュリティ手段の強化に関する国防総省による推奨からの出典であるけれども，ここに民間企業がサイバー防御壁を強化し始めようとする際に利用できる一覧表がある[24]。

- **核攻撃を防御し伝統的能力の利用可能性を確保する**：民間企業とってこれは，サイバー攻撃に対する既存 IT システムの継続的な検証とモニタリングに置き換えられる。国防総省は，検証期間中，原子力システムは隔離し，必要に応じて再設計すべきことを推奨している。民間企業は，サイバー攻撃を封じ込めるための能力を改善できる，この隔離手段に従うことが可能である。企業がサイバー攻撃に最もさらされそうな領域を決定するために，企業および法律的環境を検証することも堅実なことといえよう。
- **焦点を当て直す知性**：国防総省は同省内において，サイバー・セキュリティを最高に重要なものとするように焦点を移すパラダイム・シフトを推奨している。これは民間企業にも適用できる。リスク管理方針やリスク・アペタイト・ステートメント，早期警戒指標，リスク・モニタリング，リスク報告プロセスに関しても，サイバー・セキュリティは最も優先されるリスクとすべきである。
- **サイバー防御を強化する**：国防総省は，自動的なサイバー防御の開発を促しており，それによりサイバー攻撃が標的とするサイトを手動で突き止めるためのコストと時間を削減できるだろう。これは，民間企業にとっても重要であろう。政府がその支援を行っているので，民間企業は政府の洗練されたサイバー・セキュリティ資源に資金提供すべきである。
- **国防総省のサイバー文化を変える**：民間企業にとってこれは，企業のサイバー・セキュリティ戦略を承認し，従業員にサイバー攻撃の認識方法だけ

---

23) Raul, Alan Charles, "Cybersecurity—It's Not Just About 'National Security' Anymore: "Director's Desk" and Other Incidents Sound Wake-up Call for the Executive Suite and Board Room," *Privacy and Security Law Report*, p. 4.

24) Department of Defense, "Task Force Report: Resilient Military Systems and the Advanced Cyber Threat," pp. 82–83.

でなく対処法も教えるような訓練プログラムを備えることを意味する。これらの訓練プログラムは，インサイダーによる漏洩という形をとる内部のサイバー攻撃から企業を守ることにも役立つだろう。

■ **サイバー要件をシステムの使用期限のなかに組み込む**：民間企業は企業のすべての面で適用可能なように既存のサイバー・セキュリティの枠組みを編成し，それによって企業が常に守られていることを担保することを考えるべきである。これらの枠組みはまた，さまざまな形態のサイバー攻撃に対応できるように順応可能なものとすべきである。

とりわけ，絶え間ない技術進歩がサイバー犯罪を永遠に進化させる動的かつ流動的な挑発としていることを理解するのが重要である。たとえば，コンピュータ・ネットワークがもはや唯一の脆弱な場所ではない。サイバー犯罪者はその標的を，民間企業の技術的な枠組みにまだ統合されていないソフトウェアやハードウェアへ変更しつつある。それによって，製造プロセスにも脅威が及んでいる。したがって，企業のリスク管理の枠組みは，サイバー犯罪の脅威に対して柔軟かつ常に適応可能なものとすることが重要である。

クラウド・コンピューティング

クラウド・コンピューティングは，クラウド・システムのもつ複雑性と包括性を象徴するように，一般に使われる雲（クラウド）からとった名前であるが，それにより企業は（ハードウェア，ソフトウェア，データのような）外部サーバー・リソースを利用できる。クラウド・コンピューティングは，物理的および電子的な記憶装置への必要投下資本を減らすことで間接コストを大幅に削減できるだけでなく，企業がIT環境をアップデートすることも手助けし，企業全般の柔軟性と効率性を改善する。最近のラックスペースの研究によれば，クラウド・コンピューティングは平均22パーセント利益を増大させ，IT関連支出を平均478,300ドル節約した[25]。

企業はクラウド・コンピューティングを内部的に備えたり，外部のサービス・プロバイダーを通じてクラウド・システムにアクセスしたり，これらを組み合わせたりできる。

---

25) Columbus, Louis, "Making Cloud Computing Pay," *Forbes*, April 10, 2013.

- ベンダー・クラウドは，外部のクラウドサービス・プロバイダー（CSPs）によって販売され，企業はインターネット（その他の形態のネットワーク）を通じてリソースにアクセスでき，他の顧客と共有できる。
- プライベート・クラウドは，ベンダー・クラウドの後でモデル化され，独占的に管理され，企業の内部からのみアクセスが可能である。
- ハイブリッド・クラウドは，ベンダー・クラウドとプライベート・クラウドを組み合わせたもので，企業ニーズに合うように編成されたクラウド構造を提供する。
- コミュニティ・クラウドは，普通，同じ産業に属するような，目標と利害を共有化する企業によって利用され，内部でも外部でも管理できる。

　クラウド・コンピューティングにコスト上の優位性があるにもかかわらず，先に議論したように，クラウド以前から備えていたリソースに関するリスクはなくなっていないし，サイバー・セキュリティを強化する企業努力になんら貢献をしていない。事実，クラウド・コンピューティングは新たなリスクをもたらしていて，それは企業データに対する経営者の管理が希薄化していることから生じている。

　とくにベンダー・クラウドの利用によって，企業は増大するリスクの影響を受けやすくなっている。というのは，企業は現在，CSP自身のみならず，CSPsの他の顧客が経験したリスクにもさらされているからである。CSPや他の顧客が自分自身のリスク管理の枠組みと企業のそれとを連携させるような努力をしておらず，内部プロセスについて透明性のある意思伝達を行おうとしていないように思える。利害関係が潜在的に多様になっていることを考えなければならないので，このことはリスク管理を複雑にしている。最終的に，企業が実質的に第三者に頼っていることで，企業のIT環境の安定性に脅威を与えている。

　クラウド・コンピューティングはまた，サイバー犯罪者にとって企業をより魅力的なターゲットとしている。というのは，ある特定のクラウド上で利用可能なすべてのサイバー・リソースへのアクセスを得るために，1つのネットワークに侵入すればよいだけだからである。そのようにして，サイバー犯罪者による外部的なものにせよ，インサイダー漏洩者による内部的なものにせよ，企

業が大量の個人データをクラウド・システムに移すようになるとともに，データ漏洩のリスクはますます増大している。

　しかしながら，リスク管理戦略をクラウド・コンピューティングに適用することで，企業はデータ管理を犠牲にすることなく，その真の潜在力を利用できる。これら戦略は，これまで見てきた概念である。すなわち，リスク・アペタイト・ステートメントの定義づけ，頑健なモデル・ガバナンス，強力で明確な意思伝達経路，企業の現在の IT 環境の全般的把握である[26]。もっと重要なことは，企業が新しいリスク領域について完全なビジョンをもつためには，企業のリスク管理の枠組みを CSP や CSP の他の顧客のリスク領域を包含するようにも変えていくべきである[27]。

ソーシャル・メディア

　ソーシャル・メディアの登場は，コミュニティの形成，意思伝達，知識の移転を容易にするという点で前例のない改善を主導することで，ビジネスの世界を大きく変貌させた。しかしながら，ソーシャル・メディアは，とくに危機的状況において，主要なステーク・ホルダーの認識に影響を及ぼす可能性について十分な認識のない企業にとっては諸刃の刃となる。

　組織のなかで，ソーシャル・メディアは従業員と企業環境の間の関係に大きな影響を与える。というのは，それが個人と企業との境界線を曖昧にするからである。勤務中にソーシャル・メディアの利用を管理できない企業は，従業員の生産性低下というリスクを経験する。なぜなら，従業員は注意散漫になり，損失をもたらすことになるからである。最近のメイシャブルの研究によれば，ある種のソーシャル・メディアは従業員に 10.5 分間仕事を中断させていて，これは米国経済全体に 6,500 億ドル近い損失になることが明らかになった[28]。

　従業員の多くが経営者に幻滅すれば，ソーシャル・メディアは従業員の忠誠心を悪化させ，インサイダーの情報漏洩の機会を増加させる。従業員の忠誠心が揺るがない場合でさえ，ソーシャル・メディアのチャネルを制限しないと，過失による情報漏洩を引き起こす。その点に関して，ソーシャル・メディアを

---

26)　Chan, Warren, Eugene Leung, and Heidi Pili, "Enterprise Risk Management for Cloud Computing," June 2012, p. 8.

27)　同上。

28)　Crouse, Becca, "Social Media Negatively Impacts Employee Productivity: Surprise, Surprise!," *March Communications*, September 28, 2012.

第 14 章　オペレーショナル・リスク管理　　　303

仕事場に導入することは，またサイバー攻撃のリスクを増加させる。というのは，ソーシャル・メディアのプラットフォームは，疑うことを知らない従業員が社内ネットワークに非常に簡単にダウンロードできるような，活発なウィルスやマルウェアの温床となるからである。

　ソーシャル・メディアはまた，企業と大衆の間の関係づくりにも主要な役割を果たし，企業のブランドイメージを作ったり，破壊したりする。フェイスブックのようなプラットフォームによって，良し悪しは別にして，企業は直接，顧客と交渉できる。たとえば，2010 年 3 月，グリーンピースがキャンディにパームオイルを使っているとしてネスレを激しく非難した後，フェイスブック・ユーザーが同社のフェイスブック・ページを攻撃した。ネスレはコメントに対するホームページを閉鎖して負のフィードバックを封じ込めようと試みたが，このことで事件が注目を集めることになって火に油を注ぐ結果となった[29]。

　ネスレのケースは，商品の販売だけでなく顧客との関係構築でも，ソーシャル・メディアが重要なことを示している。ネスレは，大衆にパームオイルを使うことについて合理性があることを説明するためにフェイスブック・ページを活用してきた。それによってグリーンピースのネスレに対するキャンペーンの影響を緩和できたかもしれない。正しく使用すれば，ソーシャル・メディアのプラットフォームは実際にリスク管理手段となりうる。というのは，それは今起こりつつある問題の早期警戒指標となり，ステーク・ホルダーと意思伝達するための能力を提供するからである。これまで見てきたように，ネスレによるフェイスブックの間違った利用法によって，企業責任に対する大衆の見方が厳しくなっただけである。

　ソーシャル・メディアに関するリスク管理の第一歩は，ソーシャル・メディアが企業全体に影響を及ぼし，IT 部門に限定される問題ではないことを理解することである。したがって，既存のリスク管理の枠組みをソーシャル・メディアを包含するように拡張する努力は，企業の全部門，経営のあらゆる階層から人を出して構成したチームにより主導されるべきである。この点からたとえば，勤務時間や企業の IT 機器に関して許される，あるいは禁止される行為を定めたソーシャル・メディア方針を作成できる。企業の大衆イメージの低下を

---

29)　同上。

阻止するだけでなく，今起こりつつある問題を明らかにするために，ソーシャル・メディアのチャネルを常にモニターしておくことも肝要であろう。

ケーススタディ：ヘラー・フィナンシャル

ヘラー・フィナンシャル社は，時価総額20億ドル超の商業金融会社であった。1998年末，ヘラー社の資産は140億ドルを超え，純収入は1億9,300万ドルを記録した。ヘラー社の構想は，米国国内と精選された国際市場で，中小企業に特化した貸付で主要プロバイダーになることである。

1998年5月1日，ヘラー・フィナンシャル社は，ニューヨーク証券取引所に再上場し，上場企業の地位に戻った。以前は，富士銀行の完全所有であったが，会社が保有する株式の42パーセント超がIPOで売り出され，総額10億ドルにのぼる資金が調達された。このIPOは競争のハードルを高くした。ヘラー社は，商業金融業界の同業者と顧客争いをしなければならないだけでなく，数多い上場企業のなかで投資家の資金も争わなければならない。CFOマーチン・ロウラリーは次のように説明する。

「ステーク・ホルダーが多くなると，業績のベンチマークは単に自分自身の水準だけではなくなる。その他あらゆるものに対してベンチマークが設定される。当然，競争は厳しくなって，より高い水準の業績が求められる。」

市場の求めていることは明確である。すなわち，並外れたリスク調整済み資本収益率を達成することによる株主価値の最大化である。

IPO後のヘラー社の財務目標は以下のとおりである。

- 資本収益率を少なくとも15パーセントまで着実に引き上げる。
- 格付をAまたはA⁺に引き上げる。
- 収入の増加，利益幅の引き上げ，事業効率の改善，信用力の維持により毎年15パーセント超の収益増加を達成する。
- 堅実な貸付の規律，慎重なリスク管理，バランスがとれた分散化という運用戦略に基づく強固な財務基盤を維持する。

優れたリスク管理は，これらの各目的を達成するための鍵となる。資本収益率を15パーセントに増加させるには，効率的な資本配賦が求められ，信用格付を引き上げるためには，全般にわたり効果的なリスク管理が求められる。信用力を維持しながら事業効率を高めるには，オペレーショナル・リスクの確かな理解と管理が必要である。

組織内の変化

ヘラー社の組織内で起きた数多くの変化を考慮すると，リスク管理に対する積極的な対応が重要である。1998年，ヘラー社は国内事業を5つのコアビジネスであるコーポレート・ファイナンス，コマーシャル・サービス，リース事業，不動産ファイナンス，中小企業金融に統合した。さらに，ベスト計画では，プロセスを効率化し，余剰人員の解雇，労働力を15パーセント削減するために，ヘラー社の各事業の合理化を推し進めた。ヘラー社は，また，ダナ・コマーシャル・クレジット・コーポレーション社のテクノロジー・リース事業が保有していたおよそ6億2,500万ドルの国内・海外資産を獲得した。1999年1年間を通して，ヘラー社は再編を続けて行った。リース事業は，グローバル・ベンダー・ファイナンス社，キャピタル・ファイナンス社，コマーシャル・エクイップメント・ファイナンス社の事業グループに分割された。コマーシャル・サービス事業は売却された。また，ヘルスケア・ファイナンス社グループが買収された。新しい国際市場の拡張と買収したダナ・コマーシャル・クレジット・コーポレーション社のグローバル・ベンダー・ファイナンス社グループへの統合が行われ，ヘラー社が顧客や見込み客に提供するリース商品の品揃えも広がった。

1999年7月，チーフ・クレジット・オフィサーであるマイク・リトウィンは，急増するリスク環境への対応としてリスク管理手法を改めるように求めるメモを回覧した。リトウィンは以下のように意見をまとめた。

「実際のところ，組織が変化のプロセスにあるとき，あるいは新しい行動を起こしつつあるときには常に，安定的に既存事業を行っているとき以上に大きなオペレーショナル・リスクにさらされる。合併，新システムの導入，プロセスの変更，新商品の投入あるいは新市場への参入，新規従業員の採用や新規顧客の獲得に起因するリスクを認識するために，包括的かつ事前予防的

な ERM 機能が整備されなければならない。さらに，全組織はベスト計画の推進の結果によるストレスだけでなく，上場企業であることのストレスのもとにある。」

このメモはリスクに対する新しい手法を採用するきっかけとなった。1999 年 9 月，ヘラー・フィナンシャル社は ERM の推進に乗り出し，そのリスク管理のビジョンをオペレーショナル・リスク管理にとくに焦点を当てたものに定義し直した。

ERM とオペレーショナル・リスク管理
　ERM 推進の上級管理職は，各組織の管理者や職場リーダーが収益リスク管理を改善する必要があることに気づいているとは思っていたが，この考えが正しいことを確認しなければならなかった。したがって，ヘラー社は，ERM プログラムの第 1 段階として，現在のリスク管理実務の徹底的な評価を行った。このプロセスは次のとおりであった。

- リーダーシップ・クレジット評議会メンバー 38 名に対する，収益リスク問題に対する全般的な取り組みについての内部調査
- 企業の現況や将来の方向性を論じるための 35 名以上の上級管理職との一対一での面談
- 企業の現行のリスク管理実務（リスク管理組織体制，方針，分析，報告）に関する内部研究とベンチマーク分析

　評価してみて主に 2 つのことが明らかになった。第 1 に，ERM 推進に対して経営者の強い支援があること。第 2 に，ヘラー社のリスク管理には，オペレーショナル・リスク管理とさまざまなリスク管理活動の全体的な ERM 枠組みへの統合に大きなギャップがあることであった。

ヘラー社のリスク特性の進化
　ヘラー社の事業特性の変化は，それに応じたヘラー社のリスク管理手法の変化を必要とした。買って保有するモデルから組成して販売するモデルへの商業金融業における構造変化は，ヘラー社の資産のリスク特性を，伝統的な信用リ

スクから統合的な市場・信用リスクへと変化させた。ヘラー社の事業が取引を重視したものから，中小企業向け貸出や小口簡易リースのようなフロー・プロセスを重視したものに変化するにつれて，ヘラー社のリスク特性も，オペレーショナル・リスクにいっそう注意が必要なものへと変質している。

ヘラー社は，常に，強力な信用重視の文化を有してきた。ヘラー社が市場リスクとオペレーショナル・リスクをこの信用文化のなかに結合し，ERM の原則を具現化した文化として発展させるときが訪れた。現行の信用リスク管理プロセスは，優れた資産選択，流動性，集中，分散を生んできたが，それでは人的ミスやシステム障害に起因する損失を管理することはできない。最高与信管理責任者（CCO）のマイク・リトウィンは，以下のように述べる。

「現在のところ，会社内で重大な信用リスクの問題をかかえてはいないが……焦点を当てるべきリスク，財務状況や市場信頼度に大きな影響を及ぼす可能性のあるリスクは，信用リスクと市場リスクに限られるわけではなく……オペレーショナル・リスクも含まれなければならない。最終的には，これらの非信用リスクの多くは貸倒れ償却として顕在化するけれども，われわれが，それを信用調査のプロセスで適切に対処できる信用上の問題であると考えるのであれば，われわれは自らを欺いていることになる。われわれは，問題の『原因』よりも『結果』に取り組もうとしていることになってしまう。」

商業金融業のトップクラス入りを果たし，市場と比較して優れたリスク調整済み資本収益率を達成するために，ヘラー社は，リスク・リターンのトレードオフ関係をより洗練され理解された形で意思決定のなかに取り込み，トップクラスのリスク管理者となる必要がある。ERM アプローチでは，信用リスク管理を超えて企業全体のリスク・リターンの最適化を行う必要がある。ERM では，市場リスク，信用リスク，オペレーショナル・リスクを別々に認識するというよりも，ヘラー社が歴史的に直面してきたリスクに目を向けることになる。ヘラー社が直面するリスクは，必ずしも容易に分類できるものではない。市場リスクと信用リスクは相互関係があり，オペレーショナル・リスクは信用上の損失と区別されることが多い。ERM では，市場リスク，信用リスク，オペレーショナル・リスク間のすべての相互関係を考慮しながら，カテゴリーが重複

するリスクを十分に理解し，すべてのリスクを認識できるように，市場リスク，信用リスク，オペレーショナル・リスク管理を統合する。

ERM の目的

ERM 推進の目的は，リスク・リターンの統合的な見方を通して，企業を下方リスクから守ることと，事業パフォーマンスを改善することにある。ERMアプローチによって，経営者が最も高いリスク調整済み収益率を認識し，それに従って事業を成長させ，結果として株主価値を最大化できる。ヘラー社のERM 推進の目的は以下のとおりである。

1. 会社にとってリスク管理が重要であることを会社全体で認識すること
2. 信用リスク，市場リスク，オペレーショナル・リスクの包括的かつ全社的報告を行うこと
3. 長期の貸倒れ損失を削減すること
4. 外部のステーク・ホルダーに対する信用を高め，ヘラー社の資金コストを可能なかぎり引き下げること
5. ヘラー社の時価総額を増加させること

組織変更

CRO という職位が設置され（マイク・リトウィンが CRO となった），全種類のリスクの統括的管理責任を負うようになった。CRO は，企業の信用リスク，市場リスク，オペレーショナル・リスクを戦略的に管理する責任をもち，ヘラー社が直面する全リスクを集権的に報告し管理することになる。オペレーショナル・リスク・オフィサー（ORO）という職位も設置され，オペレーショナル・リスクの計測，モニタリング，管理について集権的な責任を負う。ORO は，オペレーショナル・リスクの全般的見解を提供し，事業グループを通じたオペレーショナル・リスク管理のベスト・プラクティスと学べる教訓の共有化を図る。これによって，ヘラー社は，事業のすべての面で整合的なオペレーショナル・リスク管理手法を備えられるだろう。

ERM プログラムの構成要素

ERM 推進の第 1 段階は 1999 年の後半に終了した。第 1 段階では，以下の

第14章 オペレーショナル・リスク管理　　　309

ような重要な点が達成された。

- 前節で論じたように，ヘラー社のリスク管理実務を理解するために，ERM評価が行われた。
- いくつかの次元のリスク管理実務に対して，全種類のリスクにわたりベンチマーク調査が実施され，他金融機関の実践例を基準にヘラー社の現状が評価された。
- ERM枠組みに関する文書が作成された。それにより，ERMの3つの主要な要素であるリスク認識，リスク管理，リスク計測について明確化され，リスク管理の専門用語を共通言語に換えた。
- ERMに関するヘラー社ビジョンが上級管理職によって定められ，明確に表明された。
- ヘラー社の長期的なERMビジョンを達成するための詳細な実施プランが作成された。それには，事業の進捗状況を評価するための中間目標も含まれる。
- すべての事業部門に一貫して適用でき，サービスを支援できるようなオペレーショナル・リスク管理の枠組みとオペレーショナル・リスクの標準的な報告様式が作られた。この枠組みは，2つの事業部門，中小企業向け貸出とグローバル・ベンダー・ファイナンスで先行実施された。
- 全社的リスク報告の様式が作成された。
- エコノミック・キャピタル概念を実証するための試行が行われた。

実施段階

　ヘラー社のERMプログラムの実施段階では，次のような主要課題が明確になった。

- **組織の再編**：ERMおよびオペレーショナル・リスク管理の目的は，奨励給，役割と責任，方針と手続き，訓練計画に統合される。
- **全社的リスク報告**：全社的リスク報告やオペレーショナル・リスク報告に関する情報を把握し集計するために，データ環境が改善される必要がある。
- **オペレーショナル・リスク管理手法の実施**：新しいOROが残りのビジネス・グループと協力し，次の年には新しいオペレーショナル・リスク管理

の枠組みを応用するための支援サービスを行い，新しい標準的なオペレーショナル・リスク報告を作成し始めるだろう。

ERM は旅のようであり，目標のすべてを完全に達成するためには組織の深い関与が必要である。しかしながら，比較的少ない資源しか必要としない短期目標がいくつかあり，ヘラー社はそれを近いうちに達成すべきである。前進するための事前準備と明確なロードマップがあれば，ヘラー社は，他の組織が同じ旅で体験したのと同じような，大きな成功と便益を手にするだろう。

追記

2001 年 7 月 30 日，GE キャピタル社が現金取引で 53 億ドル，あるいは 1 株当たり（予告価格の 35.90 ドルに 48 パーセントのプレミアムが乗せられた）53.75 ドルでヘラー・フィナンシャル社を買収すると発表した。その新聞報道によれば，GE キャピタル社はヘラー社のリスク管理能力を同社の主要資産の 1 つにあげた。

第15章　ビジネスへの応用

　リスク管理という概念の応用は何千年も前から見られる。第8章で数千年前の文献に保険に関する記述があることを述べた。しかしながら，リスク管理が真にビジネス上の規律として進化したのは1970年代以降のことで，経済の自由化や株主の影響力増大，規制当局からの圧力，コンピュータの性能向上などの要因が重なったためである。

　リスク管理のビジネスへの応用には大きく3つの分野がある。第1に損失削減，第2に不確実性の管理，第3に業績の最適化である。この3つの分野を組み合わせたものがERMである。歴史的には，この順にビジネスへの応用がなされたが，これは企業がリスク管理能力を発進させていく通常の順序でもある。この順に考察していく。

第1段階：下方リスクの最小化

　1970年代から1980年代のリスク管理の第1段階では，下方リスクの管理が中心だった。リスク管理の業務は，主に融資管理，投資および流動性方針，監査手続き，保険補償の確立であった。これらの防御的なリスク管理の目的は損失を最小化することにあった。

- ■　信用リスク管理の目的は，入口での融資承認と出口での債権回収を通じて，デフォルトの可能性を減らし，デフォルト時の回収を最大化することにあった。
- ■　市場リスク管理の目的は，潜在的なポートフォリオ損失と流動性危機の最小化であった。ポートフォリオ・リスクは，国債や高格付の社債を選好する保守的な投資方針によって最小化された。
- ■　オペレーショナル・リスク管理は，帳簿や記録，事業運営が，正確かつ規

則正しく行われているかどうかを確認することと，監査やコンプライアンス手続きを通じて，オペレーション・ミスによる損失事象の可能性や重大性を低減することに焦点を当てていた。保険はリスク移転の最初の手段であった。

結局のところ，下方リスクに注力するだけでは不十分で，そのことはポートフォリオ・インシュアランスの失敗に明確に示されている。ポートフォリオ・インシュアランスは，1980年にカリフォルニア大学バークレー校のヘイン・リーランド教授とマーク・ルービンスタイン教授によって考案された。これは，市場の下落時に自動的に株式を売って現金化することで，投資家の下方リスクを減らすことを目的としていた。

1987年10月までに600億ドルほどの資産がこの方法で投資されていたが，同年同月に起こった株価暴落で，ポートフォリオ・インシュアランスのマネジャーは懸命にモデルの要求するスピードで売り注文を実行した。そのため，ポートフォリオ・インシュアランスを行っていた投資家は，目標とするフロア（下限）か，それを下回ったところで手仕舞うことになり，行っていない投資家よりもほんのわずかだったがよい結果を収めた。けれども，その後数ヵ月間は暴落を悪化させたという非難まで受け，ポートフォリオ・インシュアランスは人気を失った。

広い意味では，損失削減は常にリスク管理の主要目的であったし，今もそうである。しかし，初期の段階では下方リスク管理に焦点を当てていたものの，それはあまりにも限られたものであった。第6章で，リスクをとった事業部門はリスクを最小化させるリスク管理部門と対立することが多いと述べたが，下方リスクの管理は，このような攻撃対防御という組織に弊害となる心理状態を生むのである。

この緊張を克服する1つの方法は，収益性や事業の成長を支える際に，リスク管理がどれほど強力な力となるかを示すことであった。それが，リスク管理の第2の応用，不確実性の管理へとつながった。

第2段階：不確実性の管理

リスク管理の第2段階は1990年代の一連の洞察から生まれたもので，ビジ

第 15 章　ビジネスへの応用　　313

ネスや金融業界を取り巻くボラティリティの管理に焦点が当てられている。

　過去数十年の間に，ボラティリティの新しい源泉が多数出現し，従来からの要因によるボラティリティも拡大してきた。1970 年代に外国為替相場は固定制から変動制に移り，さらに原油価格も大きく変動した。1980 年代には 2 桁のインフレ率や金利ボラティリティ，債務危機が起こった。この傾向は 1990 年代も続き，デリバティブの損失や株式市場の変動，市場から市場への暴落の連鎖反応などが見られた。そして，最終的には，世紀の変わり目にインターネット・バブルとその崩壊を招くことになった。

　同時に，投資家は次第に収益のボラティリティに対して寛容ではなくなっていった。企業がボラティリティ増大という課題に立ち向かうようになると，リスク管理の実践は，経営陣が潜在的損失を予測し，起こりうる結果の範囲を縮小する，つまり，ボラティリティの増大を管理するのに役立つよう進化した。

- ■ 信用スコア・モデルと格付推移モデルによって，信用リスク管理者は，与信取引を延長あるいは検証するときに，デフォルト率をより正確に見積もることができるようになった。こうして，損失に対するより正確な年間引当額の準備ができ，収益のボラティリティが低下した。
- ■ 金融市場リスクの管理にも重要な進展が見られた。洗練されたシミュレーション・モデルにより収益や市場価値の潜在的変化が予測され，一方で，産業ごとの標準尺度，とくに，VaR とエコノミック・キャピタルの技法が確立された。
- ■ この時期にオペレーショナル・リスク管理の重要性の認識が急速に高まった。キダー・ピーボディーやエクソン・バルデスの原油流出事故，1990 年のペリエ社のベンゼン混入事件のような災厄は，危機の防止と管理の必要性を前面に押し出した。さらに，米国のトレッドウェイ委員会報告（1991 年），カナダのデイ報告（1994 年），英国のターンブル報告（1999 年）といった多数の業界研究報告が効果的なコーポレート・ガバナンスの必要性を指摘した。

　リスク管理者がボラティリティを管理しようとするにつれ，（金融デリバティブや洗練された保険を含む）リスク移転商品が人気を博することになった。しかしながら，デリバティブは適切に使えなければ大きなリスクにもなる。と

くに，コンパウンド・スワップや仕組み債のような複雑なデリバティブは，レバレッジを大きく効かせていることが多く，市場の動きに非常に敏感である。ベアリング銀行をはじめメタル・ゲゼルシャフトやバンカース・トラストが引き起こしたような，きわめて大きな損失額によって，多くの人々は，デリバティブがボラティリティを減らすどころか，金融の安定性に対する脅威であると考えるようになった。これはおそらく偏った見方であり，巨額損失のほとんどが根本的には管理かプロセスの失敗に帰するものであった。

　こうして，1990年代後半には，通常のデリバティブや保険が，企業のリスク移転ニーズに応える完全な解決策にはならないことが明確になった。その結果，それまでは保険をかけられなかったリスクを対象とする新商品が登場した。代替的リスク移転手法（ART）が，以前は保険をかけられなかったリスクを移転する，あるいは従来からのリスクをより効果的に移転する方法として登場したのである。

　もう1つの重要な進展は，さまざまなサイロ型リスク管理の統合である。ART商品によって，企業はリスクを個別にではなくパッケージで移転することができるようになった。これは，統合された内部モデルとリスク・コントロールの進展（たとえば，取引相手のデフォルト・リスクを評価するときの市場リスクと信用リスクの統合）を反映していた。

　この全体的なリスクの見方によって，事業のリスク・リターン特性は以前より明確に認識されるようになった。このように，業績最適化のための梃子としてリスク管理を利用することに拍車がかかった。

第3段階：業績の最適化

　第3段階では，リスク管理はあらゆる種類のリスクを統合する手法へと発展する。第2段階での同種リスクの部分的統合によって，組織内のサイロ型リスク管理機能は完全に統合され，リスク・コントロールおよび移転戦略の合理化への道が示された。

　しかしながら，統合化でより重要なのはリスクとリターンの側面である。第4章で論じたように，ERMではリスク管理を企業の事業プロセスと統合する必要がある。第1段階および第2段階で使われた，下方リスクやボラティリティの管理を目的とする防御的あるいは統制型の手法ではなく，ERMはプライ

シング，資源配分，事業の意思決定などを支援し影響を与えることで，事業業績を最適化する。リスク管理が経営陣にとって攻撃のための武器になるのは，この段階である。

- 企業は取引相手の潜在的なデフォルト・リスクを十分組み込み，それに従ってプライシングするような融資商品向けのプライシング・モデルを開発した。このモデルは，集中リミット，分散，ヘッジ戦略に基づくアクティブなポートフォリオ管理と結びついて，融資事業全般を引受，組成，ポートフォリオ管理，販売という要素に分解した。
- 市場リスク管理では，企業は投資ポートフォリオのなかだけでなく，事業全体で保有するすべての資産および負債，オフバランスシート項目について資産配分の意思決定を行うようになった。そうすることで，市場から提供される期待収益と財務および規制上の制約とのバランスを保った。
- オペレーショナル・リスク管理は，知識とその応用という点では依然として最大の課題であるが，オペレーショナル・リスクに関する認識の水準は大きく向上している。リエンジニアリング計画で作成された大量のプロセス・マップによって，事業と運営プロセスへの理解は増している。活動ベースの見積り分析で，さまざまな事業と運営活動のコスト要因を計量化することで，この理解がさらに深まる。

　最後に，リスク管理の業績最適化への応用は，企業や規制当局によってリスク・リターン管理が受け入れられることで加速した。最良の例は，リスク調整済み資本利益率（RAROC）を，事業の収益性を測るだけでなく，買収や事業戦略のような主要戦略の意思決定で，企業経営陣が利用できる業績評価指標として使うことである。

リスク管理の将来的発展

　以上のように，優れたリスク管理は事業の意思決定と一体化したものであって，ビジネスの外側にあるものではない。逆にいえば，事業環境の変化によって効果的なリスク管理の方法も変わっていく。どの産業にも影響を及ぼしている大きな流れは以下のとおりである。

- **グローバリゼーション**：経済と市場の相互依存関係の増大と，ネットワークを通じた事業運営の国際化
- **技術**：技術主導型の事業と，それに関連する新しいオペレーショナル・リスク
- **市場構造の変化**：規制緩和，民営化，新しい競争の影響
- **リストラクチャリング**：合併・買収，戦略的提携，外部委託，リエンジニアリングなどの影響

　これらの傾向はいずれもリスク管理の新しい課題を生み出している。しかしながら，それは，これらの傾向が個別に考慮される，つまり，サイロ型の考え方に戻るということではない。ほとんどが相互に密接にかかわっているのである。

　たとえば，通信技術の進歩は，市場を明確に分けていた旧来の障壁を撤廃し，グローバリゼーションの進行に大きく寄与した。さらに，規制緩和を促進し，それまで保護されていた市場に新しい競合企業を参入させ，既存の企業に組織体制と実務の再考を余儀なくさせた。

　結局のところ，われわれは大きな変革の時代に生きており，これらの変革がもたらすリスクには全社的に統合された対応が必要である。この章では，ビジネス全般の観点から，リスク管理の応用について論じてきた。第3部の残りの章で，個々の産業の観点から，リスク管理の応用と直面する独自の課題について検証しよう。

第16章　金融機関

　金融サービス業は，競争が激化する事業環境と事業を形づくるリスク・リターンの動的変化の双方を，定義し直さなければならないという苦しい転換期にある。世界的な金融危機への対応で，銀行規制当局は自己資本比率規制と検査基準を大幅に引き上げている。既存の金融機関がこの新しい事業環境で生き残ろうとするならば，各自のビジネス・モデルを適応させ，リスク管理能力を向上させなければならない。

　金融機関[1]は，リスクを計測し管理する能力が競争力の要になるという意味で，他の企業とは異なる。リスク管理は常に金融機関の中核業務であり，リスク状況は収益性を決定する重要な要因である。GE キャピタル社の元最高経営責任者ゲーリー・ウェントが述べているように「方程式のリスク管理の項を適正にすることが何よりも重要」なのである。言い換えれば，ある金融機関が存続し繁栄するために必要なのは，競合他社よりも優れたリスクの識別，計量化，評価や管理を行う能力である。他者の資金を管理する者として，顧客からの信用・信頼を獲得し維持する能力が，事業成功の絶対的な要件である。

　さらに，金融リスク管理の仕事はある程度の期待損失を含んでおり，これが重要なコスト要因となる。金融損失は，昔から金融サービス業で事業を行うときのコストの大部分を占めてきた。そして，驚くことではないが，金融機関はどのくらいリスク管理に優れているかを熱心に示そうする。金融機関の年次報告書には，通常，さまざまなリスクに対する委員会や戦略を含むリスク管理能力の詳細が記載されている。

　しかしながら，この章で論じるように，金融機関が成功に安んじるにはまだ不十分である。金融サービス業は 1980 年代以降急激に変化し，その結果，リスク管理の課題は静的ではなく，動的なものとなっている。最初に，金融サー

---

1)　この章の記述の中心は銀行，貯蓄機関，証券会社，保険会社であるが，論じているテーマはあらゆる企業の財務および保険業務に直接関連がある。

ビス業の基本的構造に変化をもたらしている重要な業界動向を検証しよう。それから，カナダ帝国商業銀行（CIBC）のケーススタディを用いて，金融機関のリスク管理要件について論じる。さらに，金融機関における将来のリスク管理の重要な課題を簡単に述べる。

業界動向

金融機関が直面するリスクと，それらを管理するための最適な手法を正しく評価するには，金融業界の基本的な業界動向を最初に理解しておかねばならない。相互に関連する4つの大きな動きがある。合併，規制緩和，競争，集中である。これらを順番に見ていこう。

合併

金融サービス業は大きな合併のうねりのなかにある。合併は1980年代半ばに米国の銀行で始まり，世界中のあらゆる種類の金融機関に広がっている。

たとえば，米国の連邦預金保険公社（FDIC）が補償を行っている銀行の数は，1984年の1万4,500行から2012年には6,096行へと58パーセント減少した[2]。1年間に吸収合併された銀行の数は，1985年の330行から1990年代半ばのピーク時には約600行へと増加した。合併数はその後徐々に減って，2001年には400を下回ったが[3]，2007年に再び急増し1,048件となった。2008年の金融危機後，2011年には合併は198件しか行われなかったが，銀行資産の集中は続いている[4]。ニューヨーク連邦準備銀行の調査によると，これらの合併で，10大銀行の保有資産の業界に占めるシェアは，過去20年の間に30パーセントから60パーセントへと2倍になった[5]。保険会社や保険ブローカーも同様に合併が進んだ。1988年に存在した上位31社のうち19社が10年後には消えていた[6]。サリー・ロバーツが『ビジネス・インシュアランス』誌の記

---

2) FDIC, "Statistics at a Glance," December, 2012.

3) Standard & Poor's Industry Surveys—Banking, November 7, 2002.

4) PwC, "Balancing Uncertainty and Opportunity: 2012 Financial Services, M&A Insights," March 2012, p. 3.

5) Avraham, Dafna, Patricia Selvaggi, and James Vickery, "A Structural View of U.S. Bank Holding Companies," *FRBNY Economic Policy Review*, July 2012, p. 65.

6) Morgan Stanley Dean Witter Insurance Industry Quarterly Review on Insurance Brokers,

事で述べているように，「1972 年の最初の『ビジネス・インシュアランス』ブローカー紹介号に掲載された 16 社のうち」，2007 年に残っていたのはマーシュ＆マクレナンだけだった[7]。

どうしてこれほど強く合併が推進されたのだろうか。第 1 の理由は，規制緩和で（これについては後述する）単純に合併が許可されたからである。銀行業の法律改正によって，銀行の合併・買収（M&A）への門戸が開かれたのである。1927 年マクファーデン法と 1956 年銀行持ち株会社法は本拠地の州以外での銀行業を制限していたが，1994 年リーグル・ニール州際銀行業務および支店業務効率化法によってこの規制は撤廃され，1995 年 10 月には全国銀行が生まれた。開始されるや，合併は際限なく続き，ワンストップ・ショッピングや規模の経済性が当時の流行語となった。合併されない中小の銀行があれば，魅力的な価格でより多くの金融商品を提供する大手金融機関に置き去りにされたと考えられた。

保険会社では，合併は所有形態の株式会社化によって促進された。米国をはじめ英国，カナダ，オーストラリア，南アフリカなどの保険会社は，従来の相互会社形態から株主所有形態へと転換し，多くは同時に株式を公開した。株式会社化によって，保険会社は現金の代わりに株式で他社を買収でき，また，株式公開を通じて取引用の資金調達ができるので，多額の合併資金を手当てできるようになった。

合併はそれ自体リスクをともなう。とくに，2 つの金融機関の異なる文化と事業制度を結合するという課題は重要で，過小評価すべきではない。これが，買収による経済的便益が予測ほど大きなものにならない理由の 1 つだろう。実際に，KPMG と A.T. カーニーが個別に実施した調査から，合併で株主価値が増大していないことが明らかとなった。A.T. カーニーの調査のほうは「M&A の全体としてのリターンはマイナス」と報告し[8]，KPMG の調査のほうは，北米の合併した銀行は「2011 年第 3 四半期から 5 期連続マイナスで」，ここ数年，業績がよくないことを明示した[9]。

March 10, 1999.

7) Roberts, Sally, "Consolidation Among Brokerages Builds Global Capabilities," *Business Insurance*, October 7, 2007.

8) Heffernan, Margaret, "Why Mergers Fail," *CBS News*, April 23, 2012.

9) Towers Watson, "US Acquirers Lag Behind Asia-Pacific and European Peers," 2012, p. 2.

規制緩和

　金融サービス業の規制緩和は常に諸刃の剣である。一方で，それは不自然な規制の障壁を取り除き，競争を促進する。顧客は価格の低下やサービスの向上，選択肢の増加という通常の便益を受けるはずである。他方で，それは，それまで保護されていた金融機関を市場の力や規律にさらすことになる。これは，市場ボラティリティや競争激化という新しいリスクに対して，うまく対応できない弱者の消滅という結果につながりうる。

　経済学者は，失業やサービス中断のような倒産による短期的コストがかかるとしても，規制緩和が綿密な方法で段階に分けて計画されれば，これら短期的コストは最小化できるので，弱者を取り除くことは長期的にはよいことであるという。しかしながら，拙速な規制緩和は望ましくない行動や巨額損失の可能性をもたらし，その多くが最終的に納税者にのしかかることになる。

　衝撃的な事例は，1980 年代後半の貯蓄貸付組合（S&L）の危機である。米国金融史におけるこの暗いエピソードでは，規制当局の警戒感の緩みと，ボラティリティの増大，内部リスク管理の甘さが結びついて，納税者に莫大な損失のツケが回された。

　1970 年代後半から 1990 年代前半までの一連の規制緩和によって，S&L に必要な最低自己資本は引き下げられ，顧客に提供できる上限金利は廃止され，株式売買のような新規事業への参入が許可された。S&L はすぐに，競争の激しい預金市場で顧客を確保するには，支払い金利を引き上げねばならないことがわかった。問題は，預金金利の上昇に見合うように，資金の主たる運用先である貸出金利を引き上げる方法が，現実にはないことだった。

　その結果，1980 年代に業界中に損失が広がり，そのギャップを埋めるために試みられたリスクの高い不動産取引によって，不運にも状況はさらに悪化した。続いて発生した損失によって，S&L には預金金利の引き上げだけでなく，小口顧客から大口顧客への資金源の拡張という新たな圧力がかかり，さらに金利は急上昇を続け，投資はますますリスクが高くなるという悪循環に陥った。

　あとはご存知のとおりである。S&L 業界の大部分が破綻し，S&L の預金者 1 人につき総額 10 万ドルまで補償していた連邦貯蓄貸付保険公社（FSLIC）も完全に破綻した。1988 年だけで 386 億ドルの救済資金が必要となり，単純に清算しても投資家に返す資本がないという理由で，500 以上の支払い能力のない S&L を倒産させずに放置するしかなかった。その後始末には，納税者の巨

額の負担とともに数年を要した。

　あまりにも高くついたが，S&L の災難からも得るものはあった。銀行や S&L は，貸借対照表の金利感応度を分析するギャップやデュレーション，シミュレーション手法を備えた資産・負債リスク管理部を創設した。さらに，金利の変動にそれほど敏感でない住宅ローンも設計した。たとえば，預金や譲渡性預金証書（CD）のような短期債務と密接に連動する変動金利型住宅ローンが作られた。

　世界中の銀行規制当局が，自己資本比率規制をリスクと資本を密接に関連づけたものへと改訂した。1988 年に国際決済銀行（BIS）は，はじめて，銀行が保有する資産に対して資本を明示的に結びつけるリスクベースの自己資本比率を打ち出した。規制当局が学んだもう 1 つの教訓は，経営難にある金融機関の閉鎖と，残っているフランチャイズ価値の維持との間のトレードオフを，効果的に取り扱う方法である。健全な銀行は独自に操業させる一方で，不健全な銀行の不良資産を切り離して処理し，買い手に売却するのである。これは，10 年後に日本の規制当局が金融システムの巨額の不良債権問題に対処するときにも採用した手法である。

競争

　1980 年代の規制緩和の波は，既存の金融機関の首を絞めるようなこともなく，新しい競合相手も自由にやりたいことができるようにした。たとえば，投資信託会社は顧客に小切手振出権を供与することを許された。これにより，投資信託の魅力的なリターンを提供しつつ，当座預金で銀行と競争できるようになった。

　新しい情報技術の出現や資本市場の流動性の増加とともに，規制緩和は既存の金融機関と（ときに，より効率的な）新しい競合相手との間の競争を促進した。実のところ，これが規制緩和の真の目的である。個人顧客向けサービスの発展に示されるように，変化は急速に現れた。家計の流動資産のうち普通銀行への預金は，1980 年の 49 パーセントから 1998 年にはわずか 23 パーセントへと低下した 10)。クレジット・カードや住宅ローン，商業貸付も徐々にノンバンクが取り扱うようになった。たとえば，コミュニティ・バンクが保有するク

---

10)　Case 9–897–177, Harvard Business School Publishing

レジット・カード残高のシェアは，大部分がノンバンクへ移ったため，1984
年の49パーセントから2011年には25パーセントへと低下した[11]。

　明らかに，（とりわけ）銀行は利益とマーケット・シェアのさらなる侵食を
避けるために，コスト削減と顧客を引きとめる新しい方法を見つける必要があ
った。eコマースの台頭はそれを可能にするといわれたが，その可能性をより
早くつかんだのはノンバンクだった。新規参入者，なかでも専門性をうまく活
用した者が，それまで銀行の独壇場だった事業に参入できたのである。

　とくに劇的だったのは，オンライン銀行やオンライン証券という新種の出現
である。このような金融機関は，支店の建物や顧客サービス担当者などのコス
トがかからないので，非常に魅力的な金利を提供できる。さらに，請求書の電
子支払いの無料化，低い（多くはゼロの）最低残高や手数料といった魅力も提
供する。オンライン証券も同じく，その効率性とコスト節約という魅力で投資
家の資金を引きつけている。オンライン・トレードは電話や店頭での取引より
安くて早い。多くのオンライン証券で，無料のリアルタイム株価表示やポート
フォリオ・トラッキング，リサーチへの容易なアクセスなどの利便性を提供し
ている。

　しかしながら，オンライン証券は独自の危険性にも直面している。先陣を切
ったオンライン証券にとって重要な課題は，当時の投資環境下で急成長戦略を
開発し管理することだった。オンライン証券は，既存のサービス利用者とは異
なる潜在的に神経質なユーザーを獲得する必要があり，そのため積極的なマー
ケティング戦略を採用することが多かった。つまり，そのようなユーザーを引
きつけるために，取引の処理技術やプロセスを急いで開発する必要があった。

　1990年代，競争は保険業界の様相も変えた。主に業界内の競争激化の結果，
保険料率は1986年以降着実に低下した。軟調な市場は，保険の買い手にとっ
ては最低の金利を享受でき恩恵となったが，提供者には莫大な重荷となった。
たとえば，1998年に保険料はわずか1.4パーセントしか上昇せず，一方で被っ
た損失は6.5パーセント，経費は4.3パーセント上昇した[12]。多くの保険会社
が存続できるのは，引受能力よりも，急激な強気相場が主導した資産ポートフ
ォリオの運用実績のよさによるものであった。しかしながら，最近の弱気相場
と9.11テロ後の支払い請求はこのような傾向を反転させ，投資実績を悪化さ

---

11)　FDIC, "FDIC Community Banking Study," December 2012, p. 1.

12)　PaineWebber Industry Report, April 13, 1999.

せる一方，保険料を劇的に上昇させた。

　一方で，代替リスク移転（ART）市場の誕生は，保険業のマーケット・シェアと収益性をさらに蝕むおそれがあった（ARTの詳細は第9章を参照）。市場でより高いプライシングを行うことが保険会社にとって最高の利益であるが，ART提供者が軟調な市場でも保険料を20〜30パーセント節約できると吹聴しているため，市場での価格引き上げは容易ではない。ART商品はまた，顧客に対して従来よりも高い柔軟性と効率性を提供する。個々の顧客のニーズに合うようカスタマイズして，より大きな効率性を提供でき，しばしば何年にもわたり購入者を補償するので，必要な保険会社の数は減少するかもしれない。ちょうどモーゲージ担保証券（MBS）市場が住宅ローンの調達コストを低下させたように，ART市場もコストの安いリスク資本源を利用することで，リスク移転コストを低下させるだろう。

集中

　規制緩和の第3の帰結は，各種金融サービス間の障壁の撤廃である。たとえば，米国では，大恐慌時代のグラス・スティーガル法（1933年銀行法）によって，証券会社と商業銀行，さらに保険会社の間に規制の障壁が築かれた。これにより約50年間，証券，銀行，保険が完全に分離されてきた。それに対して欧州では，ユニバーサル・バンクやバンカシュアラーが金融サービスのさまざまな活動を組み合わせてきた。

　しかしながら，1980年代に米国の金融サービス業の規制緩和が進み，商業銀行が制限された範囲で証券を引き受けるようになった。銀行はまた，投資信託の販売が許可され，決済機関としての地位の確立がいっそう進んだ。次に，投資信託会社はマネー・マーケット・ファンド（MMF）を提供できるようになり，それまで銀行に限られていた小切手振出権の付与を認可された。銀行が年金，退職金ファンド，投資信託に加えて保険契約を手数料収入が増える機会とみなすにつれ，保険業と銀行業も重なり合うようになった。

　1998年までに旧体制の枠組みが崩れたことが明白になった。それは，トラベラーズグループ（主に保険），シティバンク（商業銀行），ソロモン・スミス・バーニー（シティバンクが買収した証券会社）の合併で生まれた金融業界の巨人，シティグループの登場に明示されている。シティグループの存在理由はまさに，銀行・保険・証券のサービスを抱き合わせ販売することで価値を実

現することだった。それは明らかに成功し，シティグループの株価は他の合併していない銀行株よりも上昇した。一方で，利益相反（たとえば，調査部門と投資銀行），金融商品とサービスの抱き合わせ，消費者保護のような問題が生じれば，集中化は株価の急落をともなうという懸念が，大衆および規制当局のなかで増大している。

投資銀行，商業銀行，保険会社の集中化は，ERM にとって，よくも悪くも直接的な意義がある。これらの企業のリスクが分散されて，全体のリスク特性が標準化され，分散の利益を顧客に分配する商品を提供できれば便益となる。しかしながら，このような便益を実現しようとすれば，複数の金融事業のリスク管理を統合する必要があり，コストがかかる。これは難しい課題である。

リスク管理要件

このような動きが重なって，金融サービス業のすべての企業がリスク管理への関与を高めることになった。それまで金融業界を競争や自身のミスから保護してきた障壁を，規制緩和は取り除いた。合併や集中は，企業を従来よりもはるかに巨大で複雑なものにした。

リスク管理は，既存の企業が競争で敗れないためにも，新規参入企業が最初のハードルで転ばないためにも，きわめて重要なものとなった。現代の金融サービスの環境では，リスク管理の失敗が金融損失や戦略上の後退を上回る結末につながることが多い。実際に，苦境にある金融機関が独立した企業としては消えることもある。超えるべきバーが引き上げられたのである。数年前にベスト・プラクティスと考えられたことが，今日では基本的要件とみなされている。継続して成功し生き延びていくために，金融機関はリスク管理能力を絶えず向上させなければならない。

最初に，さまざまな種類の金融機関を考察する。どの種類の金融機関も市場リスク，信用リスク，オペレーショナル・リスクに直面しているが，これらは金融サービスによって異なる形態をとることがわかるだろう。次に，各種金融機関に共通で業界全体を通して取り組むべき課題を見ていく。

セクターごとのリスク

商業銀行や S&L のような預金金融機関は融資の拡大によって信用リスクを

とる。過度の貸倒れ損失を防ぐために，信用リスクは慎重な信用分析と効果的なポートフォリオ管理で管理されねばならない。

収益性（および収益のボラティリティ）の第1の源泉は，資産利回りと負債コストの間の金利スプレッドである。金利リスクは金融資産と負債との間の金利感応度の違いから発生する。それゆえ預金金融機関の経営陣は，多様な金利サイクルのなかで安定した正の金利スプレッドを確保するために，適切な資産・負債管理とヘッジ・プログラムを確立する必要がある。米国のS&L危機でわかるように，この業界を打ちのめしたワンツー・パンチは高金利とその後に続く不動産の損失であった。

もう1つの重要な収益源は，キャッシュ・マネジメントや証券化のようなサービスに対する手数料収入である。これらのサービスに関連するオペレーショナル・リスクを管理して，キャッシュと証券の正確な動きと記録を確実に維持しなければならない。

証券会社や投資銀行のような証券を扱う機関はさまざまな市場リスクを負う。証券引受会社として彼らは，株式あるいは債券の新規公開が望ましい価格で市場に受け入れられないリスクを引き受けることで手数料を得る。失敗は，金融損失と同時にレピュテーション悪化という結果につながる。

証券の値付業者として，証券会社は価格下落時の損失リスクに直面する。これらの損失は既存の在庫からだけでなく，マーケット・メイクのプロセスで起こる新規の約定からも生まれるかもしれない。このようなリスクは，自己勘定だけでなく顧客のために取引している場合，さらに重要となる。市場予測が間違っていれば，大きな金融損失に直面するかもしれない。

証券会社は市場リスクに加えて，個人への委託証拠金等の融資や金融機関とのレポ取引によるデフォルト・リスクにさらされることが多い。証券会社は証券決済プロセスと，スワップやデリバティブのような金融債務に関連したカウンターパーティ・リスクにも直面している。

保険会社は，将来，予想を上回る保険金支払いが生じるような保険契約を発行したときに，保険数理上のリスクを負う。保険会社の主要な収入源は，保険契約に対して支払われた保険料と，保険料からのキャッシュ・フローを運用することによって生み出される投資収入である。これらの収入源で経費と保険金が賄われなければならない。保険料および投資収入の合計と，経費および保険金支払いの合計の比率がカバレッジ・レシオで，保険業界の収益性を測る指標

として広く注目されている。

　保険会社はそれゆえ2つの重要なリスクに直面している。第1のリスクは得られた保険料と支払われた保険金との間の差額で，第2のリスクは投資ポートフォリオの運用状況である。さらに，保険会社は保険料の一部を他の保険会社や再保険会社に出再することがよくあり，これが負債の一部となる。保険金支払い事由が生じて，出再した保険会社が再保険会社に請求する必要がある場合，再保険会社が支払い不能になるリスク，つまり信用リスクにさらされるのである。

　保険会社は，その商品の複雑な販売システムに関連したオペレーショナル・リスクにもさらされている。昔から保険会社は商品販売を代理人に頼ることが多かった。このような代理人はその立場が雇用者であったり，複数の保険会社からの手数料に報酬が大きく連動しているフリーエージェントであったりするため，忠誠心や規律の度合いがさまざまである。インセンティブ構造が不適切になりやすく，それが損害をもたらす可能性もある。米国や英国で起こっている保険契約や年金プランの不適切な販売方法に対する種々の訴訟は，このことにかかわっているように思える。

クロス・セクター・リスク

　前述したセクター固有のリスクに加えて，グループとしての金融機関は，一般事業会社以上に多くの基本的な金融リスクに直面している。これらのリスクは金融機関に特殊な課題であるが，財務活動と資本市場での活動が顕著な企業にとっても重要な問題である。

デフォルトおよびカウンターパーティ・リスクのモニタリング　前述したように，金融機関は各種のデフォルトおよびカウンターパーティ・リスクにさらされている。これらの信用リスクは主に融資活動，売買および決済プロセス，保険・再保険契約，デリバティブ取引から発生する。次の2点が問われるべきである。

- 単一のカウンターパーティあるいは同種の取引相手グループに対するエクスポージャー合計
- デフォルトや損失の確率

第 16 章　金融機関　　327

　これらの問いに対しては，適切な信用エクスポージャー測定プロセスと正確な格付システムを有している場合にのみ答えられる。

オンバランスシートおよびオフバランスシートの市場リスク管理　金融機関固有の特色は，その資産および負債のほとんどが複数の市場，つまり金利，株式，外国為替，コモディティや不動産などの動きに敏感なことである。市場リスク・エクスポージャーはオンバランスシート活動からも，デリバティブのようなオフバランスシート取引からも発生する。

　市場リスクを効果的に管理するために，市場リスク管理者は最初に，外部の価格変化に対するポートフォリオの感応度を測定しなければならない。この分析はバリュー・アット・リスク（VaR），シナリオ・テスト，シミュレーション・モデルの組み合わせで行われる。正確でタイムリーな市場リスク評価が行われれば，経営陣は商品設計やリスク移転を含めたリスク管理戦略の意思決定ができる。

レバレッジと流動性の組み込み　金融機関は通常，事業会社よりも負債比率が高い。これは，薄い利ざやと健全な株主資本利益率（ROE）を求める株主からの圧力があって，資産リスクを最大にする必要があるためである。しかしながら，レバレッジは絶対的な総資産利益率（ROA）を上昇させることもあれば，資産価値の低下によって金融機関の株価に大きな影響を与えることもある。

　もう1つ考慮すべき重要なことは，金融機関の資産および負債の流動性の特性である。たとえば，金融機関は米国の財務省証券の大きなポジションを簡単に解消できるが，新興市場で発行された有価証券の保有額を減らすのは難しいだろう。このため，金融機関は，市場と信用リスク・エクスポージャーがどのようにレバレッジや流動性の影響を受けるかについて，十分に認識していなければならない。資産の保有期間 10 日の VaR を計測するだけでは不十分である。リスク管理者は，レバレッジのもとでの株価に対する潜在的影響を計測すると同時に，価格ボラティリティを計測するために合理的な売却期間を設定しなければならない。

エコノミック・キャピタルの帰属とポートフォリオ・リスク管理　エコノミッ

ク・キャピタルは，全リスク・エクスポージャーを通じた一定水準の潜在的損失に備えるのに必要な資本額を意味する。要するに，エコノミック・キャピタルはリスクの計測と管理のための共通基盤であり，金融機関が理解して適用すべき重要な概念である。リスク・エクスポージャーへの帰属によって，異なる事業活動間でリスク調整済みの収益性を計測できるので，経営陣にとって有益である。

　たとえば，エコノミック・キャピタルを使えば，トレーディング利益を小口融資や有価証券手続き処理のような異なる事業からの利益と直接比較できる。エコノミック・キャピタルは，より高いリスク調整済み利益率を生み出す事業活動への財源や人材の配分のように，ポートフォリオ管理の意思決定を支援することにも使える。分散の便益を明示的に組み込むことで，分散とリミット設定に適切な警告とインセンティブを与えることもできる。最後に，ヘッジや保険などのリスク移転の意思決定も，リスク保有コスト（たとえば，潜在的リスクのためのエコノミック・キャピタルのコスト）をリスク移転コストと比較することによって合理的に行える。

システミック・リスク

　金融機関は本質的に相互依存度が高く，証券取引，外国為替，デリバティブ，再保険，シンジケート団引き受け，貸株のような事業活動を通して結びついている。このような相互依存性はシステミック・リスク，つまり，1つの大手金融機関の問題が他の金融機関の損失あるいはデフォルトとなるような連鎖反応を生み出すのではないか，という懸念の源となっている。

　システミック・リスクは多くの規制当局にとって最大の懸念であり，当局の注意は個々の企業の安定性から産業あるいはシステムの安定性へと移っている。個別企業の経営にとっては，たとえシステムが生き残っても，途中で付随的な損害を被るかもしれないという懸念がある。このため，経営陣にとって重要なのは，他の金融機関との相互依存性を十分に理解して，金融システムに大暴落のような事象が起きれば，適切なコンティンジェンシー・プランと撤退戦略を実施することである。経営陣が市場ボラティリティの上昇や流動性の低下といった早期警戒指標を設定することも重要である。

　システミック・リスクを招くような事象は，傾向としては稀で特異なもので

あるが，留意すべき点が2つある。第1に，金融機関は複雑に絡み合ったリスクに直面している。たとえば，市場の暴落は大手金融機関のデフォルトの原因となり，信頼性の喪失や流動性の危機につながる。そうなると，市場の下落をさらに加速させることもある。第2に，金融システムにおける相互依存性は個別の取引リスクだけでなく，金融機関，市場，各国間の結びつきともかかわっている。これら世界経済の結びつきの高まりによって，前述したリスク管理要件は厳しくなっている。

2008年のグローバル金融危機を考えてみよう。米国の住宅バブルが崩壊し，その影響は世界中の金融機関と市場に広まった。住宅バブルの原因を推測するおびただしい数の解説が噴出し，金融政策の失敗から消費者の非合理的な期待までさまざまな要因を指摘した。金融危機の根本的な原因は，リスクの高い住宅ローンの急増と，1990年から2006年までと同じように住宅価格は上昇を続けるが，金利は低いままだろうという，住宅ローンの貸し手と借り手双方の非現実的な期待にあった。

かつての住宅ローンでは住宅価格の20パーセントという相当の額の頭金が必要で，それはデフォルト・リスクを減らすための担保として使われた。しかしながら，住宅価格が上昇し，住宅購入の資金需要が高まるにつれて，資金の貸し手は通常なら資格のない人にまでサブプライムローンの貸出を認めるようになった。この動きの始まりは，1977年の地域再投資法にまでさかのぼることができる。この法律により銀行は，万人に共通する住宅所有という永遠のアメリカン・ドリームを求める低所得の借り手にもローンを提供できるようになった[13]。これらサブプライムローンの貸し手は，厳格な頭金や収入証明の書類をもはや要求しなくなったのである。当時，デフォルト率は低く，節度あるサブプライムローンは利益が出ていた。根本的な原因は，借り手のほうが常に2番目のローンを組むことができる，あるいは高い価格で自宅を売って負債を返済できる，という状況にあった。2007年には，住宅保有率は史上最高の68.6パーセントとなり，当時，サブプライムローンは完全に成功する制度のように見えた。

だが，この制度には一見しただけではわからないものが潜んでいた。このローンが積み上がってくると，貸し手は住宅ローンの資金プールを証券化して，

---

13) Davies, Howard, "The Financial Crisis: Who's to Blame?" London School of Economics, September 28, 2010.

商業銀行や投資銀行，ヘッジファンド，年金基金，保険会社，投資信託などの金融機関に販売した。モーゲージ担保証券（MBS）の発行者は，リスクをとる投資家から資金を得ることができ，残余リスクを負うだけだった。これらのモーゲージ担保証券は，S&P，ムーディーズ，フィッチのような格付会社からAAA に格付されていた。後に，格付会社はぞっとするほど誤っていたことが明らかとなる [14]。

モーゲージ担保証券の 2 大発行機関は連邦住宅抵当金庫（ファニー・メイ）と連邦住宅貸付抵当公社（フレディ・マック）で，最初は信用度の高い借り手からプライムローンを購入して証券化していた。だが 2005 年には，投資銀行もモーゲージ担保証券を発行し始め，それらは信用度の低いサブプライムローンの借り手から証券化したものだった。証券化はある程度リスク分散になったが，それはサブプライムローンにさらに資金を提供することになり，リスク低下の意識がますます広がっていった。一方で，実際のシステミック・リスクは指数関数的に膨らんでいった。当時の状況は，アメリカズ・コミュニティ・バンカーズ（ACB）の 2005 年次総会におけるアラン・グリーンスパンのスピーチに要約される。「全般的に，地域経済にはかなり投機的な価格の不均衡が見られるが，米国全土では大きな価格の歪み（たとえば，住宅バブル）はほとんど見られない」[15]。住宅価格が暴落するという懸念がほとんどないまま，リスクが急激に積み上がり，不気味に加熱し始めていたのである。

2006 年に住宅価格が下がり始めると，サブプライムローンで住宅を購入した人々は突如，返済できないほどローンが残っていることに気づき，デフォルトの波が押し寄せた。このショックにより投資家は，今やカチカチ鳴っている時限爆弾のようなモーゲージ担保証券をわれ先に売り始め，それがさらに急激な価格の下落を招いた。その結果，投資家のなかでも投資銀行が巨額の損失をかかえることになった。2007 年に，ニュー・センチュリーとアメリクウェストが破産を宣告し，他の金融機関は 1,500 億ドルを超える損失を被ったと見積もられている。FRB による金融拡大政策にもかかわらず，経済全体は警戒すべきスピードで縮小した。

暴落の余波が英国に伝わるや，ノーザーン・ロック銀行が流動性資産の不足に陥った。イングランド銀行は緊急融資を認めたが，それはかえって預金者の

---

14) 同上。
15) The Federal Reserve Board, "Remarks by Chairman Alan Greenspan," October 19, 2004.

第 16 章 金融機関 331

信頼を低下させ，預金の引き出しが殺到し，英国で 100 年ぶりの銀行取り付け騒ぎとなった。

サブプライムローンの損失が積み上がるにつれて，銀行は貸し渋りをし始め，景気はさらに悪化した。サブプライム・モーゲージ担保証券に大きく依存していたベアー・スターンズやリーマン・ブラザーズのような銀行は，他の銀行がそれらの証券を負債と見て貸出を止めたときには孤立していた。2008 年，ベアー・スターンズは FRB から 300 億ドルの支援を受け，ファニー・メイとフレディ・マックは 2,000 億ドルで救済された。リーマン・ブラザーズのバークレイズによる引き受け交渉は，土壇場になって失敗に終わった。リーマンは 1850 年以降金融システムを支える柱の 1 つであったが，米国の全業種のなかでも最大の破綻となった。つまり，その破綻は大きく広範囲の金融危機を招いたのである。

2000 年代に発行されたクレジット・デフォルト・スワップ（CDS）の多くは，これらのモーゲージ担保証券（MBS）に結びつけられていた。MBS に基づく CDS の売り手は，MBS の市場価格がある水準以下に下がった場合，買い手に返済することを約束していた。アメリカン・インターナショナル・グループ（AIG）はこのような CDS を大量に発行しており，2006 年に CDS の損失見込みは「厳しい不景気シナリオからも隔たっている」と報告していた[16]。 2008 年 9 月 16 日，事態が急速に明らかになると，リーマン・ブラザーズ規模の破綻を防ぐために，FRB は AIG に 850 億ドルの緊急融資を行った。AIG は，潰すには大きすぎる一流の銀行と考えられたのである。ベン・バーナンキ FRB 議長は，AIG が破綻すれば「1930 年代型の世界的な金融経済恐慌が起こって，生産や所得，雇用が暴落しかねない」と主張し，FRB の行動を正当化した[17]。

将来展望

金融機関が統合化された形でリスク管理を始めたのは，つい最近のことである。従来は，金融機関の種類によって異種のリスクに特化していた。投資銀行

---

16) Mollencamp, Carrick, et al., "Behind AIG's Fall, Risk Models Failed to Pass Real-World Test," *Wall Street Journal*, October 31, 2008.

17) The Federal Reserve Board, "Four Questions about the Financial Crisis," April 14, 2009.

は市場リスク，商業銀行は信用リスク，保険・再保険会社は保険リスクという具合である。しかしながら，これらの業界も徐々にリスクの種類ではなく機能ごとに専門化する方向へ動いている。

この枠組みでは，融資の組成や顧客サービスはリスク・ブローカーによって扱われ，別の機関があらゆる種類の引き受けや貸借対照表の管理を行い，統合された投資銀行が資本市場でのリスク移転手法を実行し，ポートフォリオ・マネジャーが金融証券や保険証券を扱うことになる。同様に，それまではサイロで扱われてきたリスクが，直接経営陣に報告するリスク管理チームによって，ついに全社的に扱われ始めている。

どの種類の金融機関も収益の縮小を経験しているうえに，金融のグローバル化によってリスクも次第に複雑になり，常にリスクの計量化と分析に気をつけなければならなくなっている。しかも，これをリスク管理のソフト面の強化とバランスさせなければならない。倫理的でリスクを意識した行動を促進するようなインセンティブ構造を組み直し，トップから開放的な雰囲気を作り出し，リスク問題を論じるコミュニケーション経路を開発することによってである。

この章の最初で見たように，慎重なリスク管理は下方リスクの可能性を減少させるだけでなく，安全な方法で収益を最大化させる。昨今の事業環境では，たった1つのミスでも企業は容易に黒字から赤字に転落する。2008年金融危機時のリーマン・ブラザーズ破綻はこのことを示す絶好の例であり，経営陣が自社のリスク管理に対する手法全体を立ち止まって検証するきっかけとなった。さらに，リーマン保証の仕組み商品とAIGのエンハンスト・ファンドから発生した消費者の潜在的損失も，リスク開示の実践に重要な変化をもたらした。

2010年7月21日，バラク・オバマ大統領はドッド・フランク法に署名した。この法律は，2008年と同規模・同性質の金融危機を防ぐために，消費者保護，取引リミット，信用格付，金融商品規制，コーポレート・ガバナンス，開示，透明性などを含む米国の規制制度を再構築することを意図している。銀行が引き受けられるリスクの量を制限することで金融セクター全体を縮小するのではなく，ドッド・フランク法は最大手行にのみ「より高い自己資本要件とより注意深い検査」を課そうとしている[18]。

たとえば，2010年ドッド・フランク法の165条には，「FRBは，100億ドル

---

18) Steele, David A., "The New Financial Deal: Understanding the Dodd-Frank Act and Its (Unintended) Consequences," Wiley: 2010, abstract.

以上の連結総資産を有する上場銀行持ち株会社には（経営陣内に）リスク管理委員会を設立することを要求しなければならない……リスク管理委員会には，複雑な大企業のリスク・エクスポージャーを識別，評価，管理する経験をもったリスク管理の専門家を少なくとも1名含めなければならない」と定められている[19]。

　ドッド・フランク法の第VI編は，銀行と顧客との間の利害関係の衝突を最小限にしようとするボルカー・ルールを実施するものになっている。たとえば，それは金融機関の投資銀行部門，プライベート・エクイティ部門，自己勘定取引部門が同時に顧客のアドバイザーや融資者になることを禁じている。また，「預金保険対象機関」がヘッジファンドあるいはプライベート・エクイティをどういう形でも所有することを禁じている[20]。他の株主の間で，顧客が銀行は実際には何をしているのかといぶかしむ，不完全情報の問題の削減にもこの法律が役立つことを期待したい。

　ドッド・フランク法と証券取引委員会（SEC）の新しい開示ルールによって，広範なリスク監視とリスク補償の連携に関するより厳しい要件も作られた。とりわけSECは2010年2月28日に，「報酬，コーポレート・ガバナンス，リスク管理方針と実践」に関する開示必須項目を増やす新ルールを発効した[21]。これらの新ルールは，次のような分野で開示項目の増加を要求している。

- リスク管理プロセスやリスク・テイクにかかわる従業員に対する報酬の方針とパッケージ
- 役員および役員候補者の資格と経歴
- 役員候補者の評価プロセス
- リスク管理の推進および監督に関する委員会の構成
- 外部コンサルタントとの関係[22]

　これらの新しい必須事項の目的は，上場企業のリスク管理要件の透明性を高めることであった。

---

19)　Section 165, Dodd-Frank Wall Street Reform and Consumer Protection Act.
20)　Section 1851, United States Code, 2011 Edition.
21)　Chambers, Matthew A., et al., "SEC Adopts Compensation, Corporate Governance and Risk Disclosure Changes," December 18, 2009.
22)　同上。

ドッド・フランク法の最善の意図や，2008年の金融危機をもたらした企業文化を変えようとする同様の努力にもかかわらず，これらの最終的な効果については懐疑的な人が多い。ジョージ・ワシントン大学法学部教授のアーサー・E・ウィルマース Jr. は，ドッド・フランク法は根本的に不安定なものと考えている。同法が「過度のリスクをとってきた大手複合金融機関（LCFI）をこれまで止められなかった連邦機関に大きく依存している」からである[23]。

彼はドッド・フランク法のある面は肯定的にとらえている。たとえば，「秩序ある清算権限（Orderly Liquidity Authority）」は，2008年に連邦の規制当局が直面した「救済か破綻か」の選択肢より優れた選択肢を提供しているという[24]。それでも彼は，ドッド・フランク法で，金融業界のあちこちに開いた巨大な穴を塞ぐことができるかどうか確信がもてないでいる。ドッド・フランク法は多数の危険な逃げ道を取り除いていないと考えている。そもそも，その代替的な金融手法が「潰すには大きすぎる問題」の原因だったのである。

銀行自体からの反応もあまり熱心なものではない。アーンスト＆ヤングによる2010年の調査で，対象となった銀行経営者の53パーセントが「長期的には，規制が増える結果，収益が大きく低下するだろう」と考えている[25]。さらに残念なことに「グローバルな金融規制に対する現行の手法が，次のグローバル金融危機の可能性を十分少なくしているに賛成」したのは，たった14パーセントだった[26]。

ケーススタディ：カナダ帝国商業銀行（CIBC）

CIBC は総資産2,700億ドル，従業員4万4,000人，全世界で事業を行うフルサービスの金融機関である。2000年の売上高は120億ドル，純利益20億ドル，株主資本利益率（ROE）20.5パーセントである。

カナダの金融サービス業は米国と同様に合併が進んでいる。多くのカナダの銀行は徹底的な合併・買収を通じて他の金融機関と提携し，規模の経済性から

---

23) Wilmarth, Jr., Arthur E., "The Dodd-Frank Act: A Flawed and Inadequate Response to the Too-Big-To-Fail Problem," April 19, 2011, abstract.

24) 同上。

25) Ernst & Young, "The Road to Re-Regulation: Views from the Financial Services Industry," 2010, p. 2.

26) 同上，p. 2.

第16章　金融機関　　335

の恩恵を得て，顧客が求める広範囲の金融商品を提供している。これに関する
CIBC の重要な動きは，1988 年にカナダの優良投資銀行ウッドガンディーの大
部分を買収したことである。この買収によって，CIBC は大口顧客への金融サ
ービス力を拡大するという意図を示した。統合された国際金融サービスを提供
し，（エキゾチック・デリバティブや仕組みデリバティブを含む）複雑な商品
ポートフォリオを提供するという意思決定によって，CIBC ではリスク管理の
本質的な検証が促された。

　同じ時期に，カナダの規制当局も全社的リスク管理についてこれまで以上に
考えるようになっていた。この風潮は 1994 年 12 月にトロント証券取引所
（TSE）が公表したデイ報告で最高潮に達した。同報告は，トロント証券取引
所に上場する全企業の取締役会が社内のリスク管理の責任を直接負い，そのた
めの取り組みを年次報告書に記載することを推奨した。とくにカナダの銀行監
督当局は，銀行に関する全社的なリスク報告とリスク・コントロールを同じよ
うに強調する BIS 規制の 1996 年修正案の立案者の一人であった。

　というわけで，CIBC は ERM に投資する理由を二重にもっていた。規制当
局がリスク管理に注目し始めるのとほぼ同時期に，同行は資本市場で積極的に
活動するようになっていた。その対策として ERM チームを創設した。世間の
脚光を浴びた最初の人事は，ロバート・マーク博士の登用だった。1994 年 7
月に CIBC に財務担当として入行し，銀行全体の市場リスク，オペレーショナ
ル・リスク，信用リスクの管理を担当した。信用リスク部門にはトレーディン
グ勘定の信用リスク管理責任も含まれていた。マークは上席ヴァイスプレジデ
ントに昇進し，2000 年 2 月に CIBC の最高リスク管理責任者となり，CIBC の
経営委員会に入った。

　マークは就任早々自らの構想を披露し，強力な ERM チームを作りあげる計
画を説明した。同チームは，協力して仕事を行える実務経験の豊かな，事業部
門からは独立したリスク管理者から構成された。チームメンバー選出の間，マ
ークは主だった上級管理職や取締役に「私の構想を支持すると約束してほし
い」と説いた。「目的はリスク管理の分野で世界の上位 5 行に入ることである。
私は責任をもって変えていく。そのことに疑問の余地はない」と強調した。経
営委員会の期待が裏切られることはなく，マークは CIBC の経営に参画すると，
世界クラスのリスク管理を導入した。

　変化と論争が当然ながら続いた。マークが受け継いだチームは，1 年後には

第3部　リスク管理の応用

```
┌─────────────────────────────────────────────────────┐
│                      取締役会                          │
└─────────────────────────────────────────────────────┘
```

リスク管理および運営審査委員会
- 既存の(信用，市場，オペレーショナル)リスクに関連した，方針ガイドラインとシステムの保証
- 融資の集中方針の検証と承認
- 関係者取引と利益相反問題を扱う手続きの検証と承認
- プログラムの2000年問題の検証

議長：社外取締役

監査委員会
- 取締役会に代わってCIBCの財務報告手続きを監督
- CIBCの財務諸表を検証
- 内部監査人および外部監査人との連携
- 内部統制手続きと貸倒れ損失規定の検証

議長：社外取締役

```
┌─────────────────────────────────────────────────────┐
│                   経営管理委員会                        │
└─────────────────────────────────────────────────────┘
```

信用投資方針委員会
- 信用リスク管理および投資方針の承認
- 資産ポートフォリオの分散と構成の検証
- 特定の事業計画の承認

議長：CIBCの会長兼CEO

資産負債管理委員会(ALCO)
- 市場リスク方針の策定と執行
- 資産，負債，資本の管理に関する戦略の評価

議長：CIBCの会長兼CEO

融資委員会
- 1億ドル以上の融資案件の承認
- 取締役会に対する1億ドル以上の新しい融資案件と更新案件の提出

議長：リスク管理担当の上席執行ヴァイスプレジデント

投資委員会
- 指定されたリミット内の商業銀行投資の承認

共同議長：リスク管理担当の上席執行ヴァイスプレジデント，CIBCウッドガンディー証券のCEO

```
┌─────────────────────────────────────────────────────┐
│                   リスク管理部                          │
└─────────────────────────────────────────────────────┘
```

- リスク管理のためのインフラを設計，推奨，実施
- リスク管理方針に沿った開発，推奨，モニタリング
- リスク管理を効果的にする手法やツールの構築
- カナダ，米国，ロンドン，東京，シンガポール，西インド諸島のオフィスを通じた，信用，市場，オペレーショナル・リスクに対するCIBCの世界的エクスポージャーの管理

図 16.1　CIBC のリスク管理

全メンバーが入れ代わっていた。相応のリスク管理とトレーディング経験を有する新しい役員には，新しい構想を実施する準備が十分にできていた。必要な人材を引きつけ確保するために，役職としては同水準である同僚とリスク管理職員との間には報酬の差を設けた。役員らはリスク関係者の質の向上を熱心に進め支援してくれた，とマークは語る。結局，その変化は劇的なものになった。

第 16 章　金融機関　　　337

　今では，リスク・データが世界中から集められ，リスク報告も一連のリスク
管理などの諸委員会を通じて行われている（**図 16.1** を参照）。CIBC のリスク管
理委員会はリスク管理の方針，リスク・リミット，手続きなどを策定し，リス
ク管理戦略を承認し，ポートフォリオの運用状況や傾向をモニタリングする。
リスク管理部は事業部門やリスク管理委員会と緊密に連携し，市場リスク，信
用リスク，オペレーショナル・リスクのエクスポージャーを管理する。「成功
するために重要なのは，事業部門とリスク管理部門がともに効率的に仕事がで
きるようにすることである。両部門の者が同席して，賛成したり反対したり質
問したりすれば，われわれが直面している問題について，より明確な理解を共
有できる。リスク管理部門が世界水準のチームに進化するにつれ，同僚たちは
貴重な洞察を与えてくれた」とマークは述べる。
　マークが好むソクラテス流の対話では，必ずしも摩擦を生じないわけではな
い。リスク管理のために，ある事業部門が実行できる事業量を制限せざるをえ
ないときもある。「収益力は明らかに実際に行う事業量に比例する」とマーク
は言う。事業を制限することによって，リスク管理は収益と個人の賞与を減ら
すこともある。それが，CIBC がリスク調整済みの収益実績と報酬を連動させ
ている理由の 1 つである。
　CIBC はリスク管理計画について複数の目標を設定しており，それには想定
外事象の削減，リスク・リターン目標と整合的な損失削減，規制資本の削減，
リスクのさまざまな要素をとらえる洗練されたリスク評価基準の開発が含まれ
ている。リスク情報とリスク分析は技術的に高度なものであるが，それらは上
級管理職にとって意味のある重要な報告体系に組み込まれなければならない。
リスク管理計画はそれらの目的にうまく合致している，とマークは述べる。
　マークは，1998 年の規制当局および市場からの圧力に対する銀行の対応を
強調する。1998 年初め，BIS は世界中の当局や中央銀行が標準的規制とみな
す自己資本比率の見直しを行った。この見直しによって優良な銀行には，当局
の承認を条件に，トレーディング勘定における市場リスクに関する最低自己資
本比率算出のベースとして，（大雑把な標準的乗数による方式ではなく）各行
のリスク・モデルを使う自由が与えられた。これは，銀行側が長らく望んでい
た改訂であった。
　1998 年初めに新ルールが発効すると，CIBC は 1998 年に全条項の承認を獲
得したカナダで唯一，世界でも数行のうちの 1 行となった。「銀行として，

BIS 98 のメリットを活用しないのは考えられないことだった。リスク管理に投資すれば，BIS 規制の必要自己資本は少なくてすみ，その節約額が巨額になることは，最初からわかっていた」とマークは解説する。

　同年後半にも，CIBC のリスク管理チームはまったく異なる方法で，その価値を証明した。第 3 四半期の世界的な暴落は，世界中の銀行にとって試練となった。ほとんどすべての市場が大混乱に陥っただけでなく，早期警戒指標もほとんど意味をなさなかったからである。「6 月から 7 月の間に，あまり好ましくない非常に稀な事象が多発していた。ある分野では流動性がほとんどなくなり，調整は通常のパターンから逸脱し，信用スプレッドが拡大していた」とマークは述べる。この不安定さを顧慮して，マークと経験豊かなリスク管理チームは事業部門と協力し，ボラティリティに対するエクスポージャーを減らすためにリミットを 33 パーセント低下させた。リミットを低下させた直後に市場が崩壊した。CIBC が被った損失は簡単に消化できるものではなかったが，どうにもならないほどでもなかった。マークにとっては，それは苦い経験だったが，プロとしての満足感もある程度感じることができた。1998 年の市場危機の間に CIBC が被った損失の 98 パーセントは，リスク管理部が前もって危ないと判断したポジションからで，同行のリスク・トップ 10 リストに載せられていたものだった。「打撃を受けるとしたら，それらのエクスポージャーに属するものとわかっていた」とマークは言う。

　CIBC は，統合されたリスク管理業務の実施という任務に直面している多くの組織と同じく，2, 3 の課題に直面している。その 1 つが報酬をリスク調整済みの業績に連動させるという問題である。これは各事業の成果を確実なものとする重要な要素であり，CIBC ではよく認識されている。

　リスク管理上のもう 1 つの課題は，CIBC の重要な競争優位性である企業文化から生じている。CIBC は長い間，分権，分散，起業家精神の尊重という企業文化から便益を得てきた。これは常に即応できる態勢を整えて，次第に賢明になっていく顧客の需要変化にすぐに対応するのに役立つ。しかしながら，この種の文化は経営上の観点からは困難を招くこともあり，リスク報告システムに統合する際に障害となることもある。

　CIBC はまた，金融リスク管理の統合を支援するために，市場 VaR や信用 VaR のようなリスク計測指標を統合するモデルを開発し，市場リスクと信用リスクの共通部分をもっとうまくとらえようとしている。

さらに，オペレーショナル・リスク VaR のために，データを収集する統合的かつ集中的な方法も開発したいと考えている。来年度中の CIBC 内のデータ収集の集中化に加えて，カナダ 6 大銀行，英国銀行協会（BBA），リスク管理協会（RMA）と共同で，オペレーション・ミスによる損失データベースの開発も進めている。

第17章 エネルギー会社

　エネルギー産業は世界最大の産業の1つである。エネルギー資源は近代経済の動力としてきわめて重要であり，20世紀を通じて世界の需要は着実に増加してきた。この傾向はとどまる兆しを見せていない。世界のエネルギー消費は1997年から2020年までに約60パーセント増加し，その増加のほとんどは新興市場で生じると予測されている。

　一方で，米国は現在，そのエネルギー需要の約20パーセントを輸入しているが，石油，シェールガス，バイオエネルギーの国内生産の増加と輸送機器の省エネ化により，2035年までに自給自足に近づく見通しである[1]。石油生産が急激に増加しているため，米国は2020年央までにサウジアラビアを抜いて世界最大の産油国になると考えられている。天然ガスの生産もこの期間に大幅に増加し，自給に貢献すると見られている[2]。同時に，再生可能エネルギー市場も拡大を続け，その電力生産に占めるシェアは2010年の20パーセントから2035年には31パーセントに拡大する。これは前例のないほどの成長で，その大部分はシェールガス・フラッキング（水圧破砕法）をはじめとする数々のエネルギー関連技術の進歩のおかげである。これについてはこの章の後のほうで述べる。

　次節で検証するように，このような需要拡大から，エネルギー会社がそのリスクを効果的に管理することがますます重要になっている。リスクは，おおまかにいえば，他の事業会社と同じである。つまり，戦略リスク，事業リスク，信用リスク，市場リスク，オペレーショナル・リスクである。しかし，多くの要因により，エネルギー会社はこれらのリスク，とくに市場リスクを計測・管理する正規の手法を積極的に構築している。

　業界動向で最も重要なのは，天然ガスや電力事業における規制緩和である。

---

1) "What Is the Future for Oil and Gas?" *World Energy Outlook 2012 Fact Sheet 2012.*

2) "Gas Boom Projected to Grow for Decades," *Wall Street Journal*, February 28, 2013.

市場でのエネルギー価格の決定を認めた 1978 年のエネルギー法のころまで，エネルギー業界はほとんどの国で多くの規制に守られていた。比較的安定した価格環境のもとで，公益企業は価格ボラティリティを消費者に転嫁することができた。たとえば，天然ガスを地域の消費者に販売する公益企業は，典型的な規制の枠組みのおかげで，天然ガスの供給者への支払い額に関係なく，十分な収益を実現することができた。

しかしながら，規制緩和が進むと競争がいっそう激化し，開かれた自由市場では関連するコモディティの予測のつかない動きに左右されるようになった。今では，消費者はエネルギー供給者を選ぶ際に多くの選択肢をもっている。そのため，自由市場の論理に従って値下げ圧力が加わった。エネルギー提供者は多くの重荷を背負うことになり，そうして価格ボラティリティを管理するようになった。価格ボラティリティそのものも劇的に増加した。とりわけ，規制緩和の初期はボラティリティが大きくなる時期である。価格ボラティリティは市場が落ち着くにつれて横ばいになるものだが，それでも厳しく規制されたときよりはるかに高い状況が続いており，今後も高いままだろう。デューク・エナジー社の CEO ジェームズ・ロジャーズは次のように簡潔に述べている。「ベン・フランクリンは，人生には確かなものが 2 つある。死と税である，と言った。……私はそれに天然ガスの価格ボラティリティを加えよう。」[3]

業界動向

エネルギー会社が操業する環境を見てみると，ERM が緊急に必要なことがわかる。この業界の環境は，多くの点で金融サービス業とよく似た進化を遂げている。規制緩和により競争が促進され，業種セクター内の合併とセクター間での集中が進んでいる。

1990 年代に，エネルギー業界で規制緩和の波が起こった。この波は米国，英国，スカンジナビア諸国で発生し，その後 10 年で他の国々へと広まった。たとえば，連邦エネルギー規制委員会は，天然ガスと電力の両業種における送電事業規制を緩和する命令を出した。目的は，卸売りと小売りの両方で業界内の価格競争を促進することであった。

---

3) Holmes, Jamie, "The Natural Gas Myth," *Slate Magazine*, November 15, 2012.

このような規制緩和のもとで，経営陣には株主価値を最大化するという責任が増している。それができなければ，会社は事業を維持あるいは拡大するのに十分な資本を呼び込むことができないからである。かつては規制によって収益は安定し予測できたので，コストを削減するインセンティブは最低限のものでよかった。エネルギー会社の株主は，最小リスクで事業を行いながら安定した収益を得ることを期待していた。しかしながら，競争の激化にともない，収益は変動するようになった。これは，エネルギー会社がリスクを，とりわけ価格リスクを直接顧客に転嫁する代わりに，自分たちで負わなければならなくなったからである。それにより，増加したリスクを補うべく，株主はより大きな利益を求め始めた。

これはエネルギー業界の構造に2つの大きな影響を及ぼした。1つは急速な合併で，企業は水平的にも垂直的にも買収を始めている。もう1つは集中で，エネルギー会社はもはや市場のニッチに注力するのではなく，顧客にエネルギーをフルサービスで提供しようとしている。この集中は，金融サービスのワンストップ・ショッピングの動向に相当する。

結果的に，それまでエネルギー業界を構成していた多数のニッチ企業が，次のいずれかの少数の企業群に分かれつつある。すなわち，あるセクターで産出（あるいは採取）から販売まで完全なサプライ・チェーンを所有するか，あるいは，販売チェーンの一部に特化するけれども，さまざまなセクター間で横断的な販売を行うか，である。前者の例には，探査から精製，販売事業まで所有する石油会社がある。後者の例には，個人の顧客にガスと電気の両方を販売する会社があげられる。多くのエネルギー会社が多額のトレーディングを行ってきたが，取引市場でエンロン等が破綻して以来，トレーディングは縮小しつつある。このような傾向はリスク管理に対して新しい問題を提起している。エネルギー会社は今ではより広範囲のリスクを管理しなければならない。しかも，そのうちのいくつかは，それまでの事業では馴染みがなかったものである。さらに，異なるセクターの2社が合併すれば，リスク管理システムも統合しなければならない。この統合は全社レベルで行う必要がある。新しい事業体はもとの2社とはリスク特性がまったく異なる可能性が高いからである。また，販売とトレーディング活動に関しては，さらに多くのリスク管理方法が必要だろう。

幸運にも，大企業ほど多くの資源をリスク管理のために利用することができ，実際にそうなってきている。統合は石油関連で最も徹底的に行われ，ほとんど

第 **17** 章 エネルギー会社 343

の統合化された巨大石油会社は，石油生産能力を開発するために多くの資源を投資している。電力や天然ガスの会社でも，これらの市場の規制緩和が続けば，後を追うことになるだろう。

　他の産業と同様に，上級管理職や取締役会は次第に，リスク管理方針やリスク許容水準の指針策定について説明責任を負うようになった。「エネルギーや公益事業の会社を所有して多角化した大企業および超大企業の取締役会は，1999 年にはリスク管理を優先事項上位 3 つのうちの 1 つに位置づけている。これは，リスク管理方針の策定および強化に積極的に関与しているということである。……最も成功した企業では，機能ごとのリスクではなく，企業全体に注意が注がれている」[4]。上級管理職は，リスクに対する責任をもはや個々の事業部門に委ねることができなくなっている。2010 年にデロイトが行ったエネルギー産業調査では，回答企業の 47 パーセントで取締役会がリスク管理の推進に努力していることが確認された[5]。

　しかしながら，この調査からは，回答企業の 95 パーセントが ERM の枠組みを構築し実施しているが[6]，経営陣以外の従業員に ERM のトレーニングを提供している企業があまりないことも判明した。これは，ERM がまだ取締役会や上級管理職に任されていることを示している[7]。前述したように，このような状況は全社的な ERM の統合にとって障壁となるかもしれない。

　規制緩和の第 2 の効果は，エネルギー関連で成熟したマーケティングおよびトレーディングを行うグループが誕生したことである。これらのグループは親会社よりも市場で積極的に活動し，リスクや予測不能な事態にさらされる傾向が強い。多くの点で，彼らはエネルギー銀行のように行動する。伝統的な銀行や金融機関は，買い手と売り手の間で金融商品やリスクの値づけを行っているが，エネルギー銀行も同様の機能を担っており，エネルギーや気候変動のような関連リスクを中心に扱っている。この点で，これらのグループの付加価値は，エネルギー関連のエクスポージャーに値づけし，これらのリスク全体を管理し，負担するリスク水準に基づいて十分な収益を生むスプレッドを設定することから生まれる。

---

4)　*Energy Central*, April 5, 1999.

5)　Deloitte, "Risk Intelligence in the Energy & Resources Industry," 2010, p. 12.

6)　同上，p. 11。

7)　同上，p. 6。

変動の大きい市場でのトレーディングが増加すれば，金融市場がそうであったように，リスク管理への注目が急速に集まる。しかしながら，リスクをとって管理することが長年企業価値の主要部分を占めていた金融機関と異なり，ほとんどのエネルギー会社は市場リスクを管理するという考えにあまり馴染まなかった。1つの解決方法は，金融サービス業からよく知られているツールを借りてくることだった。つまり，バリュー・アット・リスク（VaR）[8]，ストレステスト，高水準のリスクを低減するためのリスク・リミット設定である。

しかしながら，エネルギー会社で VaR を採用するのは簡単なことではなかった。VaR モデルの適用は，多数のエネルギー業界固有の要因によって強く影響される。これは後ほど検証しよう。さらに，VaR モデルは，エネルギー会社のすべての市場リスク・エクスポージャーに普遍的に適用できるものではなく，エネルギー会社の値づけやトレーディング活動の管理に最も役に立つのである。

VaR とは，定義では，統計上のある信頼水準（通常は 95 あるいは 99 パーセント）に基づく，特定の保有期間（通常は 1 日）におけるポジション（あるいはポジションのポートフォリオ）価値の潜在的損失を意味する。これは，エネルギー会社の値づけにかかわる短期的損失見込みに対する効果的な計測尺度となる。

しかしながら，他の一般事業会社と同様に，エネルギー会社もキャッシュ・フローや収益への影響から会社を守るために，エネルギー価格（や他の市場リスク）をヘッジすることが多い。VaR は，この種の活動の評価に関しては効果が限られ，アーニングス・アット・リスク（EaR）やキャッシュ・フロー・アット・リスク（CFaR）のような他の計測方法と一緒に使用する必要がある。簡潔にするためにこの章の残りの節では，エネルギー会社が利用するリスク分析全体を VaR と呼ぶ。

金融サービス業のために開発された VaR モデルは，エネルギー会社では値づけ活動に関してもあまり利用されていない。エネルギー会社用の VaR モデルでは，多数の業界固有の市場リスク問題を認識しなければならない。それらは，リスク・シェアリング，オプション性，ベーシス・リスク，価格透明性である。これらを詳しく見てみよう。

---

8) VaR モデルの詳細は第 10 章を参照。

リスク管理要件

　規制緩和のおかげで，金利，為替レート，株価などのボラティリティよりも，エネルギー商品の価格ボラティリティのほうがはるかに高いものとなっている。図 17.1 は，2010 年 1 月から 2012 年 12 月までの金融商品，エネルギーおよびコモディティの価格ボラティリティに関する 2013 年 CME グループ調査結果を示している。この調査から，エネルギー商品の価格ボラティリティが金融商品よりいかに高いかはっきりわかる。米国の財務省証券は価格ボラティリティが 10 パーセント，S&P500 は 15 パーセントだが，天然ガスと原油のボラティリティはそれぞれ 41 パーセントと 27 パーセントである[9]。

　このような価格変動は，エネルギー会社に買い手と売り手の双方からリスクを負わせることになる。たとえば，石油精製会社は，購入する原油の価格変動から生じる市場リスクに直面する。さらに，販売する石油製品の価格変動による市場リスクにも直面する。企業の利潤は，基本的にこの 2 つの価格の差（専門用語ではクラック・スプレッド）であり，これは間違いなく市場リスクに左右される。

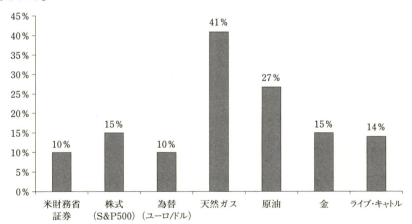

図 17.1　商品別の価格ボラティリティ（年率）
資料：CME グループ

---

9) Labuszewski, John W., et al., "Volatility Monitor: 1st Quarter, 2013," April 2, 2013, p. 5.

この市場リスクのいくらかはヘッジできる。たとえば，企業は先物契約を使って原油のニーズをヘッジできる。それでも，先物契約で指定した原油は，そのニーズと完全には一致しないベーシス・リスクにさらされたままである。たとえば，違った場所や違った時期に届けられるとか，異なる化学組成のものだったというようなことである。これは，その原油が企業の操業上のニーズに一致しないというだけでなく，企業のポジションが実際には中立ではないということである。

リスクはそれだけではない。海外の油田から原油を買う，あるいはその製品を海外市場で売るのであれば，為替リスクに直面する。さらに，顧客である供給業者がその責務を果たさないというリスクにも直面している。よくあることだが，この信用リスクは市場リスクと密接に絡み合っている。市場価格が上昇すれば，原料供給契約の価値も上昇し，それにともなってその契約のデフォルトにつながる信用リスクも高まる。

驚くことではないが，通常，デフォルトは市場動向が好ましくなく，そのためシステムに最もストレスがかかっているときに起こる。結果的に，倒産が連鎖することもある。たとえば，1998年夏に中西部で電力価格の高騰があり，価格は普段の水準の数百倍に達した。これに対応できなかったのがフェデラル・エナジー・セールス社であり，同社は他の多くの企業に電力を供給する責務を果たせなくなった。そうなると，一顧客であったパワー・カンパニー・オブ・アメリカ社自身の顧客への債務，（熱い議論を呼んだ）推定2億3,600万ドルがデフォルトとならざるをえなくなった。

これらの価格変動は，もとをたどればエネルギー市場の構造的な非効率性に行きつく。例として，米国の電力網の構造を見てみよう。2000年代初め，米国は何百万人もの人々を暗闇にとどめる停電にたびたび苦しめられた。欠陥のある送電システムと「規制市場と自由市場のカオス的組み合わせ」に非難が向けられた[10]。米国国内の各地域の電力網は1つのシステムに統合されていないので，他の地域からの送電で停電を解消することが容易にはできないのである。このことは，エネルギー価格にも影響を与え，国中で明確な価格の差を生み出す結果となっている。規制緩和による競争の激化でライバル企業が互いに協力することを拒むので，事態はさらに複雑になるかもしれない。

---

10) Smith, Rebecca, "Overloaded Circuits: Outage Signals Major Weakness in U.S. Power Grid," *Wall Street Journal*, August 18, 2003.

第17章　エネルギー会社　　　347

　この原稿の執筆時点で，エネルギーの小売り価格は史上最高値にあり，顧客
は 2002 年のときより 43 パーセント以上も多く支払いをしている。それでも，
電力網が以前より信頼性が高まったわけではない。2005 年から 2009 年の間に
349 回の停電が起こり，2000 年から 2004 年の間の発生回数よりも 134 パーセ
ント増加している。電力研究所は，「全国的な電力網」の開発に 20 年間で
4,760 億ドルのコストがかかるが，長期的には，すべて賄ったうえで経済全体
で数兆ドル節約できると見積もっている。今日の不景気を考慮すると，残念な
がら，業界全体のこの計画がすぐにスタートするとは考えにくい[11]。

価格リスクおよび数量リスク

　エネルギー会社の事業リスクは，値下げ圧力と数量リスクとなって現れる。
価値連鎖に沿って，異なるリスク・エクスポージャーが異なる時点に存在する。
そうすると，ある企業のリスク・ポートフォリオは，その（石油かガスか電気
かという）セクターと，（発電か精製か販売かという）セクター内の役割の両
方を反映したものになる。たとえば，採掘や生産に関与する川上の石油会社は，
精製や販売に関与する川下の石油会社とは実質的に異なるリスクをもつ。さら
に，これらの石油会社は，石油を投入物として卸売り用・小売り用のガス製品
に換えるガス会社とも実質的に異なるだろう。

　前述したように，エネルギー価格は非常にボラティリティが高い。規制緩和
によって競争を促進する環境に変われば，値下げ圧力が発生する。天然ガスと
電力会社の管理職は，業界の規制緩和が進展するにともない，さらなる価格下
落に直面している。今では政府の保護を受けることなく，顧客や資本をめぐる
競争をしなければならない。さらに，市場競争によって長期契約が一般的でな
くなりつつあり，エネルギー会社は数量リスクも管理する必要に迫られている。

　競争が激化する環境で将来も事業を続けるために，エネルギー会社は事業活
動とトレーディング活動におけるすべてのリスクを包含するように，企業全体
のリスク管理の範囲を徐々に広げていかなければならない。環境と経済的な理
由から，次の 20 年間は変革への圧力が異常に高まる時期である。そのなかで
企業は，新しいエネルギー・システム内での存続と優位性を求める競争へ駆り
立てられる，と多くの業界アナリストは予測している。

---

11)　Plumer, Brad, "Bad News: The U.S. Power Grid Is Getting Pricier, Less Reliable," *Wash-
ington Post*, March 8, 2013.

イベント・リスクおよび天候リスク

エネルギー会社のイベント・リスクによる損失には，異常気象，訴訟，石油流出や油井事故のような機器破損，企業方針の違反による損失，すなわち異常な投機的取引が含まれる。

訴訟はここ 20 年の間に，とくに環境保護主義者のロビー活動によって，エネルギー会社の大きな懸念材料となった。たとえば，1989 年のエクソン・バルデスの石油流出事故の後，エクソン社は失った石油と，その後の除去作業のコストはいうまでもなく，事故に対する民事および刑事訴訟を解決するために，約 11 億 5,000 万ドルを支払うことになった。同様に，ロンドンに拠点を置く石油会社 BP は，2010 年のディープウォーター・ホライズンの流出事故のために，米国法務省から 45 億ドルの賠償を科された[12]。

エネルギー会社にとくに関連のあるリスクは天候リスクである。天候リスクは信用リスク，市場リスク，オペレーショナル・リスクのエクスポージャーに影響し，ひいては企業に影響を与える。猛暑になれば，ある市場で電力不足が生じるかもしれない。電力不足の事態が深刻になれば，前述したパワー・カンパニー・オブ・アメリカのケースのように，取引相手が電力供給の義務を果たせなくなることもある。これは，異常気象の発生が取引相手のデフォルトの直接の原因となった例である。

ハリケーン・イレーネ（2011 年）やサンディ（2012 年）のような嵐は，インフラをズタズタにして，エネルギー産業に多大な損害を与える。商務省によれば，米国の GDP の 30 パーセントが直接あるいは間接的に天候の影響を受けている[13]。たとえば，ハリケーン・サンディは北東部の州の通信網を破壊し，多くの家庭で通信と電気がつながらなくなった。さらに，このハリケーンのために雇用が急減し，推定で 2 万人の仕事が失われた。このことから，ERM プロジェクトは悪天候によるエネルギー供給断絶の影響を考慮に入れることが大変重要である。

2011 年，米国は他にも例年にない厳しい気象条件に見舞われた。南部は干ばつで乾燥し，北部と東部は猛烈な嵐と洪水で水浸しだった。2011 年の自然

---

12) Krauss, Clifford, et al., "BP Will Plead Guilty and Pay Over \$4 Billion," *New York Times*, November 15, 2012.

13) *Atmospheric and Environmental Research*, 2012.

災害のために，米国経済は全体で 1,480 億ドルを超える損害を被った [14]。企業はどこも異常気象の悪影響を受けるが，エネルギー産業の企業はとくに痛烈な打撃を受ける。たとえば，テキサス州の電力会社コンステレーション・エナジー社は，自州の「2011 年の記録的な熱波により，1 株当たりの四半期利益が約 0.16 ドル減少した」[15] という。

とくに電力・石油・ガス産業は異常気象による損害を受けやすい。異常気象は，インフラを破壊して生産活動を妨げるだけでなく，雇用にとっても大きな脅威となりうる。2005 年，2 つの連続するハリケーン（カトリーナとリタ）のために，電力会社エンタジーは，「2 万 3,000 人以上の労働者の雇用を調整・維持し，ニューオリンズの本社を移転する」[16] のに 15 億ドルをかけざるをえなかった。

カルバート・インベストメンツは，2012 年に実施した研究で，電力会社は異常気象の状況に対処する際に，次の要因を考えることを推奨している。

- **システムとプロセス**：気象条件の評価は会社の全体的な生産や経営の枠組みに合っているか。経営陣や取締役会はこのプロセスでどんな役割を果たすのか。
- **異常気象の発生**：過去の異常気象の状況に対する会社の対応を調べることが賢明である。何が発電能力，生産，送電，配電に影響を与えたのか。財務的にはどのような影響があったのか。
- **発電能力**：ハリケーンや干ばつのような異常気象の状況は保留するとしても，エネルギー会社は気温や湿度のようなさまざまな変数のもとで自社の実績を評価すべきである。何が設備の効率性や能力に影響を与えるのか。
- **需要**：エネルギー会社は商品に対する需要パターンの分析と理解に時間をかけるべきである。たとえば，需要は気温に影響されるのか。季節性はあるのか。
- **株主と地域社会**：異常な気候条件の会社への直接の影響を計測することに加えて，株主や地域社会への間接的な影響も考慮すべきである。株主や地域社会も，必要な時には予期せぬ助けになりうる。このため，彼らとは健

---

14) 同上，p. 2.

15) Calvert Investments, "Physical Risks from Climate Change," May 2012, p. 2.

16) 同上，p. 12.

全な関係を維持することが重要である [17]。

　石油会社は気象条件からもっと影響を受けやすいかもしれない。彼らは深海や北極海のような行きにくい場所で操業することが多いからである [18]。このような場所は気象条件が過酷な場合が多く，石油会社にとって最も重要なリスク管理事項になる。たとえば，ミシシッピ川が洪水で氾濫した 2011 年，レックス・エナジー社は「第 2 四半期に 60 日間，日産量を 1 日当たり 245 バレルほど減らさざるをえなかった」[19]。もっと長い目で見ると，アラスカの温暖化が石油やガス産業に打撃を与えている。氷が溶ければ採掘期間が短くなり，インフラにも影響を与えるからである。

　電力会社が取り組むべき要因に加えて，石油会社やガス会社は，カルバート・インベストメンツが「地政学リスク」と呼ぶ問題も見直すべきである [20]。石油会社は自然から損害を被ることもあるが，逆もまた起こりうる。エネルギー関連会社のなかでも，とくに石油会社は自社の環境への影響を意識すべきである。

　エネルギー会社が ERM アプローチを効果的に使う方法はいくつかある。許容できるリスク量についてリミットを設定し，各リスクへのエクスポージャーを測定し，そのリスクを適切な水準までカバーできる資本を保有するのである。ほとんどのエネルギー会社は，先に概説したリスクのすべてではないにしても，いくつかのリスクに直面している。ERM アプローチでは，エネルギー会社のすべての種類のリスクと，それらの相互依存性を包括的に扱うことができる。

リスク・シェアリング

　金融市場では現物との交換は次第に見られなくなっているが，エネルギー市場での決済は現金と裏づけとなるコモディティの現物との交換が多い。ある意味で，これら実物のポジションは非常に単純でわかりやすい。前もって決めた期日にコモディティの現物を交換するだけである。たとえば，合意した将来の期日に，合意した価格でコモディティを物理的に届ける契約である。しかしな

---

17)　同上，p. 13.
18)　同上，p. 18.
19)　同上，p. 18.
20)　同上，p. 19.

がら，多くの場合，エクスポージャーのポートフォリオが，エネルギー生産者もしくは仲介者と，顧客もしくは提供者との間の契約に埋め込まれているかもしれない。このような条項は計量化して全体の VaR 計算に要因として入れる必要がある。

　エネルギー産業がまだ部分的に規制されている（そして，多くの場所でかなりの期間そのままである）とすると，収益を求めるときに企業がとれるリスクには規制上の制限があるだろう。そうであれば，彼らの顧客がリスクにさらされる程度についても制限があるはずである。何らかの規制がある環境では，企業はエネルギー資源を入手する際のコストの上昇を一部しか転嫁できないかもしれない。また，ヘッジ戦略の成果による蓄えの一部を引き渡すよう要求されるかもしれない。これらも計量化して，VaR モデルのなかに組み入れねばならない。

　たとえエネルギー産業が十分に規制緩和されたとしても，規制当局ではなく業界の慣行として制限が課されるので，VaR モデルはそのような制限も組み入れる必要があるだろう。たとえば，（価格調整を通じて）業界の平均以上のリスクを顧客に転嫁している企業は，顧客を失うことになる。これら構造的な要素を正確に反映する VaR モデルを開発する場合，第 1 の段階は，特定の企業活動に影響を与える規制（あるいは市場）環境の評価を行うことである。そのような評価は仮定の形でモデルに組み入れられるべきであり，それによってリスクの所有状況が明確に特定化される。つまり，コモディティ・ビジネスのコストあるいは利益を最終消費者に転嫁できる能力が明らかにされる。

オプション性

　ほとんどのエネルギー供給業者は，暗黙のうちに（卸売りでも小売りでも）消費者へ供給するエネルギー量に何らかのオプション性を与えている。彼らはまた，市況が好ましいとき，エネルギー供給を増やすという補完的なオプションをもっているかもしれない。需要と供給における 2 つのオプション性は，VaR モデルに含まれるべき値である。

　個々の消費者は一定期間，過去の平均よりも多い，あるいは少ない電力を使うオプションをもっている。多くの要因がこのオプションの行使に影響を与えるが，そのうち最も重要なのは天候である。たとえば，猛暑の夏になればエアコンを動かすため電力需要が増えるが，暖冬になれば暖房用のガス需要が減る。

一方で，大手製造業の電力消費はマクロ経済環境と製品に対する需要をより反映する。

　このオプションはいくらかの価値をもっており，供給業者は価格決定のときにそれを考慮する必要がある。言い換えれば，潜在的な需要の分布をVaR全体の枠組みに要因として組み入れなければならない。そうすることで，見逃されることの多いリスク・ファクターに洞察を加えられる。この手法は通常，次の2つの段階を含む。

1. 可能性のあるさまざまな要因の関数として需要の数学的モデルを構築する。基礎をなす関係式は時系列データから導かれるが，現状に適合する時期，地理的領域，顧客分類の選択で注意が必要である。このため，企業は異なる地域や顧客セグメント用に多数のモデルを構築する必要があるかもしれない。
2. そのあとで，さまざまな予測モデルを使って潜在的な使用量の分布が作成される。この分布は，価格の相関関係と連動させて生産力不足の可能性やプライシングを判断するために利用できる。

　発電能力，あるいは基本的なエネルギー関連のコモディティ（天然ガスなど）の産出能力や貯蔵能力をもつ企業は，固有のオプション性を有した現物ポジションをもっている。どんなオプションに関しても，このポジションは構造的価値をもち，それは一般にオプションのプライシングで考慮される要因，すなわち，行使価格，ボラティリティ，満期などで評価できる。

　実物資産の場合，最も難しいのは行使価格と満期日を決めることである。通常，行使価格は電力生産に関連する変動コストや，生産もしくは貯蔵設備からエネルギー関連のコモディティを入手するコストの関数である。たとえば，天然ガスを燃料とする発電プラントと天然ガス供給源の両方を1ヵ所ずつ所有する企業を考えてみよう。単に天然ガスをスポット市場で売るよりも，天然ガスから電力を生産するオプションを行使すれば価値があると，この企業が気づく前に，電力価格と天然ガス価格のスプレッドが一定水準（行使価格）に達しているはずである。この水準は天然ガスを入手するコストと，プラントで電力に換える効率性によって決まる。

　企業が複数の電力プラントと天然ガス供給源を所有している場合，その企業

はプラントと供給源のさまざまな組み合わせに関する多くのオプションをもっている。これらのオプションは個々に値づけされねばならない。さらに，各々の生産資本も潜在的リスクを正確に反映するよう個別にモデル化される必要がある。考慮されるべき運営上の指標は，燃料の種類，やむをえない供給停止と計画的停止を含む過去からの信頼性，総運営コスト，発熱率，前述した限界的な生産コストや販売コストなどである。これらの指標は，あらかじめ定義した予想期間における（時間や日など）単位時間当たりの全生産能力に対する，利用可能な生産能力の分布を作成するために利用すべきである。シミュレーションの結果から，全生産能力と同様に，販売に向けられる追加的能力，たとえば，全生産能力から使用荷重や義務的販売を差し引いたものを決定できる。

ベーシス・リスク

　金融市場では，1つの地域市場で取引される証券は，別の地域市場で取引される同類証券と簡単に裁定取引ができるので，価格の不一致は解消される。それに対して，天然ガスや電力のようなコモディティは，異なる地域間でそれほど簡単には裁定取引ができない。実際に，西海岸の天然ガス備蓄は東海岸の天然ガス備蓄と同じものではない。同じコモディティの異なる場所での価格は，地域要因の影響で違ってくる。このような条件のもとで，ある地域のコモディティを必要とする組織は，他の場所でそれを見つけねばならない場合に，ベーシス・リスクにさらされる。

　ベーシス・リスクはいくつかの独立要素の関数として表すことができ，それはすべて VaR モデルに組み込まれなければならない。これは，エネルギーの物理的輸送ができない市場では，重要な問題になりつつある。たとえば，前述したように，西部で生産された電力を東部の配電網に送電することは容易ではない。物理的に送電が可能でも，ある組織が都合のよい時間や価格で送電線を使う権利をもっていなければ，ベーシス・リスクが発生する。

　ベーシス・リスクのもう1つの重要な要因は，天候や規制の枠組み，市場環境などが地域によって均一でないことである。たとえば，天然ガス生産者の多くはガスの現物貯蔵（企業の自然のロング・ポジション）を，天然ガス先物を売る（ショート・ポジションを得る）ことでヘッジしている。一方のポジションの損失を他方の利益で相殺したいと思っているのである。

　もっとも，この戦略は1996年第1四半期にはひどく歪んだものになった。

当時，入手可能な唯一の先物契約は，ニューヨーク・マーカンタイル取引所に上場されているもので，北東部をサービスエリアとするヘンリー・ハブで，ガスが引き渡される契約になっていた。ところが，急な寒波に襲われ，天然ガスの価格がとくに北東部で大きく上昇した。価格は，米国の他の地域市場では比較的安定していたが，ヘンリー・ハブでは高騰したのである。その結果，天然ガス生産者は，現物ポジションから得る利益では相殺できないほど大きな損失を先物ポジションから被ったのである。

影響を受けた生産会社の多くはリスク管理方針と手続きを適切に定めていて，そのうちの何社かは非常に注目されていたのであるが，現物のロングと先物のショートのポジションの間で天候関連のベーシス・リスクにさらされ，そのために損失を被ることとなった。

価格の透明性

多くの現物エネルギー市場における重要な問題は，信頼できる価格情報がないことである。この場合，価格情報をもっと簡単に入手できて，目標市場との長期の相関関係がよく知られている類似の市場で，代替物を見つける必要がある。それでVaRは近似できるが，ストレステストを効果的に行うことが重要になる。なぜなら，モデルの基礎になっている相関関係は，ストレスのかかった市況では崩壊してしまうことが多いからである。

コモディティ市場の価格は，外国為替や金利のような資本市場の価格とは異なった動きをする傾向もある。たとえば，価格ジャンプ，連続的な価格拡散，平均回帰は電力や天然ガスの価格動向で観察される特徴だが，エネルギー関連のコモディティのVaRモデルはこのような特徴を原理的に説明しなければならない。これらがモデル化されれば，潜在的な価格動向の範囲やその経路を決めることができる。実際には，これらの特徴を金融市場のものと大きく異なるものとして取り扱う必要はない。

より重要な違いは，過去の情報の加重（ウェイト）に関連する。将来のボラティリティは，ヒストリカル・ボラティリティの指数加重平均をベースにすると，最もうまく予測できるといわれている。指数加重平均は過去の値よりも最近の値に多くの信頼を置くので，同じ期間の値を単純平均した値よりも最近の傾向をよくとらえる。したがって，エネルギー市場は金融市場よりも周期性が短く季節性を有するという価格変動の特徴的な傾向を，関係する期間および加重に反映するこ

とが重要である。

たとえば，最近の価格変動分析によれば，外国為替や金利の最適な加重因子は，過去 151 日の観測値をもとにした値がボラティリティの 99 パーセントを説明する。一方，天然ガス市場の場合は過去 42 日，電力市場は 23 日の観測値をもとにしたものである。

将来展望

長期的に見て，エネルギー会社が直面する最も重要な問題は，環境要因と資源不足の可能性の両方をインセンティブとする新技術と代替エネルギー源を探る動きだろう。石油は入手できる各種エネルギー源のなかで最も重要であり，1997 年には全エネルギー生産の約 40 パーセントを占めていた。続いて，石炭と天然ガスがそれぞれ 24.2 パーセントと 22.1 パーセントで，（地熱や原子力発電など）他のエネルギー源が残り 14 パーセントほどだった。

このシェアはその後大きく変わっている。石炭はまだ重要だが，環境への配慮と技術進歩で拍車がかかった天然ガス部門の成長が最も大きい。ガソリンは徐々に天然ガスや小型機械（主に自動車）用電力に道を譲っていくと思われる。一方で，バイオマス，風力，地熱，水力，太陽光，原子力発電のような代替エネルギー源が，次第にエネルギー生産で大きなシェアを占めるようになるだろう。2012 年の実態を見てみよう。この年，石炭は発電の 37 パーセントを占めたが，2007 年には 49 パーセントだった。それに対して，天然ガスによる発電が急増し，この 5 年の間にシェアは 22 パーセントから 30 パーセントとなった。

最近の技術革新によって，エネルギーのニューフロンティアが開かれた。水圧で破砕する通称フラッキングとして知られる技術でシェールガスを採掘するのである。2000 年，シェールガスは米国のガス供給の 1 パーセントを占めるにすぎなかったが，2011 年にはそのシェアは 25 パーセントに拡大した。

これまでのところ，シェールガスの増加は驚くほどエネルギー価格に影響を与え，石油と天然ガスの増産により米国のエネルギー産業は大きく変化し，また変化し続けている。たとえば，10 年前，天然ガスは 100 万英国熱量単位（BTU）当たり 15 ドル近辺を横ばいで推移していたが，価格はどんどん下がり，執筆時点で最安値の 4 ドルになっている。シェールガスの生産が過去 10 年と同じペースで拡大を続けるなら，価格の下落傾向は続き，消費者にはすばらし

いニュースとなる。シェールガスは石炭よりも効率よく発電できるので，この
ガス価格の低下は電力価格の低下へとつながるからである。2000 年代の終わ
り，フラッキングは米国国内に 7 万 2,000 人を超える新規雇用を生み出し
た[21]。さらに，炭素排出量は 1992 年以降最低となった[22]。再生可能エネル
ギーによる発電量がまだ，米国の膨大なエネルギー需要を満たすにはほど遠く，
シェールガス・フラッキングは魅力的な解決策になりそうである。

　それでもまだ，パンドラの箱に残った奇跡のようなシェールガス・フラッキ
ングにも障壁がいくつかある。フラッキングは政治的にかなり不安定なものを
かかえている。フラッキングを規制するかしないかについて，依然として激し
い議論が続いており，これはシェールガス市場に緊張を招くかもしれない。
1990 年代後半の規制緩和が市場の混乱をもたらしたのと同じである。

　ハーバード大学ロースクール教授で，前のホワイトハウスのエネルギー気候
変動カウンセラーであるジョディ・フリーマンによれば，シェールガス・フラ
ッキングは，物理的には効率的で安いが，環境に与える影響が諸州にとってあ
まりにも大きく，州自身でもモニターすることができないという。たとえば，
フラッキングは「大量の大気汚染物質やメタンガスを放出し」，さらに「大量
の水も必要となるので，地域への供給を減らすことになるかもしれない」と言
う。彼女は，フラッキングは国全体に影響を与えるので，国は「どの州も合理
的な保護水準以下にならないことを保障する連邦の最低基準を設定しなければ
ならない」と主張する[23]。

　フリーマン教授は，連邦の規制がシェールガスに関する人々の不安を和らげ
るのに役立つと述べる。2013 年 6 月 3 日付の『ウォールストリート・ジャー
ナル』が発表した世論調査では，回答者のほぼ 4 人に 1 人が，政府の規制のあ
るなしに関係なく，フラッキングをまったく支持しないと答えている[24]。規
制については個別に動こうとするさまざまな公的機関のまったく無計画で折衷
的な制度を 1 つに統合する場合，全国的な制度がシェールガス・フラッキング
の全プロセスへの国民の信頼を高める助けとなる。しかしながら，テキサス大
学教授デイビッド・スペンスは強く反対し，代わりに，諸州はフラッキングが

---

21)　"The Facts about Fracking," *Wall Street Journal*, June 25, 2011.
22)　"Should the Federal Government Regulate Fracking?" *Wall Street Journal*, April 12, 2013.
23)　同上。
24)　"Question of the Day: Should Fracking Be Allowed in Your State, and with hat Kind of Regulation?" *Wall Street Journal*, June 3, 2013.

その地域に与えた個々のリスクに馴染んでいくだろうから，規制などせず，州自身に任せるべきだと述べる。彼は「州は増えた雇用や税収入から最も利益を得ている。州はトラック輸送による交通騒音，公害リスクと産業の急成長に直面している」と言う[25]。フラッキングによる環境リスクの州を越えた潜在的な影響は少なく，州はそれらを扱うのに十分な装備を有している。政府の介入は緊急の場合にのみ必要と主張する。彼は「これまでの例から，どの産業でも単一の政府当局に監視されれば，規制に反するように動こうとする」と指摘する[26]。

今日のガスのコスト低下は，国中で進められている再生可能エネルギーの生産にも不利な影響を与えている。再生可能エネルギーは，環境にやさしくないライバルエネルギーとはまったく競争にならないので，連邦政府は再生可能エネルギーへの開発投資を継続するために，民間企業に多くのインセンティブを提供する必要がある。だが，シェールガスの比較にならない価格優位性のために，企業は政府の多大な支援にもかかわらず，再生可能エネルギーからガスへと転向している。国際エネルギー機関（IEA）のチーフエコノミスト，フェイス・ビロルは「政府が支援制度を堅持しないなら，再生可能エネルギーは安いガス価格の犠牲者になるかもしれない」と言う[27]。

マサチューセッツ工科大学（MIT）が実施した調査によれば，エネルギー領域においてシェールガスの採掘は，同時に再生可能エネルギーからの移行が進むことで，2050年までに温室効果ガスを13パーセントほど増やす原因になるという。MITのエコノミスト，ヘンリー・ジャコビは，シェールガスに多くの短期的な利益がある一方で，「魅力がありすぎて，われわれが最終的には必要とする他のエネルギー源を脅かしている」と懸念を示す[28]。この調査によれば，シェールガス生産の増加によって，二酸化炭素を地下に貯留する手法であるCCSの研究を20年ほど遅らせる可能性もある。

ジャコビはシェールガス生産の根本的な弱点も指摘する。それはまだ新しい分野の技術なので，われわれが十分な知識を欠く内在的リスクをかかえている。

---

25) 同上。

26) "Should the Federal Government Regulate Fracking?" *Wall Street Journal*, April 12, 2013.

27) Harvey, Fiona, 'Golden Age of Gas' Threatens Renewable Energy, IEA Warns," *The Guardian*, May 29, 2012.

28) Inman, Mason, "Shale Gas: A Boon that Could Stunt Alternatives, Study Say," *National Geographic*, January 17, 2012.

シェールガスがガス価格の低下によって米国経済に多大な利益をもたらしているのは事実だが，シェールガスはわれわれが必要とする奇跡ではなく何か別のもので，大きな問題に陥るはめになる場合もあるという。シェールガスの将来については不明確な要素が多く残っており，米国経済の膨大なエネルギー生産の伸びが長期的にどこまで続くのかについても，多くの不確実性がある。

それでも，石油採掘技術のさらなる改善により，米国のエネルギー生産は増加を続け，将来的には海外の石油資源からの独立性が高まるだろう。この転換をどう進めるかによって，いくつかの優良企業が転換を円滑に進める新鋭企業に取って代わられ，市場シェアが劇的に変化することもありうる。エネルギーの転換プロセスを進める際には環境問題が重要性を増しており，レピュテーショナル・リスクも重要な問題となるだろう。

すでに，世界の大手エネルギー会社の1つであるBPは，「石油を超えて」というイメージチェンジを図っている。急速に進化できないエネルギー会社は，自らが頼りにしている化石燃料のもとになった有史以前の生物のように絶滅することになるだろう。

エンロン社の教訓

エネルギーのリスク管理に関する章は，エンロン社について語らなければ完結しない。明白な教訓が3つある。キャッシュから目を離さないこと，単にいくつかのリスクではなくすべてのリスクを管理すること，会計監査を基本に戻すこと，である。

キャッシュから目を離さない

会計報告を修正するまで，エンロンは，2000年までの5年間で純所得は33億ドルと報告していた。同じ期間に生み出されたキャッシュは総額で，たった1億1,400万ドルであった。報告された所得のたった3パーセントである。報告された収益と実際のキャッシュ・フローとの間に長期の遅れがある場合，それはどんな企業にとっても警告シグナルとすべきである。これは，架空利益計上が一般に行われていて，将来の期待キャッシュ・フローが現在の収入として計上されることの多い金融市場やデリバティブ事業では，とくにそうである。このギャップが埋まらなければ，企業は内部崩壊する。ベアリング銀行やキダ

ー・ピーボディーでも，報告された利益は企業のキャッシュ・ポジションと一致していなかった。「キャッシュが王であり，会計は意見である」というアナリストの言葉をあげておく。ここでの教訓は，キャッシュに焦点を当てることである。

すべてのリスクを管理する

皮肉にも，エンロンには最高リスク管理責任者（CRO）がいた。報告では，150人のスタッフを監督し，年間3,000万ドルの予算をもち，アートの領域であると一般には考えられている市場リスクと信用リスクのコントロールを行っていた。しかしながら，エンロンを破産させたのは，市場リスクや信用リスクではなかった。それはオペレーショナル・リスクで，ガバナンスや会計統制の基本的な失敗だった。エンロンの成長と没落，バンカース・トラストの成長と没落は気味が悪いほど似ている。両社ともそれぞれの業界でリスク管理の達人と評されていた。しかしながら，両社ともに結局は，人や文化に関するソフトなオペレーショナル・リスクによって，早々と終焉を迎えたのである（バンカース・トラストの場合，まずい販売慣行と誤った顧客口座管理によって，洗練された証券会社としての企業のフランチャイズが崩壊した）。皮肉にも，エンロンのCROだったリック・バイは，1994年のエンロン入社前はバンカース・トラストの役員だった。ここでの教訓は，企業は，明らかなリスクだけでなく統合的基準をもとに，すべてのリスクを管理するということである。

会計監査を基本に戻す

エンロンの巨額損失について，会計士は非難を全面的に引き受けるべきではない。しかし，会計の専門家は重要な役割を1つ忘れていた。それは，帳簿や記録が正しいかどうか確認することである。私は，帳簿や記録の正確性を維持することが自らの大事な仕事である，と話す会計士に最後に会ったのがいつか思い出せない。だが，自分の役割を，コントロールや手続きの有効性を評価し，事業部門が自己評価を行うのを助け，オペレーショナル・リスクのコンサルティングを提供することだ，と述べる会計士には毎年何百人も会っている。彼らのなかには，内部監査の外部化という言葉が矛盾した表現であるという認識がない者もいる。結局のところ，誰が帳簿に気を配るのか。ここでの教訓は，会計監査の役割を基本的で最も価値ある仕事，つまり企業の帳簿や記録の正確性

360　　　　　　　　　　　第3部　リスク管理の応用

に関する独立的立場による評価へと立ち戻らせることである。

　物語が終わるころまでに，エンロン破綻による財務的損失や事業への影響は，
他の悪名高い5社の破綻，すなわちベアリング銀行，キダー・ピーボディー，
バンカース・トラスト，オレンジ郡，ロングターム・キャピタル・マネジメン
トをはるかにしのいでしまうだろう。リスク管理で愚か者ではなく賢者になり
たい者は，エンロンとその株主が非常に高いコストを払って学んだことを只で
学べるこの機会を活用すべきである。

BPの石油流出事故からの教訓

　2010年4月20日，「ディープウォーター・ホライズンの破裂」として知ら
れる事故で，巨大エネルギー会社BPが所有する石油掘削施設のパイプが破裂
し，11人の従業員が死亡，毎日1,000バレルの石油が周囲のメキシコ湾に流れ
出た。これはめったにない災難だったのか，それともBPがこの悲劇の原因と
なるリスクを故意にとって，それがクライマックスに達したのか。『ウォール
ストリート・ジャーナル』の一連の調査では，掘削施設の建設プロセスと事故
発生直後になされた両方の意思決定で，BPに事故の大きな責任があったこと
が示されている。

　『ウォールストリート・ジャーナル』が主張するように「BPがプロジェク
トの進行中に決定したことは，この設備を破裂に対して弱くするようなものだ
った」[29]。掘削施設を破裂させた主因のなかでも，バイパスの検査手続きが最
も重大であった，と『ウォールストリート・ジャーナル』は強調する。BPは
スケジュールの遅れのため時間が極度に不足していた。1日の遅れは会社にお
よそ100万ドルのコストを余計にかけさせたのである。BPは間に合わせよう
として，パイプの周りに詰めるセメントの質の検査を省略した。流出事故後に
なされた検査で，この部分に重大な問題があったことが判明した。そこがパイ
プ破裂の原因であることが確かめられたのである。

　さらにBPは，一般に泥水として知られる専用の掘削用液体をパイプに塗り
つける時間も縮小することにした。このプロセスは潜在的な破損をみつけるの
に役立つはずだった。標準的な業界慣行では検査時間は6時間から12時間だ

---

29)　Casselman, Ben, and Russel Gold, "BP Decisions Set Stage for Disaster," *Wall Street Jour-
　　nal*, May 27, 2010.

が，BPはたった30分で検査を終わらせたのである。設備の設計そのものにも根本的な問題があった。たとえば，業界の標準では流出を防ぐために1本のなかにもう1本を入れた二重のパイプを使用するが，BPは一重のパイプを採用した。

これらの建設上のおざなりな決定は，慎重さに欠ける経営陣が行ったことだったかもしれない。これらの検査を監視していた現場の指揮官ロバート・カルザは，その仕事に就いたばかりで，深海からの掘削は何の経験ももっていなかった。現場の仕事を通じて従業員を教育するのは決して間違っていないが，これほど重要な現場を新米マネジャーの勝手にさせたのは，BPも軽率であった。さらに驚くことに，この過失という問題がずっと上のほうの米国内務省の管理サービス局まで広がっていた。BPとの密接な結びつきのために，これら曖昧な決定の多くを当局は承認したのである。

強力なリーダーシップがなく，労働者が迫りくる期限までに間に合わせることだけを考えるにつれ，質の管理が従業員の心から抜け落ちていった。実際に，流出後に行われた調査で，BPのあるエンジニアが300のテキストメッセージを削除していたことがわかった。そのメッセージは，石油の流出率が当初考えていたよりも3倍高いことをBPが知っていた証拠であった。このように，BPは流出の可能性に気づいていたが，それでもまだ安全対策を切り詰めることにした。

このお粗末な経営のパターンは，実際のパイプ破裂のときも現れた。最初の爆発の直後に命令系統に関して矛盾や混乱があった。掘削施設の現場指揮官カルザは明らかに「橋上でうずくまってしまった」[30]。石油掘削安全性の過度に複雑な手続きによって，状況はさらに面倒なことになった。手続きでは，流出を抑える試みをするためには2人の上役の承認が必要だったが，2人とも事故が起きたとき居場所がわからなかったのである。

BPの破裂に対する鈍い反応はたしかに非難されるべきだが，最大の疑問がまだ残っている。BPはどうしてこれほど大きな掘削施設爆発の初期の兆候を見逃したのか。エネルギー業界のリーダーとして，BPは最新技術を使って日々の活動を行っている。しかしながら『ウォールストリート・ジャーナル』が指摘するように，この技術は「人の判断や直感に依存しており」，それが固

---

30) Berzon, Alexandra, et al., "There Was 'Nobody in Charge'," *Wall Street Journal*, May 28, 2010.

有の避けられない弱点，すなわちオペレーショナル・リスクをシステムにもたらすのである[31]。

　BP が人的ミスから事故を起こしたのは，これが初めてではないことも留意すべきである。2006 年にアラスカで類似の事故が起こっているが，BP はそのときの誤りから学ぶことなく，質の向上よりもコスト削減に力点を置くことで過度のリスクをとり続けた。

　将来，同様の災難を避けるために，BP はリスク管理にベイズ確率論を採用し，意思決定の品質改善を ERM の枠組みに統合するべきである[32]。ベイズモデルのもとで入手可能なデータと専門的な判断が結びつけられれば，戦略的な事業や通常の業務中に関連するリスクを厳格に評価できる。2010 年の石油流出事故の最大の原因は，オペレーショナル・リスクを不適切にも減らしたことだった。ベイズ・モデルはいずれこのようなリスク・テイクを減らし，モニタリングするのに役立つだろう。

---

31)　同上。

32)　"Black Swan of Black Sheep? Risk Management Lessons from the Gulf Oil Spill," *Risk Management Magazine*, April 1, 2011.

第18章　一般事業会社

21世紀になって，世界中のあらゆる業界の企業が前例のない機会とリスクに直面している。グローバル化，技術進歩，市場構造の変革，業界再編と競争激化，外部委託とリエンジニアリングなどである。このような動向が，収益の安定性を求める株式市場のトレンドと結びついて，リスク管理は新たに重要な役割を担うようになっている。

金融機関は昔からリスク管理を事業の中核業務として認識してきたが，一般事業会社はリスク管理ツールが，外国為替や金利エクスポージャーのヘッジ，企業保険の購入という伝統的な活用以外にも財務改善に役立つことを認識し始めたところである。リーディング・カンパニーは，ERMを株式価値の増大，財務安定性の確保，戦略目標の達成を促進する手段として使い始めている。

この章では，消費財，耐久財，ハイテク，医薬品，化学，農産物など広範囲の企業に影響を及ぼしている大きな変化について検証する。

リスク管理要件

マイナスの影響をもつリスク事象は企業に多大なコストを負わせる。財務的損失に加えて，その企業のブランドや顧客との関係，業界内のレピュテーションも毀損する。また，経営陣の時間や注意が危機からの回復に注がれるので，新規事業や新製品への機運が削がれるという点では，戦略的に後退することもある。

重大なリスクをうまく管理しなければ，企業は急に倒れるかもしれない。しかし，それほどリスクをとらなくても，ゆっくりと確実に倒産に至ることもある。競合相手が優れたサービスを提供すれば，顧客を失うことになる。あるいは，十分な研究開発（R&D）リスクをとらないで，もし他社が革新的な製品を発売すれば，その企業の競争優位性は低下する。

したがって，一般事業会社の ERM の目的は，金融機関と同じく，望ましくないリスクをコントロールし，望ましいリスクをとることにより，当該企業のリスク特性を最適化することである。多くの企業が直面する主要リスクを見てみよう。

信用リスク

ほとんどの企業が何らかの形の信用リスクに直面している。最も一般的なのは，顧客がその責務を履行しないリスクである。小さな洋服屋でも巨大な自動車メーカーでも，先に全額を受け取ってからサービスを提供しないかぎり，顧客が全額を支払わない，あるいは期日までに支払わないというリスクが常に存在する。重大な貸倒れ損失がめったに発生しない事業であれば，これは杞憂にすぎないかもしれないが，手に負えなくなってくれば，企業の成功を危うくすることになる。

企業が直面するもう１つの信用リスクはカウンターパーティ・リスクである。これは，貿易金融やデリバティブ取引を含む金融取引では，取引相手がその債務を履行しないことである。一般事業会社のカウンターパーティ・リスクは，戦略的パートナー，あるいはベンダーが信用問題のために重要な業務あるいはサービスを提供できなくなることである。たとえば，情報技術や注文履行のような重要なサービス提供でベンダーを使っている企業は，ベンダーが倒産してサービスを提供できなくなると，破綻リスクや重大なビジネス問題に直面することになる。

企業にとって貸倒れ損失がもつ意味は広範囲にわたるので，経営者が信用リスク全体と個々になすべきことについて明確な認識をもつことが必要不可欠となる。どの勘定に問題があるのか。問題の勘定の金額は合計でどのくらいか。顧客を失うことなく信用リスクを減らすよう企業方針を変えることはできるのか。問題の勘定のために引当金はあるのか。もしあるならば，十分にあるのか。売掛金勘定を定期的に見直して，その状況を評価するシステムは機能しているのか。取引先企業は信頼できるのか。彼らが実行しない場合，バックアップ・プランは何か。自社の法定契約は貸倒れ損失から少しでも守ってくれるのか。このような問いを繰り返し考えることは，企業の成長や成功を危険にさらすことなく，信用リスク・エクスポージャーを許容水準に抑えるのに役立つ。

市場リスクとヘッジ

　市場価格の変動による損失リスクはすべて市場リスクに含まれる。金利をはじめ外国為替，株価，コモディティ価格，不動産価格などの市場価格の変動は，3つの経路で企業の財務状況に影響を与える。

　第1は取引上のエクスポージャーで，市場変数の変化が直接，企業の収入と経費に影響を与える。第2は経済的なエクスポージャーで，市場の変化が競争的地位や買い手・売り手の行動にどのような影響を与えるかに関係する。最後は換算上のエクスポージャーで，海外事業の財務諸表を自国通貨に換算するときに生じる。

　これら3種類のエクスポージャーは相互に関連することが多く，1つのエクスポージャー水準の変化が他のエクスポージャー水準に変化をもたらす。たとえば，米国の自動車会社が米国で自動車を製造し，日本で販売するとしよう。その会社は，ドルが日本円に対して強くなると，次のようなリスクに直面する。

1. 日本での売上高はドル建てでは目減りし，日本における販売の純利益が減少する（取引上のエクスポージャー）。
2. 米国の自動車会社は日本の販売価格を上げるしかなく，こうして顧客と市場のシェアを他の自動車会社に奪われる（経済的なエクスポージャー）。
3. 日本の子会社の財務諸表は，親会社の連結決算ではドル建てとなり，金額は少なく換算される（換算上のエクスポージャー）。

株価リスク

　あまり意識されていないが，主要な市場リスクの1つは，上場企業が自社株の変動の影響を大きく受けることである。投資家が特定の業種を選好するとき，企業の株価が高騰し，当該企業にとっては割高な市場価値になることがある。この割高な株価は強い通貨のような働きをし，事業拡大や合併・買収（M&A）のような戦略的プロジェクトを進めるときに利用できる。

　反対に，堅固なファンダメンタルズを有した企業でも，投資家がおびえて逃げ出せば，株価が暴落するというリスクにさらされる。株価が下がれば，企業は資金調達の機会が制限され，敵対的買収を受けやすくなる。最近の株価リスクの顕著な例は，2000年のネットバブル崩壊である。インターネット関連の株価が暴落し，続いてベンチャー・キャピタルが資金を引きあげると，多くの

ドットコム企業が倒産に追い込まれ，残った企業も事業計画の再検討を余儀なくされた。

従来のネットを使わない一般企業も例外ではない。現在の市場環境では，企業収益にマイナスの影響を与えるサプライズは，株価の急落をもたらすことになる。たとえば，2000年3月にプロクター＆ギャンブル社が，第1四半期の収益が前年同期比で11パーセント減少と発表すると，株価は1日で30パーセント下落した。その週末までに株価は40パーセントその価値を失い，P&Gは時価総額で43億ドルを失った。

投資リスク

通常の市場リスクは投資ポートフォリオを保有する企業に影響を与える。企業のほとんどが，利用できる資金の大部分を固定利付債で保有しており，とくに短期負債と長期資産で構成されている場合，金利上昇リスクにさらされる。さらに，多くの企業は，投資ポートフォリオかベンチャー・ファンドで他社の株式を所有しているため，株価変動から影響を受ける。最後に，確定給付年金制度を採用している企業は，年金支払いという形で市場リスクに直面する。年金基金がまずい投資をしていたら，企業は年金基金で保有するよりも多額の年金支払いを要求されるリスクに直面する。この問題を避けようとして，企業が次第に確定拠出年金制度に移行するにつれて，問題は重要ではなくなっている。

ヘッジ・リスク

金融市場の価格変動に加えて，企業は投入価格と産出価格に関する不確実性に直面する。たとえば，前章で論じたように，エネルギー会社は石油，ガス，電力市場の価格ボラティリティに直面している。農産物の企業はコモディティ価格の影響を受ける。ハイテク企業はコンピュータ・チップの価格変動だけでなく，データ伝送の帯域幅のコストにも影響される。ヘッジは企業の市場リスク・エクスポージャーを少しでも相殺するために利用され，ヘッジ取引を行う者は，たとえば，外国為替の逆方向への変動から利益を得ることができる。

しかしながら，ヘッジ戦略には，リスクが相当高く，実際には企業の市場リスク・エクスポージャーを増やすものもある。たとえば，1994年4月にギブソン・グリーティングス社は，ヘッジ目的のデリバティブ取引で2,000万ドルの損失があったと発表した。取引銀行のバンカース・トラストが提案したデリ

バティブを理解したと思い込み，ギブソン社は金利と金融指標の変動に投資するデリバティブ契約を結んだが，すぐに間違った方向に投資したことに気づいた。結局，バンカース・トラストはギブソン社に不適切な取引を行わせた責任を問われ，1,000万ドルの罰金を科せられた。一方，ギブソン社も4ヵ月も経たないうちに株価の40パーセントを失い，1994年4月初めの価値に戻るまでに3年半を要した。

デリバティブ損失への世間の注目や透明性の向上を求める抗議に対して，財務会計基準委員会（FASB）は，デリバティブ取引の会計処理と報告のための基準FAS 133を発行した。同基準では損益計算書や貸借対照表にデリバティブの市場価格の変化を反映させる必要があるので，収益の大きな変動を被ることになると多くの企業が主張した。このような懸念から，多くの企業が基準を修正するようFASBに要求した。FASBはこの要求を部分的に認め，FAS 133の修正案を提出した。しかしながら，新基準の実施は，近い将来対応しなければならない企業にとっては，依然として多くの運用上の悩みの種となっている[1]。

二次的リスク

市場価格に対する一次的エクスポージャーに加えて，企業は二次的な価格変動要因にもさらされている。たとえば，気温は公益企業の収入に大きな影響を与え，降雪は空港の収入に影響を与える。これら二次的なエクスポージャーは厳密には市場リスクではないが，多くの同じような特性を共有している。第9章で論じたように，金融・保険市場の値づけ業者（マーケット・メーカー）は，企業が価格変動に対処するのを助けるために，革新的なヘッジ商品を次々と開発している。金融デリバティブやコモディティ・デリバティブの他に，これらのリスク移転商品は帯域幅，気温，降雪に関連する価格の不確実性に対して補償機能を提供している。

オペレーショナル・リスクと保険可能リスク

本書の前半の章で解説したように，オペレーショナル・リスクは実質的に市場リスクと信用リスク以外のすべてのリスクを含み，おおまかにいえば，人，プロセス，技術の失敗による潜在的損失から生じる。事業運営上の問題から派

---

1) FAS 133に関する詳細は，ウェブサイト www.fas133.com を参照。

生する失敗は莫大な損害をもたらすこともあるので，オペレーショナル・リスクは重大なリスクであると急速に認識されつつある。結果として，オペレーショナル・リスクの管理は，リスク管理者，規制当局，企業への批判者であるメディアから大きな注目を集めている。一般事業会社は多くの形式のオペレーショナル・リスクに直面している。

- ■ 欠陥品による製品の信頼性の毀損
- ■ 買収・合併の失敗
- ■ R&D が期待を下回るリスク
- ■ 不完全な金融モデルへの依存
- ■ 税法や規制の変化

さらに，オペレーショナル・リスクは組織リスクや技術リスクも含む。組織リスクには，有能な管理者や技能労働者の不足，地域社会との関係悪化，まずい雇用慣行による不適切な採用行動，敵対的な企業文化，インセンティブなどがある。技術リスクには，古いシステムやバグの残っているアプリケーションを原因とするシステム停止，不十分あるいは不完全なデータ，情報保護違反などがある。

壊滅的失敗

オペレーショナル・リスク管理の失敗とその壊滅的な結末の事例は数多くある。最もよく知られている事例の1つは，1984年12月にインドのボパールで起きたユニオン・カーバイド社の化学工場からのガス漏れ事故である。それは，世界史上最悪の産業事故となった[2]。工場のタンクから5トンもの有毒イソシアン酸メチルガスが大気中に漏れて，3,000人以上が死亡し，数万人が健康被害を受けた。インド政府はユニオン・カーバイド社を訴えて，1989年に4億7,000万ドルの賠償金を得たが，刑事上は未解決のままである。

事業運営上の失敗で注目を集めたもう1つの事例は，1989年に起きたエクソンの石油タンカー，エクソン・バルデスの積荷タンクが破損した事件である。アラスカ沿岸を航行中に1,080万ガロン以上の原油が海に流出したのである。

---

2) "Big Chemical Firms to Halt Operations on New Year's Eve," *The Wall Street Journal*, October 3, 1999.

第 **18** 章　一般事業会社　　　　　　　　　　　　　　369

エクソンは原油の除去作業と訴訟決着のために 30 億ドルを費やしたが，1994
年には原油流出による被害への懲罰的損害賠償金として 50 億ドルの支払いを
命じられた。この命令に対して，エクソンは公式に異議を唱えた。バルデスの
原油流出事故とエクソンのその後の行動は，エクソンの善き企業市民としての
レピュテーションに傷をつけた。実際に，エクソンの企業としてのレピュテー
ションが悪化したために，規制当局も，ブリティッシュ・ペトロリアム社
（BP）とアモコ社の合併のほうが独占禁止法に抵触する懸念があったにもかか
わらず，エクソンが 1999 年に提示したモービル石油との合併のほうを詳細に
調査した。原油流出事故に対する 1994 年の判決への控訴によって，エクソン
は「規制当局を含め法的に敵対する者に，決して譲らない企業として業界で知
られる」ことになった 3)。

事業リスク

　間違った事業戦略を採用する，あるいは正しい戦略の実行に失敗するという
のも，オペレーショナル・リスクの一形態と考えられる。戦略は企業の成功に
とって最も重要なものであり，事業計画の前提，競合相手の反応，技術革新の
ような戦略上の不確実性を測り，他のリスクとともに管理すべきである。急速
に変化する事業環境では，綿密な戦略をもった企業であっても，フィードバッ
ク・メカニズムとコンティンジェンシー・プランを構築して，その戦略を長期
間健全なものにしておかなければならない。

　自動車が発明されたときの機関車の歴史や，ガソリン価格が高騰したときの
大型車の歴史が示しているように，融通の利かない戦略をもった企業は絶滅の
危機に瀕することになる。もっと最近の例ではオリベッティ社がある。同社は
1980 年代初頭までタイプライターの大手メーカーだった。オリベッティは，
タイプライターがいつまでも一般に利用されると固く信じていて，他社が進ん
でパソコンを製造し始めたのに追随しなかった。こうして，新技術に目を向け
て戦略を変える必要性を認識しなかったために，ほとんどすべてを失った。

　最近のもう 1 つの例は，ボーイング社とエアバス社が航空旅行の将来見通し
に各々の会社の将来をかけていることである。問題は，航空旅行で主要国際ハ
ブ間を飛ぶ新しいスーパージャンボ・ジェット機が必要か否かという点である。

---

3)　"Exxon-Mobil Merger Faces Legal Threat: Wednesday Deadline Set for Accord on Asset
　Sale," *The Dallas Morning News*, September 24, 1999.

ボーイング社は，将来は2地点間のサービスのほうがハブ経由の旅行よりも重要になり，小型飛行機が必要と信じている。一方，エアバス社は，海外旅行需要の高まりを満足させるために，客席数を大きく増やしたスーパージャンボ・ジェット機の必要性が高まると考えている。新型飛行機を開発するにはコストがかかるため，この2つの選択肢はほとんど両立しない。どちらも正しいと信じる戦略を選ばなければならない。正しい選択をしたほうが市場のシェアを獲得し，他方を退け，開発コストがもたらす甚大な潜在的損失を避けることができる。間違った選択をした会社にとって，開発コストと事業上の損失は破滅のもとになるかもしれない[4]。

　現在も，この2大飛行機会社間の業界の覇権をめぐる戦いは続いている[5]。「ミニジャンボ」，つまり「四発機と同じ距離を飛ぶことができる双発機」の分野で，両社とも主力商品をもっている。ボーイングは777Xシリーズを売り込み，エアバスはA350-1000を掲げる。これらの飛行機はどちらもミニジャンボとして分類されているが，仕様の違いは両社の態度に微妙な違いを生み出している。たとえば，ボーイングの777Xは胴体が金属で翼は炭素繊維だが，エアバスのA350-1000はほとんど炭素繊維で造られる。ボーイングは「胴体は金属のほうがパフォーマンスが上がり信頼性もある」と信じ，エアバスは，「炭素繊維製のより軽い飛行機のほうが運航コストが安く，それによってより高い収益を生む」と主張する[6]。

　この販売合戦でどちらに軍配が上がるのかを語るのはまだ早い。だが，最近，ボーイングの忠実な顧客と思われていたブリティッシュ・エアラインが，エアバスのA350-1000を数機，60億ドルで発注した。これは間違いなくボーイングには打撃となるだろう。それでも，ボーイングは最近，ゼネラル・エレクトリック（GE）との提携が決まり，決してレースから降りたわけではない。繰り返すが，誰が真の勝者になるかは時のみぞ知る。

---

4)　Cole, Jeff, "Ante Up! Big Gambles in the New Economy-Flight of Fancy: Airbus Prepares to 'Bet the Company' as it Builds a Huge New Jet," *The Wall Street Journal*, November 3, 1999.

5)　Spence, Katie, "Boeing vs. Airbus: Who Will Win the "Mini-Jumbo" Battle?" Daily Finance, May 4, 2013.

6)　同上。

文化リスク

　好ましくない文化もまた一種のオペレーショナル・リスクである。IBM は
その文化が強みから弱みに転じて，結局それが成功に対する重大なリスクとな
った古典的な例である。1980 年代，ビッグ・ブルーというニックネームで呼
ばれた IBM は，他社から「官僚制が猛威を振るっている」[7] といわれた企業
文化をかたくなに保持していた。一方，周囲のハイテク産業は，ゴルフシャツ
を着たスポーティな経営陣がフラットな階層の組織を率いるという文化を発達
させた。IBM の「慎重さ，猛烈な社員教育，顧客ニーズの先取りよりも追随，
労働者の終身雇用」は組織を融通の利かないものにし，1970 年代後半に，パ
ソコンではなくメインフレームに注力するという意思決定へと導いた。この決
定により，同社はメインフレーム事業で生じる多くのコストを負担することに
なった。IBM は，1990 年代初めの 60 億ドルの黒字から，たった 2 年で 50 億
ドルの赤字となり，株価は 176 ドルから 40 ドル台前半へと下落した。その後，
IBM は大きく回復し，年間収益が 160 億ドル超，市場価値が 2,000 億ドルを
超える非常に成功した企業となった。この好転は，コンピュータのハードとソ
フトの会社から，グローバルなビジネス・サービスの会社へという，企業文化
とビジネス・モデルの劇的な転換に基づいている。

年金リスク

　年金支払いがここ 10 年の間に大幅に増加している。ミリマン社の調べでは
「上位 100 プランの確定給付年金が，2012 年 9 月時点で 4,530 億ドルほど資金
不足となっており，前年より 30 パーセント増えた」[8] という。

　年金基金が資金を飲み込むブラックホールに変わってしまった要因はいくつ
かあるが，一番の打撃は金利の低下である。連邦準備制度理事会（FRB）は超
低金利政策を維持し，それは 2015 年まで，あるいはもっと先まで続くだろう。
年金基金にとってこれは悪いニュースである。金利の低下は投資収益を抑え，
将来の年金支払額の現在価値を計算するために企業が使う割引率をも引き下げ
る。このため，金利の低下は年金支払いの増加につながるのである [9]。

---

7)　Daft, Richard L., *Organization Theory and Design* (Mason, Ohio: South-Western College
　　Publishing, 1998), p. 4.

8)　Monga, Vipal, "Lightening the Pension Load," *Wall Street Journal*, November 6, 2012.

9)　同上。

372　　　　　　　　　第 3 部　リスク管理の応用

　ゴールドマン・サックスの年金ストラテジスト，ミハエル・モランによれば，この支払い増加を抑えるために，年金プランのスポンサーのなかには一括払いのオプションをもち出して，年金支払いを最小限にしようとするところもあるという。その他に，保険会社と年金支払い契約を結んで，自社の帳簿から負債を移転しようとするところもある。モランは，このような行動はあらゆる方面で負債主導の投資傾向を生む結果となっていると見る。年金プランの支払いは高格付社債の金利をもとに行われるので，そうすると，高格付債券への投資が企業の資産を負債とバランスさせるのに役立つのである[10]。

アウトソーシング

　日々競争が激化していくなかで，通常は内部で行われる業務を第三者の活用で遂行するアウトソーシングが急速に業界の標準になりつつある。デロイトによる 2012 年の調査で，回答者の 60 パーセントが，アウトソーシングは自社で標準的な実務慣行になっていると述べている[11]。アウトソーシングには明らかに多くの利点があり，それが普及の原因となっている。たとえば，アウトソーシングのおかげで企業は，それがなければ買収するか，あるいは入手できない経営資源へのアクセスを得ている。つまり，企業の経営能力を大きく高められるのである。さらにアウトソーシングは，社内のみで遂行できる業務に集中できることから，中核業務を強化するのに役立つ。他にも多くの利点があるが，何よりもリスクを分散させ，市場への参入回数を減らし，オペレーショナル・コストを減らす。

　バーゼル銀行監督委員会による 2005 年の調査では，情報技術（IT）関連サービスが，最も普及したアウトソーシングのサービスとなった。「2003 年の世界全体の IT 関連費用 3,400 億ドルのうち，……3 分の 1 が第三者に委託された」ことがわかった[12]。執筆時点で，企業の 76 パーセントが IT サービスをアウトソースし，81 パーセントが今後も IT のアウトソーシングは増加すると見込んでいる。この動向が効率性を高め，経費を節約するという事実を認識しているのである。クラウド・コンピューティングが驚くほど急拡大している。

---

10)　Monga, Vipal, "Dealing with the Pension Deficit," *Wall Street Journal*, November 12, 2012.

11)　Deloitte, "2012 Global Outsourcing and Insourcing Survey: Executive Summary," February 2012, p. 7.

12)　Basel Committee on Banking Supervision "Outsourcing in Financial Services," February 2005, p. 5.

第 18 章　一般事業会社　　373

企業の 30 パーセントが，e メール，ウェブサイトのホスティング，通話システム，フロントオフィス，ミドルオフィス，バックオフィス・システムのような基幹機能のために，クラウドサービスを利用しているのである。

　IT のアウトソーシングは，アウトソーシングがどのように企業の収益を高めるかを示しているが，同時にそれは企業がとるリスクの量がいかに拡大するかも表している。たとえば，IT のアウトソーシングでリスクが外部に移転されると，企業はリスクを監視・規制する方法に対するコントロールを失う。ERM プログラムは海外のリスク管理も考慮に入れるよう設計されるべきである。米国のサプライヤーを使っているトヨタは自動車業界で繁盛しているが，ボーイングは 787 ドリームライナー機の外国製部品で次々問題が押し寄せている [13]。米国から海外に製造を移せば，ボーイングは製造プロセスの検証や合理化ができなくなり，結局は品質の低下や技術者の技能劣化を招く結果となる。

　この種のリスクを最小化するために，企業は常に第三者と，強力で透明性があり相互に信頼できる関係を維持すべきである。情報セキュリティ・フォーラムのヴァイスプレジデント，スティーブ・ダーバンは「企業は外部委託先のセキュリティ・システムをしっかりと調査すべきである。アウトソーシングの冒険に乗り出す前に……入念な実地調査をすることが何より必要である」と言う [14]。

レピュテーショナル・リスク

　企業が保有できる最も価値ある資産は，レピュテーションである。企業のレピュテーションの指標はブランド，すなわち商標価値である。1999 年 6 月，コカ・コーラ社は世界で最も価値あるブランドとみなされ，その商標価値は 838 億ドルと見積もられた。これは，同社の時価総額のほぼ 60 パーセントだった [15]。しかしながら，そのブランド価値とレピュテーションは，1999 年 6 月，コカ・コーラ製品を飲んだあとに 100 人以上が具合が悪くなったことで，ひどく傷ついた。コカ・コーラ製品はその後，ベルギー，フランス，ギリシャ，スペイン，イタリアを含む多くの欧州政府から禁止され，同社の 113 年の歴史

---

13)　Levick, Richard, "Spotlight on Outsourcing: Boeing Scrambles as Toyota Triumphs," *Forbes*, January 30, 2013.

14)　Ensign, Rachel Louise, "How Can Companies Keep Outsourced Data Safe?" *Forbes*, May 24, 2013.

15)　Tomkins, Richard, "Assessing a Name's Worth," *Financial Times*, June 22, 1999.

で最大のリコールとなった[16]。欧州のリコールの影響は「複数市場での販売の減少，資本流入の低下，マーケティング経費の増加」[17]によって，第2四半期の収益に対して株主1人当たり2セントから3セントのコスト負担になった，とコカ・コーラは報告した。コカ・コーラ・エンタープライズ社（コークの瓶詰め会社）だけで，6,000万ドルのコストがかかると見積もられた[18]。さらに，コカ・コーラの株価は1ヵ月でその価値の約13パーセントを失い，70ドルから61ドルへと下落し，時価総額で220億ドル以上が消えた[19]。

企業リスク管理のベスト・プラクティス

前述したように，企業は広範囲の戦略リスク，事業リスク，信用リスク，市場リスク，オペレーショナル・リスクに直面している。これらのリスクを低減するために，経営者はガバナンス構造，リスク計測と管理プロセス，リスク移転戦略を開発する。企業の全体的なリスク管理プロセスは，リスクの識別と評価，計量化と報告，管理とリスク・コントロールである。これらを順番に見ていくことにする。

リスクの識別と評価

企業で一般的に行われているリスクの識別方法は，リスク・マップの利用である。今日，リスク・マップは企業全体のリスクを識別し，モニタリングするために，金融機関と一般事業会社の双方で使われている。

図18.1にリスク・マップの例を示す。ここでは縦軸に重大性，横軸に発生頻度をとり，リスク・エクスポージャーをランクづけしてプロットしている（これらの概念の詳細は第3章を参照）。リスク・マップを開発し実行するプロセスは，次のとおりである。

---

16) "Rat Poison Probe Under Way at French Coca-Cola Plant," *Financial Times*, June 24, 1999, and Neil Buckley, Michael Smith, and Robert Graham, "Coca-Cola Apology to Belgian Consumer," *Financial Times*, June 22, 1999.

17) "Coca-Cola 21% Down on Earnings," *Financial Times*, July 16, 1999.

18) "Coke Recall Cost Is Put at Dollars 60m," *Financial Times*, June 25, 1999.

19) www.bloomberg.com.

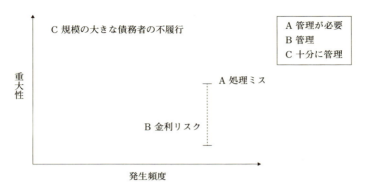

図 18.1　リスク・マップ

1. トップダウンの枠組み——すべての種類のリスクを分類する統括的分類法——を設定する。
2. 過去の損失や自己評価をもとに，事業部門や機能別に特定リスクのボトムアップ・リストを作成する。
3. 管理者の判断やリスク・モデルをもとに各リスクの発生頻度と重大性を評価し，**図 18.1** に示すようなリスク・マップを作成する。
4. その影響を組み込んだ既存の管理方法を明らかにし，事業部門や機能レベルで新しい管理方法が必要かどうかを判断する。
5. 新しい管理方法を実行し，特定リスクのモニタリングと報告を行う責任者を任命する。
6. 個別のリスク・マップを会社レベルのリスク・マップにまとめ，新しい管理方法が企業レベルで必要かどうか判断する。
7. 途中で，最初のステップに戻り，リスク・マップの作成プロセスを更新し精緻化する。

重大性も発生頻度も高いリスクに数多く直面している企業はほとんどない。稀な例としては，いわゆる12ヵ月以内にキャッシュを使い切ってしまうと予測されるネット企業がある。このような企業のバーン・レート[20]を考えれば，キャッシュ・ポジションが減っていく確率が高く，そのような事象の帰結とし

---

20)　（訳注）起業したばかりの IT 関連企業が，利益が出る前に資本を消費する割合。

ての破産は，企業にとって最も重大性が高い。このようなエクスポージャーは，経営上の重要な注意とリスク削減計画の積極的な開発を促進する。ネット企業にとっては，キャッシュ・マネジメントは重要な業務であり，追加資金の調達力がその企業の生死を決めることが多い。

他方で，どの企業も，重大性と発生頻度がともに低いリスクに直面している。たとえば，ボイスメール・システムがうまく動かないというような体験をする企業はほとんどない。このようなことが起こったとしても，業績や財務にはほとんど影響を与えない（もちろん，ボイスメール・システムを作っている企業は別である）。低い重大性と低い発生頻度をもつと考えられるリスクはモニタリングして，許容範囲内にあるかどうかを確認するだけである。このようなリスクは繰り返し起これば重大となる。小さなリスク事象が何度も繰り返す累積的な影響は，単発のリスク事象よりも重大かもしれない。たとえば，多くの投資銀行で金融取引決済のエラー比率が高い。これらの銀行が注意するのは，エラー比率ゼロを達成することではなく，このようなエラーが許容範囲内にあって，タイムリーな方法で解決されるのを確認することである。

重大性は高いが発生頻度の低いリスク・エクスポージャーは，コンティンジェンシー・プランや保険契約の第一候補である。例をあげると，火災，地震，他の自然あるいは事業上の壊滅的破壊が含まれる。最後に，重大性は低いが発生頻度が高いリスクには，少額の窃盗，機械の故障，予想範囲での売掛債権の償却などがある。これらのエクスポージャーは，一般に企業の自家保険の対象である。金利リスク，外国為替リスク，信用リスク，従業員退職率，製品の信頼性のようなエクスポージャーは，企業の特定のエクスポージャーや実際のボラティリティによって，発生頻度も重大性も変動するだろう。これらのエクスポージャーについて，経営陣は効果的なモニタリングと報告制度を，事前に問題を知らせる早期警戒指標を含めて構築すべきである。

リスク・マップは金融リスクも事業リスクも組み込める柔軟性をもっているので，リスクの識別・評価ツールとして広く利用されている。その柔軟性によって，リスク・マップの作成プロセスは次のような特質を示す。

- **網羅性**：リスク・マップは，企業が直面する全リスクの識別と評価を行う全体的枠組を提示する。
- **一貫性**：基準となる分類方法によって，リスク・エクスポージャーを論じ

る共通言語が設定され，リスク評価基準によって，発生頻度と重大性を評価する一貫性ある方法が提供される。

■ **説明責任**：事業および機能別に組織された各部門は，リスクの識別・評価とともにリスクのモニタリングおよび管理プロセスにも直接関与する。

　リスク・マップは，適切に行われれば，リスクの識別と評価に関して非常に効果的なツールとなる。しかしながら，リスク・マップの質は，入力データとマップを作り出すプロセスの質に完全に依存する。健全な方法がとられなければ，リスク・マップの作成はお役所仕事になるだけで，十分に考慮されていないリスク・エクスポージャーの寄せ集めにしかならない。

　リスク・マップの誤った利用は，事業部門の管理職を集めて，標準的な分類方法なしにリスク・エクスポージャーについてブレーン・ストーミングを行い，方法論なしに発生頻度と重大性を恣意的に割り当て，そして，翌年まで見直されることのないリスク・マップを作成するというようなやり方だろう。このような手法は，ある問題に対してリスクの意識を醸成するが，決して規律あるリスクの識別・評価プロセスではない。リスク・マップを効果的なものとするには，前述のステップに従い，次に述べるリスクの計量化と報告によって支援されなければならない。

計量化と報告

　一般事業会社は，本書の他の章で解説するリスクの計量化と報告から便益を得るだろう。この節では，企業がバリュー・アット・リスク（VaR）手法をキャッシュ・フローや収益のボラティリティに適用し，経済付加価値（EVA）や正味現在価値（NPV）モデルで適切なリスク調整を行う方法を説明する。

　第9章で論じたように，VaR は一定期間，市場価格が逆方向に動いた場合に，資産あるいはポートフォリオ価値が低下する確率を計量化する要約統計量である。たとえば，債券あるいは債券ポートフォリオの VaR は，99パーセントの信頼水準をベースに保有期間10日間で計算する。この意味は，時系列データをもとにすると，保有期間10日間で計算された VaR より価値が下落する確率が1パーセントしかないことを示す。

　VaR は多くの企業にとって，リスクの計量化とコントロールで業界標準となっている。金融機関，エネルギー会社，資本市場での活動が重要な一般事業

会社など，資本市場の金融取引にかかわっている企業にとっては，とくにそうである。これらの企業は，金融リスクのポジションを通してリスク・エクスポージャーを計量化すると同時に，取引リミット設定のために VaR を利用する。金融機関は次第に時価評価基準で貸借対照表全体を管理し始めており，VaR は企業全般のリスク・エクスポージャーを計量化・報告する有効かつ簡潔なツールとなっている。

　しかしながら，ほとんどの一般事業会社では発生主義会計を使用しているため，VaR が有効とは限らない。さらに，企業の財務目的およびリスク管理の目的は，キャッシュ・フローや収益管理に焦点が置かれ，資産や負債の市場価値には置かれていない。このため，企業は VaR 法を，キャッシュ・フロー・アット・リスク（CFaR）やアーニングス・アット・リスク（EaR）の計測・管理に応用してきた。CFaR や EaR の目的は，企業のキャッシュ・フローや収益のボラティリティに寄与する主要変数を計量化・コントロールすることにある。企業は，CFaR と EaR を試算するために，以下の 3 つの一般的な分析のうち 1 つ以上の方法を使用できる。

1. 見積もり分析

　　この方法は，キャッシュ・フローや損益計算書の各項目について見積もり分析を行うことを基本とする。出発点は企業の財務予測で，各項目に基本ケースの数字を与える。それから，リスク・アナリストが，各項目の結果に影響を与える主要変数やその変動幅を決定する。たとえば，アナリストがドル・円相場が収入に対する主要変数であり，契約労働者の活用が経費に大きな影響を与え，売掛債権回転率がキャッシュ流入の重要な要因であると判断したとする。次に，リスク・アナリストは変数のそれぞれに変動幅を設定し，これら変数に対するキャッシュ・フローと収入項目の感応度を見積もる。ドル・円相場が不利な方向へ 15 パーセント動いたならば，収益は 30 パーセント減少すると見積もるのである。このような分析に基づいて，さまざまなシナリオで主要変数の変動が企業全体のキャッシュおよび収益状況へ与えるすべての影響を計量化する。

2. 回帰分析

　　回帰分析の方法は，企業の過去の実績や時系列データをもとに，さまざまなリスク・ファクターに対する企業のキャッシュ・フローと収益のエク

スポージャーを計量化する。この分析の目的は，企業のキャッシュ・フローや収益の時系列データの他に，金利，外国為替，労働者の給与などの主要変数を用いて，各変数の係数ベータを推定することである。このベータは各変数に対する企業の感応度を表す。たとえば，金利のベータが 0.5 ならば，金利が 10 パーセント上昇すると，収益が 5 パーセント低下することを示す。他の統計的なテストはモデルの精度や変数の有意性を計測するために使われる。

回帰モデルは，主要変数に関する仮定を所与として，企業のキャッシュ・フローや収益の線形推定を行う。こうして，経営陣は一連の変数の仮定を使って CFaR と EaR を計量化できる。回帰分析を使う利点は，時系列データを用いた実証分析のため，新しいデータで定期的に更新できることである。難点は，将来も過去と同じように進行するという仮定が暗黙に置かれていることと，変数とキャッシュ・フローおよび収益との間に非線形の関係がある場合には，それを正確に把握できないことである。

3. シミュレーション分析

シミュレーション分析は，コンピュータでシミュレーションした主要変数の変化をもとに，キャッシュ・フローと収益の潜在的変化を計量化する。この分析の利点は，内部の経営判断とともに外部環境の動的な変化を組み込むことができることにある。これによって，時間や経路に依存するリスク・エクスポージャーを測ることができる。

たとえば，企業の 2 年目の金利支払い感応度は，1 年目の変動利付き債に対する固定利付き債の発行額に依存するとすれば，結局は 1 年目の金利水準に依存することになる。シミュレーション・モデルでは，可能性のある金利変動と方向がわかれば，これらの関係をプログラムに組み込むことができる。シミュレーション分析の進んだ形がモンテカルロ・シミュレーションである。この分析では，金利や他の変数の将来分布を，変数の値，ボラティリティ，変数間の相関係数などをランダムにシミュレーションすることで決定できる。シミュレーション分析は柔軟性があるので，経営陣は競合他社の対応の影響を評価することができる。たとえば，重要な薬品特許の期限切れに直面している医薬品会社の場合，自社製品とプライシング戦略に対する競合他社の対応を含む，さまざまなプライシング戦略の影響を評価できる。

これら3つの方法のうち1つだけ選んで他の2つは使わない，というようなことをする必要はない。事業ごとに特定の方法を選んで適用すればよい。たとえば，ある企業はリスク管理にシミュレーション分析を，事業計画や財務計画に見積もり分析を，バックテストに回帰分析を使うかもしれない。重要なのは，リスクの識別・評価を強化し，リスク管理とコントロールを支援するために，企業のリスク・エクスポージャーを効果的に計量化し報告を行うことである。

企業のリスク・エクスポージャーの計量化は，経営者にとってリスク計測だけでなく，自己資本比率の分析にも有益である。企業は大きく2つの理由で自己資本を保有する。つまり，キャッシュや投資資金を調達することと，非期待損失を吸収するためである。この両面，とくに（第9章で説明したように）リスクに備えて保有する資本であるエコノミック・キャピタルの概念において，計量化は有効である。エコノミック・キャピタルが実際の企業の簿価よりも大きいならば，事業に付随したリスクに対して資本不足であり，反対に簿価より小さいならば資本過多である。企業の自己資本比率を評価する以外に，一貫した基準でリスク調整済みの収益性を評価するために，エコノミック・キャピタルを個々の事業部門，製品，投資に配賦することができる。

多くの企業が投資の意思決定や事業の業績測定を支援するために，NPVやEVAの手法を利用する。しかしながら，これらを使うときに，リスクを十分に調整しないままに，事業活動に簿価，もしくは資本の平均コストを割り当てることが多い。NPVやEVAを適用した資本コストが，基底にある信用リスク，市場リスク，オペレーショナル・リスクを十分に反映しないならば，リスクの高い投資や事業がリスクの低いものよりも収益が高いように見える。時間が経てば，これは逆選択をもたらすかもしれない。つまり，事業ポートフォリオは高いリスクを埋め合わせるような高いリターンではなく，高いリスク・エクスポージャーをもつことになる。適切なリスク・リターンの関係を確定するために，企業はエコノミック・キャピタルの方法をとるか，あるいは，NPVやEVAの手法で特定リスクの調整を行うべきである。

管理とコントロール

リスク管理プロセスはリスクの識別・評価，あるいはリスクの計量化と報告で終わるわけではない。最後の段階は，リスクの管理とコントロールである。

第 18 章　一般事業会社　　　　381

この節で，企業が実行できる重要なリスク管理およびコントロール戦略をいくつか紹介しよう。一般に，企業は戦略リスクと事業リスクをとり，金融リスクを管理し，オペレーショナル・リスクを削減することで報われる。これらのリスクの計量化と評価に基づいて，経営陣は内部コントロールおよび外部リスク移転を含めた適切な戦略を決定できる。

　企業経営は，戦略・戦術リスクの明確な許容基準の確立と，リスクをモニタリングする継続的プロセスの設定で始まる（第 6 章で論じた GE キャピタルのポリシー 6.0 を参照）。この他に，企業に貴重な柔軟性をもたらす戦略的オプションがある。これには，プロジェクトの遅延・延期を認める規定だけでなく，罰則条項や終了条項となるパフォーマンス水準を具体的に定めた，ベンダーとのサービス内容合意書が含まれる。さらに，企業は事業および製造部門を多角化し，R&D プロジェクトを段階化し，新製品販売までの期間を短縮化することで，事業リスクの最適化を図ることができる。経営陣はまた，営業レバレッジ（たとえば，変動コストに対する固定コスト）を減らすことで，利益率のボラティリティを減らすことができる。

　市場リスクおよび信用リスクのエクスポージャー集中を削減するために，経営陣はリスク管理方針とリスク・リミットを定め，内部ヘッジと外部ヘッジを利用できる。内部ヘッジには，海外で原材料調達や工場設置を行って，海外での収入と支出を対応させることや，金融資産と負債の金利調整マッチングが含まれる。外部ヘッジには，スワップ，オプション，先物契約などの金融デリバティブが含まれる。内部ヘッジと外部ヘッジとの間の費用便益分析には，ヘッジ・コストと管理コスト，これらの代替案に関連する残余のベーシス・リスクが含まれるだろう。

　経営陣は，欠陥品の製造のような発生頻度は高いが，重大性が低から中くらいのリスク・エクスポージャーに対して，品質管理手続きを開発することでオペレーショナル・リスクを削減できる。また，火災，地震，主要システムの停止のような（低頻度で重大性が大きい）イベント・リスク低減のために，コンティンジェンシー・プランや保険戦略を立てることができる。プロセスや技術に関連するリスクを低減するには，（SPOF と呼ばれる）ミスの起こるポイントを認識し，バックアップ・システムおよびプロセスを余分に開発するべきである。顧客サービスやコア・システムのような重要な運営については，余剰能力も適正にするべきだろう。

金融機関やエネルギー会社と同様に，一般事業会社も ERM を改善するよう多くの圧力に直面している。それらは，動的な事業環境，容赦のない株式市場，コーポレート・ガバナンスに関する業界の要請，規制や会計上の要件（FAS 133 など）の変更である。多くの企業，とくに海外での事業活動や資本市場での活動が重要な企業が，ERM のための人材，プロセス，技術に投資を行っている。次のマイクロソフトのケーススタディが適例である。

ケーススタディ：マイクロソフト

米国の巨大ソフトウェア会社であるマイクロソフト社は，1994 年から 1995 年に ERM プログラムを実行し始めた。当時のリスク管理部長スコット・ランジは，最初に，会社が直面するリスクの総括的リストを作成し，12 のカテゴリーに分類した。カテゴリーは，財務，レピュテーション，技術，競争，顧客，人材，運営，販売，取引先企業，規制・法令，政治，戦略である [21]。「経営者は，はじめて組織内のリスクの完全な一覧表を手にした」とランジは語る。それによって，リスク・ファイナンシング・プログラムが，「十分考慮されていて非常に効率的だ」が，会社が直面するリスクのわずか 30 パーセントしか補償しないことを，いち早く認識するのに役立った [22]。

マイクロソフトのリスク・エクスポージャーのほとんどが補償されていないという事実認識と，それを上級管理職に伝える必要から，ランジと彼の同僚でマイクロソフトの財務担当者であるジャン＝フランソア・ハイツは革新的なコミュニケーション・ツールを開発した。それがリスク・マップである。リスク・マップは，縦軸に各リスクの重大性を，横軸に発生頻度をとってプロットしたもので，リスクの状況がどうなっているか経営陣が簡単に把握できるようにした。マップにはカラー・コーディング・システムが使用され，リスクに保険が掛けれているか，部分的に掛けられているか，まったく掛けられていないかが示され，マイクロソフトがどこにリスク管理資源を配分すべきか最適な決定を行うのに役立った。明らかに，頻度が高く，かつ重大性が大きいにもかかわらず補償がないリスクは，頻度が低いか，あるいは影響の小さいリスクより

---

21) Teach, Edward, "Microsoft's Universe of Risk," *CFO: The Magazine for Senior Financial Executives*, March 1997.

22) Lange, Scott, "Going 'Full Bandwitch' at Microsoft," *Risk Management*, July 1996.

第 18 章　一般事業会社　　　　383

も多くの注意を必要とする。ランジによれば，マップによって少なくとも2つ
のことが明らかになった。「1つは，マイクロソフトが積極的に管理する必要
がある多くのリスクを保有していたこと。もう1つは，なぜ，あるリスクは補
償され，他は補償されていないのか，ほとんど一貫性がなかったことであ
る。」[23]

　積極的に管理されていないリスクに，直接対処しようとするマイクロソフト
の経営者を助けるために，ランジとハイツはリスク・グリッドを使った。リス
ク・グリッドは，あるリスクの管理プロセスをわかりやすい様式でまとめたも
のである。簡単なマトリックス形式で，1列目にマイクロソフトがリスク管理
プロセスの5大要素と考えるもの（識別，評価，削減，資金調達，サービス）
が記述してある。続く3列のラベルには，現状，目標，必要な行動とあり，そ
れぞれ特定リスクを管理する現時点のプロセス，理想的なプロセス，目標に達
するのに必要な行動を示している。このツールはすべてのリスクに適用でき，
マイクロソフト社内の経営陣が簡単に理解し利用できる。こうして，マイクロ
ソフトは ERM の目標を達成できる。

　この分析を進めていくプロセスで，マイクロソフトは，補償範囲が狭く限度
額が小さすぎて，彼らの事業には意味のない保険契約があり，契約を解約する
か，限度額を増やすことで保険料を節約できることがわかった。さらに，リス
ク分析によって，新しいキーボードの発売から生じるかもしれない反復性スト
レス傷害に対する訴訟リスクを認識できた。経営陣は，反復性ストレス傷害訴
訟のコストを見積もり，キーボード価格にそのコストを組み入れ，同分野での
将来損失のリスクを緩和するのに役立てた [24]。

　将来的に，マイクロソフトはリスクを全社的に管理し続けたいと思っており，
全社的なリスク移転へと向かう道を歩むかもしれない。「われわれにとって最
も有益な手法であるなら，最終的には，さまざまなリスクをまとめてパッケー
ジにして，市場でそれを買い取ってもらうことになるかもしれない」と現上級
リスク管理者のリチャード・サドラーは言う [25]。

　マイクロソフトのもう1つの革新的な ERM アプローチは，リスク管理ツー

---

23)　Teach, Edward, "Microsoft's Universe of Risk," *CFO: The Magazine for Senior Financial Executives*, March 1997.

24)　Lange, Scott, "Going 'Full Bandwitch' at Microsoft," *Risk Management*, July 1996.

25)　Banham, Russ, "Kit and Caboodle," *CFO: The Magazine for Senior Financial Executives*, April 1999.

384　　　　　　　　第3部　リスク管理の応用

ルとして情報技術を活用することだった。マイクロソフトのリスク管理者は，リスク管理を従業員にとって簡単なプロセスにする必要があることを早くから認識していた。従業員が顧客サービスに使う時間を割くことなく，リスク管理プロセスを最大限遵守できるようにするためである。こうして，ランジは「仕事の遂行に必要な人の手を煩わせないためには，情報技術と外部委託を組み合わせた戦略を進める必要がある」ことを認識した [26]。そして，過去の損失に関するデータを見ることができるリスク管理情報システムを構築し，記録としても将来のリスク分析の基礎としても使えるようにした。

　次に，マイクロソフトの従業員全員がアクセスできるイントラネットを構築して，「リスク管理で起こっていることをAからZまですべて伝えられるようにした」[27]。イントラネットの目的は，マイクロソフトの全部門のリスクに関する知見をまとめて，事業や意思決定に関するリスクが心配なときに，事業部門が必要な情報に簡単にアクセスできるようにすることだった [28]。さらに，損害請求のような反復性の高い仕事を自動化することで，従業員の時間を解放することであった。これによって，従業員は自分たちのニーズを明確化でき，リスク管理スタッフも注目すべき付加価値のある情報やサービスを提供できるようになった。

　マイクロソフトにおけるイントラネットの活用は，上級管理職からも強い要請があった。「リスク管理者ならば，ウェブは信じられないような機会をもたらしてくれると思うだろう。モデルからコストを削減し，より高品質のサービスを提供し，会社に関するより多くのことを知らせてくれるのだから。リスク管理プログラムのなかで，私が本当に関心のある項目を1つあげるとすれば，それはオンライン技術を使った持続的な改善である」とCFOのマイク・ブラウンは言う [29]。

---

26)　Lange, Scott, "Going 'Full Bandwitch' at Microsoft," *Risk Management*, July 1996.

27)　同上。

28)　Ceniceros, Robert, "Sharing, Integrating Risk Management Information Made Even Easier with Companywide Intranet," *Business Insurance*, December 1997.

29)　Birkbeck, Kimberley, *Integrating Risk Management: Strategically Galvanizing Resources in the Organization, Proceedings of the 1998 International Conference on Risk Management* (Ottawa: Conference Board of Canada, April 1998).

ケーススタディ：フォード

2008年の金融危機とその後の不況期の間，他の企業はもがき苦しんでいたが，フォードは揺らぐことなく，今日まで繁栄している。2011年，フォードは従業員に5,000ドルを上限としてボーナスを支給した。それまでの10年で最高の額である。成功の秘訣は何か。

2006年にフォードが資産を抵当に入れたというのは本当である。フォードの資産は金融危機に見舞われ崩壊するときまでに急速に不足し，すでに流動性が高くなっていた。そんなフォードの不屈の精神をがっちり固めた特殊要因は，CEOのポジションを外部の専門家で前ボーイング副社長アラン・ムラリーに譲るという，ウィリアム・クレイ・フォードの決断だった。リスク管理の点から考えると，これは目をみはるような動きだった。結局のところ「他の自動車メーカーは金融危機の間苦しんで，政府の救済措置を受けたり破産したりしたが，ムラリーはそのようなこともなく，フォードの収益を回復させた」のである[30]。2008年，フォードは，（大手競合メーカーのゼネラル・モーターズ（GM）やクライスラーのように）政府から諸刃の剣である不良資産救済プログラムの資金を受けることもなく，破産を宣言することもなかったのである。

ムラリーに手綱を預けたとき，フォードは中核製品の完成に集中するため「ジャガーやボルボのような高級車ブランド」を削減した[31]。そうして，フォーカスやタウルスのような新車モデルで売上を伸ばし強化していった。この2車種を売り出す前まで，フォードは大きな販売の損失に直面していた。「フォードが昔から得意だったピックアップトラックやスポーツ汎用車（SUV）は，陳列されたままだった」[32]。不況期には消費者が燃費のよい車を求めるので売れなかったのである。だが，フォーカスとタウルスは，それまでのフォード製品と消費者のニーズとの間のギャップをすぐに埋めたのである。

最近，ムラリーはフォードを中国の新市場へと先導している。フォードは

---

30) Trudell, Craig, "Ford CEO Mulally Reiterates Plan to Lead Company through 2014," *Bloomberg Businessweek*, May 9, 2013.

31) Hammond, Lou Ann, "How Ford Stayed Strong Through the Financial Crisis," *CNN Money*, January 13, 2011.

32) Clark, Andrew. "Automotive Industry: Carmaker Ford Facing Dire Financial Crisis," *The Guardian*, June 20, 2008.

GMやフォルクスワーゲンよりずっと後れて中国に参入したにもかかわらず，着実に売上を伸ばし，日本のライバルたちを打ち負かし，2013年売上は54パーセントも増加した。

ムラリーの迅速な意思決定は，会社全体に浸透している几帳面さやハードワークの精神を体現化したものである。フォードのエンジニアらは創意工夫の手本であり，職場の外でも心にフォードがある。たとえば，エンジニアのトッド・ブラウンは，レストランで食事をしているときに，（カーブで無謀な運転をしている場合に自動的にスピードを落とす）「カーブ・コントロール」という革命的なアイデアを考え出した[33]。

リスク管理の観点から考えると，これは，フォードの意思決定の最前線で，どのようにERMが働いたかを示している。要するに，フォードは，自社の精神に忠実にのっとったことで，2008年の金融危機の試練に十分耐えることができた。一方，他社は大荒れの市場にもがき苦しんだのである。

ケーススタディ：エアバスとボーイング

近年，航空産業の大手で，激しく競うライバルでもあるエアバスとボーイングの両社が，高額プロジェクトに次ぐプロジェクトが失敗に終わり，予算の維持とスケジュールを守ることに四苦八苦している。たとえば，2009年，エアバスは18億2,000万ドルの損失を被った。さらに，2010年に受け渡す予定だったマレーシア航空のエアバスA380の注文を，まる2年延ばさねばならなくなった。両社とも，大型の新規事業によってできた大きな穴を埋めるため，販売を強化していた小型機からの利益を利用している。

互いに競合している両社は，いら立った顧客の気をなだめるのに必死になって，ジェット機製造の手法を再検討した。2000年代初め，エアバスもボーイングも航空機の製造では外部の業者に大きく依存していたので，プロジェクトのコントロールを失っていた。ボーイングでは，製造プロセスでの問題が泥沼化した結果，さびついた欠陥のあるドリームライナーが在庫として40機以上ある。かつてのボーイング社副社長ジム・オルボーは「未経験の従業員に対して必要な，何らかの監督を会社が行えなかった」と思い起こしている[34]。

---

33) Hammond, Lou Ann, "How Ford Stayed Strong Through the Financial Crisis," *CNN Money*, January 13, 2011.

第 18 章　一般事業会社　　　　387

　エアバスもボーイングもアウトソーシングを大幅に切り詰めていないが，現在はアウトソーシングのやり方をもっとしっかりと把握している。外部サプライヤーと緊密に働いて，すべての人が同じプラットフォームで作業していることを確認している。つまり，同じ設計で同じ技術を使い，同じ包括的プランを可視化しているのである。エアバス A350 プロジェクトのリーダー，ディディエル・エヴラルドは，社内の組織の再構築まで行い，ドイツやスペインのようなライバル国の工場でも同じ基準・機器を使って操業するようにした。内部プロセスと外部プロセス双方への認識とコントロールが高まるにつれ，エアバスもボーイングも製造プロセスを合理化できるようなった。エアバスの上級役員ティエリー・ラロクは「われわれはすべてを知っているわけではないが，リスクあるものについてはすべて知っている」と言う[35]。

　このような新しい経営プロセスは，高くつくミスの機会を減らすことでコスト削減に役立っているが，両社とも航空機ビジネスの根本的なリスクには対処していない。たとえば，航空機の設計や製造には何年もかかるが，それがこの業界の企業に表面上は避けられない相当高いリスクを負わせている。いったんプロジェクトに同意すれば，好むと好まざるとにかかわらず，10 年以上の間，乗り切るしか選択肢はないのである。

　エアバスの CFO ハンス・ピーター・リングは「航空機プログラムに内在するリスクに値札をつけるという，もっと進んだ仕事をやらなければならない」と述べる[36]。この弱点の認識は，社内の健全な自己評価の表れであることを示している。それが，エアバスがより効率的にリスク・ベースの値づけをするのを保証するわけではないが，将来の開発にとっては好ましい前兆である。リングがこれを率直に述べたという事実はまた，製品の値づけにリスクのコストも組み入れる重要性をしっかりと認識していることを示している。

---

34)　Michaels, Daniel, "Hit by Delays, Airbus Tries New Ways of Building Planes," *Wall Street Journal*, July 22, 2012.

35)　同上。

36)　"Airbus Officials Cite Problems," *Wall Street Journal*, June 10, 2010.

第4部　将来展望

A Look to the Fututre

第19章　予　　測

　本書では，まずリスク管理の概念とプロセスを論じ，統合的な全社的アプローチについて説明した。次に，ERM の一般的な原則について論じ，事実に基づきながら ERM の枠組みの要素について詳述した。さらに，信用リスク，市場リスク，オペレーショナル・リスクという3つの分野における ERM の応用とともに，金融，エネルギー，一般事業会社といった特定の業種における ERM の応用についても検証を行った。

　全編を通じて，私は，ERM に対してバランスのとれた手法をとることの重要性を強調してきた。1つは，アップサイド（株主価値の最大化）を支えながらバランスを保ちつつ，ダウンサイド（損失の最小化）をコントロールすることである。もう1つは，社外へのリスク移転の仕組み（デリバティブ，保険，代替的リスク移転手法）とリスクの内部コントロール（方針，機能，プロセス）とのバランスを保つ必要があるということである。

　リスク管理のバランスについての最終的な局面，また，おそらくサイロのリスク管理から ERM に移行するのに最も重要なのは，陽すなわちリスク管理のハード面（システム，報告，リミット）と，陰すなわちソフト面（文化，人材，スキル，インセンティブ）の両者を常に考慮に入れることである。陰陽の精神について，人的および技術的水準を変化させる主な原動力は，要するに，専門領域としてのリスク管理の台頭，および ERM への収斂をさまざまなレベルで技術的に支援する方法のことである。われわれの見るところ，両者は，最終的には陰と陽のように，重なって絡み合う。

　私は，あえて今後10年のリスク管理について10の予測を行いたいと思う。（架空の）将来がどんなものかを垣間見たい人は，2010年のリスク管理者であるパメラの苦労が描かれているエピローグをお読みいただきたい。

専門的職業としてのリスク管理

リスク管理の実務がサイロ・アプローチから ERM アプローチに進化するにつれて，リスク管理の専門家のキャリア形成の道も拡がった。従来，リスク管理の専門家といえば，アクチュアリー，監査役，信用アナリスト，ALM 管理者，市場リスク管理者等々の専門家を指した。これらの役割はほぼ相互に独立していて，教育・研修，資格，業務慣行，専門用語，業界組織についてもそれぞれ異なっていた。

これらのリスク管理の専門家の昇進は社内の専門部門内だけに限られていた。保険購入やデリバティブのプライシングの専門的知識は，社内で幅広く利用されるものではない。意欲的なリスク管理担当者であっても，主任監査役やALM 管理責任者のように，リスク管理部門内での昇格が期待できる程度であった。あくまでもリスク管理部門の責任者への昇格であって，彼らが企業の執行役員になることはほとんどなかった。たとえなったとしても，その報酬は，通常，事業部門における同じ地位の人の報酬に比べてかなり低いものであった。

しかし，1990 年代の半ばから，リスク管理は会計や法律のように，中核となる能力が共通する多くの専門分野を内包する専門領域の 1 つとして，いっそう認識されるようになった。なぜ今，このように認識されるようになったのだろうか。簡単にいえば，急速に変化する事業環境と規制環境を背景に，個々の企業における成功体験が広く知られるようになったためである。今日の事業環境はかつてないほどに急激に変化するようになったが，そのなかで，企業は責任ある行動と業績アップを強く求められている。

リスク管理の中核となる能力は，これら両方の目標を達成することに役立つ。リスク管理者が，株主価値の管理人としてさらに努力するようになる一方で，リスク管理は，経営変革のための必須要素——多くの事業や競争のあり方に，ときに破壊的といえるほど大きな変化を煽る，技術として多くの需要がある領域——としての存在感も示してきた。

これらの貢献は両者とも，経営管理の権能と調和したものとなっている。今日では，リスク管理の専門家は，企業におけるあらゆるリスク機能に責任をもつ最高リスク管理責任者（CRO）を目指すことができる。CRO は，通常，執行役員会のメンバーであり，その報酬は過去 10 年で大幅に増加した。

リスク管理の経歴（キャリア）

　CRO のポストに魅力を感じる人々，なかでも，それが実現できそうな人々は，伝統的なリスク管理者に必要な要件を満たしていなくてもよい。リスク管理のキャリアは，財務，会計，数学のような専攻分野で計量化の経験をもつ専門家にとって，常に魅力的な選択肢だった。リスク管理というキャリアでは，有価証券の価格評価，確率予測，共分散分析のような計量的手法が，実業界の問題を解決するために直接活用できた。今日では，ERM の導入と CRO の役割が受け入れられるに従い，モデルや分析だけに焦点を当てた計量的アナリストだけでなく，企業戦略，製品開発，業績測定，奨励給についても関心をもつ上級管理職にまでその役割が広がった。

　端的にいうと，リスク管理者は，ちょっとした計算屋から最高の共同経営者に進化したのである。いつか CRO になるという期待がリスク管理の専門家を魅了しているのは驚くべきことではない。2000 年 9 月に ERisk 社が開催したインターネット会議で私は，175 人の専門家を対象に CRO になることを希望しているかどうかを調査したが，約 70 パーセントが希望していると答えた。CRO への道は，リスク管理の専門家に，より広範に考え，新たな技術を学び，そして最も重要なことであるが，事業に高い付加価値を加えるという機会を提供するものである。

　急激に上昇しつつある報酬に反映されているように，企業は，リスク管理の専門家によってもたらされる成果を認めるようになってきた。CRO の報酬の上昇からも明らかなように，職務分野をまたがるスキルをもつ専門家が最も大きな恩恵を受けている。CRO や経営管理職のヘッドハンターとの話によると，CRO の最高報酬は 1990 年代の 50 万ドル程度からこの 10 年で数百万ドルに上昇している。今日，CRO に報告する立場にある者でも 100 万ドル超を稼いでいる場合がある。CRO の存在は，高い報酬に加えて，リスク管理の専門家が組織に対してより大きな影響を与える機会を提供している。

　CRO は，最高経営責任者（CEO）にしばしば直接報告を行い，時には取締役会に報告することもある。たとえば，シティグループ，CIBC，デューク・エナジー社の CRO は，CEO に直接報告する立場にある。「C（最高）」レベルの役員であることに加えて，CRO は企業の主要な意思決定にも参加する。

　今日，リスク管理のキャリアは，かつてないほど刺激的かつ挑戦しがいのあ

るものとなっている。しかし，リスク管理態勢を改善するための広範にわたる試みは，リスク管理者を昇進させるためだけのものではない。真に効果的にリスクを管理したいのであれば，事業全体にリスクに対する理解を普及させなければならない。

今日の従業員は，会計および法務スタッフの職務が事業全体に対してどのような役割を果たしているかを理解している。証券取引部門の管理者は，金融取引の税制や会計についてある程度はわかっているだろう。製品開発担当者は法的責任の問題について認識しているだろう。影響が大きいものほど，より理解を深める必要があるし，彼らが関係する問題を確実に理解できるよう企業は努力する必要がある。同じことが，リスク管理に関してもあてはまる。

教育と伝えるべきこと

教育はどんな仕事でも不可欠なものであるが，リスク管理のように急激に変化している分野では，とくに重要である。実際，企業のリスク管理計画の成功は，洗練された教育プログラムによって大幅に強化されるといっても過言ではない。従業員が最大限にその利点を活用する方法を知らなければ，最も洗練されたリスク管理ツールでさえ無駄になってしまう。

優れた教育プログラムは，企業のリスク管理の専門家（および，一般従業員）が現在の職務をより効率的に遂行するために不可欠であり，また，将来想定される新たな責務の基礎を構築するものでもある。リスク管理教育プログラムを立ち上げるためのステップには，どのようなテーマが含まれるべきかを決定すること，それらのテーマについての最適な教材をみつけること，どのような媒体で提供するかが決定される必要がある。

プログラムで取り扱われるテーマは，組織特有の必要性や教育対象となるグループに合わせなければならない。多くのプログラムは，市場リスクや信用リスクなど，伝統的リスク管理分野に焦点を当ててはいるが，包括的プログラムは，その他のテーマも含む。たとえば，ERM 教育プログラムには次の内容が含まれる。

■ **市場リスク管理**：市場リスク管理の方法論は，一般に，他の種類のリスク管理と比較してよく発達している。このテーマの標準的なカテゴリーには，ALM 管理，取引リミットの設定，市場リスクの種類などが含まれる。

■ **信用リスク管理**：信用リスクのテーマには，信用格付，エクスポージャー測定，リミット管理が含まれる。

■ **オペレーショナル・リスク管理**：これは，定義が曖昧なことの多い分野であり，リスク管理教育プログラムでは重視されてはいない。取り扱うべきテーマは，コントロール・セルフ・アセスメント（CSA；統制自己評価）やリスク・プロセス・マッピングである。

■ **ERM**：ここで取り扱うべきは，リスク管理の枠組みの確立，組織体制，システムと報告，リスク・カルチャーである。エコノミック・キャピタルやバリュー・アット・リスク（VaR）などのリスク分析も含まれるべきである。

■ **リスク移転戦略**：デリバティブ，保険，代替的リスク移転手法を対象とすべきである。これは急激に変化しているリスク管理分野であり，カリキュラムのこの部分は，定期的に更新されなければならない。

業界実務，社内方針と手続き，規制要件については，テーマごとに議論されなければならないのは明らかである。しかし，そのような決まりきった学習では，他の検討課題をかかえる多忙な従業員の心をつかめない。とくに，リスク管理のように題材に対する理解が乏しく，事業業績に積極的に寄与するというよりも，むしろつまらない状態監視機能として映る場合には，その傾向が強くなる。

そのために教育者は，彼らの生徒が確実に教材に関心をもつように倍の努力をしなければならない。幸いにも，リスク管理についての実例や興味深い話には事欠かない。教えるべき原則を具体的かつ注意を引く方法で例示するために，カリキュラムのすべての段階で特定のケーススタディやシナリオを用いるべきである。これらのケーススタディには成功例と失敗例の両方が含まれなければならず，さらに，これらのケーススタディから学んだ教訓について議論する必要がある。学ぶべきテーマが現実のものであれば，受講者の関心は保たれやすい。

包括的なリスク管理教育プログラムは，さまざまな異なる様式のプレゼンテーションを盛り込んだものでなければならない。教育は，新しい従業員に企業のリスク管理への取り組みを叩き込むためだけでなく，既存の従業員に継続的教育を提供するためのものでもある。この継続的教育には3つの形態がある。

第1に，公式的な研修プログラムの継続（たとえば，各レベルの研修の受講証明書を発行する）である。第2に，従業員に，自らが学んだことを思い起こさせ，馴染みの薄いテーマを調べる方法を提供することである。第3に，一人の従業員が得た専門知識を他の人と共有することができるような，特定のリスク問題についての議論の場を提供することである。

継続的教育やノウハウの習得にとって，インターネットや企業のイントラネットの活用はとくに有益なものである。企業のリスク管理方針や手続きなどについてのマニュアルや参考資料だけでなく，社内の教育講座の教材もイントラネットを通じて従業員が入手できるようにすべきである。たとえば，資産運用会社のある部門では，従業員全員のコンピュータのデスクトップにリスク管理方針と手続きのサポート機能が設定してある。

リスク管理の技術と収斂

リスク管理の専門家が重視されるとともに，リスク管理の実務をより容易にするツールも多く出回るようになった。このうち最も注目すべきは，プライシング・モデルからポートフォリオ・シミュレーションなどを含む定量的ツールや手法がますます重要視されるようになったことである。第10章で論じたように，これらのツールや手法の有効性と，それを利用するリスク管理者の能力は，リスク管理を支援するために構築された技術と密接に関連している。

より一般的にいうと，リスク管理の分野におけるここ数年間の大きな進歩は，コンピュータ技術の大幅な進歩によって支えられてきたということである。第1に，コンピュータの処理能力が飛躍的に向上し，さらに，インターネットのようなネットワークが形成されたことはその最たるものである。ドットコムの信奉者やニューエコノミーの応援団でなくても，リスク管理の分野でもITが主役になってきており，その傾向が今後も続くと考えるのは異論のないところだろう。

リスク管理者，技術提供者，マーケット・メーカー，コンサルタントを含むリスク管理の専門家は，この技術力，とくに，インターネットの配信能力とその関連技術を活用するための新たな方法をみつけなければならない。今日のリスク管理におけるネットワーク関連の最も顕著な傾向が収斂である。

組織内では，収斂は，市場リスク，信用リスク，オペレーショナル・リスク

の管理を統合した ERM を意味した。それは，しばしば，企業の全リスクについて統合的視野をもつことができる CRO のリーダーシップのもとに置かれてきた。金融市場では，収斂は，CAT ボンド，統合保険，デリバティブ商品のように，従来は管理不能であったようなリスクの管理を含むより完全な保証を提供する革新的なリスク移転手法を意味している。そして，さまざまな業種や業界全体で，情報転送のための共有のネットワークやプロトコルによって，企業自らが事業機会を追い求めて劇的に効率化し再形成できるようになるので，収斂は，異なる機関や組織間の伝統的境界がなくなることを意味している。

　ビジネス会話に「e」が登場する以前でさえ，収斂は新しい傾向であったが，インターネットや関連技術はそのプロセスを飛躍的に加速化させており，今後もそうあり続けるだろう。これは，真のリスク管理コミュニティの創造を支援し，共通基準の確立を助け，リスク教育を強化し，分析方法を改善するという4つの面で起きる。

コミュニティの発展　インターネットは，さまざまなリスク管理グループを1つの共通のコミュニティに結びつける助けとなる。これまで見てきたように，歴史的には，異なるグループが市場リスク，信用リスク，オペレーショナル・リスク，保険リスクに関与してきたが，それぞれは企業内の独立したサイロとして機能していただけにすぎない。組織の外でも状況は同じだった。種類の異なるリスクを管理する専門家は異なる協会に属し，また異なるプロバイダーから製品やサービスを購入していた。

　インターネットは，非常に効率的にコンテンツの収集や配布ができることから，誰でも参加が可能なリスク管理の専門家間の共通のコミュニティの発展を支え，問題や考え方の共有化を促進することができる。グローバル・アソシエイション・オブ・リスク・プロフェッショナルズ（GARP）はその好例である。GARP は 1996 年に創設されたが，長い間，正式な本部やスタッフは存在していなかった。GARP は，リスク管理者のインターネット上のバーチャルな会合場所として設立された。今日，GARP は，世界中のすべてのリスクの専門分野を代表する 15,000 人以上の会員によって構成され，最も規模の大きなリスク管理者の協会の 1 つである。

共通基準の確立　従来，リスク管理の専門家は，本質的には同じ概念のリスク

を扱っているときでも，異なる専門用語や方法論を使っていた。それは，扱う
リスクによって，使用する言語が異なるようなものであった。コンサルタント
や規制当局は，今月のリスクのために設計された異なる基準を公布した。同様
に，ソフトウェアのプロバイダーは，特定の商品のために設計されたアプリケ
ーションを開発した。

　やがて，リスク管理の実務家は，リスクはリスクであり，企業内のリスクの
あらゆる側面を計測し管理するために共通の基準が確立されなければならない
と認識するようになった。インターネットは，リスク管理のための共通の基準
とベスト・プラクティスの確立を助ける媒体となるだろう。規制当局は，自ら
のウェブサイトに新たな監督手法を掲載し，幅広くリスク管理の専門家からの
フィードバックを得ることができる。学者は，同じ分野の専門家に対し同様の
ことができる。リスク管理者は，損失の経験とリスク管理実務を業界のベス
ト・プラクティスを基準に比較することができる。これらの相互プロセスは，
リスク管理の基準の開発を加速しよう。この効果のよい例が，ウェブに VaR
アプローチであるリスク・マトリックスを掲載した JP モルガンの決断である。
リスク・マトリックスは広く受け入れられ，急速に市場リスクのデファクト・
ベンチマークになりつつある。

教育の強化　効果的リスク管理にとっての大きな障壁は，さまざまなリスク分
野，とくに，オペレーショナル・リスク，また ERM において，優れた教育資
源が欠如していたことである。GARP，リスク・マネジメント・アソシエイ
ション（RMA），リスク・アンド・インシュアランス・マネジメント・ソサエ
ティ（RIMS）のような専門家の協会は，それぞれ建設的役割を果たしている
が，リスク教育には依然として重要な間隙が存在している。インターネットは
その間隙を埋めることを助けるだろう。インターネットは，教材の開発，組織
化，配信の面で他の追随を許さない最も強力な技術である。インターネットの
最も大きな意味は教育に存在し，それが e ラーニングであると示唆したのは，
他ならぬシスコ社の最高経営責任者ジョン・チャンバースであった。帯域幅が
現在のペースで拡張し続け，検索エンジンの知能がさらに高まれば，インター
ネットはリスク教育の提供をいっそう効果的に果たすことになるだろう。イン
ターネットは，双方向ビデオ，オンライン会議，e マガジンを提供し，リスク
管理の専門家のより迅速かつ安価なアクセスを可能とするだろう。また，イン

ターネットによって，一般的なリスクについての知識と同様に，学んだ教訓やベスト・プラクティスの特定のケーススタディへのアクセスもより容易になるだろう。

分析方法の改善 インターネットは，リスク集計，リスク・モニタリング，リスク管理技術に関しての分析方法を改善するだろう。リスク集計に関しては，企業の管理者が，リスク，損失のトラッキング，事故報告，リアルタイムでの企業全体のエクスポージャー合計の測定について総合的な見解を深めるのにインターネットが助けとなるはずである。また，必要に応じて，重要なリスク情報に1日24時間，週7日，いつでもアクセスすることを可能とする。My Yahoo が個人に役立ったのと同様に，リスク・モニタリングでは，インターネットがリスク管理の専門家に役立つだろう。社内外のリスク情報を統合するリスク・ダッシュボードがネットで提供され，リスク管理者は，1つの情報源から，個人向け仕様になったニュース，データ，早期警戒指標とともに，企業のポートフォリオのリスク・エクスポージャーを確認できるようになるだろう。

インターネットは，とくに高額の情報技術（IT）予算を確保できない中小企業にとって，最適なプラットフォームとなるはずである。インターネットは，リスク・ソフトウェア価格を低下させ，ユーザー数を増やし，その結果として，ソフトウェア開発，導入，メンテナンスの面で大幅なコスト削減が実現されるだろう。今日，社内プログラムであろうと，社外メーカーであろうと，リスク管理ソフトウェアの提供者は，彼らのリスク・モデルをウェブ化することを急務としている。リスク・モデルがパッケージソフトからアプリケーション・サービス・プロバイダー（ASP）による提供に移行すれば，リスク管理者による異なるモデルへのアクセスが可能となるため，モデル・リスクは減少するだろう。リスク管理者は，さまざまなリスク・モデルや仮定に基づいて，自分たちのポートフォリオの感応度をより容易に検証できる。

10 の予測

リスク管理の将来は明るい。規制当局やリスク管理者は，損失を最小化し，事業業績を改善するための方法としてリスク管理が重要であることを認識している。リスク管理の専門家は，ビジネスの世界で，組織における地位と報酬の

両面で躍進している。リスク分析方法とコンピュータ技術の進歩は，数年前には誰も想像できなかった速さと低コストで，企業内のあらゆるリスク計測と管理のための大がかりな多数の新しいツールを生み出している。一方で，多くの課題が残されていることも事実であるが，進展を検証せずにはいられないし，リスク管理の専門家にとって最盛期はまだ到来していないといえよう。このような背景をもとに，私は，第1版においてリスク管理が今後10年間にどのように変化するかを予測してみた。これらの予測を振り返り，業界がどこまできたかを見るために，今日の状況とそれらを比較してみたいと思う。

1. **ERMはリスク管理の業界標準となる**：ERMは，リスク・リターン特性の最適化に際して，社内外の資源が確実に効率的かつ効果的に機能するのに最適な方法として受け入れられているだろう。新たな金融危機が発生する都度，リスク管理に対する伝統的なサイロ型アプローチの欠点がより明らかになる。社外のステーク・ホルダーは，取締役会にリスク監視責任を負わせ，リスクの透明性をより高めることをいっそう求めるようになろう。さらに重要なことには，ERMの先駆者たちは，さまざまな景気循環のなかでより安定した業績を生み出し，競合相手よりも市場圧力を乗り切るのがうまくなるだろう。彼らの成功は注目を集め，他者が追随することになる。これらの傾向は，業績の下方修正をますます許さなくなっている株式市場と相まって，すべての業種の企業に全社的なリスクの計測と管理のための統合的手法を採用することを余儀なくするだろう。

2. **最高リスク管理責任者（CRO）はリスクの高い事業に普及する**：ERMへのトレンドと歩調を合わせて，CROの地位は向上するだろう。リスク管理は，リスク・エクスポージャーの大きい金融機関，エネルギー会社，資産運用会社，一般事業会社の成功にとって重要な牽引力となる。これらの業界における多くのマーケット・リーダーはすでにCROの役職を設けており，他の企業も追随しよう。CROの存在しない企業は，回答が容易でない3つの課題に直面することになる。第1に，広範なリスク管理責任に満足しているのか。もし，満足していないのであれば，事実上のCROは誰か。最高経営責任者なのか，最高財務責任者なのか。第2に，いっそう予測が難しくなっている事業環境のもとで，必要なリスク管理を行う際に片手間の努力で十分なのか。最後に，企業にCROの昇進コースが存在しないの

であれば，企業は優れたリスク管理の専門家を魅了し，雇用し続けることができるのか。ますます多くの企業にとって，これらの質問に対する論理的な解決法は，CROを任命し，資源をERMプログラムの実行に割り当てることである。

3. **監査委員会はリスク管理委員会に発展する**：取締役会が適切なリスク管理のための資源を確実に配置する責任を認識すると，彼らは，監査委員会をリスク管理委員会に置き換える，あるいは監査委員会をリスク管理委員会で補完することになろう。チェース銀行，カナダ輸出金融公社などを含むリーディング・カンパニーは，すでに取締役会内にリスク管理委員会を設置している。第5章で論じたように，取締役会のリスク管理に関する責任は，カナダのデイ報告，英国のターンブル報告，米国のトレッドウェイ委員会報告のように，世界的な規制当局や業界の取り組みのなかで明らかにされている。その他の同様の取り組みの結果，取締役会は，自分たちの責任は伝統的な監査活動を超えるものであり，あらゆる種類のリスクに関して資源と統制を確実に配する必要があることを認識し始めた。さらに，企業は，取締役会内にリスク管理委員会を設置し，従来の監査委員会は小委員会か独立委員会として，財務報告や財務諸表が正確であることを担保するという伝統的な役割を果たすものになる。

4. **エコノミック・キャピタルが採用され，バリュー・アット・リスク（VaR）は消え行く**：マネジャーや社外のステーク・ホルダーは，すべての種類のリスクに関するリスク計測の標準化されたユニット，あるいは共通のツールを要求しよう。それにより，彼らは，企業のリスク特性のトレンドを見つけ，個々の企業のリスク・リターンの結果を他社と比較することが可能となる。これまでVaRは，市場リスクの標準化された評価尺度として広く受け入れられてきた。しかし，VaRには，3つの大きな欠点がある。第1に，VaRは，めったに起こらないが起これば破滅的となりうる事象についてテイル・リスクをとらえることができない。第2に，テイル・リスクをとらえることができないために，VaRは，信用リスクとオペレーショナル・リスクの（あるいはオプション性の高いポジションの市場リスクに関しても）尺度としては優れていない。第3に，VaRは，どのようなリスク・ポジションに関してもリスクを計測できるが，リターンを計測できない。資産価値評価モデル（CAPM）やブラック・ショールズ・オプション

価格方程式のように，時間をかけて証明されてきた金融モデルは，リスクとリターンの両者を評価できる。企業が資本を保有する主な理由は，あらゆる種類のリスクに起因する潜在的損失を吸収するためである。したがって，直感的にもエコノミック・キャピタルの概念は魅力的である。リスク調整済み資本収益率は，この概念を拡張し，リスク調整済みベースで事業の収益性を測定する。バーゼル委員会は，すでにエコノミック・キャピタルを銀行業界の国際的な自己資本規制の枠組みとして採用している。他の業界もそれに追随し，リスクのための共通のツールとして採用されるだろう。

5. **リスク移転は企業レベルで実行される**：リスク移転活動の統合は，ヘッジや保険戦略に関するかぎりすでに始まっている。たとえば，デリバティブを使ってヘッジを行う企業は，個別証券ごとのヘッジではなくポートフォリオ単位でヘッジを実行すれば，ヘッジ・コストを削減できることがわかっている。複数のリスクをカバーする複数年契約の保険（マルチリスク・マルチイヤー契約）を通して保険を一本化すれば，保険料を大幅に削減できることが知られている。第8章で論じた代替的リスク移転手法（ART）は，さらに一歩先を行くものであり，資本市場と保険手法を組み合わせたものである。ERM や ART 商品の台頭は，リスク移転戦略が，ますます企業レベルで練られて実行されていることを意味する。かつて企業は，そのコストがとてつもなく高い場合を除き，リスク移転コストについて，とくに慎重に考えることなく，限定された範囲で個別のリスクをコントロールするためにリスク移転を決断していた。将来，企業は，リスク保有コストとリスク移転コストを明確に比較したうえで，リスク移転の決断を下し，株主価値を増大させる取引のみを実行するようになろう。

6. **高度なコンピュータ技術がリスク管理に重要な影響を与える**：前述したように，インターネットはリスク管理に大きな影響を及ぼし，情報，分析方法，ART 商品がどのように流布していくかに重大な影響を与える。インターネット以外では，計算速度の高速化とデータのバックアップコストの低下によって，より強力なリスク管理システムが提供されることになろう。中規模の企業は，かつては大企業の特権であった洗練されたリスク・モデルを手に入れるだろう。個人投資家でさえ，自らの投資ポートフォリオを管理するための高度なリスク・リターン計測ツールを利用できるようにな

る。大規模な証券会社で市場リスク計測がますます頻繁に実施されるようになったのと同じように，全社的なリスク計測や報告の実施頻度は，月次から週次，あるいは日次に変わり，おそらく最終的にはリアルタイムで実施されることになる。さらに，ワイヤレスや携帯できる通信機器の発達により，重大なリスク事象を瞬時に上層部に伝達することが可能となり，顕在化しつつある問題や新規の事業機会にリスク管理者が即座に対応できるようになるだろう。

7. **オペレーショナル・リスクのための計測基準が出現する**：今日，オペレーショナル・リスクの計量化だけでなく，それをどのように適切に定義するかについて議論が活発に行われている。オペレーショナル・リスク評価への取り組みは，経営者の判断に基づく可能性や重大性という定性的評価から，業界や企業の損失履歴に基づいた潜在的損失の定量的推定にまで及ぶ。重大なオペレーショナル・リスク事象が稀であるという理由もあり，一貫したオペレーショナル・リスクの損失データが不足していることから，推定損失額を計測するための極値理論のような分析モデルの開発につながった。その他のモデルは，オペレーショナル・リスクを計量化するために総合的品質管理手法や動態的シミュレーションを模倣している。さらに最近では，オペレーショナル・リスクのパターンを認識するために，ニューラル・ネットワーク[1] を用いる初期的実験からもいくつかの支援材料や有望な結果がもたらされている。オペレーショナル・リスク管理の実務が一般に認められるようになり，企業や業界の取り組みの結果としてより多くのデータ資源が入手可能となるにつれ，オペレーショナル・リスクの計測基準も策定されることになろう。しかし，オペレーショナル・リスクにとっての最大の課題は，計測ではなく，管理であり続けるだろう。

8. **時価会計は財務報告の基礎となる**：時代とともに，リスク管理の専門家は，企業の財務状況の報告に関して，発生主義会計に対する時価会計の重要性を認識するようになった。発生主義会計は，物的資産の価値の報告には適しているが，金融資産およびその他の無形資産の報告では誤ったシグナルを提供してしまうかもしれない。時価会計の利用は市場リスクの分野では

---

1) （訳注）ニューラル・ネットワークは，脳機能に見られるいくつかの特性をコンピュータのシミュレーションによって表現することを目指した数学モデルである。生物学や神経科学と区別するために，人工ニューラル・ネットワークとも呼ばれる。

広く受け入れられており，信用リスク管理でも，貸出債権がデフォルトの可能性（たとえば，信用格付や信用スプレッド）を考慮し時価評価されることが広く受け入れられつつある。株主や規制当局がリスクの透明性の改善を求めることにより，将来，変動性（たとえば，リスク感応度）の開示が，すべての金融資産への時価会計の完全な適用を含めて，財務報告にますます組み入れられることになろう。

9. **リスク教育は企業の従業員研修や大学の金融カリキュラムの一部となる：** 企業がリスクを管理する人材の養成を必要と認識すれば，企業の教育・研修プログラムはいっそうリスク管理に重点を置くようになるだろう。これらの教育・研修プログラムは，社内外の資源を組み合わせたものであり，社内ワークショップ，社外カンファレンス，インターネットによる研修を含むものとなる。熟練したリスク管理の専門家に対する企業からの需要が高まっているため，専門組織や大学は，今後もリスク管理を教育課程科目に取り入れ，専門資格や大学の学位プログラムの人気は高まり，いっそう受け入れられるようになるだろう。過去における金融や投資分野での公認財務アナリスト（CFA）の発展と同様に，リスク管理における広く認められた専門資格が今後10年のうちに出現するだろう。大学では，デリバティブや信用分析以上のものを提供するように教育課程科目を拡充し，ERM，さまざまな業界におけるリスク管理の応用，統合的なリスク移転にかかわるコースを提供するようになるだろう。

10. **リスク管理の専門家の間の給与格差は拡大し続ける：** ERMへ向けた傾向やCROの任命は，リスク管理の専門家にとって刺激的なキャリアの道，魅力的な報酬の機会を作り出してきた。しかし，この新たなキャリアの機会は，新しいスキルを開発し，新たな経験を積み続けるリスク管理者には開かれているが，そうでない者には閉ざされることになろう。過去数年にわたって進んできた給与格差は，今後10年間でさらに拡大するだろう。一方で，職務上の枠を超えたスキルを有するリスク管理者の報酬は，彼らのサービスに対する需要の伸びにより，他の専門家よりも大幅に増加するだろう。一方，幅の狭いスキルしかもたないリスク管理の専門家や限定された仲介の役割しか果たさない者は，平均以上の昇給を享受することはなく，実際，リスク管理の新たな世界で彼らの仕事は役に立たなくなるため，職の確保も困難になるかもしれない。

2013年の振り返り

予測をしてから10年が経過したわけだが，これらの予測を振り返り，当時の私の水晶玉がどれだけ透き通っていたかを確認することは楽しいことかもしれない。グローバル・アソシエイション・オブ・リスク・プロフェッショナルズ（GARP）のビル・スコットは，私の予測を2012年の記事のなかで検証したが，その結果の要約は次のとおりである。

1. **ERMはリスク管理の業界標準となる**：ERMはまだ業界標準にはなっていないが，その方向に向けた多くの動きが確実に見られる。したがって，予測は正しいといえる。たとえば，2011年にアクセンチュアが異なる国や業界にまで及ぶグローバル・リスク・マネジメントの研究を実施したが，同研究によると「サーベイの回答者全体の80パーセント以上がすでにERMプログラムを実施している，あるいは2年以内に実施する計画である」と回答した。しかし，企業はリスク管理において伝統的なサイロ型アプローチから脱却することに苦戦しており，これがERMが業界標準に成長することの妨げになっている。これまでのところ，ERMは銀行，ヘッジファンド，ブローカー／ディーラーが先頭に立っていて，金融セクターにおいて最も普及している。

2. **CROはリスクの高い事業に普及する**：同様に，2011年のアクセンチュアの研究は，またこの予測も正しいことを証明した。同研究は，リスク管理のCレベル管理は，リスク集中的な事業においてますます広く行き渡っていることを示した。サーベイ回答者の66パーセントがCROをすでに置いており，一方で，20パーセントはCROの責務を担当する役員が存在していた（単に，その役職が付いていなかったにすぎない）。

3. **監査委員会はリスク管理委員会に発展する**：2013年までには，これも正しいことが証明された。2004年9月に，トレッドウェイ委員会支援組織委員会（COSO）は，「ERM統合フレームワーク」と呼ばれる報告書を発表した。報告書のタイトルが示すように，同報告書はERMの成功に不可欠な枠組みを概説した。これが，内部監査機能の変革に大きな影響を与えた。たとえば，内部監査人協会（IIA）は，内部監査人はERMを実行するため

に監査委員会と経営陣の両者と協力することを推奨している。IIA はまた，内部監査人の責任について明確な境界線を引いている。内部監査人は「リスク・アペタイトの決定，リスク管理プロセスの設定，リスクについての経営陣への徹底，リスク対応や経営陣のためになるようなリスク対応の実行，あるいはリスク管理の説明責任に関する決定」を請け負うべきではないとする。

4. **エコノミック・キャピタルが採用され，バリュー・アット・リスク（VaR）は消え行く**：ビル・スコットは，「VaR は，市場リスクや短期的なリスク・コントロールには有効だが，それは一機関のすべての経済ユニットにとってのリスク・リターンのトレードオフを考慮してはいない」と述べているが，エコノミック・キャピタルは違う。彼の目には，明らかに，エコノミック・キャピタルのほうが VaR よりも優れている。エコノミック・キャピタルはまた，最も目立ち，最も容易に定量化できる市場リスク以外のリスクに対処するものである。つまり，流動性リスク，オペレーショナル・リスク，戦略リスクはすべて，（2007 年の市場の崩壊が示したように）目の届かないところではびこるものだからだ。さらに，エコノミック・キャピタルはまた，ERM を能率的にするのを助ける。最優先するものをVaR からエコノミック・キャピタルに変更してきた企業文化のなかで，エコノミック・キャピタルの利点が認識されてきた。

5. **リスク移転は企業レベルで実行される**：これについては，本書の第 1 版が出版された 2003 年ころには，ヘッジや保険戦略という形ですでに始まっていた。この傾向は今日まで続いており，今では「リスク移転の管理」は，「評価，システム，その他のツール」を通じて行われている。

6. **高度なコンピュータ技術がリスク管理に重要な影響を与える**：これは，明らかに 2013 年においては真実である。過去 10 年において，われわれは「データ処理速度の急激な上昇」，クラウドやソーシャル・メディアの驚くべきブーム，「社内でのソフトウェア開発からネットワークを通じて顧客中心のサービスを提供する ASP モデル」へのシフトを見てきたが，これらすべてはリスク管理も大きく変容させた。

7. **オペレーショナル・リスクのための計測基準が出現する**：残念ながら，これについては 2013 年になっても実現されていない。バーゼル II とバーゼル III は，銀行についての厳しい規制を提供しているが，この「計測基準は業

界を越えて横断するものではなく」，他のほとんどの業種の企業は，独自の計画に委ねられている。たとえば，回復コストと損失事象のデータは，製品のプライシングに適切に活用されておらず，フロントオフィスは，オペレーショナル・リスク管理の実施が困難な状態のままである。さらに，業界標準が存在しないので，事業管理者にとってはオペレーショナル・リスク管理の実施が困難であり，これが ERM 全体の実施プロセスの効率を低下させている。

8. **時価会計は財務報告の基礎となる**：何ら特別なことがなければ，これは有機的に起こっていたかもしれないが，2008 年の金融危機によって，「FASB 157 のもとでの時価会計」が突如として復活することになった。現在，時価会計については FASB と IFRS の間で対立があり，近い将来において時価会計が財務報告の基本となることはないだろう。

9. **リスク教育は企業の従業員研修や大学の金融カリキュラムの一部となる**：幸運にも，現在ではほとんどの主要な大学は大学院においてリスク管理の授業を提供しており，これは紛れもなく正しい予測だった。GARP やPRMIA といった組織も，「リスク・トレーニングや認定プログラム」を提供している。

10. **リスク管理の専門家の間の給与格差は拡大し続ける**：これもまたとても正しい予測だった。ベン・スコッティは「その職能上の枠を超えたスキルによって，ゼネラリストはスペシャリストよりも高い報酬を得ている」と述べているが，これは正しく，最初の予測に合致している。リスク・タレント・アソシエイツの 2011 年の年次給与サーベイによると，シニア・アソシエイッと CRO の間の給与格差は拡大し続けている [2]。

　要約すると，スコッティは，私が 10 年前に行った 10 の予測のうち 8 つは正しく，残りの 2 つについてもまだ決着はついていないと述べている。

---

2) Scotti, Bill, "Risk Management Predictions: A Look Back," *Risk Professional*, June, 2012.

第20章　エバーラスト・フィナンシャル社

　時は2020年。エバーラスト・フィナンシャル社は，投資銀行，商業銀行，保険事業を世界規模で展開する金融サービス会社である。パメラはトレーダーを3年間，市場リスク管理者を3年間勤めた後，2年前にCRO（最高リスク管理責任者）に就任した。

　エバーラスト・フィナンシャル社のCROであるパメラが自宅で朝食をとっていると，突如，携帯電話が鳴り響いた。携帯電話の画面表示をチェックすると，「オペレーショナル・リスク警報」の文字が目に飛び込んできた。リスク管理は大きく発展してきたけれど，オペレーショナル・リスク管理の失敗は今でもすべてのリスク責任者にとって最悪の悪夢だ，と彼女は思った。何が起こっているのか確認すべく，ワイヤレス・パソコンを立ち上げ，グローバル・リスク管理システムにログインし，双方向リスク監視プログラムをチェックしようとすると，主任のガレットが，パソコンのテレビ会議画面に現れた。「年次取引報酬の考査のためにトレーダーの記録を調べていたら，リック・グリーソンの記録がおかしいことに気づきました。調べてみると，過去9ヵ月間，新興市場の債券の2億ドルの損失を隠すために虚偽の取引をしていたことがわかりました。」

　「損失が広がらないように早急に手を打つ必要があるわね。マスコミ対策も必要ね。CEOと監査委員会，トレーディング部門，広報，法務，人事のメンバーでテレビ会議を開きましょう。実際に何が起こったのか，なぜ起こったのか，そしてこの状況にどう対処すべきかの詳細を明らかにしなくては」とパメラは応えた。

　「すぐに準備します」とガレットは言った。

　翌日，エバーラスト・フィナンシャル社のCEOであるブランダンが，トレーディング部門の責任者であるオースティンを呼んだ。「トレーディング部門は，過去3年間に会社の利益の半分近くを生み出したが，これは非常に深刻な

問題だ。調査の結果，リックは勝手に取引していたことがわかった。不正行為は断じて認められない。オースティン，君が監督していながらいったいなぜこんなことが起こったんだ。リックについてはどうするつもりかね」とブランダンは尋ねた。

「会社のリスク管理システムで発見されると思っていました」とオースティンは言った。「それに，リックはわれわれの最も優秀なトレーダーです。彼はちょうど運悪く，市場が若干不安定だったときに新興市場の債券取引をやっていたわけで……。彼がやったことを大目にみるべきではありませんが，パフォーマンスに対するプレッシャーは途方もなく大きく，彼が仕掛けたポジションが成功していれば，むしろわれわれにとっては喜ばしいことだったはずです。」

「では，どうすべきなのかね」とブランダンは尋ねた。

「会社に損失をもたらしたことと，リスク管理方針に違反し，世間に会社の恥をさらしたことを考慮し，彼の今年の賞与はなしということでは……。」

「というと，それでお仕舞いだと考えているのかね。解雇されるべきだとは思わないのか。リスク管理方針マニュアルにこの種の違反について記載されている結論に従ってだよ」とブランダンは尋ねた。

「方針マニュアルは承知していますが，わが社最高のトレーダーを失うのは大きな損失です。私としては，なんとかもう一度彼にチャンスを与えることをお勧めします」とガレットは主張した。

「すでに，この規模の違反行為に対しては2度目のチャンスはないと全社リスク管理方針に定めてある。より高い利益を得られるのであれば，こうしたルール違反には目を瞑ってもよいと君は考えているようだが，それは，厄介ごとをかかえる腕のよいトレーダーを失うことよりも，会社にとって危険なことなのだ。彼の代わりのトレーダーをみつけることは容易だが，ダメージを取り消すことは不可能だ。君はこの基本的なリスク管理の考え方をわかっていないようだね。君も首だ。私は，この大失態のおかげでやるべきことが山積みだし，議論の余地はない」とまったく反論の余地のない口調でブランダンは応えた。

オースティンが去ると，ブランダンは人事部長のジェニファーを執務室に呼んだ。「オースティンとリックの解雇について，君に対応してもらいたい。また，将来このような事態を回避するために，人事の観点から何ができるかも議論したい」とブランダンは話し始めた。「リックについて，今にして思えば，おかしいと思えることがあったとパメラから報告があったが，彼は2日以上の

休暇をとったことがなかったようだ。人事部は，従業員の休暇状況を調べてくれ。とくに，昨年少なくとも1週間の休暇をとらなかった従業員には要注意だ。何かを隠しているかもしれないし，あるいは，過労で倒れるかもしれない……。」

「いい考えですわ」とジェニファーは同意し，この会話を録音しているかスマートフォンのマイクをチェックした。「それと，この状況と結果は，リスク・イントラネットを通して提供する教育用ビデオにも取り入れるべきだと思います。新しいマネジャーや従業員にとって今回のことは貴重な教訓となります。」

「そのとおりだ。ビデオ制作にあたっては経営陣の方向性を明確にし，リスク管理方針の違反がいかに重大かを示すために私も話をしよう」とブランダンは応じた。

　一方，COO のカーティスは，リスク移転部門の責任者であるピーターと，今回の件で，エバーラスト・フィナンシャル社がどの程度の補償を受けられるかについて打ち合わせをしていた。「統合的リスク保険で，不正トレーダーなどのオペレーショナル・リスクの一部はカバーされていて，まだましでした。1,000万ドルの免責控除後，10億ドルまでの損失は補償されます。しかし，今後は1株当たり利益（EPS）保険の検討を考慮すべきだと思います。現在より，より広範な補償が可能となりますし，われわれの保険契約が特定の損失をカバーしているかどうかにかかわらず無条件で補償されますから」とピーターは説明した。

「そうだな。EPS 保険は広く提供されるようになって，保険料がだいぶ下がってきている。保険料を問い合わせてみてくれ」とカーティスは言った。カーティスとの打ち合わせの後，ピーターは EPS 保険の料金を聞くために，インターネットのリスク取引所であるリスク・コム社に電話をかける。そして彼は，会社の過去の損失記録と会社のリスク格付を添付して，EPS 保険のための標準化された条件規定書を提出した。10分後には，事前に選択した保険会社から5件の見積書をメールで受け取る。2つの見積りは，リスク移転コストが自社のリスク保有コストよりも安いことがわかった。オンライン上のリスク計算機では，EPS 保険の取引実行により，会社の市場価値は4〜5パーセント上昇することを示している。パメラと短い会話をした後，ピーターは欧州の保険会社と EPS 保険契約を結ぶことにした。

執務室に戻ると，カーティスは，取引損失は保険契約で補償されるという朗報を伝えるためにブランダンに電話をした。ブランダンはカーティスと手短に話をすると，この状況を学習体験として活用するアイデアを得ようと，ガレットとの情報交換のために再び電話をかけた。「リックは2日以上の休暇をとっていないだけでなく，昨年の彼のトレーディングは，取引高と取引パターンの点でも異常だった。すでにジェニファーには，人事の観点から潜在的に問題のある従業員を特定しろとは伝えてあるが，君も，不正な行動の早期警戒指標として機能する他の評価指標の作成を検討してほしい。リックの取引をできるだけ多くの角度から検証して，他のトレーダーの行動とは異なる点を探してくれ。おそらく，不規則な行動の早期警戒として機能する取引パターンを特定するために，他の金融機関のトレーディング部門とデータを共有できるだろう。それから，新しいオペレーショナル・リスク報告書に何を含めるべきか，検討を始めてほしい。オペレーショナル・リスクは，さまざまな形で醜態をさらすことになるから，リスク報告の方法を継続的に改善すべき分野だ。われわれはそれに取り組む必要がある。」

ブランダンは，取締役会との緊急テレビ会議と，エバーラスト・フィナンシャル社を担当する株式アナリストとの電話会議を設定するように秘書に伝えた。これらのステーク・ホルダーに伝えたいことに思いを巡らせながら，ブランダンは次のような事項を織り込むことが重要だと考えた。

- 最先端のリスク管理は，損害事象が決して起こらないことを保証するものではないが，過去数年にわたりエバーラスト・フィナンシャル社が実施したERMとリスク技術に関する調査で，問題は初期段階で見つかり改善できた。
- 開かれた対話とリスクの透明性はエバーラスト・フィナンシャル社のリスク管理計画の信条の1つであり，当社は，問題が発覚したらすぐに詳細と事態の推移を公表することを固い信条としている。
- 今回の事件から学んだ教訓をもとに，将来，同様の問題が発生する可能性をできるかぎり削減するために，あらゆる手段を講じている。人事部が間もなく取りまとめることになっている休暇報告，すでに実施中のオペレーショナル・リスク分析と報告の改善策，今回の状況の教育ビデオ用ケーススタディへの取り込み，不正を犯したトレーダーとトレーディング部門の

責任者の解雇を発表する。

■ とくにアナリストに対しては，今回の事件による損失は，保険により補償されるので，会社の収益に大きな悪影響を与えないことを断言する必要がある。加えて，会社は，将来における予期せぬ事象から会社を守るために，より広範な補償のある EPS 保険を契約することにした。

　その日の終わりに，ブランダンは椅子に深く座って，今回の状況が 20 年前ほど破滅的なものに至らなかった理由である，リスク管理の進歩について考えていた――その日の朝，彼とパメラに警告を発した上層部へのリアルタイムのリスク伝達，コンピュータ技術が可能とした瞬時の対応，オペレーショナル・リスクを補償する保険。これらの洗練されたリスク・モニタリングがなければ，20 世紀におけるいくつかの有名な不正トレーダーのケースと同じように，不正取引は何年にもわたり見過ごされ続けただろう。現在入手可能なコンピュータ技術やリスク移転商品のなかった時代には，リスク管理者はどのような役割を果たしたのだろう。長足の進歩ではあるけれども，まだまだやらなければならないことがあると，ブランダンは退社するため電気を消しながら思った。優秀なリスク管理グループと事業展開の状況を 1 日 24 時間把握できるコンピュータ技術により，彼はどんな大きな新たな問題が発生しても，自分がそれを最初に知ることになる人間の 1 人であることを確信してオフィスを後にした。

第5部　ERM の導入

ERM Implementation

第21章　ERM の導入

　中国の古典に「知の要は，それを有しているならば，用いるべし」とある。ERM についていえば，たとえ慎重な計画と研究がすべてうまくいったとしても，この蓄積された知識に従って行動しなければ，すべてが無駄になる。本書の最後となるこの第5部では，先に議論した概念を企業が具体化するために手助けとなる導入要件について議論する。

　私が ERM をはじめて導入した際の経験を共有するために，この用語の真の意味を私に示してくれた GE キャピタルの最高リスク管理責任者（CRO）として在職したときの話に戻りたい。第4部で見たとおり，私は GE キャピタル・マーケッツ・サービシス・インクの CRO として招かれたが，そのとき企業は，積極的に成長と利益目標を掲げるような立ち上げ時期にあった。即座に組織を立ち上げるべく，外国の銀行からトレーダーのチームを雇い入れ，彼らの業界における接点や長年の経験から助力を得ようと考えた。最高位の AAA の格付をもつ GE キャピタルのグループ会社として，新事業における包括的な ERM の枠組みを構築することは，決定的に重要な意味をもっていたし，急務だった。

　だからこそ，私は ERM の枠組みの構築に全力で取り組んだ。最初の数ヵ月はリスク管理のハード面に重点的に取り組んだ。すなわち，リスク方針，リミット，分析モデル，統合システムと報告のための社内の基盤整備である。しかしながら，私はすぐに反対意見に直面することになった。というのも，トレーダーたちは前職においてそのような統制された環境のもとで仕事をしたことがなかったからである。そういったこともあり，彼らはリスク管理を重要視せず，取引の 80〜90 パーセント程度しかデータ入力しなかった。それゆえ，リスク報告が保有取引のポートフォリオのすべてを表すものではなかったことから，毎朝のリスク報告が間違いだらけだった。当時のトレーダーの代表のもとへこの問題を議論しに行った際，彼は露骨に私の職権を拒絶し，私の言うことに耳を貸さなかった。彼は「われわれはポートフォリオのリスクを詳細に至るまで

ハード面	ソフト面
▪ 計測と報告	▪ リスク認識
▪ リスク管理委員会	▪ 従業員
▪ 方針と手続き	▪ スキル
▪ リスク評価	▪ 誠実さ
▪ リスク・リミット	▪ 報酬
▪ 監査手続き	▪ 文化と価値

図 21.1　リスク管理のハード面とソフト面

すべて知っている」と尊大な口調で語り，「われわれのポートフォリオを語るためのシステムは一切必要ない。仕事の立ち上げのために，今チームは忙しく，自由な時間があれば取引を始めるところだ」と言った。

　私は苛立ち，GE グループの社長に，トレーダーたちの協力がなければ仕事ができない旨を伝えた。私の状況を聞くや彼が取り組んだことに，私は感銘を受けた。彼はグループの企業文化を変える重要な決定を下した。そのおかげで，私は残りのキャリアでリスク管理のソフト面の重要さを認識するに至った。社長は，経営トップからの基本的な方向性を打ち出すことを決心し，2 日間すべて業務を停止し，ニューヨークのクロトンビルにある GE 社のトレーニングセンターで全社員にリスク管理の短期集中トレーニングを受けさせた。われわれは，ERM 方針のすべてを検証し，なぜその方針が導入されたのか，そして正確に誰が業務プロセスの各段階に責任を負っているのかを確認した。2 日間のトレーニングの最後に社長は，われわれはリスク・コントロールされた環境で事業を行っており，仮にトレーダーが態度を変えないようであればトレーダーを変える，という明確なメッセージを伝えた。

　私にとっては，それは会社のリスク・カルチャーのその後を決定づける瞬間であった。その後，トレーダーたちは態度を大きく変え，われわれは ERM の枠組みに完全に準拠することとなった。事実，GE キャピタル内部では，資本市場グループはリスク管理のベスト・プラクティスとして認識され，私は会社から最優秀賞を授かった。GE キャピタルはいっさい方針違反をすることなく，市場シェアの 25 パーセントを獲得するにいたった。GE キャピタルでの経験によって，私は ERM のハード面とソフト面，いわゆる陽と陰のバランスをと

第 21 章　ERM の導入　　　417

ることの重要性を学んだ。**図 21.1** に双方の重要な特徴について概略を示している。

コーポレート・ガバナンスと ERM の実践の恩恵

ERM の導入という実例を築くためには，期待される効果とどのような価値を創造しうるかを明確に伝えることが重要である。個々の企業にとっては，ERM を実施することで恩恵を得られるかどうかは，企業独自の経営課題，人的資源やシステムへの投資，導入が成功するかどうかにかかっている。しかし，ガバナンスや ERM の実践と，業績や株主利益との関連性に関する業界の調査や実証的研究を調べてみることは有用かもしれない。以下では，いくつかの重要な研究の要約を記しておく。

マッキンゼー・アンド・カンパニー（2002）

2002 年，マッキンゼー・アンド・カンパニーは 200 以上の機関投資家に対して，業界横断的でグローバルな調査を実施した。その調査によると，60 パーセント以上の投資家は，ガバナンス体制が不十分な企業には見向きもしない。また，およそ 3 分の 1 の投資家は，ガバナンスの水準が不十分な国自体への投資を避けようとすると回答している。実際，投資家はよくガバナンスが機能している企業に対して進んでプレミアムを払う。マッキンゼーの報告では，米国における平均プレミアムは 12〜14 パーセント，アジアやラテンアメリカでは 20〜25 パーセントであり，欧州やアフリカでは 30 パーセントに達する[1]。投資家にとっての強固なガバナンス体制の魅力は，潜在的にガバナンスがどれだけの価値を企業にもたらすかのよい指標となる。

ブラウンとケイラー（2004），チェンとウー（2005）

2004 年に出版されたブラウンとケイラーの業界横断的な 2,327 社に対する研究によって，強固なガバナンス体制をもつ企業は，ガバナンス体制が弱い企業より，株主資本利益率（ROE），利鞘・配当性向の点で優れているということが明らかとなった。たとえば，コーポレート・ガバナンス・クオティエント[2]

---

1) "Investor Opinion Survey," McKinsey & Company, July 8, 2002.

2) コーポレート・ガバナンス・クオティエント（The Corporate Governance Quotient）は，機

において下から 10 パーセントに位置する企業の 5 年間の収益は，各業種における平均よりも 3.95 パーセント低い。また反対に，上位 10 パーセントに位置する企業の収益は，業界平均よりも 7.91 パーセントも高いものとなった[3]。2005 年にはチェンとウーの同様の研究によって，この現象は企業規模によって増幅されることが付け加えられた[4]。つまり，企業が大きければ大きいほど，ガバナンス体制が投資収益に与える影響が大きくなる。

　ブラウンとケイラーの報告では「役員会構成，報酬，引き継ぎ，監査」に関する 35 個の変数を使って回帰分析が行われ，ガバナンスが弱い企業は，よりよいガバナンス体制を有する企業に比べて業績が悪く，収益性も低く，より危険性が高く，配当が低いと結論づけている[5]。興味深いことに，この研究によれば，強固なガバナンス体制を有する企業が，そういった構造をもたない企業よりも成功している背景として，取締役会の構成が唯一最も重要な要因としてあげられており，年間の収益に対して多大なプラスの影響をもたらしている[6]。取締役会の構成の重要性については，次章でさらに詳しく見ることとする。

ホイットとリーベンベルグ（2009）

　2009 年に，ホイットとリーベンベルグが行った研究では，ERM プログラムと企業価値の関係について調査がなされている。彼らは，1998 年から 2005 年の間に，株式公開している米国の保険会社 117 社のデータを分析した[7]。回帰分析の結果，彼らが発見したことは，ERM プログラムが統計的，経済的に 16.5 パーセントほど株式プレミアムに関係しているということであった。この発見に加えて，彼らの研究によると，ERM プログラムのある保険会社の収益の変動性が低いことがわかった。結果は，ERM は株主財産と財務的な安定性

　　関投資家向けサービスとして，企業のコーポレート・ガバナンス体制の有効性を測定するために作られた指標。

3) Brown, Lawrence D., and Marcus L. Caylor, "Corporate Governance Study: The Correlation between Corporate Governance and Company Performance: Abstract," 2004, p. 1.

4) Cheng, Daniel, and Yi-Yen Wu, "Evolving Corporate Governance and Equity Prices: The Recent Evidence," 2005, p. 1.

5) Brown, Lawrence D., and Marcus L. Caylor, "Corporate Governance Study: The Correlation between Corporate Governance and Company Performance: Abstract," 2004, p. 5.

6) 同上。

7) Hoyt, Robert E., and Andre P. Liebenberg, "The Value of Enterprise Risk Management," *Journal of Risk and Insurance*, July 30, 2009.

の改善に関係していることを示唆する。

スタンダード＆プアーズ（2010）

2010 年，スタンダード＆プアーズ（S&P）は，北米とバミューダの 165 社の複数の商品を取り扱う保険会社の株価実績の評価を行った[8]。S&P は，各社に対して「厳格な」から「弱い」までの ERM スコアを付し，各社の株価実績との比較を行った。その研究によれば，2008 年の 1 月から 11 月の間，「厳格な」ERM スコアをもつ企業はマイナス 30 パーセントの株価変化を示したのに対し，ERM スコアが「弱い」とされた企業がマイナス 60 パーセントの株価減少を招いたことを比較し，前者の業績が優れていることを示した。2009 年には，「厳格な」ERM 格付をもつ企業は，株価がプラス 10 パーセント上昇したのに対し，ERM 格付で「弱い」とされた企業の株価は，マイナス 10 パーセントの低下となった。さらに S&P は，高い ERM スコアと 2009 年における株価の価格変動性の低さには，強い相関関係が存在することを発見した。これらの発見が重要なのは，経済変動が起きている期間には，強固な ERM プログラムが企業の安定性や価値を維持するために役立つことを示しているからである。

ERM 導入における要件

今日のように経済が大きく変動するようなときには，ERM を実践することがこれまで以上に重要となる。スイスのダボスで 2009 年に開催された世界経済フォーラムにおいて，グローバル金融危機によって世界の富の 40〜50 パーセントが失われたということが報告された。深刻な景気後退期は他にもあったが，今回の金融危機は，ある重要な点で際立っている。それは，金融危機がすべての国や産業に影響を与えたばかりでなく，すべての企業や個人にも影響を及ぼしたという点である。現在の景気停滞は，多くの企業が合格することができなかった究極のストレステストとなった。

GE キャピタルの話は，資本市場グループがあるべき姿になるべく変革を遂げたという，ERM 導入に関する話の 1 つである。ERM を構造的にそしてバ

---

8) "Enterprise Risk Management Continues to Show Its Value for North American and BER-Mudian Insurers," Standard & Poor's, February 1, 2010.

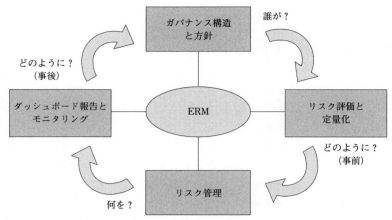

図 21.2　ERM の実践要件

ランスのとれた形で導入する際には，産みの苦しみを経験しなければならない。ERM の主要な導入要件は何か。**図 21.2** は，ERM の 4 つの鍵となる構成要素を概観しており，これらは以下の 4 つの基本的な問いに対応している。

1. **ガバナンス体制と方針**：誰がリスクに関する監督を行い，リスク監視の重要な決定を下す責任を負っているか。
2. **リスク評価と定量化**：分析的なデータ入力の観点から，事前にどのようにリスク管理に関する意思決定を行うのか。
3. **リスク管理**：企業のリスク・リターン特性を最適化するために，どのような特定の意思決定を行うのか。
4. **報告とモニタリング**：事後的に，企業はどのようにリスク管理に関する意思決定の成果（すなわち，フィードバック・ループ）をモニタリングするのか。

　上記の質問は簡単なことに聞こえるかもしれないが，これらの質問に効果的に対応していくことは，たいていの企業にとって大きな課題となりうる。ここで，それぞれの要件に関して，主要な特徴を見てみよう。なお第 22 章から第 25 章においては，導入の段階についてさらなる詳細を述べている。

リスクと ERM の定義

図 **21.2** にある ERM 導入における構成要素と，どのようなリスクもベルカーブとして概念化しうる（理想的には定量化しうる）という考えに基づき，以下のとおり，リスクと ERM に関する最新でより詳細な定義を確立することができる。

■ リ̇ス̇ク̇とは，期待される結果からの乖離をもたらし，そして，事業目的の達成や組織全般の業績に影響を与える変数である。
■ ERṀとは，企業価値を最大化するために，戦略リスク，金融リスク，オペレーショナル・リスク，法令遵守やレピュテーショナル・リスクを含む企業全体のリスクを管理する統合的なプロセスである。この統合的なプロセスは，ガバナンスや方針（リスク・アペタイトを含む），リスク分析，リスク管理，モニタリングと報告に関する基本的な要件に対処することで，取締役会や経営陣に対してよりリスク・リターン情報に基づいた意思決定を行う権限を与えている。

ガバナンス体制と方針

ガバナンス体制と方針は，誰̇（すなわち個人もしくは委員会）がリスク管理に関する決定に責任を負っているか，そして，意思決定者にとって報酬や要件，制限（すなわちリスク許容度）を規定する方針はど̇の̇よ̇う̇な̇も̇の̇か̇，という問いに対応する。ガバナンス体制と方針には，以下のことが含まれるべきである。

■ **リスク・ガバナンス**：取締役会は，効果的なリスク監視をどのように行うべきか。最初に，取締役会は独立したリスク管理委員会を立ち上げるか，あるいは監査委員会か取締役全員にリスクを監視する責任を付与することを考えるべきだろうか。次に，取締役会は，金融に絡んだ問題を監督するために金融の専門家を加えるのと同様に，リスクに関する問題を手助けするリスクの専門家をメンバーとして加えることを検討すべきだろうか。そして最後に，取締役会のメンバーは，リスク管理のプロセスにもっと携わるべきだろうか。リスク監視を行う取締役会の有効性を向上させるために，取締役会のガバナンス体制，リスクに関する専門的ノウハウ，ERM における役割に関するこれらの質問に対処していくべきである。最近の事例で

あるが，UBS は取締役会のメンバーとして CRO 1 人と CFO を 2 人加えたことを公表した。投資家は総じて好意的に受け止めており，株価は後場で 7 パーセント上昇した。最後に，取締役会メンバーはリスク管理のプロセスにしっかりと取り組むべきである。これには，リスク許容水準を議論したり，事業に関する重要な前提について経営陣を問いただしたり，また過去の意思決定した事項のリスク・リターン実績に関して経営陣に責任を負わせることが含まれる。取締役会の体制だけでなく，企業経営や事業区分における管理体制についても，これと足並みを揃える必要がある。

- **ERM 方針**：ERM 方針は，取締役会のリスク管理に関する監督活動を支援するために確立されるべきである。ERM 方針の主要な構成要素としては，取締役会や経営のガバナンス体制，リスク管理委員会の特権の概要，リスク管理の役割や責任，リスク原則の指針，リスク管理方針や基準の概要，分析レポートの要件や管理プロセスにおける特例事項などが含まれるだろう。さらには，ERM 方針の最も重要な構成要素の 1 つは，すべての重要なリスク・エクスポージャーに関する特定のリスク許容水準の概要説明である。このリスク許容水準があるからこそ，取締役会や企業経営者は組織の全般的なリスク特性をコントロールすることができるのである。

- **リスク管理の報酬との関係**：奨励給制度の設計は，リスク管理（リスク・カルチャーを含む）を有効なものとするための最も強力な手段の 1 つであるが，これまで奨励給がリスク・リターンに関する意思決定にどのような影響を及ぼすかについて，十分注意が払われてきたとはいえない。たとえば，もし奨励給が利益の成長や株価の上昇の影響を受けるのであれば，短期の利益や株価吊り上げのために，経営陣はリスクを増加させることに意欲的になってしまうだろう。旧来の経営者の報酬制度は過剰なリスク・テイクを促すことがあるため，リスク管理について適切な枠組みとなっていない。経営者と投資家の利害をさらに一致させるために，奨励給制度は長期のリスク調整済み財務実績によって決定されるべきであろう。これは，奨励給制度にリスク管理の成果を組み込むことによって達成されうる。たとえば，長期のリスク調整済み利益指標の確立や，リスク・エクスポージャーの期間と一致する報酬受給権付与率表を使用すること，またテイル・リスク顕在化時の損失を穴埋めする回収条項を適用することが考えられる。

リスク評価と定量化

　リスク評価と定量化のプロセスは，分析ツールと分析プロセスがリスク管理の意思決定をどのように支援するのかという問題への対処となる。ERM のためのリスク評価と定量化ツールとして，次のものがあげられる。

- ■　リスク評価は，組織が直面している主要なリスクを特定し評価することであり，確率，重大性，それぞれのリスク・コントロールの有効性を見積もることを含む。
- ■　損失事象のデータベースは，管理者が過去の教訓を評価しエマージング・リスクや傾向を特定できるようにするために，企業の実損額やリスク事象を体系的に記録するもの。
- ■　キー・リスク・インディケーター（KRIs）は，時間の経過とともにリスク・エクスポージャーを測定するもの。理想をいえば，KRIs はリスク許容水準と対比して監視されるものであり，関連する重要業績評価指標である KPIs と一体化される。
- ■　リスク分析モデルは，バリュー・アット・リスク（VaR），ストレステスト，シナリオ分析を含み，特定のリスクや企業全体のリスク分析を行うためのもの。
- ■　エコノミック・キャピタル・モデルは，定義されたソルベンシー基準に基づいて，資本を内在するリスクに配賦するもの。このモデルは多くの場合，リスク調整済み利益や株主利益の分析に使われる。

　上述のツールは有用な情報を提供してくれるものの，組織は潜在的な落とし穴に気づかなければならない。金融危機のきわめて重要な教訓の1つは，主なリスク顕在化事例は通常1種類のみのリスクが顕在化した結果ではなく，相互に関連した複数のリスクが同時に発生した結果であるということである。リスク分析に対するサイロ型アプローチを避けるため，企業は重要なリスクの相互依存性に重点的に取り組むだけでなく，リスク評価と定量化のプロセスを統合する必要がある。現在多くの企業は，市場リスクを定量化するために VaR モデルを，信用リスクを評価するために信用デフォルト・モデルを，そしてオペレーショナル・リスクを分析するためにリスク評価と KRIs を使っている。しかし，これら各々のツールは単独で使われていた。企業は広い視野を得るため

に，将来的にはこれらの分析を統合していく必要がある。

リスク・モデルの信頼性は，モデルに使用される基礎的前提に左右される。2008年の金融危機以前では，使用されていた多くの信用モデルは，住宅価格の上昇や良好なデフォルト率が将来も続くという前提に基づいていた。さらに，信用リスクと市場リスク・モデルは，多くの場合，過去のデフォルトや価格の相関に基づいた一定レベルの分散効果を想定している。

しかし，金融危機はリスク管理の金言に強力なエビデンスを提供することとなった。それは，市場がストレス環境下にあるとき（すなわち世界的に資産価格が一斉に下落するようなとき）は，価格の相関は1に近づくということである。つまり，分散効果は最も必要とするときに存在しないかもしれない。企業はモデルの結果が計算前提に対してどの程度の感応度をもつかを理解するために，リスク・モデルの重要な前提についてストレステストを実施すべきである。

リスク管理

リスク管理とは，企業のリスク・リターン特性を最適化するために，**どのような特定の意思決定がなされるのか**，という問いに対応するものである。重要な意思決定のポイントは，以下の事項を含んでいる。

- **リスク引受か回避か**：組織は，そのコアビジネス，M&A，財務活動を通じて，特定のリスク・エクスポージャーを増やすか減らすかの意思決定を行うことができる。
- **リスク削減**：これは，定められたリスク許容範囲内に特定のリスクをコントロールするためのプロセスや戦略を確立することを含む。
- **リスクに基づいたプライシング**：すべての企業は事業を行うためにリスク・テイクするが，引き受けたリスクに対して対価を受け取れるポイントが1つだけある。それは，製品やサービスのプライシングであり，リスクを引き受けることに対するコストを十分に価格に織り込むべきである。
- **リスク移転**：リスク・エクスポージャーが過剰であり，リスク移転コストがリスク保有コストよりも安ければ，企業は保険や資本市場を通じてリスク移転戦略を実行することが可能である。
- **資源配分**：企業価値を最大化するために，企業は人材や財源を最大のリスク調整済みリターンを生み出す事業活動に配分できる。

第 21 章　ERM の導入

　多くの組織では，リスク管理の機能として上記の大部分の意思決定を取り扱うことはない。むしろ，上記の内容は事業部門や企業の他の機能によって意思決定がなされるものである。しかしながら，リスク機能は，これまでの章で述べたリスク・リターン分析ツールを用いて，事業および企業の意思決定者を支援しなければならない。さらに，リスク機能は，重要な事業リスクの問題について，独立した評価を提供しなければならない。

　リスク管理機能の役割と独立性については，それぞれの組織体で取り組まれるべき重要な課題である。リスク機能は，ビジネスパートナーとして積極的に戦略的な事業の決定に関与するか，あるいは企業の監視人としての役割を果たし独立した監督者であるべきだろうか。リスク機能は，これらの潜在的に矛盾した役割を同時に果たすことができるだろうか。これと関連して，CRO は CEO もしくは取締役会に報告するべきかどうかという問題がある。

　組織としての 1 つの解決方法は，CRO と CEO の間でしっかりした指揮命令系統を，そして CRO と取締役会の間で別の指揮系統を築くことである。日常的に，リスク機能はビジネスパートナーとして機能し，リスク管理に関する問題について取締役会や経営陣に対しアドバイスを行う。しかし，極端な状況（たとえば CEO や CFO の不正，深刻なレピュテーションあるいは規制面の問題，そして過剰なリスク・テイクなど）では，CRO は自身の雇用の確保について懸念することなく，取締役会に直接報告することができるよう，指揮命令の副系統がメインの系統になる。突き詰めれば，リスク機能は有効性を確保するために独立していなければならない。企業が，この独立した機関の声に耳を傾けることを保障する 1 つの手段が，CRO から取締役会に対して直接の伝達経路を確保することである。

報告とモニタリング

　リスク報告とモニタリングのプロセスは，リスク情報が取締役会や上級管理職に報告されることがどれほど重要か，またどのようにリスク管理の実績が評価されるかという質問に対応する。計測できるものは管理できる，という至言がある。

　しかしながら，リスク報告の適時性，質，有用性に関して，取締役会メンバーと経営上層部との間で全般的な不満がある。現在，企業は多くの場合，個々

のリスクを個別に分析して報告している。このような報告は，リスク評価に関してはきわめて定性的であり，また VaR 指標に関してきわめて定量的な表現となっている。リスク報告は，過去の傾向に重点を置いたものともなっている。より効果的な報告を行うためには，企業は将来を見通し，役割に基づいたダッシュボード報告[9] を開発すべきである。このような報告は，取締役会，経営陣，生産ラインや運営の管理者かどうかに関係なく，個人やグループの意思決定を支援するように設計されるべきある。ERM ダッシュボード報告とは，定性的データと定量的データ，企業内部にあるリスク・エクスポージャーと外部のリスクを増幅させるもの，そして重要な業績指標とリスク指標を統合したものであるべきだ。

　リスク管理が効果的に機能しているかどうかを，われわれはどのように知ることができるだろうか。これはおそらく，取締役会，経営幹部，規制当局，リスク管理者が今日直面している最も重要な問題の１つである。最も一般的な方法は，主なマイルストーンの達成状況，あるいは方針違反や損失，他の予期しない出来事に基づいて，リスク管理の有効性を評価することである。しかしながら，定性的なマイルストーン，あるいはネガティブな証拠では，もはや十分ではないといえる。組織は，業績を測定する指標と，リスク管理に対するフィードバック・ループを確立する必要がある。他の事業上の機能は，このような指標とフィードバック・ループをもっている。たとえば，事業開発においては売上指標，お客さまサービスは顧客満足指標，人事部は離職率などが指標となっている。

　リスク管理がフィードバック・ループを確立するために，まず目的を測定可能なものとして定義するべきである。リスク管理の目的とは，たとえば，想定外の利益の変動を最小限にすることと定義されうる。このケースにおいては，リスク管理の目的は，リスクの絶対水準，あるいは利益の変動を最小限にすることではなく，未知なるリスクや利益変動の原因を最小限にすることにある。

　この定義に基づいて，**図 21.3** はフィードバック・ループの基本として，利益変動分析の活用例を示している。報告期間の最初に，企業は EaR（earnings-at-risk）分析を実施し，１株当たり利益（EPS）の期待値３ドルと比べ１ドルの損失となる可能性がある複数の重要な要因（事業の目標，利息，石油価格な

---

9)　（訳注）飛行機のコックピットのように一連の計器をみれば即時に航行状況が判断できるように，リスク状況を判断できるような包括的な報告のこと。

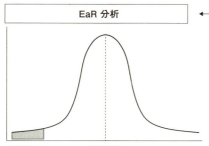

図 21.3　利益変動分析の例

ど）を明確にする。報告期間の最後に，企業は利益特性分析を実施し，実際の利益の原動力を決定する。これらの分析を組み合わせることで，リスク管理の成果に関する客観的なフィードバック・ループを得ることができる。時間とともに，組織は不測の要因による利益への影響を最小限にすることを目標とするようになる。個々の組織，たとえば非営利団体などにとってはこれが必ずしも正しいフィードバック・ループでないかもしれないが，すべての企業がリスク管理のフィードバック・ループを確立すべきである。

ERM の成熟度モデル

　先の章で，ERM 導入のための 4 つの構成要素について議論した。しかし，企業が一度に，または短期間ですら，これらのリスク管理を実践に移すことは期待できない。ERM とは，多くの場合，複数年にわたる取り組みである。したがって，それぞれの企業にとって，今どこにいるのか，どこにいたいのか，どのようにそこに辿り着くのかを示した，将来に向けた ERM ロードマップを作成することが有用である。もちろん，各企業の現状，将来の展望，事業や規制上の要件，そして利用できる経営資源に基づいて，ERM ロードマップは設計されるべきである。ERM ロードマップが作成される際には，ERM 成熟度

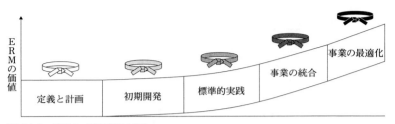

図 21.4　ERM 成熟度モデル

モデルといったようなもので重要な基準を検証することが有用である。ERM成熟度モデルの目的は，企業が成熟度や ERM プログラムの開発機会を自己評価できるよう，ERM の実践に関する明確な業界のベンチマークを提供することにある。これは一般的な業界のベンチマークであるため，組織が前段階において実践メニューをすべて完了させる前に，より進んだ段階の ERM の実践を取り入れることがあるかもしれない。**図 21.4** は，ERM 成熟度モデルの 5 つの段階の概略を示している。それぞれの段階における実践内容や基準を確認しておこう。

ステージ 1：定義と計画（初心者）

　ステージ 1 においては，組織は ERM プログラムの範囲や目的を定義するために，経営資源を体系的に整理する。この局面における重要な目的は，組織の ERM の要件を特定すること，取締役会レベルや経営幹部の支援を得ること，そして ERM の全般的な枠組みや計画を策定することである。これらの目的を達成するために，部門横断的な作業部会を立ち上げることが有益だと考える企業もある。ステージ 1 は完了するまでに 6〜12 ヵ月程度を要し，主な活動としては次のものがあげられる。

- 規制要件と業界慣行の研究
- 取締役会メンバーと経営幹部に対するリスク概況の提供
- 最高リスク管理責任者あるいは ERM のプロジェクト・リーダーの任命
- ERM 作業部会と ERM 委員会の組織
- 他社と比べ標準的な訓練を実施
- リスク管理能力の現状評価

- ERM の範囲，展望，計画全般の定義
- リスクの分類を含む ERM の枠組みの確立

ステージ 2：初期開発（下級者）

　ステージ 2 においては，ERM プログラムは初期の開発段階にある。このステージにおける重要な目的としては，ERM 方針における役割や責任を正式なものとすること，リスク評価を通じて重要なリスクを特定すること，リスクに関する知識や認識を高めるためにリスク教育を提供することが含まれる。ステージ 2 には 1〜2 年程度を要し，主な活動として次のものが含まれる。

- 役割や責任について盛り込んだ，ERM 方針を制定
- 事業部門全般にわたる毎年のリスク評価の実施
- リスクの特定と，リスク管理，監査，法令遵守機能全体のコントロール・プロセスの調整
- より広い範囲の従業員グループへのリスク・トレーニングだけでなく，取締役に対するリスク教育の提供
- 事業部門全般にわたるリスク機能の確立

　ERM 方針の策定は，成熟度モデルの残りの部分を通じて，企業活動の段階を決めてしまうことから，この点においてほぼ間違いなく最も重要な局面となる。ERM 導入要件に従って，標準的な ERM 方針は以下の内容を含む必要がある。

- 実施要綱は，ERM の目的，範囲，目標を規定したものである
- リスク哲学の記述は，リスク原則を導くだけでなくリスク管理に対する全般的なアプローチを議論するものである
- ガバナンス体制とは，取締役会委員会の規定，経営管理委員会の規定，役割や責任に関して要約したものである
- リスク許容水準は，リスク・アペタイトに関する記述を規定し，主要なリスク・リミットや重大なリスク・エクスポージャーに対する許容水準が含まれる
- ERM の枠組みとプロセスに関する部分は，リスク管理全般にわたる特定

の要件だけでなく，ERM の枠組みについて要旨をまとめるものとなっている
■　リスク・カテゴリーと定義は，一般的に使用される用語・概念のために，リスク分類について規定する

　リスク許容水準を定義することは，最初は困難かもしれない。組織は，定量的ツールから最終的な判断まで多岐にわたり，互いに矛盾することのないアプローチを使って，リスク許容度の設定を行うことができる。たとえば，リスク許容度は，四半期ごとの利益，あるいは自己資本に対するパーセンテージとして決定されるかもしれないし，またモデル主導（2〜3 例をあげると，バリュー・アット・リスク，エコノミック・キャピタル，あるいはシミュレーション・モデル）で決められるものかもしれない。いずれにせよ，取締役会や経営陣は，彼らが選んだ許容水準が規制要件を忠実に守ることを保証しなければならない。また，直接の競争相手がどこにいるかを確認するために，業界のベンチマークを調査することが有用である。

ステージ 3：標準的実務（中級者）
　ステージ 3 において，組織はよりタイムリーできめ細かい分析を行うようになる。この段階における重要な目的には，より頻繁にリスク評価を実施すること，リスク定量化プロセスの高度化が含まれる。この段階には 1〜3 年程度を要することがあり，以下の活動が含まれている。

■　四半期または月次ベースでのリスク評価の更新
■　損失事象情報を含むリスク・データベースの開発
■　KRIs の策定と企業全体にわたるリスクの月次ベースの報告
■　信用リスクと市場リスク・モデルの統合，そしてオペレーショナル・リスク・モデルの確立
■　リスク調整済み業績の測定方法の開発

ステージ 4：事業の統合（上級者）
　ステージ 4 における焦点は，ERM を経営管理と業務プロセスに組み込むことである。ERM のツールと実務は，組織の至るところにより浸透するように

なる。事業の意思決定におけるリスクとリターンのトレードオフがより明確に評価されるのは，この段階に入ってからである。きわめて重要な目的として含まれるのが，プライシングやリスク移転の意思決定を支援するためにリスクのコストを定量化すること，事業もしくは商品開発の一部として前もって事業リスクを評価すること，リスク報告と上層部への報告を自動化する技術を開発すること，そしてリスクと報酬を関連づけることである。ステージ4には2〜4年程度を要し，以下の活動を含む。

- ■ 事業リスクを含めて ERM の範囲を拡大する
- ■ 潜在的な市場リスク，信用リスク，オペレーショナル・リスク，事業リスクに対して，エコノミック・キャピタルを割り当てる
- ■ ポートフォリオ管理やリスク移転戦略だけでなく，商品やリレーションシップ・プライシング[10] にリスクのコストを組み込む
- ■ 新事業や商品の承認プロセスに，リスクの検証を組み込む
- ■ 特別に作成されたクエリー[11] や上層部への即時報告を含む電子的なダッシュボードの使用を通じて，ERM 報告を自動化すること
- ■ リスク削減と出口戦略を含む事業に関する時機を得た意思決定を行うために，トリガー・ポイントを策定すること
- ■ リスク管理の実績に関して，フィードバック・ループを作ること
- ■ リスク管理の実績と経営層の報酬を結びつけること

ステージ5：事業の最適化（有段者）

　最も進んだ段階において，ERM は業績を最適化し重要なステーク・ホルダーとの関係を強化するために使用される。ステージ5における重要な目的として，ERM を戦略立案と実行に組み込むこと，リスク調整済み利益を最適化することによって企業価値を最大化すること，重要なステーク・ホルダーにリスクに関する透明性を提供すること，そして顧客がリスクを管理する手助けをすることが含まれる。ステージ5はまだ継続発展プロセスにあり，以下の活動を含む。

10）（訳注）主に銀行業界で使われる言葉で，顧客ごとに取引実績や与信リスク等を勘案したうえで行う金利設定など。
11）（訳注）データベースへの検索要求。

■ 戦略リスクを包含するために，ERM の範囲を拡大する
■ ERM を戦略計画プロセスへ組み込む
■ 組織的な経営資源を積極的に効率的フロンティアに割り当てることで，企業価値を最大化する
■ 第 11 章で議論したように，重要なステーク・ホルダーに対して，現在のリスク・エクスポージャーと将来のリスクを増幅させるものに関するリスク情報の透明性を提供する
■ 顧客がリスクを管理することを支援することで，顧客との関係を強化するために，リスク管理のスキル，ツール，情報を活用する

　上述の業界ベンチマークや私自身の研究，そして公表されている研究の検証をもとに，ERM にかかわる企業について私は以下のような推測をしている。

■ 20 パーセントの企業がステージ 1 の段階にある──定義と計画（初心者）
■ 40 パーセントの企業がステージ 2 の段階にある──初期開発段階（下級者）
■ 20 パーセントの企業がステージ 3 の段階にある──標準的な実務（中級者）
■ 15 パーセントの企業がステージ 4 の段階にある──事業の統合（上級者）
■ 5 パーセントの企業がステージ 5 の段階にある──事業の最適化（有段者）

その他の ERM 成熟度モデル

　さまざまな専門的な組織やコンサルティング会社は，ERM 成熟度モデルの他のバージョンを作り出している。たとえば，マッキンゼー＆カンパニーは，4 段階あるリスク・マチュリティ・システムを開発している。透明性確保を行う最初の段階にある企業は，基本的なリスク管理指針に従っている。これは，小規模な予期していない失敗に起因する損失を削減することだけに役立つ。「システミック・リスクの削減」という第 2 段階においては，企業はリスク管理を専門的に取り扱い，「大きな損失を被る事象」を避ける能力が身につき，

さらなる安定的な成長機会を提供する。第3段階においては，企業は業界標準と対等な水準となり，それによって ROE を改善するだけでなく，リスクとリターンのトレードオフをうまく舵取りするようになる。いったん企業がこのリスク・マチュリティ・システムの第4段階や最終段階に達すれば，経営トップは完全に「リスク調整済みリターン」にフォーカスすることになる[12]。

デロイトには5段階からなる成熟度モデルがある。最初の段階は計画から始まり，そのなかでリスク管理は受動的なものであり，主には個人の能力や経験豊富な社員の鋭い機知に依存している。「サイロ化」と名づけられた第2段階では，リスク間の関連性についてはほとんど注意が払われていない（伝統的なリスクに対する部門アプローチにある）ものの，戦略調整の観点から，リスク管理は所与の体制となっている。3つめの「包括的な」段階においては，企業は献身的なリスクの専門家を有する定義された ERM 機能を有し，リスク管理は末端まで事業プロセスに組み込まれている。第4段階は「統合」の段階であり，リスクの相互依存性が分析される段階である。この段階では，企業は洗練されたリスク・モデルに依存するようになる。最終段階において，方針違反を前もって防止するために早期警戒指標を使うなど，企業は「最適化された」状態となる。リスクに関する議論は，戦略立案，資本配賦，商品開発などに完全に組み込まれている[13]。

リスク・カルチャー

企業の ERM 成熟度が高まっていくと，取締役会，経営上層部，規制当局が最も関心をもつ重要な問題の1つは，リスク・カルチャーである。リスク・カルチャーとは何か。私は，顧客やカンファレンスの聴衆からよくリスク・カルチャーの良い面と悪い面の特徴について質問される。私の回答は，多くの場合，以下の内容から始まる。

■　リスク・カルチャーの典型としては，リスク管理方針やリスク・コントロ

---

12)　Pergler, Martin, "What's Different in the Corporate World," *McKinsey & Cos.*, December 2012, p. 2.

13)　Crish, Michele, et al., "Enterprise Risk Management for Internal Auditors," *Deloitte*, May 18, 2012.

ールが機能しているときには人々は正しい行いをする。従業員は教えられたこと，訓練されたことを行う。

■ 良いリスク・カルチャーにおいて，リスク方針やコントロールが機能していないときにも従業員は正しい行いをする。従業員は，会社やステーク・ホルダーの利害に最も適合するよう行動する。

■ 悪いリスク・カルチャーの例としては，リスク方針やリスク・コントロールに関係なく従業員は正しい行いをしない。従業員は，自身の利害に合致したことを行う。

　企業のリスク・カルチャーとは無形のものであるが，価値，信念，規範，究極的には組織内部の個人やグループのリスク管理行動を形づくる強力な力となる。2008年の金融危機は，今日においてもいまだその影響は強く波紋のように広がっているが，多くの研究者は，銀行におけるリスク・カルチャーの失敗によって引き起こされたものだと主張している。1つの例として，これらの研究者たちは，投資銀行が非公開企業から上場企業となった際の，銀行における文化やリスク・テイクの変化を指摘している。仮に，これらの銀行が非公開の私企業であり，かつパートナーの資本が残っており，レピュテーションを危険にさらすような状況だった場合，同じような行動をしただろうか。

　リスク・カルチャーの重要性を所与として，ますます多くの企業がこの無形だが重要なERMの構成要素をチェックするため，リスク・カルチャーの評価を行っている。リスク・カルチャーとは多数の要因の影響を受けるものであり，その要因を通じて評価されるものである。要因とは以下に掲げるものがあげられる。

■ **経営トップの姿勢**：取締役会メンバー，CEO，ビジネス・リーダーたちは，リスク管理に関与し，トップダウンで正しい雰囲気を作り出しているか。ビジネス・リーダー（と他の重要な影響を及ぼしうる人たち）は，正しい行動をとっているか。

■ **リスク認識**：社内の従業員は，リスク評価やリスク管理に関する個人としての説明責任だけでなく，重要なリスクについて認識しているか。企業は，適切な訓練や能力開発プログラムを提供しているか。

■ **組織のインセンティブ**：企業の奨励給は慣例的にどうなっているか。また，

どの程度までリスク管理が考慮されているか。前途有望な経営幹部や従業員は，適切なリスク管理行動のよい例となっているか。

■ **経営変革**：企業は明確に，ERM 構築の一部として経営変革に取り組んでいるか。ERM の機能は，明確なビジョン，ロードマップ，論理的根拠を示しているか。

■ **コミュニケーションと上層部への報告**：経営上層部は，効果的にリスク管理方針やリスク管理への期待を明確に伝えているか。重要なリスク管理の問題については，健全な質問や議論が促されているか。従業員は，重要なリスク管理の問題を適時に上層部に報告することを快く受け入れているか。もしくは悪い報告を上層部に伝達することに対して恐怖感をもっていないか。

ERM 導入における各要素がどのようにリスク・カルチャーを形づくるのかを理解することは重要である。続いての章では，4 つの ERM 導入の要件についてそれぞれ詳しく議論していく。4 つの要件とは，取締役会の役割，リスク評価，リスクベースの意思決定，ダッシュボード報告とモニタリングである。

第 22 章　取締役会の役割

　ERM における取締役会の役割に関して変革が進んでいる。2008 年のグロー
バル金融危機の結果として，取締役会はリスク監視に関して，さらなる積極的
な役割を果たしている。取締役会は，保証や報告プロセスだけでなく，ガバナ
ンス体制や役割，リスク管理方針やリミットについて見直しを行っている。

　この変化は，企業の取締役会がリスク管理を監視する方法の変化であり，非
常に肯定的な変化といえる。独立したリスク・モニタリングを行うことができ
る重要なグループ，すなわち取締役会，監査役会，規制当局，格付機関，機関
投資家のなかで，堅固なリスク管理が確実に実施されていることについて取締
役会のみが直接の任務と最大限の影響力をもつ唯一のグループである。

　大部分の組織において，企業経営は取締役会の要求を満たすために最大限の
努力をするだろう。ERM に関する厳しい質問をし取締役会が期待することを
明確にすることで，取締役会は経営の方向づけが可能となり，リスク・カルチ
ャーや組織の実務の大きな変革を達成できる。最近実施された調査では，取締
役会のメンバーは ERM の重要性を認識しており，さらには取締役会の関心事
のトップとして，リスク管理が会計問題に取って代わったことが報告されてい
る。たとえば，会計事務所のエイスナー社は，2010 年に，取締役会に出席し
ているさまざまな業界横断的な 100 人以上の取締役に対して研究を行った。そ
の研究によって，関心度合いの観点からいえば，取締役たちはリスク評価と戦
略的意思決定プロセスに金融モデルを組み込むことの双方を会計よりも高く位
置づけていることが明らかとなった[1]。

---

1)　"Concerns about Risks Confronting Boards: First Annual Board of Directors Survey," *Eisner LLP*, p. 9.

取締役会の監視要件

　さらに重要なことは，取締役会メンバーは，リスク監視においてもっと効果的な役割を果たすことができると認識している。200人以上の取締役に対する調査に基づいて，トレッドウェイ委員会支援組織委員会（COSO）が2010年12月に行った委員会報告によれば，回答者の71パーセントは，慎重で健全に行われるべきリスク監視プロセスを取締役会が形式的に実行しているわけではないことに同意している[2]。

　取締役会メンバーが，リスク監視に対する期待と要求をより高く設定していることは明白である。彼らだけがそうしているわけではない。2009年12月，SECは，取締役会のガバナンス体制とリスク監視に関する取締役の役割について，委任状や情報文書で開示することを要求する新たなルールを策定した。これらの開示は，どの程度の役員報酬が過剰なリスク・テイクにつながるのかだけでなく，報酬方針とリスク管理の関係についても含まれている。これらの要求は，多様性が取締役の任命において果たす役割に加えて，取締役および任命された者に必要とされる適格性を強調している。SECは，リスク監視に関する取締役の役割について透明性を向上させるために，これらのルールを策定した。

　2010年7月，ドッド・フランク法が署名され法令となった。法令によって，100億ドル以上の資産を有し株式公開しているすべての銀行持ち株会社（および連邦準備金制度理事会（FRB）によって監督されているノンバンクの上場金融機関）は，取締役によるリスク管理委員会を設立することが必須となっている。取締役会内のリスク管理委員会はERMの監督と実施に責任をもっており，また，「大きく複雑な企業のリスク・エクスポージャーを特定し，評価し，管理する経験をもつリスク管理の専門家を少なくとも1人以上」メンバーとして含めなければならない。

　FRBは，より規模の小さい銀行の上場持ち株会社に対しても，リスク管理委員会の設立を要求している。ドッド・フランク法の165条と（上場企業の会計変革・投資家保護法としても知られている）2002年サーベンス・オクスリ

---

2)　"Board Risk Oversight: A Progress Report," *Protiviti*, December 2010, p. 4.

ー法の407条については類似性がある。すなわち，サーベンス・オクスリー法は，独立した社外取締役と少なくとも1人以上の「ファイナンスの専門家」を配した監査委員会の設置を要求している。しかしながら，ファイナンスの専門家の属性を定義しているサーベンス・オクスリー法とは異なり[3]，ドッド・フランク法は，取締役がリスク管理の専門家として適格であるかについて特定の基準を定めていない。この問題については後ほどさらに議論することにする。

2010年12月，グローバルな銀行規制当局は，自己資本十分性，ストレステスト，そしてカウンターパーティ・リスク，流動性リスク，システミック・リスクに関するリスク管理実務を改善するために，バーゼルⅢを策定した。バーゼルⅢは，とくに2008年の金融危機における金融規制の不備への対応として設計された。新たなバーゼルⅢの要件は，500億ドル以上の資産をもつ銀行に対して，資本や流動性コストを劇的に増加させることになる。バーゼルⅢは，銀行業界全般にわたって，資本管理の実務や配当方針に影響を与えるだろう。

ドッド・フランク法，SEC，バーゼルⅢ，他の規制要件は複合的に影響し合い，金融機関の全般的な収益性に対して，広範囲にわたって影響を及ぼしている。きわめて重要な影響としてあげられるのは，経営陣が適切な事業戦略や事業計画を策定する手助けをするだけでなく，取締役会が複雑なリスクや規制要件の監視をすることを支援できるように，これらの規制要件が銀行の取締役に対して意義深い要求を生み出したことである。

現行の取締役会の慣行

取締役会のリスク管理に関するガバナンスの現在の業界慣行とはどのようなものだろうか。この質問に答えるために，ジェームズ・ラム＆アソシエイツは，オジャーズ・ベルンソンと協力し，米国のトップ100社の金融機関について研究を実施した。同時に，100億ドル以上の資産を保有する銀行はちょうどほぼ100社あり，この資産基準はドッド・フランク法によって取締役会内のリスク管理委員会の設置が要求される水準となっている。

図22.1に示されているように，1兆ドル以上の資産を有するマネー・センター・バンクは，すべて取締役会にリスク管理委員会を擁している。また，これ

---

3) "SEC Adopts Rules on Provisions of Sarbanes-Oxley Act," SEC 2003–6, January 15, 2003 参照。

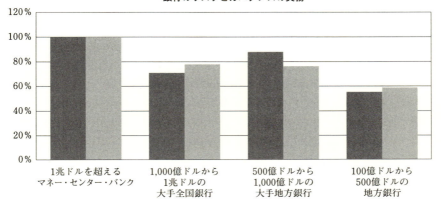

図 22.1 リスク委員会と CRO を有する銀行の割合
資料:James Lam & Associates Odgers Berndtson, 2012

らの金融機関はすべてリスク評価や報告に関して取締役会のリスク管理委員会を支援する CRO を擁している。1,000 億ドルから 1 兆ドルの資産を有する大手全国銀行では，71 パーセントが取締役会にリスク管理委員会を有し，78 パーセントが CRO を擁している。500 億ドルから 1,000 億ドルの資産を保有する大手地方銀行では，88 パーセントが取締役会にリスク管理委員会を有し，76 パーセントが CRO を擁している。100 億ドルから 500 億ドル規模の資産をもつ地方銀行では，55 パーセントのみが取締役会にリスク管理委員会を有し，58 パーセントのみが CRO を擁している。

上述の規制要件に基づけば，これらの銀行の 100 パーセントが 1〜2 年後には取締役会にリスク管理委員会を設置する見込みである。また，取締役会にリスク管理委員会と CRO をおくことの高い相関性を考慮すると，おそらくほぼすべての銀行が CRO をおくことになるだろう。

取締役会において，リスク管理の多大なる経験を有する取締役の存在が必要不可欠であることが明白となった。今日の銀行の取締役会に必要とされる資質とは何だろうか。ジェームズ・ラム＆アソシエイツの研究員は，米国の銀行トップ 100 社の 1,200 人以上もの取締役の職歴を調べた。われわれの調査と分析によって，以下のことがわかった。

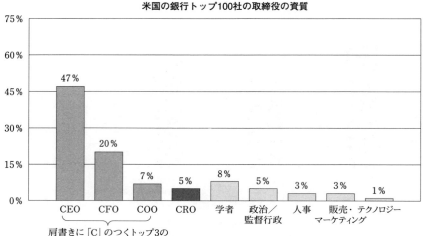

図 22.2　取締役会メンバーの資質
資料：James Lam & Associates Odgers Berndtson, 2012

- それぞれの銀行の取締役会には，平均で 12.7 名の取締役が在籍している。
- 現在，44 パーセントの銀行の取締役会は，少なくともリスクの専門家と思われる取締役を擁している。これは，米国の銀行トップ 100 社のうちの 56 パーセントもの取締役会が，ドッド・フランク法の 165 条を満たすために，1 人もしくはそれ以上のリスクの専門家を取締役会に加えなければならないことを意味している。

図 22.2 に示しているように，その調査によれば，取締役会メンバーの資質の分布は以下のようになっている。

- 銀行の取締役のかなりの割合が，CEO（47 パーセント），CFO（20 パーセント），COO（7 パーセント）の職歴をもつ。
- たった 5 パーセントの取締役が CRO もしくはリスク管理の職歴をもつ。
- 他の職歴としては，学者（8 パーセント），政治もしくは監督行政機関（5 パーセント），人事（3 パーセント），販売・マーケティング（3 パーセン

ト），情報技術（1パーセント）があげられる。

　上述の調査を踏まえると，規制要件を満たすためには，米国の銀行トップ
100社の取締役会におけるリスクの専門家の数は数年後には2倍以上になるは
ずである。
　銀行の取締役会がリスクの専門家をメンバーとして加える際には，どのよう
なスキルと経験を求めればよいだろうか。ドッド・フランク法の規制要件は，
大きく複雑な企業のリスク・エクスポージャーを特定し，評価し，管理する経
験をもつリスク管理の専門家が，リスク管理委員会には少なくとも1人必要で
あると定めている。しかし，規制要件を満たすこと以上に，銀行は同行に戦略
的価値をもたらす取締役を採用すべきである。したがって，銀行の取締役会は，
取締役の選考プロセスにおいて以下の基準を考慮すべきである。

■　銀行におけるリスク・ガバナンスとリスク管理の実務の理解。加えて，取
　締役会のリスク監視，リスク管理方針とリスク・アペタイト，モニタリン
　グと保証のプロセス，リスク報告と開示要件。
■　CROとしての経験，あるいは大手の複雑な金融機関においてアクティブ
　な最高リスク管理責任者であること。
■　ドッド・フランク法，バーゼルⅡおよびバーゼルⅢ，SEC，FDIC，OCC，
　FRBの要件などの，銀行規制や基準についての知識。
■　戦略リスク，事業リスク，市場リスク，流動性リスク，信用／カウンター
　パーティ・リスク，オペレーショナル・リスク，システミック・リスクを
　含む，金融機関が直面する重要なリスクの特定，評価，管理の経験。これ
　に加えて，戦略とリスク監視を統合的に行った経験。
■　リスク間の相互依存性，合算されたリスクの特性の評価を含むERMの知
　識。また，ERMプログラムを導入するCROを監督する能力。
■　推奨されるリスク戦略，計画，前提に関して経営陣を指導したり，異議を
　申し立てたりするだけでなく，主なリスク・ガバナンスやリスク管理方針
　の問題に関して取締役会をリードしたり助言する能力。
■　バリュー・アット・リスク，エコノミック・キャピタル，リスク調整済み
　のプライシングや収益モデル，リスク・コントロール評価，ストレステス
　ト，シナリオ分析を含む，重要なリスク管理ツールの適用を監督したり実

行した経験。

■ デリバティブやヘッジ戦略に関する的確な理解に加え，上記ツールの実用性や限界の双方に関する理解。

　取締役と最高リスク管理責任者のグループは，近年「適格なリスク管理を行う取締役のガイドライン」というタイトルの白書を発刊した。このガイドラインは，専門家としての経験，個人的な性質，事業に関する洞察と教育歴に関して，リスク管理を行う取締役の基準を規定している[4]。これらの基準によれば，取締役は，個人的な利害よりも企業の利害を優先させつつ，誠実さをもって積極的に，そして独立した行動を示すことができなければならない。複数の業績を同時に評価する能力は，もちろん最重要であり，取締役は，とりわけ財務，事業活動，情報技術，あるいは市場リスクを含む，広範囲のさまざまなリスクを管理する経験を豊富に有するべきである。取締役は，長期的な視点で考える能力を有するべきであり，したがって，今日の潜在的な重要性の観点だけでなく，将来を踏まえたリスク評価を行うべきである。加えて，取締役は組織の複雑なニーズに応えるために高度な教育歴が必要とされる。この教育には，ある種の企業固有のガバナンスや取締役のための訓練が含まれるべきである。

　ここからは，リスク管理のベスト・プラクティスとして広く認識されている銀行，JP モルガン・チェースのケースについて見てみよう。とはいえ，近年この評判は損なわれており[5]，取締役会のリスク管理委員会にリスクと銀行に関する深い経験を有する取締役がいなかったことで同行は批判の的となっている。

ケーススタディ：JP モルガン・チェース

　巨大な投資銀行であり米国の大手銀行の１つである JP モルガン・チェースは，最高投資責任者（CIO）に資産運用リスクの監視を任せていた。しかし，2012 年，同社はトレーディング勘定に 20 億ドルの損失を計上し，これは最終的には約 62 億ドルまで膨れ上がった。ロンドンに拠点を置く JP モルガン・

---

4) The Directors and Chief Risk Officers Group, "Qualified Risk Director Guidelines," June 3, 2013.

5) ここで議論されるロンドンの鯨事件に加え，2013 年 7 月，米連邦エネルギー規制委員会の「銀行（JP モルガン）が電力市場を操作した」との申し立てに対し，JP モルガンは 4 億 1,000 万ドルの示談のための支払いに合意した。

第 **22** 章　取締役会の役割　　　　　　443

チェースのトレーダー，ブルーノ・イクシルは，それほど親しみが込められて
いるわけではないが「ロンドンの鯨」というニックネームで呼ばれていた。彼
は，債券市場において，社債価値の上昇を通じた経済の回復に対して一連の大
きな賭けをしていた。JP モルガン・チェースは，これらの取引から撤退した
際に，巨額の損失を被った。

　実際，イクシルの賭けはリスクに対する同行の全社的なスタンスの変化に合
致していた。たとえば，2012 年初め，JP モルガン・チェースは，市場が下落
した際の損失を防ぐ取引を組み込んだファンドを削減するどころか，クレジッ
ト・デフォルト・スワップ（CDS）の売りを行うようになった。JP モルガ
ン・チェースは，「ある企業の経営状態」を見て利益を得ようとしていた[6]。

　同時に，銀行の CIO グループは，2011 年のバリュー・アット・リスクの 2
倍以上に同行のバリュー・アット・リスクを増やした。これは，銀行がかなり
短い期間にリスク・アペタイトを大きく拡大させていたことを意味する。同行
はまた，デリバティブの評価方法を若干変更し，保有するリスク量を株主に対
して隠蔽した。CEO のジェームズ・ダイモンが言うには，銀行の戦略には
「不備があり，複雑で，適切に検証もされず，執行も不十分で，モニタリング
されるわけでもなかった」[7]。

　ロンドンの鯨の一件のあとでさえ，JP モルガン・チェースの CIO のグルー
プは，銀行のリスク・アペタイトを拡大させ続けることを認められており，
「過去設定したリスク・リミットや 4 ヵ月にわたる 330 回を超えるアドバイス
にも聞く耳をもたなかった」[8]。その一例として，当時の CIO のイナ・ドリュ
ーは，同行のポートフォリオが 71 日間もリスク・リミットに抵触しているこ
とを認識していたが，ポートフォリオの急激な肥大化にストップをかけること
はなかったことを認めている。内部監査や外部監査は，ブルーノ・イクシルの
ようなトレーダーにより自由を与えるために，単にリスク・リミットを増やし
ただけだったことを明らかにした。

　JP モルガン・チェースは 2012 年第 1 四半期で 53.8 億ドルの収益を計上し
ており，銀行の全般的な業績が大きく後退したわけではないが，レピュテーシ

---

6)　同上。

7)　Fitzpatrick, Dan, et al., "J.P. Morgan's $2 Billion Blunder," *Wall Street Journal*, May 11,
　　2012.

8)　Rapport, Michael, "J.P. Morgan Risk Management Is Assailed," *Wall Street Journal*,
　　March 14, 2013.

ョン悪化の影響を被ることとなった。ダイモンは，その健全たる経営判断によって頻繁に「ウォールストリートの王」と賞賛されていたが，この失敗後は，いくぶんか王位から滑り落ちた。同行の損失が公表される1ヵ月前の2013年4月13日の投資家の電話会議において，ダイモンは「大して重要でないこと」として片づけ，重要な示唆や財務上の損失やリスク管理の観点から導かれる帰結を軽視していた。後の調査で明らかになったのだが，ダイモンは当時，ロンドンの鯨によって引き起こされた巨額の損失とその継続的な拡大をすでに認識していた。

この出来事はJPモルガン・チェースのリスク管理委員会のメンバーに関するある問題を浮き彫りにした。リスク管理委員会のメンバーのなかに，リスク管理の深い知識や直近の銀行経験を有する者がいなかったのだ。ロンドンの鯨事件の直後，銀行は現取締役メンバーを後押しする以下の声明を発表している。「当社は現取締役の再選を強く支持する。……取締役会のリスク管理委員会のメンバーは，当社の発展に寄与してきた多様で幅広い経験を有する」[9]。ISSプロキシ・アドバイザリーサービスは，リスク管理の経験という観点からすると3名の取締役（デビッド・M・コウト，エレン・V・ファッター，ジェームズ・クラウン）はとくに不適格であるとみなされた。さらに，リスク管理委員会の人物紹介を検証することによって，以下のメンバーはリスク管理と銀行の専門知識を欠いていることが明らかとなった。

- ボーイング社の取締役副社長の経験があるジェームズ・A・ベル
- 多角的な事業を経営するハネウェル・インターナショナル社の幹部であるデビッド・M・コウト
- 民間の投資会社社長であるジェームズ・S・クラウン
- KPMGインターナショナルの会長を務めた経験のあるティモシー・P・フリン
- 米国の自然史博物館の館長であるエレン・V・ファッター

取締役会議長を務めるリー・レイモンド取締役は，なぜ金融と関係のない業界の社外役員が銀行の取締役のポジションに就けるのかという質問に対して，

---

9) Craig, Susanne, and Jessica Silver-Greenberg, "A Call for New Blood on the JPMorgan Board," *Wall Street Journal*, May 5, 2013.

同行を擁護した。回答内容は，「取締役としての役職を果たすことができる適格な人材を見つけること」が難しいという点を強調したものだった[10]。2013年5月の銀行の定時株主総会で，エレン・ファッター，デービッド・コウト，ジェームズ・クラウンはかろうじて再選を果たしたものの，ロンドンの鯨事件以降JPモルガン・チェースは大きな変革を行っており，トップ経営陣の9名が銀行を去りメンバーが入れ替わることとなった。ただし，ファッターとコウトはその後辞任にいたっている[11]。同じ定時株主総会において，株主はCEOと会長の役割・機能の分離に反対する投票を行っている。

　JPモルガン・チェースの判断の過ちはまた，全銀行業界により大きな影響を残した。ほとんどの銀行を失望させたことは，ロンドンの鯨事件は単により厳格な規制導入へのニーズを高めることとなり，その一例として，その年にボルカー・ルールという形となって施行された。ダイモンは，後悔の念とともに以下のように記している。この事件で「まんまと専門家たちの策略にはまってしまった。……われわれはこれに対応しなければならない。それが人生だ」[12]。

最後の防衛線

　取締役の役割に意味をもたせるため，そしてリスク・ガバナンス体制と役割について透明性をもたせるため，企業は，金融サービス業界で一般的に使われている3つのラインによる防衛モデルの適用を検討すべきである。このモデルは，以下のとおり，リスク管理を階層的で役割に基づいた構造にまとめている。

- 第1の防衛線：各事業部門や運営部門
- 第2の防衛線：CRO, ERM機能（と法令遵守）
- 第3の防衛線：取締役会（と内部監査）

　この章の基軸となる取締役の役割の詳細に入る前に，まずは最初の2つの防衛線について簡単に見ておこう。

---

10)　同上。

11)　Abelson, Max, "JP Morgan's Risk Committee Cut in Half as Futter, Cote Exit Board," *Bloomberg Businessweek*, July 19, 2013.

12)　Fitzpatrick, Dan, et al., "J.P. Morgan's $2 Billion Blunder," *Wall Street Journal*, May 11, 2012.

第1の防衛線

第1の防衛線は，すべてのプロフィット・センターや IT 部門・人事部門のような支援部門を含む各事業部門もしくは運営部門で構成されている。彼らは，日々の事業プロセスや支援作業を遂行しており，したがってリスク管理の最前線にいる。彼らは，運営部門内でリスクを計測し管理する最終的な責任がある。たとえば，事業部門は利益を創出し成長するためにリスクをとらなければならない。このプロセスで，各事業部門では，どのリスクを引き受け，どのリスクを回避するかという意思決定を日常的に行っている。もちろん，この意思決定は，企業のリスク・アペタイトと合致する必要がある。リスク・アペタイトは取締役会で策定されるものであり，これについては後ほど第3の防衛線を論じる際に考察することにしよう。事業部門は，結果として生じるリスクをモニタリングし，戦術的に削減するだけでなく，顧客管理，商品開発，資金計画を遂行する責任がある。さらには，製品のプライシングにも責任を有している。同プロセスに適切にリスクを組み込まなければ，企業は引き受けたリスクに対する報酬を十分に得ることができないかもしれない。

第2の防衛線

第2の防衛線は，CRO，そして ERM と法令遵守のそれぞれの機能によって構成される。その重要な義務の1つは，リスク管理やコンプライアンス・プログラムを策定し実行に移すことである。これらのプログラムは，事業部門の意思決定プロセスの指針となりかつ制約となる方針を含んでいる。第2の防衛線は，経営インフラや ERM のベスト・プラクティスの基準を確立することで，経営管理を支援している。これには，リスク管理方針と手続きの策定，定量的なモデルの開発，データ・リソースと報告プロセスの策定を含む。ERM とコンプライアンス機能は，現在行われているリスク・モニタリングやリスクの監視，とくに企業の財務上そしてレピュテーション上の資産の保護，法令・規制遵守の保証に関して責任を負っている。

第3の防衛線

第3の防衛線は，リスク管理委員会と監査委員会の支援がある取締役会であり，この章の主要な論点となる。業界の標準では，監査委員会はそれ自身が第

第 22 章　取締役会の役割　　　447

3 の防衛線として機能するものであるが，監査委員会やリスク管理委員会は高いレベルで機能を発揮するためのスキルや経験をもちあわせていないし，その必要性を主張することもない。たとえば，2008 年のリーマン・ブラザーズなどの投資銀行の破綻を考えていただきたい。これらの企業はリスク管理のプロセスが整っていたものの，単一の市場に対する信用エクスポージャーの微妙かつ固有の損失を捕捉できていなかった。このことが示しているのは，内部監査が大局を見るためと称して厳しいテストや細かい些細なことのチェックにいかに注力し，リスク管理のプロセスを実行していたかということだ。こういったことは，悲惨な結果を招くおそれがある。

　したがって，ERM プロセスに対して指示や展望を与えるために，より取締役会が関与する必要がある。取締役会の責任を分類すると，以下のようになる。

- **■　*ガバナンス***：リスクを監視するために，有効なガバナンス体制を築くこと。ERM を監視するために，取締役会はどのように組織されるべきだろうか。経営戦略とリスク管理の結びつきとは何か。リスク管理機能の独立性は，どのように強化されうるか。
- **■　*方針***：重要なリスクに対して明確なリスク許容水準を規定した ERM 方針を承認しモニタリングすること。リスク管理方針とリスク許容水準は，取締役会の全体的なリスク・アペタイトと ERM に対する期待を効果的にとらえているか。リスク管理方針と報酬の方針の関係はどうなっているか。
- **■　*保証***：有効な ERM プログラムが機能していることを保証するために，保証プロセスを構築すること。業績指標と ERM のためのフィードバック・ループはどうなっているか。取締役会への報告体制や内容の改善方法はどうか。その保証は，どのように投資家，格付会社，規制当局に開示されるべきか。

　続いて，これらの責任について詳細に見ていこう。

ガバナンス　ERM の監督を行うための基本的なステップは，取締役会レベルで有効なリスク・ガバナンス体制を構築することである。リスク・ガバナンスとは，単なる組織図を超えて，経営陣と経営委員会との関係だけでなく，取締役会と取締役会委員会の監視の役割や意思決定のポイントについて詳細に規定

するものである。取締役会のリスク・ガバナンスに関連する共通の課題として
は，以下のものがある。

■ 取締役会とさまざまな下部委員会全般にわたり，断片化し曖昧になってい
　るリスク監視責任
■ 取締役の不十分なリスク管理に関する経験と知識
■ 取締役会と経営陣との間のガバナンス体制の矛盾，あるいは不明確な役割
　分担
■ 戦略とリスク管理の統合の欠落
■ CRO とリスク管理機能の不十分な独立性

　通常，取締役全員がリスク監視に関する全般的な責任をもっている一方，相
当多くの組織がリスク管理委員会を設立している。COSO レポートによれば，
金融サービス業の取締役の 47 パーセントがリスク管理委員会を擁していると
表明しているのに対し，一般事業会社では 24 パーセントにとどまった。ドッ
ド・フランク法と他の規制改革を前提とすれば，このパーセンテージは数年後
には増加する可能性がある。委員会の体制にかかわらず，取締役会全員と委員
会（たとえば監査委員会，ガバナンス委員会，報酬委員会）のリスク監視の役
割は，明確に定義されるべきである。取締役会はまた，リスク管理の深い知識
を有する取締役あるいは相談役を任命することで，リスクに関する問題につい
て効果的に経営陣を牽制することを保証しなければならない。一般的なリスク
管理に関する教育は，すべての取締役に対して行われる必要がある。
　取締役会や経営レベルにおけるリスク・ガバナンス体制は，完全に足並みを
揃える必要もある。ここでいう足並みを揃えるとは，委員会の定款，役割と責
任，報告の関係，承認と決定要件，そして情報の流れといったことすべてを包
含する。リスク管理方針やリスク・アペタイトを策定するために取締役会がよ
り積極的になるにつれ，取締役会と経営陣の役割は，さらなる透明性をもって
区別されるべきである。
　組織の戦略と遂行状況をモニタリングすることは，長い間取締役会がすべき
ことの範疇であった。取締役会が ERM に対してより積極的になるにつれ，戦
略とリスク管理の統合は論理的かつ望ましい結果である。独自の研究調査によ
れば，上場企業が株式価値の深刻な下落に直面しているときには，損失が発生

した事象の 60 パーセントは戦略リスクによって引き起こされ，30 パーセントはオペレーショナル・リスク，10 パーセントは金融リスクによって引き起こされていた。戦略とリスク監視の統合が議論の余地のないほど取締役会の重要な役割である一方，この統合プロセスは依然として初期の発展段階にある。COSO レポートによれば，事業戦略に関連する前提やリスクを理解し審議する取締役会のプロセスに十分満足していると回答した取締役は 15 パーセント未満であった。

　独立したリスク管理は，ERM の中核の教義である。取締役会は，リスク管理が組織の事業や運営から独立したものであることを保証しなければならない。これには，CRO と取締役会もしくは取締役会のリスク管理委員会との関係について正式な報告を行うことも含まれる。さらには，例外的な環境下（たとえば，過剰なリスク・テイク，重大な内部不正，もしくはビジネス上の対立）においてCRO は，失職や報酬減を気にすることなく，リスクに関する問題を直接的に取締役会に報告できなければならない。

　この章の最初にリストアップした多くの共通課題は，組織的な階層の枠組みのなかでの取締役会の役割に付随した 2 つの主要な曖昧さに由来する。

1. 独立したリスク管理委員会の必要性に関する不確実性
2. 取締役会と経営陣の役割と責任の分担

　近年の業界横断的なマッキンゼーの白書によれば，96 パーセントの取締役はリスク管理が取締役の責任であることに同意し，66 パーセントの取締役はリスク管理が監査委員会に委任されていると回答し，たった 21 パーセントの取締役だけが「独立したリスク管理委員会」の必要性を感じていた [13]。しかし，先に記したように，金融セクターでは，独立の機能的なリスク管理委員会とともに，高度な ERM プログラムが行われている割合が高い。

　企業は重複を避けるために明確に取締役会と経営陣の役割を定義すべきである。そうしなければ，取締役会は相当経営に関与している状態になり，経営の領域を侵害し始めるかもしれない。また，相当受け身になり，十分に関与しない状態になるかもしれない。**表 22.1** は，ERM 導入のそれぞれの局面に関する

---

13) Brodeur, André, and Gunnar Pritsch, "Making Risk Management a Value-Adding Function in the Boardroom," *McKinsey & Company*, working paper, September 2008, p. 6.

表 22.1　取締役と経営陣の責任の相違

ERMの構成要素	経営陣	取締役会
リスク・ガバナンス	経営管理体制と役割の構築	取締役会の構造と役割の構築
ERMの展望と計画	策定と遂行	展望を支持し，計画に対する遂行状況を注視
リスク許容水準	設定と遵守	討論と承認
リスク管理方針	策定と遂行	承認とモニタリング
事業戦略およびリスク戦略	策定と実行	重要な前提について経営陣を問いただすこと，実行のモニタリング
重大なリスク	管理と計測：リスク・リターンの最適化	情報提供と監視
リスク報告	背景，分析，キーポイントの提供	重要なエクスポージャー，例外，フィードバック・ループのモニタリング
リスク分析	定量・定性分析の提供	ERMの保証：取締役会の評価

取締役と経営陣の主な責任の違いについて概要を示している。

　取締役会と経営の機能の決定的な違いを具体的に説明する際に重要なことは，取締役会はステーク・ホルダーのなかで，株主の利害を代表しているということである。したがって，経営陣は企業経営の責任を負っているのに対し，取締役は，有効な監視機能を担い，経営戦略や経営計画に関して信頼性の高い疑問を投げかけるために存在する。リスク管理の観点から，取締役は，既存のプロセスは有効であり，もし必要であれば新たなプロセスを始動させるための確証を提供しなければならない。

方針　リスク・ガバナンスにより，組織はリスク管理と監視の実行が可能となる一方，取締役会は，その期待と要望を伝達するためのツールが必要となる。取締役会で承認されたリスク管理方針は，この点において重要なツールに相当する。表で示しているとおり，経営の責任は，リスク管理方針を策定し実行することにある。取締役会の役割はその方針を承認し，法令遵守の状況と特例措置をモニタリングすることにある。リスク管理方針に関する共通の課題は以下のとおりである。

- ■　重要なリスクに対する明確なリミットや許容水準の欠如
- ■　ERM，信用リスク，市場リスク，オペレーショナル・リスクなどのそれ

それ異なる方針に対する基準の欠如

■ 方針の特例と解消状況に関する不十分な報告とモニタリング
■ 重要な方針の構成要素の欠如，または曖昧な細かい手続き

　効果的なリスク管理方針を策定し上記の問題に対応するためには，取締役会はリスク管理方針の構成と内容に関する取締役会の期待と基準を伝えるべきである。たとえば，ERM 方針とは以下の構成要素を含んでいるだろう。

■ **実施要綱**：実施要綱は，ERM の目的と範囲，対象についての簡潔な記載である。それは，重要なリミットやリスク許容水準について記載した，ハイレベルな要約であるかもしれない。
■ **リスク哲学の記載**：リスク哲学に関する記載では，リスク管理に関する全般的なアプローチを論ずる。また，その内容のなかで，組織の望ましいリスク・カルチャーについて述べているリスク原則を紹介するべきである。
■ **ガバナンス体制**：ガバナンス体制については，取締役会委員会や設立趣旨，役割や責任をまとめるものである。加えて，ここでは，リスク管理や個人に対する監督責任を含めて，権限の委任について詳細に説明すべきである。
■ **リスク許容水準**：ここでは，重要なリスク・エクスポージャーに対する特定のリミット値，または許容水準を含め，リスク・アペタイトについて記述される。また，ここでは，例外措置の管理や報告要件について書かれることになる。
■ **リスク・フレームワークとプロセス**：ここは，キーとなるプロセスやリスク管理全般に関する特定の要件だけでなく，ERM のフレームワークに関する要約となる。
■ **リスク管理方針の基準**：ここでは，リスク管理方針の構成や内容が，組織全体にわたって一貫することを企図し，他のリスクすべてに関する方針の基準について論じる。
■ **リスク・カテゴリーと定義**：ここでは，一般に使われるリスクの専門用語や概念の分類を行い，リスクに関する議論のための共通の言語化を促す。

　取締役会の役割はリスク管理方針を承認し監視することである一方，取締役会は組織にとって適切なリスク・リミットもしくはリスク許容の水準について，

（議論していないなら）積極的に意見を交わすべきである。この議論には，さまざまなリスク・アペタイトの水準での，リスク・リターンのトレードオフについても含まれるべきである。

　リスク管理と報酬の方針との連関は，取締役会の最大の論点となるべきである。ある取締役が言うには，「人は，あなたがして欲しいことをするわけではなく，お金を支払って頼んだことをするだけである」。したがって，取締役会は，経営陣の業績評価や報酬決定に際し，リスク管理の業績が意味のある形（たとえば 20 パーセントかそれ以上の重み）で考慮されることを保証しなければならない。基準となるものは，特定のリスク管理の目標，あるいはさまざまな定量的・定性的な指標を含む ERM に関するスコアカードになるだろう。経営陣のインセンティブに ERM を組み込むことによって，取締役会は，経営行動だけでなく全従業員のインセンティブや行動に対する広範囲に及ぶ影響をもつことができる。

　企業のリスク・アペタイトを明確に述べることは，ERM 方針を策定するための重要な要素となる。企業は，戦略目標や事業目標を追及する際に進んで引き受けるリスク量を特定すべきである。リスク・アペタイトとリスク許容という言葉はよく区別されずに使用されるが，この 2 つの用語を使い分けると有用であると考える企業もある。各リスクについて，リスク許容とは企業が進んで引き受けるリスクの最大量であると定義される。リスク・アペタイトとはリスク許容の一部であり，企業のリスク許容度によって，リスク・リターンの機会を前提とし，企業がとるべき望ましいリスクの量が決定される。リスク・アペタイトの記載内容は，実施前に取締役会の承認が要求されるものの，CRO の支援のもとリスク・アペタイトを策定し定義するのは経営陣である。

　適切なリスク・アペタイトの内容を策定することは，ガバナンスとリスク監視プロセスの重要な側面である。というのは，企業の組織階層全般にわたって従業員がリスクベースの意思決定を行うことに役立つからである。典型的なリスク・アペタイトの記載内容は，**図 22.3** に示されているように，企業の重要なリスク・カテゴリー（たとえば，事業リスク，市場リスク，信用リスク，オペレーショナル・リスクなど）によってまとめられており，それぞれは特定かつ特質のある計測基準をもつ。各計測基準は，条件に合った値のレンジに割り当てられ，その範囲内に企業活動は制限されるべきである。これはリスクを戦略的な計画に統合する際に役に立つだけでなく，計測基準によって企業はリス

5つの主なリスクのリスク許容度を定義する。

- **戦略／事業リスク**：収益または事業に関する不都合な意思決定からくる価値への影響，または業界の変化への対応がなされないこと。
- **金融リスク**：市場レートもしくは市場価格の下落に起因する収入，キャッシュフロー，株式価値のリスク
- **オペレーショナル・リスク**：人的過誤または違法行為に起因する負の経済的影響のリスク
- **コンプライアンス・リスク**：法令または規制措置のリスク，財務上の損失，もしくは法規制順守不履行の結果としてのレピュテーション被害
- **レピュテーショナル・リスク**：企業のステーク・ホルダーにとってネガティブな意見から生じるリスク

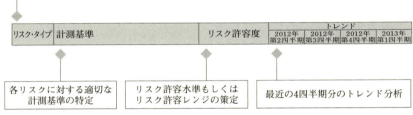

図22.3　リスク・アペタイト・ステートメントの定型フォーム

ク許容に対するリスク・エクスポージャーを時間とともに監視することができるようになる。

　リスク・アペタイトの記載内容は，すべての実態あるリスクをとらえることを意図しているわけではないと留意することが重要である。なぜなら，すべてのリスクをとらえることはとても手に負えないものであり，細か過ぎるからだ。最大の決定的に重要なリスク計測基準を目立たせることで，リスク・アペタイトの記載内容は企業のリスク特性に関する全般的で相対的な見方を提供することを目指す。

保証　リスク方針はERMに関する取締役会の要望を明確にしているものの，取締役会は依然として情報やフィードバックを必要とする。リスク管理が有効に機能しているかどうかを，取締役会はどのように知るのだろうか。これはおそらく今日の取締役が直面している最も重大な問題の1つであろう。答えは，組織によって確立される保証プロセスにある。これには，取締役会のモニタリングと報告，独立した評価，客観的なフィードバック・ループが含まれる。リ

スクの保証に関連する共通の課題は，以下の内容となる。

■　取締役会の非効率なコミュニケーションと報告
■　ERM プログラムの独立した評価の欠如
■　ERM の効率性を計測するための主観的指標の使用

　ERM を監視するための負託に応えるためには，取締役会はコミュニケーションと報告に関して経営陣が重要な情報を提供することに依存しなければならない。取締役は多くの場合，報告書の質や適時性を批判する。取締役が欲する基準（とはいえ，満足が得られるわけではなく，もしくはまったく満足しないのだが）は，以下の内容を含む。

■　取締役会の主な議論と意思決定の要点だけではなく，業績とリスクの実績に関する簡潔な要約
■　選択したデータとトレンドに関する経営陣の説明
■　特定のターゲットもしくはリミットに対する主な業績とリスク指標
■　経営陣の説明に関するより詳細な議論

　近年，ジェームズ・ラム＆アソシエイツは，取締役会のコミュニケーションと報告の改善のため，大手金融機関とともに研究を行った。金融機関は，上述の基準を採用することに加えて，下層データを深掘りするだけでなく高度なグラフ機能をも有する ERM ダッシュボードを採用している。
　取締役会は，財務報告書を点検し保証を行う独立した監査人を有するが，ERM プログラムを点検し保証を行う独立したグループも有するべきである。この点検によって最終的には，ベスト・プラクティスや計画の進展に関する ERM プログラムの評価が行われる。
　最後に，取締役は ERM プログラムの有効性を計測するために，効果的なフィードバック・ループを確立すべきである。企業はこれまでのところ，重要な節目までの進捗状況や方針違反，損失，予期しない出来事などの計測結果に基づいて，ERM の有効性を評価する傾向がある。これらの計測基準は有効である一方，健全な ERM プログラムにおいて，そのような定性的な指標や後ろ向きの証拠はもはや十分ではない。取締役会は，経営陣とともに ERM の業績評

価指標やフィードバック・ループを確立する必要がある。第21章では，ERM
のフィードバック・ループとして，アーニングス・アット・リスク（EaR）を
使用することを議論した。

ERMスコアカードはフィードバック・ループのもう1つの例であり，以下
の観点から，取締役会がERMの有効性を計測するための手助けとなる。

■ **ERM進展のための節目の達成**：節目とは，ERM方針を起草すること，
リスク許容水準を設定すること，リスク・アペタイトの記載をすることな
どが含まれうる。
■ **規制や方針違反，もしくは他のネガティブな出来事がないこと**：取締役や
経営陣は，ERMの重要な成功要因として，「予期しない出来事がないこ
と」を掲げるだろう。たとえば，規制違反や罰金，リスク・リミット超過，
顧客にかかわるレピュテーション事象など。
■ **リスクの総コストを最小化すること**：リスクの総コストは，期待損失，期
待外損失（もしくはエコノミック・キャピタル），リスク移転コスト，リ
スク管理のコストの合計として定義される。
■ **パフォーマンスベースのフィードバック・ループ**：これは，予期しない収
益の変動，事前のリスク分析（たとえばリスク評価やモデル）と事後のリ
スクに関する実績（実損とイベント）の差を最小化し，そして株主価値創
造に貢献することがあげられる。

計測方法や基準にかかわらず，取締役会はリスク管理の適切なフィードバッ
ク・ループを形成しなければならない。

取締役は，日々の事業行動にかかわっていないが，有効なERMプログラム
が実施されていることを保証する最終的な責任を負っている。ERMと組織が
直面している重要なリスクを効果的に監視するために，取締役は何ができるだ
ろうか。取締役は3つの方策をもつ。1つめは，リスク管理と監視行動を機能
させるために，よく工夫されたガバナンス体制が導入されるべきである。2つ
めは，リスク管理方針とリスク許容水準は取締役会の期待とリスク・アペタイ
トを正確に定めるものとして策定されるべきである。最後に，取締役会は，
ERMプログラムの有効性を計るために，保証プロセスとフィードバック・ル
ープを確立すべきである。

第 23 章　リスク評価

　リスク分析とリスク評価は，取締役会，経営陣，事業やプロジェクト・リーダーが，事業やリスク管理上の意思決定に関する情報を共有できるよう，情報の提供を行う。第 9 章では，ERM を支援するリスク分析について論じた。しかし，必ずしもすべてのリスクが簡単に定量化されモデル化できるわけではないため，リスク評価が有用となる。リスク評価の目的は，より事業やリスク管理上の意思決定の情報を共有するために，組織の重要なリスクを特定し，定量化し，優先順位をつけることである。リスク評価の原則は，トレッドウェイ委員会支援組織委員会（COSO）やデイ報告，ターンブル報告，そして ISO 31000 などの業界の枠組みにおいて確立されている[1]。

　2013 年に行われた KPMG の約 1,000 名の経営幹部に対する業界横断的な調査[2] において，80 パーセントは何らかの形式でリスク評価が行われていると回答し，その一方で 20 パーセントは企業全般にわたるリスクを特定する戦略がまったくないと回答している。リスク評価を実行している 80 パーセントの回答者の概観（複数回答可）は以下のとおりである。

- 48 パーセントの回答者によれば，企業のリスク管理機能として年に一度のリスク評価を実行している。
- 38 パーセントの回答者によれば，個々の事業においてリスク・コントロールの自己評価（RCSA）を行っている。
- 34 パーセントの回答者によれば，全リスクのリスク評価とコントロール機能は，完全なリスク特性を確立するために足並みを揃えている。

---

1) Lam, James, "Risk Assessment Guide," Association for Financial Professionals, 2011.
2) "Expectations of Risk Management Outpacing Capabilities-It's Time For Action," KPMG 2013.

第 23 章　リスク評価　　　　457

　調査における回答者集団の多様性（事業，リスク，法令，情報技術，コンプライアンス，そして内部監査機能のそれぞれを担う経営陣）は，コアとなるERM の実践としてリスク評価が徐々に受け入れられていることを示している。この章では，企業全般にわたるリスクを統合された形式で経営陣が認識するよう，リスク評価のプロセスを適用する方法だけでなく，ERM 実施に関する全般的なスキームにどのようにリスク評価を適合させるかについて論じる。まず，典型的なリスク評価の鍵となる手順について見ていこう。

1. 組織の目標や規制要件に関して事業の文脈を定める。
2. 事業の目標達成にマイナス（もしくはプラス）の影響を与える重要なリスクを特定する。
3. 可能性（発生可能性）や重大性（財務上もしくはレピュテーション上の結果）の観点から重要なリスクを評価する。
4. 重要なリスクに関連するコントロールの有効性を評価する。
5. 説明責任や実行計画を含めたリスク管理戦略を決定する。
6. さらなる分析，定量化，リスク移転のために重要なリスクについて優先順位をつける。
7. 継続した報告とモニタリングを行う。

　上記で概要を述べたリスク評価の手順は，相当な時間と経営資源を必要とする。大部分の企業は，リスク評価と報告のプロセスを支援するために，GRC（ガバナンス・リスク管理・コンプライアンス）システムを導入する。ERMプログラムの導入においては，以下に記すリスク評価の潜在的利益に留意しておくことが重要である。

■　組織が直面している重要なリスクに対する認識と透明性の向上
■　職務上の枠を超えた関連する従業員への教育や知識伝播の促進
■　（最重要リスクに目標を絞って取り組むことによる）リスク分析や定量化プロセスの改善
■　取締役会もしくは経営陣への報告の改善
■　リスクに基づいた意思決定を通じた業績の向上

過去非常に多くの組織がリスク評価プログラムを導入してきた一方で，上述した便益を享受することを阻む共通の課題がある。それらは以下のとおりである。

- リスク評価プログラムに対する経営上層部の後援，事業部門の支援を得られないこと
- 長年使われているリスク評価基準の矛盾，組織全体にわたる提供情報の質
- 合算し，優先順位づけし，定量化することが難しい膨大な量の定性的データが原因で，全般的なリスク特性を策定できないこと
- 他の ERM プロセス，事業活動や業務との統合が図られないこと
- 規制や企業の内規に対するコンプライアンス以外に，有形の業務上の便益を示すことが難しいこと

この章では，リスク評価プログラムを策定し実施するための重要な面やプロセスについて議論する。また，リスク評価のそれぞれの局面に関連した一般的な落とし穴や現実的な解決方法についても分析を行う。この章の最後には，企業が自身の現在のリスク評価プロセスをベンチマークとすることができるよう，自己評価チェックリストをつけている。

リスク評価の方法

特定のリスク評価の方法は，事業の範囲や業務の複雑性，組織におけるリスク管理の成熟度に従ってカスタマイズされる必要がある。とはいえ，リスク評価には，業界に共通のプロセスや実務がある。リスク評価の 4 つの段階における全般的なプロセス・マップを**図 23.1** に示している。

最初の段階は基盤の構築である。これを行うにあたって，リスク評価に対する事業部門での参加や誠実性を保証するために，上級管理職レベルの支援が必要となる。他の要素としては，組織化と計画，リスク分類方法の設定，リスク評価ツールの開発，教育と訓練の提供がある。

第 2 段階は，リスクの特定とリスク評価，優先順位づけである。これは，経営目標と規制や方針の要件の観点から，事業を確立することを含む。事業の状況を前提として，リスク評価の意見聴取が行われ作業部会が編成され，重要な

第1段階：基盤の構築	第2段階：リスクの特定,評価,優先順位づけ	第3段階：深掘り,リスクの定量化,管理	第4段階：事業とERMの統合
1. 経営幹部の支援 2. 組織と役割 ・役割の定義 ・プロジェクトの計画 ・経営資源の計画 3. リスク分類 4. リスク評価ツール ・質問票 ・リスク評価の定型書式 ・ポーリング技術 5. 教育と訓練 ・プロジェクトチーム ・全参加者	1. 経営目標 2. 規制と方針の要件 3. リスク評価の意見聴取と作業部会 ・リスクの特定 ・確率の評価 ・重大性の評価 ・コントロールの評価 4. リスク評価報告とマップ 5. リスクの優先順位づけ （リスクのトップ10）	1. 分析の深掘り 2. 重要なリスク指標 3. リスク許容度水準 4. リスク管理戦略と行動計画 ・新たなコントロール方法 ・リスク移転 ・行動計画 5. 早期警戒システム	1. 戦略的計画 2. 事業プロセスと事業内容 3. シナリオ分析とストレステスト 4. ダッシュボード報告 5. 損失／発生事象のデータベース 6. リスクに関する上層部への報告方針

図 23.1　リスク評価（RA）の方法——プロセス・マップ

リスクが特定されて，評価や優先順位づけがなされる。

　第 3 段階である，深掘り，リスクの定量化，管理は，深く突っ込んだ分析を行うこと，キー・リスク・インディケーター（KRIs）を開発すること，リスク許容水準を設定すること，そしてリスク管理戦略と行動計画を策定することを含む。このような戦略と計画は，新たなコントロール，リスク移転，そしてリスクに直面した際の行動指針を特徴とすべきである。また，第 3 段階では，リスク事象を避けるために早期警戒システムを研究すべきである。

　第 4 段階である，事業と ERM の統合では，戦略的な計画策定，事業のプロセスと業務内容の調査，シナリオ分析とストレステスト，ダッシュボード報告，損失事象のデータベース作成，そして上層部への包括的なリスク報告方針が制定される必要がある。

　次に，それぞれの段階を再考察してみよう。

第 1 段階：基盤の構築

　基盤構築の段階では，リスク評価にとって必須の支援要素がある。それは，経営幹部の支援，組織と計画，重要な書類とツール，そして教育と訓練である。

これら要素のどれが欠けたとしても，リスク評価プロセスの効率性，有効性が阻害される。

経営幹部の支援　リスク評価サイクルの開始にあたり，上級レベルの管理者（たとえば，CEO，CFO，またはCRO）は，リスク評価プロセス，重要な目的と期待される利益，そしてスケジュールの予想と進捗状況に対する取締役会と経営陣の関心を伝達するべきである。管理職が直面する時間的制約と他の優先順位を考慮すると，経営幹部の支援がなければ，最大限のありのままの情報を得ることは難しいだろう。プロジェクト支援者と他の企業内のリーダーは，リスク評価プロセスにかかわり，リスクとコントロールの論点に関して率直であることによって，手本となるべく行動しなければならない。たとえば，ウィスコンシン州マディソンのエネルギー会社であるアライアント・エナジー社を考えて欲しい。監査，倫理，コンプライアンスの最高責任者であるジョエル・シュミットは，毎年のリスク評価を先導している。このリスク評価は，月次で行う今後の展望の確認プロセスと，年間8回程度開催される戦略・リスク担当ヴァイスプレジデントと取締役会との間での議論によって行われている。リスクについて頻繁に議論することで，シュミットはリスク評価が業務の基本であるという企業文化を確立しようとしている[3]。

組織と役割　全体的なリスク評価の計画は，特定のリスク，説明責任，そして期日によって構成されるべきである。鍵となる重要な役割としては，以下を包含する。経営幹部の関与と組織的な経営資源を確保するためのプロジェクトの支援者，リスク評価のプロジェクトを実行するプロジェクト管理者，リスク管理と情報技術の専門知識をもつ顧問，会合や議論の運営を手助けする熟練した議事進行役，そしてリスク評価の結果を記録してまとめて分析したうえで報告するリスク分析担当者である。

リスク分類　リスク分類とは，リスクの標準的なカテゴリーや定義である。仮にリスク分類がまだ行われていないなら，プロジェクトチームは，有効な議論が行われるよう，リスク分類のための共通となる言語を確立するべきだろう。

---

3) "Enterprise Risk Management in Practice," *Protiviti*, 2007, 6.

これらの種類や定義は，企業の事業特性を踏まえた特有のものであるべきだが，一般的なリスク種類としては，戦略リスク，事業リスク，金融リスク，オペレーショナル・リスク，法令／コンプライアンス・リスクがあるだろう。リスク・タイプとリスクに関する事象に加えて，リスク分類は，重要な専門用語や概念に関して，明確な説明を規定すべきである。たとえば，確率，重大性，リスク許容水準などである。また，実際または潜在的なリスク事象だけでなく，リスクの下位分類を定めることも有用である。たとえば，金融リスクの下位分類として，金利リスク，為替リスク，株価リスク，コモディティ・リスク，流動性リスク，債務者リスク，カウンターパーティ・リスクなどがある。

リスク評価ツール　リスク評価を支援するためのメーカー製品を購入する企業もあれば，自分自身で目的に合わせたプロセスを開発する企業もある。それとは関係なく，リスク評価の意見聴取や作業部会への準備として，プロジェクトチームはリスク評価ツールを用意すべきである。たとえば，経営幹部との意見聴取のための質問表や，リスク評価用定型書式，そして作業部会用のポーリング技術（イベントが発生しているかを定期的にチェックする技術）などである。これらのツールは，リスク評価の参加者を考慮してカスタマイズするのがよいだろう。たとえば，経営幹部や取締役は，現実の話や例を通じてリスク管理の問題を議論する傾向にある。したがって，標準化された定型書式を用いて，彼らの情報を制限することは適当でないかもしれない。経営層や取締役との意見聴取においては，リスク問題についてより幅広く文脈に沿った形での議論を促進するために，オープンエンド型の質問をするほうが有用だろう。意見聴取に使われる質問の例を**図 23.2** に示している。

教育と訓練　基盤構築のプロセスとして，すべての参加者に対する教育と訓練の機会を提供すべきだろう。プロジェクトチームのメンバーは，リスク評価の導入，リスク評価の結果の分析と総括，経営陣と取締役会への分析報告に関する業界のベスト・プラクティスについて教育されるべきだろう。他の参加者は，ERM におけるリスク評価の役割について教育されるべきである。つまり，リスク評価の参加者はどのようにすれば最大限にかかわり貢献できるのか，そしてリスクを削減し業績を向上させるためにリスク評価の結果をどのように活かせばよいか，ということである。

1. あなたが代表する事業もしくは業務部門の範囲を簡潔に教えてください。
2. あなたの事業部門の短期と長期の重要な事業目標について概説してください。
3. 振り返って，あなたの懸念事項となった主な損害や出来事，あるいは惜しい失敗について詳しく述べてください。
4. 将来に目を向け，会社とあなたが所管する特定の事業部門が直面する主なリスクについて，推測で結構ですので発生確率や顕在化した場合の結果を交えて，特定してください。
5. これらの主要なリスクに関連する主要なコントロール方法について教えてください。（たとえば，リスク管理方針や許容水準，プロセスやシステム，リスク削減戦略など）
6. これらの主要なリスクに関連する計測基準や報告について詳細を説明してください。
7. これまで議論していない他の関連のある問題を特定してください。

図 23.2　リスク評価の経営幹部用質問表の例

　基盤構築の段階における，一般的な落とし穴と実務的な解決方法は，以下のとおりである。

- **上級管理職の関与がないこと**：プロジェクトの計画段階の一部として，上級管理職はプロジェクトのプロセスに参加する時間を確保することを誓約する必要がある。上級管理職は，最終的なリスク評価報告書を受け取るというだけの，単なるリスク評価の観衆となってはならず，積極的に関与すべきである。上述したように，経営幹部の支援を明確に伝えるだけでなく，上級管理職の関与によって，主要なリスクとコントロールに関する有用な情報を得ることができる。他の全社的な新たな取り組みと同様に，上級管理職の関与とリスク評価の成功には高い相関が存在する。

- **経営資源の不適切な計画と配分**：リスク評価導入の決定的な成功要因は，多種多様な専門的経営資源を適切にもつことである。一方では，リスク評価を実施するために，人的資源として非常勤のスタッフを最小限しか割り当てない企業がある。経営資源が不十分であれば，リスクとコントロールについて不正確あるいは表面的な評価に終わる可能性がある。また他方では，専門的な経営資源を過剰に割り当てる企業もある。ある中堅規模の銀行では，20 名以上の常勤のリスクスタッフとコンサルタントからなるチームが，約 9 ヵ月もかけて年に 1 回のリスク評価を行っていた。この例では，経営資源の過剰割り当てが，企業および事業部門の時間と経営資源を無駄に疲弊させ，過度に官僚的なプロセスとなってしまった。さらに，最終的成果は，リスク評価情報の分厚い複数のバインダーとなり，銀行にと

って役に立たないものとなった。

■ **リスク評価の準備不足**：リスク評価は，その場しのぎで容易に導入できるプロセスではない。十分考え抜かれた計画や組織が必要である。上述したように，リスク評価ツールの開発や訓練プログラムは基本的なステップである。たいていの企業では，リスク評価とは企業や事業部門の時間と配慮を必要とする毎年の継続したプロセスである。したがって，準備が十分に考えられたものであれば，リスク評価プロセスが効率的，効果的なものとなることを確実なものとできる。

第2段階：リスクの特定，評価，優先順位づけ

　上記で論じた基盤があって，プロジェクトチームは，リスクの特定，評価，優先順位づけに関するリスク評価プロセスを遂行する準備が整った状態となる。この段階の重要な成果物には，上級管理職からのトップダウンのリスク評価，事業部門・業務部門からのボトムアップのリスク評価，リスク評価報告書とマップ，そして全社レベルの重要なリスクの優先順位づけが含まれる。**図23.3，23.4，23.5**では，確率，重大性，コントロールの有効性評価の例とベンチマークを示している。

規制と方針の要件　経営目標を追い求める際，企業の事業活動は規制や企業の内規に従うべきである。事実，規制や企業の内規の遵守は，ERM の重要な目標の1つである。リスク評価において，企業の内規や関連するリスク許容水準を定めるだけでなく，規制要件や指針をまとめることは有用である。

リスク評価の意見聴取と作業部会　先に論じたように，リスク評価において上級管理職と話し合う際には，オープンエンド型の質問を使用して意見聴取を行うことが有益である。企業の目標（たとえば，トップダウンでのリスク評価）に関連した重要なリスクを特定することに加え，意見聴取を行うことによって，事業戦略や文化，過去のリスク事象から学んだ教訓，そして上級管理職が最も有用だと思う重要業績評価指標（KPIs）やキー・リスク・インディケーター（KRIs）に関する組織の重要な情報を収集できる。事業部門のチームにとっては，ボトムアップでリスク評価を行うために作業部会を組織するほうがより適切だろう。意見聴取や作業部会の間，参加者はリスクやリスク事象を特定し，

リスクの確率ランク：

1. 非常に低い： 1年以内にリスク事象が発生する可能性が 5% 以下
2. 低い： 1年以内にリスク事象が発生する可能性が 5～20%
3. 中間： 1年以内にリスク事象が発生する可能性が 20～50%
4. 高い： 1年以内にリスク事象が発生する可能性が 50～95%
5. 非常に高い： 1年以内にリスク事象が発生する可能性が 95% 以上

図 23.3　確率ランクの例

リスクの重大性ランク

1. **非常に低い**：会社のレピュテーション，または年間収益，または経営目標を達成するための遂行能力に対して，取るに足らない影響
2. **低い**：会社のレピュテーション，または年間収益，または経営目標を達成するための遂行能力に対して，少ない影響
3. **中間**：会社のレピュテーション，または年間収益，または経営目標を達成するための遂行能力に対して，ほどほどの影響
4. **高い**：会社のレピュテーション，または年間収益，または経営目標を達成するための遂行能力に対して，重要な影響
5. **非常に高い**：会社のレピュテーション，または年間収益，または経営目標を達成するための遂行能力に対して，きわめて重要な影響

図 23.4　重大性ランクの例

コントロール方法の有効性ランク

1. **かなり有効**：リスク・エクスポージャーは決められた許容水準の範囲内。コントロール方法はテストされ，効果的に機能している。リスクとリターンの関係性が明確に実証されている（実績ベース）。包括的な計測基準の策定やダッシュボード報告がなされている。
2. **有効**：リスク・エクスポージャーは決められた許容水準の範囲内。コントロール方法はテストされ，効果的に機能している。リスクとリターンの関係性が暗黙的に実証されている（判断ベース）。ある程度計測基準がありダッシュボード報告は実施されている程度だが，開発計画は策定されている。
3. **やや有効**：リスク・エクスポージャーは，例外を除き，通常決められた許容水準の範囲内。コントロール方法は許容範囲で機能しているが完全にテストされたわけではない。ある程度計測基準が策定されダッシュボード報告は行われている
4. **改善必要**：策定されたリスク許容水準に対するある程度もしくは重要な例外あり。コントロール方法は確立されているが，完全にテストされたわけではない。最低限の計測基準もしくはダッシュボード報告が行われている。
5. **大幅改善必要**：策定されたリスク許容水準に対して深刻な例外あり（もしくは許容水準が策定されていない）。コントロールされていないか，もしくは効果的に機能していない。計測基準もしくはダッシュボード報告は最低限行われているか，もしくはまったく行われていない。

図 23.5　コントロール方法の有効性ランクの例

第23章 リスク評価

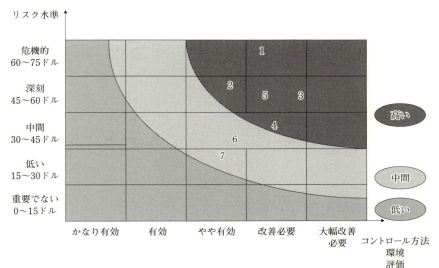

1. 戦略リスク
2. 資産運用リスク
3. 流動性リスク
4. 情報技術
5. 業務／プロセスの有効性
6. レピュテーショナル・リスク
7. 規制／法令の変化

図23.6 ヒートマップ

確率，重大性，リスク・コントロールの有効性を評価する。また，リスクへの対処方法（たとえば，リスク回避，削減，移転，もしくは引受）を決めるかもしれない。確率，重大性，コントロールの評価の例は，先に示したとおりである。

リスク評価報告とマップ 意見聴取と作業部会を行うと，リスク評価の回数が膨大になるかもしれない。この結果を集約し報告することがプロジェクトチームの責任となる。リスク評価報告は，通常各リスクに関する以下の情報を提供する。

■ リスクやリスク事象の説明
■ 確率ランクの評価
■ 重大性や影響度ランクの評価
■ コントロール方法の有効性ランクの評価
■ 責任の所在と監視委員会

■ 経営陣の回答と行動計画

リスク評価報告に加えて，リスク・マップ（もしくはヒートマップ）は，リスク評価情報を視覚化するために使用される。**図 23.6** は，企業の上位 7 つのリスク領域のヒートマップの例を示している。

リスクの優先順位づけ　リスク評価結果の総括に基づいて，企業は最も重要なリスク（たとえばトップ 10 のリスク）を特定しなければならない。これは，企業はたった 10 個のリスクに注意を払っていればよいというわけではない。事実，それぞれの事業部門もしくは機能部門では，トップ 10 リスクを特定しつつ，リスク評価のプロセスで記録されたすべての重要なリスクをまとめてモニターしているかもしれない。とはいえ，全社にわたるリスクの優先順位リストを作っておくことは有益である。たとえば，ある大手アセットマネジメント会社は 700 以上ものリスクを報告した。経営陣や取締役会にとって，そのような膨大な数のリスクを点検し管理することは実現困難だろう。プロジェクトチームは，リスク評価情報に基づいて企業にとってのトップ 10 リスクを特定できる。また，別に行われる経営陣とのリスク評価会議を通じた分析を確認できる。このリストは，企業のリスク・アペタイトの記載内容と整合的であるべきであり，また事業の重要な利益を守ることを目標とすべきである。優先順位づけされた最も重要なリスクに基づいて，企業はより深掘りされたリスク評価，リスク定量化，リスク対応戦略を展開できる。

　第 2 段階において，一般的な落とし穴と現実的な解決方法は以下のとおりである。

■ **明確な経営目標あるいはリスク管理方針による制限の欠如**：たいていの企業は規制の要件や指針を明確に認識している。とはいえ，経営目標を明確に定めていない，あるいは明確なリスク許容水準を定めていない企業もある。こういった企業にとって，経営目標や方針の制約に照らしてリスクを評価することは難しいだろう。場合によっては，企業はリスク評価プロセスと並行して経営目標やリスク管理方針を定めることがある。また，別のケースでは，この経営問題はそれ自体がリスクとして認識されるようになる。

■ **根本的な原因ではなく結果の観点からのリスクの定義**：よくあることだが，

根本的な原因	結果
自動化プロセスの欠如	製造ミス
不適切に訓練されたスタッフ	顧客の苦情または損失
非効率的な資本管理	格下げ
為替ボラティリティ	為替による損失

図 23.7　根本的な原因 vs 結果

リスクが根本的な原因ではなくリスク顕在化の結果に基づいて誤って定義されることがある。**図 23.7** では，根本的な原因と結果の例について概略を示している。適切なリスクへの対応を決定するにあたって，これは挫折を生む可能性がある。結果を直接的にコントロールできないことが理由である。たとえば，企業は製造ミスや顧客の苦情を直接減少させることはできないが，プロセスの自動化や従業員教育を改善することはできる。同様に，企業は債務格付を決めることはできないが，目標とする債務格付に対して十分な資本を確保するために，（発行・配当方針を通じて）自己資本水準を管理できる。さらに例をあげると，企業は為替の損失をコントロールできないものの，為替エクスポージャーをコントロールし為替ボラティリティをモニタリングすることはできる。リスク評価プロセスにおいて，プロジェクトチームはリスクが根本的な原因という観点で定義されていることを確実に確認しなければならない。

■ **一貫性のない確率や重大性の推計**：リスク事象の確率や重大性とは何だろうか。この質問に対する答えは，時間軸にある。さらに重要なことは，企業がどれだけ最悪なケースを想定することを厭わないかに依存する。どのようなリスクでも概念化し，十分なデータによって分布，すなわちベルカーブとして定量化しうる。この分布曲線は，確率や重大性の範囲を表す。例として資産運用ポートフォリオの損失を取りあげる。この場合，企業は少額の損失を被る可能性がかなりの確率であり，巨額の損失を被る可能性は低い。仮にさまざまな人がリスク事象の確率や重大性を評価する場合，彼らはそれぞれ異なるレベルの最悪ケースを想定するだろう。この問題に対処するため，プロジェクトチームはリスク評価の時間軸だけでなく，最悪のケースに関しても明確な指針を定める必要がある。すべての重要なリスクにエコノミック・キャピタルを配賦している企業は，リスク評価とエコノミック・キャピタル配賦（例：95 パーセントまたは 99 パーセント）

で使用する確率の水準を一致させたいと思うだろう。最終的には，それぞれのリスク評価用に確率・重大性を表す分布曲線が作られる。

第3段階：深掘り，リスクの定量化，管理

　第2段階で特定されたトップ10リスクは，企業が直面している最も重要なリスクである。より重要なリスクのリストによって，経営陣は適切なリスクに時間と注意を払うことができる。経営陣は，これらのリスクに対してさらなるリスク評価やリスクの定量化，そしてリスク管理戦略に集中できる。

深掘り　深掘りとは，よりきめ細かなリスク評価である。第2段階で収集された情報以上に，深掘りによってリスク評価はさらに組織に根ざした次の段階へと進む。その段階とは，リスクや関連するコントロールを外部のベンチマークに従って評価すること，重要な事業や業務フローを明確に文書で示すプロセス・マップ，監査人や規制当局から独立した評価，そしてコントロールの有効性検証を行うことを指す。概して，深掘りの目的は，よりきめ細かで実施可能な情報を得ることである。

リスク許容水準　リスク許容水準は，リスク評価やキー・リスク・インディケーター（KRIs）を評価するための限度であり，また重要なリスクに対する企業のリスク・アペタイトを表す。リスク許容水準の例としては，(a) 市場リスク，信用リスク，流動性リスクのリミット，(b) 業績目標とトリガー，(c) 営業目標とリミット，(d) 望ましい業績と望ましくない業績といった観点からの他のベンチマーク，がある。理想的なことをいえば，経営陣がリスク量は許容範囲内であるかどうか明確に知ることができるよう，キー・リスク・インディケーターはリスク許容水準に照らして監視されるものである。

リスク管理戦略と行動計画　企業のリスク・リターン特性を作り変えるリスク管理戦略がなければ，ここまでのすべてのプロセスは知的な訓練にすぎなくなる。経営目標に関連するリスク評価に基づいて，経営陣は適切なリスク管理戦略を決める必要がある。この戦略は，リスクの回避，削減，移転もしくは引受を行うためのものである。リスクを引き受ける意思決定を行うのであれば，リスクのコストを企業の製品やサービスの価格に組み込む戦略をとるべきであろ

う。リスクの総コストとしては，期待損失，期待外損失（たとえば，エコノミック・キャピタルのコスト），リスク移転コスト，管理コストが含まれる。経営活動においては，すべての企業がリスク・テイクするということに留意することが重要である。しかし，引き受けたリスクに対して報酬を得る唯一のポイントがある。それは製品やサービスのプライシングである。リスク管理戦略の実行を支援するため，責任を明確にした行動計画が策定されるべきである。

　リスク評価プロセスの第3段階において，一般的な問題と現実的な解決方法は以下のとおりである。

■ **重要なリスクの優先順位づけの欠如**：第2段階におけるリスク評価プロセスでは，経営目標に影響を及ぼす数多くの重要なリスクを洗い出す。しかし，事業部門の重要なリスクは全社的には重要でないかもしれない。すべてのリスクに対して，キー・リスク・インディケーター（KRIs），リスク許容水準，リスク管理戦略，早期警戒システムを準備するのは相当手間がかかるだろう。したがって，経営陣や取締役会が優先順位づけされたリスクに集中することができるよう，企業の重要なリスクが特定されなければならない。だが，このことは事業部門がすべてのリスクに対するよりきめ細かな分析や行動計画の策定を行うことを否定しているわけではない。

■ **不十分なリスク定量化**：リスク評価によって収集された情報は，ほとんどが定性的なものである。確率，重大性，コントロールの評価ランクさえも，通常は定性情報の数量的表現にすぎない。適切なリスク管理戦略と行動に関する自信を高めるため，客観的なリスクの定量化はリスク評価を補完するものとなる。リスクの定量化は，キー・リスク・インディケーター（KRIs），リスク許容水準，早期警戒指標を確立することの重要性を強調する。

■ **不十分なリスク管理戦略と行動計画**：リスク評価に関する最大の不満の1つは，そのプロセスが付加価値を向上させる戦略や行動に結びつかないことだろう。企業は，相当なボリュームのリスク評価報告書とマップを作成し検証することにかなりの時間と資源を使うものの，この文書は次回リスク評価が行われるまで本棚に置かれたままとなるかもしれない。リスク評価の最終目標は，よい情報を生み出すことではない。特定のリスク管理戦略と行動計画がリスク評価プロセスの一部として策定されることが決定的

に重要である。さらに，リスク評価は，次章で論じるように，事業プロセスや他の ERM 実務に統合されるべきである。

第 4 段階：事業と ERM の統合

リスク評価は，それ単独のプロセスとなるべきではない。リスク評価は，戦略的計画策定や検証プロセス，事業プロセスや業務，そしてたとえばダッシュボード報告や損失や損失事象の監視，リスクの上層部への報告方針のような他の ERM プロセスに組み込まれるべきである。

戦略的計画策定　戦略的な計画策定とリスク評価の重要な連携が確立されるべきである。事実，取締役会や経営陣がリスク監視においてより積極的な役割を果たすようになるにつれて，戦略と ERM の統合は重要な新たな取り組みとなった。この 2 つの統合は，かなりの恩恵をもたらす。戦略的計画策定プロセスによって経営目標が定まるが，この章で論じたように，その経営目標によってリスク評価が促進されるべきである。他方，リスク評価は，リスク・リターンのトレードオフに関する意思決定を行うにあたって重要となる，主要なリスクのエクスポージャーとそのコストに関する戦略的計画策定プロセスに対して，付加価値を提供することができる。戦略的計画に加えリスク評価が，戦略や事業の検証プロセスに組み込まれるべきである。企業が事業戦略を遂行する際には，競争上の傾向や顧客データ，業績などの新たな情報を検討するために戦略や事業の検討会議が行われる。この新たな情報は，リスク評価や関連するモニタリング・プロセスの情報を更新することに使われるべきである。

事業プロセスと業務　リスク評価は，主要な事業プロセスと業務のなかに，日常的に組み込まれるべきである。上述のように，企業の製品やサービスのプライシングには，リスクの価格を完全に組み込む必要がある。リスク評価は，たとえば新商品開発や新事業の展開，M&A 取引，プロジェクト管理や資本管理などの他の事業プロセスを支援することも可能である。リスク評価はまた，業務プロセスにも組み込まれるべきである。たとえば，プロセス・マップは，業務プロセス内のどこにおいて主要なリスク（や実際のミス，損失）が顕在化するかを示すことができる。経営者は，特定のコントロールやリスクのモニタリング・プロセスを，最も有効活用できるところに組み込むことができる。

シナリオ分析とストレステスト　企業は，単一リスクの最悪シナリオだけに関心をもつのではなく，製品発売の失敗，景気の停滞や新たな競争上の脅威など，複数のリスク事象のより重大なシナリオの可能性についても考慮すべきである。さらに，たとえばリスク・モデルのエラー，誤ったデータ，主要メンバーの離反など，複合的な統制の失敗に関するストレステストを行うだろう。単一のリスク事象よりは可能性は少ないものの，複数のリスク事象の同時発生（たとえば破滅的事象など）は，企業にとって備えるべき重要な課題となるだろう。したがって，企業はさまざまなリスク事象が同時に発生するシナリオに関して，リスク評価を実行すべきである。

ダッシュボード報告　リスクとリターンは同じコインの表と裏である。したがって，リスク評価結果は，統合された成果とリスク報告プロセスの一部として，上級管理職や取締役会に報告される必要がある。ところが，リスク評価の莫大な量のデータ，他の ERM 分析や事業の業績関連データ等は非常に膨大なものとなりうる。ダッシュボード報告は，上級管理職や取締役会に対して適切な情報を提供するために導入されるべきである。このダッシュボード報告は，特定の意思決定，そして経営陣や取締役の情報に関する要求を支援するために設計されるべきである。たとえば，取締役がダッシュボード報告で見たい項目について聞かれた場合，以下のようなものを求めることが多い。

- 業績の外部要因だけでなく，事業やリスクの業績の簡潔な要旨
- 取締役会における主要な議論や意思決定のポイントに重点を絞った，簡潔な報告
- 組織的な観点と，機能的な観点もしくはサイロ的な観点の統合
- 特定の目標もしくはリミットに対する重要業績指標とキー・リスク・インディケーター
- 先になされた事業やリスクに関する決定事項の実績値
- 取締役会の決定への経営陣の提案に対する代替案，論理的根拠
- 下層のデータや分析を行うための深掘りする機能

　ダッシュボード報告については，第 25 章でさらに論じることにする。

損失／事象のデータベース　すべてのリスク発生による損失や事象は価値ある教訓であるが，それは体系的にとらえられ，検証された場合に限られる。企業は，すべての損失や出来事を把握するために，損失／事象のデータベースを開発・維持する必要がある。このデータベースは，以下の目的で事後分析を行うために利用される。根本的な原因確認や必要なコントロールを行う目的，重要なリスクの傾向，新たに発生したリスクのパターンをモニタリングする目的，重要な問題となる前にリスク問題に対処する目的，そしてリスク評価とダッシュボード報告の有効性に関するフィードバック・ループを機能させるという目的である。（たとえば，実損やリスク事象になりえるリスクは，リスク評価で特定され，ダッシュボード報告でモニタリングされているか。）

リスクに関する上層部への報告方針　リスク事象は，定期的な間隔ではなくリアルタイムで発生する。したがって，毎年のリスク評価は，たとえ月次や四半期に１回実施されたとしても，タイムリーな警告もしくは経営陣の対応を支援するまでには至らないかもしれない。リスクの上層部への報告方針は，実損や実際の事象（たとえば，ある金額を超える損失額やある数以上の顧客に影響を及ぼすリスク事象など）について特定の閾値を設けることで，この問題を軽減できる。過去の企業の失敗から得られる教訓は，悪い報せは必ずしも組織の上層部までは知らされないということである。リスクに関する上層部への報告方針とは，タイムリーにリスク事象を伝達するための明確な予想や特定の基準を設定するものである。

　事業とERMの統合段階では，一般的な落とし穴と現実的な解決方法は以下のとおりとなる。

■　**統合は報告の最終段階のみで生ずる**：単にさまざまな事業とリスク管理プロセスを集めた報告を行う企業がある。しかし，他のERMを含めたリスク評価と事業プロセスの統合は，報告の観点からいえば，最終段階でのみ行うべきではない。リスク評価と事業プロセスの統合は，業績とリスクのモニタリングに関する継続的な取り組みであるばかりでなく，初期段階における計画と分析の統合が含まれるべきである。

■　**アジェンダおよび経営管理の変更の欠如**：ほとんどの企業では，戦略的な

第 23 章　リスク評価　　　473

リスク管理と事業活動の統合は，組織内部の事業プロセスに多大な変化を
もたらす。さまざまな組織で，事業に関する確立した方針や手続きをもつ
ことになる。必要な変化を実行するためには，明確に定義された変更アジ
ェンダを策定すべきである。これには，経営目標の調整，障害の克服，成
功の評価と追及のために経営戦略を変更することを含む。

リスク評価におけるベスト・プラクティスのケーススタディ

大手の機関投資家にとって，情報技術はリスク管理のプロセスのすべての段
階において有用である。大手銀行のバンク・オブ・アメリカはマイクロソフト
と提携し，リスク評価や報告のニーズに対して特別に設計された SharePoint
Server 2007 を開発した。そのプログラムは複数段階のアクセスがあり，従業
員のランクに応じて，情報がさまざまな細かな段階へ行き渡るようになってい
る。従業員がリスクに関する情報を入力することができ，その情報は集約され
上級管理職へとリスク報告書の形で提供される[4]。

ベスト・プラクティスの例：グローバル・リスク報告書
リスク評価に関連した潜在的かつ重大な落とし穴がある一方，有用な分析や
洞察を生む取り組み例もある。グローバル・リスク報告書（以下「報告書」）は，
グローバル・リスク・ネットワークによって年に一度発刊されているが，高度
に効果的なリスク評価の例となっている。2004 年以降，全世界の出資者や研
究者のグループが毎年，世界経済フォーラムで発表され議論されているリスク
評価を共同して作成している。さまざまな職業や出身国の専門家 580 名の洞察
に基づいて，2011 年の報告書では，多様な定性的情報をまとまった簡潔な分
析として一体化することが可能であることを示した。その報告書の賞賛すべき
最大のポイントについて見てみよう。

■　**さまざまなリスク評価と専門家の意見を統合する能力**：報告書は，多様性
　　に富む情報源から情報をまとめている。報告書の参加者のリストを見ると，
　　大学教授，（シティグループから世界保健機関に至る）さまざまなビジネ

---

4)　"Global Financial Leader Deploys Solution for Compliance and Operational Advantages,"
　　Microsoft, July 2008.

ス領域の経営幹部，経済学者，科学研究者があげられている。報告書は，最も基本的なリスクあるいは世界経済が次の 10 年間に直面する可能性のある主要なグローバル・リスクを把握するために，580 名の専門家の知識を集めふるいにかけている。

■ **統合されかつ効果的な報告方法**：報告書では，簡単な箇条書きリストや，種々の背景知識レベルをもつ読者が複雑な情報を理解できるように説明図を使うなど，多様な方法を駆使して調査結果を提示している。たとえば，主要なグローバル・リスクは，箇条書きでリスト化されているが，図表を使ってさらに詳細が記載されている。この図表は，すばやく効果的な比較を行うために，米ドルで表された重大性と発生可能性を軸にしたマップになっている[5]。個々の企業で作成されるリスクアップは，同様のものである。

■ **リスクの相互依存性を分析した報告書**：グローバル・リスク報告書の最も重要な特徴の 1 つは，さまざまな「主要な」グローバル・リスクの関係を示したリスクの相互関連性マップである。2011 年の報告書のマップは，次の 3 つの主要なリスクを特定している。「マクロ経済の不均衡の結びつき」「非合法経済の結びつき」「水と食料とエネルギーの結びつき」である。リスクに寄与している複雑な関係は，各々が重要なリスク・カテゴリーを表している。たとえば「マクロ経済の不均衡の結びつき」において，資産価格の下落，財政危機，グローバル・インバランス／為替のボラティリティが，リスクに寄与する要因として存在する。複雑な関係を表す線は，2 つのリスク間の特定の結びつきの強さ（または逆にいうと，弱さ）を示すことから，さまざまなグラデーションの微妙な変化で表される[6]。

■ **2007 年の報告書は 2008 年の金融危機に内在するリスクを特定している**：効果的なリスク評価は，先を見通した分析やエマージング・リスクの早期警戒を可能にすべきである。2007 年の報告書で特定された主要な経済リスクの 1 つは，資産価格の暴落や過剰な負債である[7]。これは 2008 年の住宅バブルの背後にあるきわめて重要な要因であると判明した。この住宅

---

5) 同上，p. 8.

6) "Global Risks 2011, Sixth Edition," World Economic Forum. http://www3.weforum.org/docs/WEF_GlobalRisks_ExecutiveSummary_2011_EN.pdf

7) "Global Risks 2007," World Economic Forum, p. 6.

第 23 章　リスク評価　　　　　　　　　　　　　475

　バブルによって，専門家の意見をもとにマクロ的なリスクの傾向を特定し
たグローバル・リスク・ネットワークの能力が優れたものであると示され
た。

付録：リスク評価における自己評価チェックリスト

　企業がベスト・プラクティスに照らして自己の現在のリスク評価の手続きを
評価する際，ある段階から次の段階に進むために，以下のチェックリストは基
準となり示唆を与えてくれる枠組みとして役に立つだろう。自己評価スコアに
基づいて，企業は重大な乖離を特定し改善が必要な領域を特定できる。このチ
ェックリストを一通り確認するためには，小規模の機能横断型のチームを編成
することによりグループベースで評価を行うことが有用である。
　リスク評価における自己評価とは，以下のリスク評価の 2 つの次元に基づい
ている。

■　リスク評価の基準の構築と成熟度，すなわち，どの程度まで企業が頑健で
　成熟したリスク評価プロセスを構築できたか。
■　リスク評価結果の統合と適用，すなわち，どの程度まで企業は効果的にリ
　スク評価を事業や ERM プロセスに組み込み，結果をよりよい意思決定に
　活かしているか。

　以下では，自己評価のチェックリストについて，それぞれのステップを見て
みよう。

第 1 段階
　現行のリスク評価プロセスについて，1〜5 のランクをつけてみよう。それ
ぞれの項目について右の最終列にランクを入力し，最後に各項目のランクを合
計してほしい。

第 2 段階
　構築と成熟度，統合と適用について小計のスコアを足し上げる。それぞれの
小計は，最小スコアを 10，最大スコアを 50 とし，中間スコアを 30 とする。

図 23.8　リスク評価の構築と成熟度の評価

ランクづけの基準	まったくそう思わない (1)	そう思わない (2)	どちらでもない (3)	そう思う (4)	強くそう思う (5)	スコア
1.　組織的な協力と支援 　リスク評価プロセスは，事業部門だけでなく取締役会と上級管理職から十分な支援がある。参加者は率直な議論を行い，リスクとコントロールに関する率直な情報を提供する。						
2.　計画と経営資源 　リスク評価を行うために明確に定義された計画がある。特定の役割が明確に定義され，計画実行のための適切な経営資源を有する。						
3.　リスク分類 　リスクの主要なカテゴリーと定義によるリスク分類を実施している。参加者は，リスクとコントロールに関する事項を議論する際は，共通の言語を用いている。						
4.　リスク評価ツール 　標準的な質問表，定型の書式，ソフトウェアとポーリングのツールを含め，リスク評価を支援する堅固なツールセットを有する。						
5.　訓練と能力開発 　リスク評価に関する訓練と能力開発プログラムを提供している。プログラムは，新しい参加者が利用可能となっている。						

第23章 リスク評価　　　477

ランクづけの基準	まったく そう思わ ない (1)	そう思わ ない (2)	どちらで もない (3)	そう思う (4)	強くそう 思う (5)	スコア
6.　経営目標との関係　リスク評価プロセスは，企業や事業部門レベルの双方において，経営目標と明確に関連づけられている。						
7.　規制や方針の要件との関係　リスク評価プロセスは，事業にとって重要な規制や方針の要件を組み込んでいる。						
8.　情報の質　面談や作業部会において，リスク評価の議論は，非常に有用である。結果ではなく根本原因に基づいてリスクを説明し，確率，重大性，コントロール方法の有効性に関する一貫した定義を適用している。						
9.　成果物の質　リスク評価報告書とリスク・マップは，非常に効果的である。企業や事業部門レベルの双方において，明確なリスク・プロファイルを有している。参加者は，報告書やリスク・マップを高く評価している。						
10.　リスクの優先順位づけ　主要リスクを特定するために，体系的な方法を確立している。よりきめ細かで実行可能な情報を得るため，深掘りした分析が行われる。						

構築と成熟度に関するスコア小計

図 23.9　リスク評価の統合と適用の評価

ランクづけの基準	まったくそう思わない (1)	そう思わない (2)	どちらでもない (3)	そう思う (4)	強くそう思う (5)	スコア
1.　キー・リスク・インディケーター（KRIs） リスク評価と KRIs を統合している。リスク評価は KRIs の設計に関する情報を提供する。KRIs によってリスク・エクスポージャーや傾向を監視することができる。						
2.　リスク許容水準 実際のエクスポージャーが許容範囲内となることを保証するため，重要なリスクに対してリスク許容水準を定めている。						
3.　リスク管理 主要なリスクについて，リスクを回避するか削減するか，移転するか引き受けるかの明確な責任とともに，リスク管理と行動計画を策定している。						
4.　早期警戒体制 優れたリスク指標や不測の事態に対する行動計画を含む，早期警戒体制を構築している。						
5.　戦略的な計画立案と検証 リスク評価プロセスは，実行中の戦略や事業の検証だけでなく，戦略的な計画立案と一体となっている。						

第 23 章　リスク評価

ランクづけの基準	まったくそう思わない (1)	そう思わない (2)	どちらでもない (3)	そう思う (4)	強くそう思う (5)	スコア
6. 事業プロセスと業務 リスク評価の結果を事業プロセス（たとえば，プライシング，商品開発，資本配賦）や日常業務（たとえば，コールセンター，国債の売買，情報技術）に活用している。						
7. シナリオ分析とストレステスト 個別のリスクとそのコントロールに加え，シナリオ分析や，複数のリスク事象の発生，複数のコントロール方法が機能停止するといったストレステストを実施している。						
8. ダッシュボード報告 経営陣，取締役会に対して，業績とリスク状況を統合したダッシュボード報告を実施している。						
9. 損害／事象のデータベース 実損や実際のリスク事象を記録したデータベースを構築している。このデータベースは，事後分析，リスク・モニタリングや対応，リスク評価やダッシュボード報告の継続的な改善を支援している。						
10. リスクの上層部への報告方針 リスク評価を補完するため，実損またはリスク事象について特定の通知トリガーをともなった，リスクの上層部への報告方針を確立している。						

統合と適用に関するスコア小計

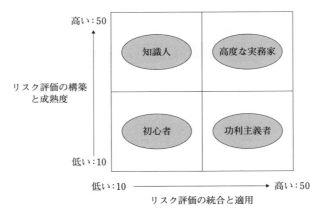

図 23.10　自己評価マトリクス

第 3 段階

2つの小計のスコアに基づき，**図 23.10** のマトリクスを使って，会社がどの象限に位置しているか特定する。縦軸は，構築／成熟度に関する小計のスコアを表し，横軸は統合／適用のスコアとなる。

第 4 段階

リスク評価を組織内でさらに発展，統合し適用するために，結果を評価し，計画を策定する。以下の指針は，議論の出発点として役に立つだろう。

初心者　あなたの会社は，リスク評価を行う初期段階にあるかもしれない。また，ここ数年間リスク評価の導入を図っているところかもしれない。しかし，優先順位と経営資源がなければ，リスク評価の技術を前進させることができない。これは，よりよい意思決定を行うためにリスク評価のプロセスを統合し適用するだけでなく，体制構築を進展させる機会としてとらえることができる。

知識人　現在あなたの会社は，数年間，リスク評価ツール，ソフトウェア，報告書やマップの開発作業をしている。全般的には，リスク評価プロセスは，堅固なもので成熟している。ただし，リスク評価プロセスは，他の ERM や事業活動から切り離された独立した業務であるように見えている。リスク評価は，

明確な利益がなければ相当のコストがかかると思われているかもしれない。リスク評価を，戦略的な事業プロセスだけではなく他の ERM ツールに統合することに，意識と資源を集中すべきだろう。

功利主義者　あなたの会社は，リスク評価の統合と適用を実務として行っている。しかし，リスク評価ツールとプロセスが構築されていないことで，効率的な方法で一貫性をもってリスク評価を行う能力が阻害されているかもしれない。リスク評価サイクルがまわってくるたびに，車輪を作り変えているようなものかもしれない。さらに，基準がなければ時間の経過に応じたトレンドの評価や，全社的なリスク評価の比較が難しくなる。より堅固なリスク評価ツールとプロセスを構築することに，意識と資源を集中すべきだろう。

高度な実務家　おめでとう。あなたの会社は，リスク評価と ERM プロセスにおける高度な実務家であり，リスク評価のための標準化されたツールや計画的なプロセスを構築している。さらに重要なことは，戦略的な事業や業務にかかわる意思決定をするためにツールやプロセスが活用されている。しかし，ERM のベスト・プラクティスは永遠の課題でありゴールがない。常に新たなベスト・プラクティスの情報を追い求め，リーダーシップを維持することに，意識と資源を集中すべきだろう。

■　　■　　■

　グローバル金融危機の余波で，リスク管理は企業の取締役会や経営陣の重要課題に上りつめた。リスク評価は，ERM プログラムの重要な構成要素となった。リスク評価を効果的で付加価値のあるものとするために，企業は，経営幹部の支援，組織の経営資源，リスク評価のツールと教育・訓練の確立，リスク評価の恒常的な実施，よりきめ細かな分析，リスク定量化とリスク管理戦略のための企業の主要なリスクの優先順位づけ，そしてリスク評価の他の事業や ERM プロセスへの組み込みを行わなければならない。

第 24 章　リスクベースの意思決定

　数年前，私はあるアジアの銀行のリスク管理業務において，ERM の研究プロジェクトを率いていた。北京で開かれたある会議で，中国の大手銀行の 1 つで CRO を務める人に会った。われわれは，ERM 実施における 4 つの構成要素，すなわち，ガバナンス体制と方針，リスク評価と定量化，リスク管理，ダッシュボード報告とモニタリング（**図 21.2** 参照）について意見交換を行った。彼は，すぐに取り掛かるために最も重要な構成要素は 4 つのうちどれだと思うかと私に尋ねた。この質問に答える前に，私は彼の意見を求めたが，彼の答えはリスク評価と定量化であった。というのも，リスクを正確に特定し分析することができるからという理由だった。私は失礼にならないように異議を唱え，リスク管理こそが最も重要であり，これこそが唯一組織のリスク・リターン特性に実際に影響を与えるものであると答えた。われわれは議論し，4 つの構成要素はそれぞれ重要であるものの，事業に経済的付加価値をもたらす唯一の方法はリスク管理の意思決定と行動である，ということで意見の一致をみた。

　このやりとりは，私が ERM における最大の課題の 1 つと信じていることを補強することとなった。つまり，価値を創造するために，どのように ERM を事業における意思決定プロセスに組み込むのかということだ。この章では，このきわめて重要な問題に具体的に踏み込んでみよう。

ERM の意思決定と行動

　ERM の設計および実施においては，組織の意思決定プロセスを支援することがとくに重要である。8 割 2 割の法則として知られているパレートの法則は，効果の 80 パーセントは原因の 20 パーセントに起因しているという一般事象の観測結果を述べているものである。われわれは，これを日常生活でもビジネスシーンでも観察することができる。たとえば，自由時間の 80 パーセントは友

第 24 章　リスクベースの意思決定　　　　　　　　　　　　　　　　483

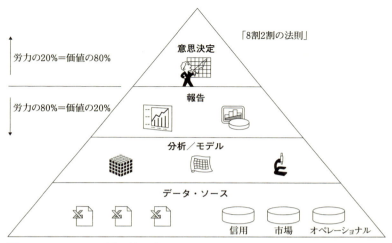

図 24.1　ERM の 8 割 2 割の法則

人の 20 パーセントと過ごしているだろうし、あるいは販売量の 80 パーセントは 20 パーセントの顧客からのものである。この法則はリスク管理にもあてはまる。図 24.1 で示しているように、リスク管理機能は、データ収集、リスク分析モデルの開発、取締役会や経営陣への報告書作成に 80 パーセントの労力を割いているだろう。しかし、優れた情報という観点からは、この仕事は価値の 20 パーセントを生むにとどまっているかもしれない。他方、この章で述べるリスクベースの意思決定の場合、20 パーセントの労力を要するだけであるが、さらなる情報に基づいた意思決定を行うという観点からは、全体の価値の 80 パーセントを生むだろう。

　意思決定に重点的に取り組む必要性を示すために、典型的なリスク・システムの導入プロセスを見てみよう。一般的に、リスク管理者は、図 21.1 に示されているように、リスク・システムを導入する際には、ボトムアップ・アプローチを適用する。リスク管理者は、解析能力やシステムの機能性、データソースを定義することにより、リスクのモデリングやデータ要件から着手するだろう。これらの要件に基づいて、ベンダーもしくは組織内で作成したプログラム、あるいはその 2 つを組み合わせ、新たなリスク・システムを導入するだろう。導入プロセスの一部として、組織内のさまざまなグループに対してリスク報告書が作成され送付される。

しかし，この点において価値創造プロセスが多くの場合損なわれるのである。リスク報告書を受け取る個人やグループは，リスク管理の深い知識を有していないかもしれない。さらに，リスク報告書は出来合いのベンダー・ベースの報告書となっているかもしれない。また，意思決定するうえでのニーズを考慮して設計されていないかもしれない。したがって，簡単に計測基準や分析内容を理解するのは困難であり，ましてやそれに基づいて重要な決定を下すことが難しいのはいうまでもない。結局，新たなリスク・システムは，主に情報や法令遵守の目的でリスク報告書を支援しているものの，意思決定にはとくに重要な影響を及ぼしていない。

代案としては，より効率的，効果的にリスク・システムを導入するために，トップダウンの方法を用いることがあげられる。最初の段階として，意思決定者の判断を支援する要件だけでなく，さまざまな委員会や機能的な組織，個人の事業とリスク管理における決定内容を特定することである。言い換えれば，委員会や機能的な組織，個人がどのように意思決定しているか，ということである。これらの意思決定を支援するため，どのように適切な体制やリスク報告書の内容を構築できるだろうか。仮にリスク・システム導入チームが上記の要件を完全に理解していなければ，尋ねるべきだろう。意思決定者のニーズを理解するために，取締役，従業員，執行役から意見聴取することもあるだろう。第2段階として，容易に理解できる簡潔なリスク報告書を作成，最終的な報告書が意思決定に役立つことを確実にするための迅速な試作の作成，中間段階における検証，相互討議の実施があげられる。最終段階は，リスク分析モデルの導入とリスク報告書の作成を支援するデータソースの構築である。トップダウン・アプローチの採用と重要な意思決定を支援することで，リスク管理は十分な価値を提供できる。

一般的なリスクに関する意思決定の選択肢

リスク管理において，組織が選択しうる意思決定の選択肢は何だろうか。一般的には，リスク管理の主要な決定は以下のとおりである。

■ **リスク引受か回避か**：本業やM&A，金融取引を通じて，組織は特定のリスク・エクスポージャーの増減を決定できる。これには，新製品の開発，市場の拡張，事業の買収と売却，設備投資や財務活動も含まれる。

第24章　リスクベースの意思決定　　485

■ **リスク削減**：組織は，定められたリスク許容水準の範囲内で特定のリスク
を管理するため，リスク・コントロールのプロセスと戦略を確立できる。
これには，明確なリスク許容水準，リスク管理方針，リスクの計測とモニ
タリング制度，リスク・コントロール戦略と不測の事態への対応とともに，
リスク・アペタイトを定めることを含む。

■ **リスクベースのプライシング**：すべての企業は事業を行うためにリスク・
テイクするが，引き受けたリスクに見合う報酬を得る唯一のプロセスがあ
る。それは製品やサービスのプライシングであり，リスクのコストを完全
に織り込むべきである。リスクの全コストは，製品やサービスの価格にす
べて織り込まれ，顧客や事業部門のリスク調整済み収益を測定するために
使用されるべきである。これについては次章で，リスクベースのプライシ
ングの例を取り上げる。

■ **リスク移転**：組織は，もしリスク・エクスポージャーが過剰あるいはリス
クの移転コストが保有コストよりも低い場合，保険や資本市場を通してリ
スク移転戦略の実行を決定できる。リスク移転戦略は，デリバティブ商品
でのヘッジ，企業保険やキャプティブ保険会社戦略，証券化プログラムな
どを含む。

■ **資源配分**：組織は，企業価値を最大化するために，最も高いリスク調整済
み利益を生む事業活動に人材や財源を割り当てることができる。これは，
予測されたリスク調整済みの成果に基づいて人的資源，エコノミック・キ
ャピタル，予算を合理化することを含む。

取締役会，経営陣，事業部門

　上述したとおり，組織がリスクに関して意思決定する際，選択肢を理解する
ことは重要である。一方，実際のところ，特定の委員会，機能的組織もしくは
個人によってリスク管理の意思決定が行われる。これらの意思決定者は，取締
役会，経営陣，もしくは事業部門や機能単位である。**図24.2**は，3つの防衛線
に基づいて，主要なリスク管理の決定を要約したものである。

事業部門と支援機能　事業部門と支援機能（たとえば，情報技術あるいは人的
資源）は，第1の防衛線を表す。事業部門と支援機能には，その事業や業務の
固有リスクの計測と管理について，最終的な責任がある。しかし，利益を生み

	取締役会（と監査）
第3の防衛線	• リスク方針の決定(たとえば記載やリスク・アペタイト) • 資本構造，配当政策，目標とする格付 • 戦略的リスク管理
	CROとERM機能（と経営陣）
第2の防衛線	• 資源配分（たとえば，エコノミック・キャピタル，人的資源） • M&Aと本業の成長戦略 • リスク移転の決定：ヘッジと保険
	事業部門（と支援機能）
第1の防衛線	• 事業のリスク引受とリスク回避 • 顧客管理と製品のプライシング • 周到なリスク軽減戦略

図 24.2　リスク管理の決定

成長を実現するためにはある程度のリスクを引き受けたうえで経営目標を達成しなければならない。主要な事業とリスク管理に関する決定には，日常の事業活動や業務においてリスクの引受あるいは回避，製品のリスクベースでのプライシングや顧客関係の管理，周到なリスク移転戦略とリスク事象に対応したコンティンジェンシー・プランの導入が含まれるだろう。

経営陣　CRO，ERM，法令遵守機能に支えられた経営陣は，第2の防衛線である。彼らは，リスク方針と基準，リスク・アペタイトと許容度，そして取締役会や経営への報告プロセスを含む，リスクとコンプライアンス・プログラムの確立と導入に責任がある。第2の防衛線には，継続的なリスク・モニタリングと監督の責任がある。主な事業とリスク管理の決定とは，以下のものが含まれる。最も高いリスク調整済み利益を生む事業活動への財源や人的資本の割り当て，本業もしくは買収による成長戦略の実行，そして過剰あるいは非経済的なリスク・エクスポージャーを削減するためのリスク移転戦略である。

取締役会　監査機能の支援がある取締役会は第3の防衛線であり，取締役会のリスク・ガバナンス体制と監視プロセスの構築に責任がある。すなわち，リスク管理方針の検証，異議の申し立てと承認，戦略実行・リスク管理・執行役の報酬プログラムの監視である。第3の防衛線は，リスク管理の実効性に関する

定期的な検証と保証に関して責任を有する。主な事業とリスク管理の決定は，以下のものを含むだろう。リスク・アペタイトの記載内容とリスク許容水準の策定，資本構造・配当政策・負債の目標格付に関する経営陣の推奨の検証と承認，主要な投資や取引を含む戦略的リスク管理の決定に関する検証と承認である。

ERM を通じた価値創造

　第21章では，業績面や株主還元における著しい改善と，強力なコーポレート・ガバナンスやERMプログラムとが関連していることを示す複数の実証的研究について分析を行った。この研究はERMを通じて価値が創造されているという心強い証拠となっているものの，個別の企業では，価値創造のための戦略に関する特定の例により興味があるようだ。図24.3では，株主価値の主要なドライバーを示しており，ROE（株主資本利益率）と成長が2つの主要なドライバーとなっている。ROEは，純利益（＝収入－費用－損失－税）を資本で割ることで求められる。成長は，新規事業，M&A，事業の多角化戦略によって変動する。

　これらの価値のドライバーに照らして，リスク管理の範囲がERMによってどのように拡張したかを見てみよう。1980年代後半以前では，企業はリスク管理を行っていたが，それは全社的な取り組みではなく各部門内の取り組みに

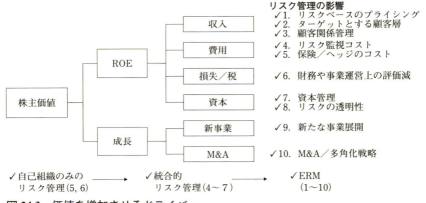

図 24.3　価値を増加させるドライバー

とどまっていた。その目的は主に，コスト効率の高い保険やヘッジ戦略を策定し，財務や業務運営上の評価減を最小化することであった（**図 24.3** の 5 番と 6 番）。1980 年代後半および 1990 年代初期において，企業は金融リスク（たとえば，信用リスク，市場リスク，流動性リスク）を統合的に管理し，エコノミック・キャピタルの手法を活用し始めた。リスク管理の範囲は，コスト効率の高いリスク監視機能の確立と効率的な資源配分を含むように拡張されていった。1990 年代半ばからは，ERM がリスク管理の範囲を継続的に拡大させ，リスク機能が株主価値の 10 のドライバーすべてに影響をもつことができるよう，戦略と事業リスクを含めるようになった。

この章の内容を思い出していただくためにも，議論を以下の 4 つの主要なドライバーに絞ろう。

■　リスクベースのプライシング
■　合併と買収（M&A）
■　リスク移転
■　戦略的リスク管理

リスクベースのプライシング

先に触れたとおり，企業にとって引き受けたリスクに対するリターンを確実にするための最も効果的な方法は，プライシングの方法論にリスクのコストを組み込むことだ。仮にリスクのコストが初期段階におけるプライシング（たとえば，リスクに対して製品や取引が安い値段をつけられているなど）で完全にリスクのコストを織り込めていないなら，コストを回収するために企業ができることはない。過少にプライシングされたリスクは短期的には収入を増やし成長を加速させるかもしれないが，時間が経過するにつれ，株主価値が損なわれることになるだろう。リスクのコスト合計を定量化する際には，企業は以下を含めるべきである。

■　期待損失（EL），すなわち 1 年間の平均損失
■　非期待損失（UL）。エコノミック・キャピタル×Ke（資本コスト）として定義
■　リスク移転コスト（たとえば，ヘッジあるいは保険のコスト）

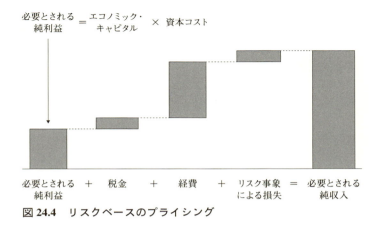

図 24.4 リスクベースのプライシング

■ リスク管理コスト（たとえば，人材やシステムの維持にかかわるコスト）

図 24.4 は，リスクベースのプライシングの例を示している。損益計算書の構成要素は右から始まり左へと進む。つまり，純収入から始まり，そこからリスク事象発生による損失，経費，税金を差し引き，純利益を算出し，それを自己資本で割ることで ROE を算出する。リスクベースのプライシングは基本的に，伝統的な損益計算書を逆行して分析を行う。言い換えると，図 24.4 に示す構成要素は，左から始まり右へ進む。リスクベースのプライシングを行う際は，実際にはエコノミック・キャピタルに資本コストを乗じ，必要とされる純利益を算出することから始める。そして，税金，経費，リスク事象による損失を加算することで，必要とされる純収入を算出する。

ここで，リスクベースのプライシングの数値例を見てみよう。そして同じ方法論がどのように RAROC の算出やプライシングに使われるかについてみてみよう。表 24.1 の最初の列である RAROC の計算では，計算が上から下まで行われる。今 2.5 パーセントの利益率の 1 億ドルの取引があり，収入は 250 万ドルとなる。税引前純利益 100 万ドルは，リスク事象の損失（すなわち期待損失）50 万ドルと経費 100 万ドルを収入から差し引くことで求められる。税率は 40 パーセントであると想定すると，純利益 60 万ドルが算出される。この例では，取引に内在するリスクに基づき，エコノミック・キャピタルが 200 万ドル割り当てられていることから，純利益をエコノミック・キャピタルで除する

表 24.1　RAROC 算出とリスクベースのプライシング

		RAROC 算出 (単位：百万ドル)		プライシング (単位：百万ドル)	
[1]	エクスポージャー	100		100	
[2]	マージン（利益率）	2.5%		2.2%	$[3] \div [1]$
[3]	収入	2.5	$[1] \times [2]$	2.2	$[6] + [5] + [4]$
[4]	リスク事象の損失	〈0.5〉		〈0.5〉	
[5]	経費	〈1.0〉		〈1.0〉	
[6]	税引前純利益	1.0	$[3] - [4] - [5]$	0.7	$[8] + [7]$
[7]	税金（税率40%）	0.4		〈0.3〉	
[8]	純利益	0.6	$[6] - [7]$	0.4	$[10] \times [9]$
[9]	エコノミック・キャピタル	2.0		2.0	
[10]	RAROC	30%	$[8] \div [9]$	20%	

ことで，RAROC が 30 パーセントと算出される。30 パーセントと算出された
RAROC の計測基準は，以下の 2 つの観点から，意思決定においてきわめて
有用なものとなりうる。

■　まず，RAROC は製品戦略や顧客管理戦略を支援する。仮に RAROC が
　Ke（資本コスト）よりも大きければ，取引もしくは顧客は株主価値を創
　出しており，企業はこの事業をさらに進めるべきである。逆に，RAROC
　が Ke を下回るようであれば，取引は株主価値を損なっており，企業はこ
　の事業を中断し，今後の取引価格を値上げし，もしくは同じ顧客により利
　益の高い製品を抱き合わせ販売することで，全体の RAROC を Ke を超
　える水準に押し上げる。

■　次に，RAROC は事業の管理や経営資源の配分を支援する。異なる事業
　部門の RAROC はそれぞれ比較しうるものである。なぜなら，RAROC
　はリスク調整済み利益を測定する一貫性のある指標だからである。利益率，
　総資産利益率（ROA），ROE など他の利益率の指標はリスク調整されて
　いないため，どれも比較に用いると誤った結論を導く可能性がある。たと
　えば，他よりもわずかに低い ROA や ROE を示す事業部門が，もし他の
　事業部門よりもかなり低いリスク特性をもつなら，他よりも魅力的かもし
　れない。RAROC 分析は，どの事業を成長させるのか，どの事業を持続
　させるか，元通りに回復させるか縮小させるか，またはどの事業から撤退
　するかに関する経営上の意思決定を支援する。

上記の例において，競合するライバルが 2.5 パーセントの利益率に変えて 2.3 パーセントとするディスカウント戦略を決定したとすると，企業はどのような反応をするべきだろうか。リスクベースのプライシングは，そのような事業上の意思決定を支援するために利用される。これは，表の 2 つめの列，プライシングの欄で示されており，ここでの計算は逆方向もしくは下から上に向かって行われる。たとえば，企業がある事業で達成したい最低限必要な利益率を RAROC 20 パーセントと設定したとしよう。反対向きに同じ方法論を適用することによって，20 パーセントの RAROC を達成するリスクベースのプライシングとして，2.2 パーセントの利益率が算出される。

20 年以上にわたって，銀行は事業経営においてエコノミック・キャピタル，リスクベースのプライシング，そして RAROC 分析を活用してきた。銀行はこれらのツールを活用し，リスク調整済み利益率の測定や，商業貸出，消費者金融，デリバティブ商品，投資銀行業務や仲介業務を含めた幅広い商品やサービスのプライシングを行っている。しかし，第 18 章の最後でマイクロソフトとエアバスのケーススタディにおいて論じたとおり，一般事業会社においてもリスクのコストを完全に製品のプライシングに織り込まなければならない。

合併と買収（M&A）

M&A 取引は企業の今後の運命に相当大きな影響を及ぼす。それがよい取引であれば，競争相手を追い越すために手助けとなりうるが，一方でよい取引でなければ企業を何年にもわたって後退させることになりうる。ERM 機能は，被買収会社のリスク特性や統合後の企業のリスク・リターンの経済性を評価することにより，M&A の重要な意思決定支援となりうる。

伝統的な合併分析は，統合された企業としてだけでなく，独立した会社として運営されている企業の財務予測に基づいて行われる。この財務予測に基づいて，買収価格の範囲を想定しつつ，潜在的利益の希薄化／増加が推定される。しかし，伝統的な利益の希薄化／増加分析では，完全にリスクを調整できない。したがって，この手法では誤った M&A の決定に至り，戦略的，財務的に悲惨な結果となりうる。

それでは，M&A に関するよりよい意思決定を行うために，ERM がどのように支援しうるかを見てみよう。**図 24.5** は，M&A 分析の例を示している。こ

図 24.5　M&A 分析

	A	B	C	A+B	A+C
収入	100	50	50	150	150
コスト	50	30	25	80	75
税引前利益	50	20	25	70	75
税金	20	8	10	28	30
純利益	30	12	15	42	45
エコノミック・キャピタル	200	100	100	210	270
RAROC	15%	12%	15%	20%	17%
M/B 比率*	1.00	0.67	1.00	1.50	1.20

注：*M/B 比率＝$(RAROC-g) \div (Ke-g)$; $Ke=15\%, g=5\%$ とする

の例では，A 社は B 社もしくは C 社のどちらかの買収を画策している。例を簡単にするため，両方の企業は同じ価格で買収されるものと仮定しよう。伝統的な財務分析に基づけば，C 社は B 社に比し，高い RAROC そして高い M/B 比率[1] を有しており，より魅力的に見える。M&A の専門用語でいえば，C 社の買収は希薄化しない（利益の希薄化がない）が，一方で B 社を買収すると希薄化する。

　しかし，分散による効果（リスクの相関）がまだ考慮されていない。ERM は，2 つの買収の可能性を評価する際に，この要素を織り込む。分散効果の影響は，統合会社のエコノミック・キャピタルの行で見て取れる。B 社の買収は 30 パーセントの分散効果をもたらすことになる。つまり，合併前の 300（A 社が 200 で B 社が 100）と比較し，A+B のエコノミック・キャピタルは 210 となっている。他方，C 社の買収は 10 パーセントの分散効果となる。つまり，合併前の 300（A 社が 200 で C 社が 100）と比較し，A+C のエコノミック・キャピタルは 270 となる。したがって，B 社の買収のほうが高い RAROC と高い M/B 比率をもたらすことになる。

リスク移転

　企業のなかでは，ERM とは，多くの場合 CRO のリーダーシップのもと，戦略リスク，市場リスク，信用リスク，オペレーショナル・リスク管理を統合する全体的なリスク・プログラムをいう。資本市場において，ERM は金融と

---

1)（訳注）簿価対比の市場価格のこと。

第 **24** 章　リスクベースの意思決定　　　493

保険の収斂を表しており，たとえばクレジット・デリバティブ，保険関連証券，その他の代替的リスク移転（ART）商品[2]のように，革新的なリスク移転の解決法に関するまったく新たな手法となった。

　本書を通して論じているように，企業が相互依存性のあるリスクに対応するために内部プロセスを構築するという話になれば，リスク管理のためのサイロ型の手法は基本的に機能しないといえる。その延長線で，リスク移転についても同様のことがいえる。

　これまでリスク移転は，特定のごく小さなリスクの問題を解決する手段としてみなされてきた。一般的には，リスク移転を実施する企業側の根拠として，2つの理由がある。1つは，企業のエクスポージャーが過大でありリスクを削減する必要があるため。もう1つは，ヘッジファンドや保険会社などの第三者にリスク移転することが財務的により効率がいいとされる場合である。たとえば，企業内部では，財務担当者は金利や為替リスクのエクスポージャーをヘッジするために先物やスワップを利用する。一方，保険担当者は事業や業務上のリスクから企業を守るため製造物責任保険や損害保険を購入するだろう。財務担当者や保険担当者の双方とも，リスク移転を通じて対処すべき特定のリスクに関する問題をかかえている。両者とも製品の供給者からのさまざまな提案を評価し，最良の仕組みや価格に応じて意思決定を行うだろう。

　しかしながら，リスクについて他部門と連携をとらなかったとしても，個々のポジションがポートフォリオとして集約されれば，リスク移転コストを劇的に削減することができる。たとえば，財務担当者は，個々の資産や負債を個別にヘッジせず，貸借対照表全体をマクロヘッジすることで金利リスクのヘッジ・コストを削減できる。同様に保険担当者は，企業内での分散や，複数のリスクに複数年の保険を掛けることで残余リスクの移転を行い，保険料を相当程度節約する。

　ERM は，リスクのサイロを企業全体のリスク・ポートフォリオに統合することで，分散をさらに一歩進める。分散もしくは社内的なヘッジの効用は，すべてのリスク・エクスポージャーのボラティリティや相関を考慮することで最大化しうる。したがって，企業はリスク移転の行動を統合し，ネットのリスク・エクスポージャーに意識を集中して向けることができる。リスク移転に

---

2)　特定の ART 商品に関するより詳細な情報は第 8 章を参照のこと。

ERM 手法を採用することで，以下の 4 つの効用が生まれる。

■ 分散の影響をすべて取り込み，補償の名目元本やリスク移転コストを削減する
■ 多様なリスクの過剰もしくは過少ヘッジを避けるため，さまざまなリスク移転戦略を合理化する
■ デリバティブ取引によるヘッジの仕組みだけでなく，保険／再保険方針のリミットやあらかじめ定められた水準を最適化する
■ 商品の供給者間の裁定取引だけでなく，伝統的なリスク移転商品とその他のリスク移転商品間の裁定取引によるリスク移転コストを最小化する

　ART 商品はかなり効果的である一方，上記の効用を得るために ERM が必ずしも必要というわけではない。企業は，伝統的なデリバティブや保険の取引を実行する前に，単に ERM の視点でリスク・ポートフォリオを評価することで，効率性を発揮できる。

　リスクベースのプライシングで論じたエコノミック・キャピタルと RAROC の方法論はまた，異なるリスク移転戦略を評価するために有用なツールである。たとえば，リスク移転戦略を実行する経済的ベネフィットは，期待損失の低下とボラティリティの削減を含む。一方，経済的コストには，カウンターパーティの信用リスクやオペレーショナル・リスク・エクスポージャーの高まりだけでなく，保険料やヘッジ・コストが含まれる。ある意味，企業はリスクとリターンの双方を譲歩することで，リスク移転後の RAROC を得る。さまざまなリスク移転戦略における移転後の RAROC を比較することで，企業はそれぞれの戦略の仕組み，価格，カウンターパーティを同一条件下で比較し，最適な取引を選択できる。

　リスク移転後の RAROC は，リターンの増加分をエコノミック・キャピタルの増加分で割ることで求められる。つまり，それによってリスク移転のコスト効果が表される。仮にリスク移転後の RAROC が資本コスト（Ke）を下回れば，リスク移転によって株主価値が創出される。逆に資本コストを上回れば，リスク移転が株主価値を損なうことになる。

　ERM は 2 つの重要な方法を通じてリスク移転の意思決定を支援する。1 つは，企業の相殺後のリスク・エクスポージャーを分析することであり，これに

は通常業務のなかで得られるナチュラル・ヘッジや分散効果，リスク間の相関などが含まれる。2つめは，リスク移転戦略の経済的コストを分析すること，そしてリスク移転コスト（移転後の RAROC）とリスク保有コスト（Ke）を比較することである。

戦略的リスク管理

　戦略と ERM の統合，あるいは戦略的リスク管理は，リスク管理の次なる分野であると考えられている。この認識が高まった背景には，ERM が取締役会や経営管理の問題となったこと，規制やステーク・ホルダーの期待の高まりがある。また，それだけではなく，企業が株価の大幅な低下の憂き目に遭う際には，多くのケースで，金融リスクやオペレーショナル・リスクではなく戦略リスクが原因であることを示す数多くの実証的研究も背景の1つとなっている。

　ジェームズ・ラム＆アソシエイツ（JLA）は 2004 年にこの問題に取り組み，上場企業における財務的苦境の主な原因について独自の研究を行った。研究課題は単純明快で，企業が株価の大幅な下落に直面する場合（30 パーセントの相対的な下落と定義），その根本的な原因は何だったのか，ということである。JLA のリサーチチームによれば，1982 年から 2003 年までの S&P 500 の市場価格のデータ分析によって，1ヵ月間に 76 社の株価が 30 パーセントもしくはそれ以上の相対的な下落を示していたことが判明した。言い換えれば，仮にS&P 500 がある 1ヵ月の間に 10 パーセント下落したとすれば，これらの企業の株価は 40 パーセントもしくはそれ以上下落していた。この 76 社は，エネルギー，素材産業，工業，電気通信，消費財，ヘルスケア，公共事業，金融を含み業界横断的に幅広く分布していた。76 のそれぞれの発生事象に関して，JLA のリサーチチームは，根本的な原因を突き止めるため，報道ニュース，規制の適用申請，会社発表をつぶさに調査した。手短にいえば，61 パーセントの事象は戦略リスク（たとえば，消費需要，M&A，競争上の脅威）を原因に発生し，30 パーセントはオペレーショナル・リスク（たとえば，不正会計，供給プロセスの混乱）によって引き起こされ，残りの 9 パーセントは金融リスク（たとえば，コモディティ価格，為替，金利）が原因であったことが，リサーチプロジェクトによって判明した。

　コーポレート・エグゼクティブ・ボードとデロイト・リサーチでは，異なる企業のグループを対象とし，異なる時期，大幅な株価下落に関する異なる定義

図 24.6　市場価格の大幅な低下をもたらすリスク

組織	研究方法	主要な発見
ジェームズ・ラム＆アソシエイツ（2004）	■S&P 500（1982-2003） ■1ヵ月間において，S&P500に比して，30％もしくはそれ以上の株価下落	■61％の企業は戦略リスクが原因であった。 ■30％の企業はオペレーショナル・リスクが原因であった。 ■9％は金融リスクが原因であった。
コーポレート・エグゼクティブ・ボード（2005）	■『フォーチュン』誌におけるトップ1,000社（1998-2002） ■最大の株価下落があったトップ20％の企業	■65％の企業は戦略リスクが原因であった。 ■20％の企業はオペレーショナル・リスクが原因であった。 ■15％は金融リスクが原因であった。
デロイト・リサーチ（2005）	■トムソン・フィナンシャル・グローバルにおける1,000社（1994-2003） ■モルガン・スタンレーのファイナンシャル・ワールド・インデックスと比較した，1ヵ月間の株価下落	上位100の大幅な下落を示した企業のうち， ■66社は戦略リスクが原因であった。 ■62社は外部事象が原因であった。 ■61社はオペレーショナル・リスクが原因であった。 ■37社は金融リスクが原因であった。

を使って，同様の研究を行っている。**図 24.6** にまとめているとおり，これら3つの独立した研究は，同じような発見に至っている。企業が株価下落で苦境に立つとき，戦略リスクが主要な原因であり，オペレーショナル・リスク，金融リスクがその後に続く。

　戦略リスクの重要性を所与とした場合，企業はどのように管理すべきだろうか。ここでは，ベスト・プラクティスの例として，GE キャピタルのポリシー6.0 を見てみよう。第21章で論じたように，私は1993年に新たな資本市場における事業を立ち上げるために GE キャピタルに入社した。GE キャピタルでは，ポリシー6.0 が戦略的リスク管理の枠組みとなっており，すべての新規事業，新製品，新規投資に適用された。企業の承認を得る前に，ポリシー6.0 は新規事業に関連した戦略リスクの詳細な分析を必要とした。また，事業が期待どおりもしくは期待以上に遂行されていることを確実なものとするために，事業のリーダーと経営上層部との間で，事業やリスクの四半期ごとの検証が必要

第 24 章　リスクベースの意思決定　　497

図 24.7　GE キャピタルのポリシー 6.0

主要な前提	監視体制	発動点	経営上の意思決定と行動
■事業上／経済的	どんな計測基準？	上方（＋）	加速
■顧客ニーズ		期待	現状維持
■技術の傾向	誰によるものか？	下方（－）	撤退

とされた。**図 24.7** に示すように，ポリシー 6.0 の主な構成要素は以下のとおり
である。

■　**主要な前提**：多くの点で，事業計画の主要な前提は最も重要な戦略リスク
　　となる。前提には事業の傾向，顧客ニーズ，革新的な技術を含むこともあ
　　る。新規事業には，その実現可能性を裏づける主要な前提を特定すること
　　が要求される。
■　**モニタリング体制**：各前提に関連して，事業を行うには，重要業績指標，
　　キー・リスク・インディケーター，早期警戒指標に関連したモニタリング
　　体制を明らかにしなければならない。さらに誰が監督責任を負うか明確に
　　する必要がある。
■　**発 動 点**_{トリガー・ポイント}：最も重要な指標として，事業を行うためにはあらかじめ定義さ
　　れた上方，期待，下方対応の発動点を決めておく必要がある。発動点は経
　　営行動，あるいは四半期ごとの事業とリスクの検証を行う起点となる。も
　　し重大な閾値に抵触したならば，即時経営上層部への報告と特別な検証が
　　行われることになるだろう。
■　**経営上の意思決定と経営行動**：上方に設定された発動点が意味することは，
　　当初計画よりも好調に推移しているということであり，経営者は事業計画
　　をさらに加速させること，あるいはさらなるリスク・テイクを検討するか
　　もしれない。下方の発動点はリスク削減戦略の発動を意味し，仮に主要な
　　数値や傾向が期待値をはるかに下回っているようであれば，出口戦略が検
　　討される可能性がある。

　私が直接経験したことに基づけば，GE キャピタルのポリシー 6.0 はシンプ
ルでありながらも，効果的な戦略的リスク管理の枠組みとなっており，洞察の
深い分析や統制された経営上の対応を可能にするものである。さまざまな研究
が示唆しているのは，最大で 70 パーセントもの新規事業への取り組みは経営

者の期待を満たしていない。希少な人的資源や財源が残りの30パーセントに即座に再配分することを確実にするために，経営上の意思決定や是正措置を行うことを戦略的なリスク管理の枠組みは支援する。

ケーススタディ：デューク・エナジー

2000年7月，デューク・エナジー社の経営幹部は，エネルギー・ビジネスの将来を議論する2日間の戦略的会合のために集まった。彼らは，3つの起こりうるシナリオについて検証を行った。

■　経済成長が年間1パーセントへと低下する経済の停滞
■　インターネットが買い手と売り手の関係に革新をもたらすマーケット・ドット・コム
■　一方的な規制緩和がエネルギー業界において継続し，大幅な価格の変動性をもたらす不公平な競争

デューク・エナジー社がこのような異なるシナリオを検討することは，先の章で論じたストレステスト戦略の優れた例である。2000年にデューク・エナジー社がこの問題について検討を行うことは妥当であったといえる。つまり，この時期は米国の経済成長への信認が衰え始めた時期であり，米国経済への信認崩壊の序章はインターネット・バブルの崩壊で絶頂に達した。

企業の戦略および事業上の不確実性を切り抜けるために，デューク・エナジー社はその年の早い時期にリチャード・オズボーンをCROとして任命した。この3つのシナリオの早期警戒指標として，経営陣は，マクロ経済指標，規制動向，技術革新，環境問題，競争戦略，エネルギー業界における合併のパターンを含む特定の指標を設定した[3]。時間の経過とともに，デューク・エナジー社は不公正な競争において多くの指標で信号が発せられていることを認識し始め，これが最も発生しうるシナリオとの前提のもと，適切な経営行動を行った。

エネルギー業界では，将来の展望に関する一般的な合意が形成されていなかった。それは，デューク・エナジー社が具体的な方向性をもつことで行動を起

---

3)　Bernard Wysocki Jr., "Power Grid: Soft Landing or Hard?" *Wall Street Journal*, July 7, 2000.

こせるという，重要な優位性を同社に与えることを意味した。こういった将来
展望をもつことで，デューク・エナジー社は戦略的な長期計画に重点的，効率
的に取り組むことが可能となった。2000年代の初頭に他社の多くが行ったよ
うに，電力需要の増加に対して湯水のように資本を投下して急速に拡大させる
代わりに，デューク・エナジー社は既存の資産を再配置して基盤固めを行った。
たとえば，テキサスにおける電力マーケットが今後数年間供給過剰になること
を懸念し，デューク・エナジー社はテキサスにある有形固定資産を，その完成
前にもかかわらず売却した[4]。

　最終的にデューク・エナジー社の努力は報われ，競合他社と比較して業績は
好調に推移している。2012年12月までの5年間において，デューク・エナジ
ー社は6.7パーセントの株主利益をあげた。これはS&P 500インデックスの
1.7パーセントや，フィラデルフィア公共事業インデックスの0.1パーセント
よりも相当高い水準である[5]。デューク・エナジー社の好業績はその後数年に
わたって広く知られることとなった。たとえば，デューク・エナジー社は『フ
ォーチュン』誌に1998年から2002年の間連続で最大の称賛に値するエネルギ
ー会社に選ばれた。同様に，2012年には『サイト・セレクション』誌は，デ
ューク・エナジー社を14年連続で米国におけるトップ10公共事業会社に選ん
でいる[6]。デューク・エナジー社の成功が示していることは，多くの場合，利
益の抑制要因とみなされるERMを効果的に実施することで，実際には高い利
益率を実現することができる，ということである。

---

4)　同上。
5)　"2012 Annual Report and Form 10-K," *Duke Energy*, 2012, p. 5.
6)　同上。

第25章　ダッシュボード報告

ERM の主要な目的の 1 つは，企業内部でのリスク報告と外部に向けた開示の双方の観点から，リスクに関する透明性を促進することにある。言い古されている「計測できるものは管理できる」は，リスク管理において真実である。2011 年のデロイトの，業界横断的な約 1,500 名の経営幹部に対する研究によれば，調査に対する回答者のうち 86 パーセントは「リスク情報の報告」の優先順位が高いもしくは相応に高いと回答しており，13 項目のリスクに関する新たな取り組みのうち最も高い優先順位となっている。2 番目，3 番目に優先順位の高い取り組みは，76 パーセントが回答した「リスクに関するデータの質とその管理」，そして 69 パーセントの人が回答した「オペレーショナル・リスクの計測システム」となっている[1]。この研究が明確に示していることは，ERM の成功には，しっかりとしたリスク計測方法と報告体制を整えることが重要なことである。

とはいえ，多くの企業は依然として誤った方向でリスク報告を行っている。前章で言及した 8 割 2 割の法則のことを思い出していただきたい。前章では，データソース，分析，モデル，報告が意思決定をトップとする ERM のプロセスピラミッドを形成することを述べた。ピラミッドの底からスタートし徐々にプロセスを積み上げていくことは合理的であるように思うだろう。しかし，ピラミッドの頂点からプロセスを進め，最初に事業やリスク管理の意思決定に関するニーズを定義するならば，ダッシュボード報告がより有効なものとなってくる。聴衆は誰か。どのような意思決定を行うのか。そういった疑問からスタートすることで，意思決定を支えるために必要な計測基準や分析内容，報告書の内容（加えて，どのシステムで報告書を作成するか，またそのシステムが必要とするデータをどのシステムで抽出するかといったこと）を決定することが

---

1) "Global Risk Management Survey, 7th Edition: Navigating in a Changed World," *Deloitte*, February, 2011, p. 42.

第25章　ダッシュボード報告　　　501

できる。

　ERM報告書の構成や内容，ダッシュボード報告システムの機能性を設計する際には，報告書によって対処しようとしている主要な論点に対して明確に答えることから始めると有用である。たとえば，取締役会や経営上層部に対するERMダッシュボード報告は，以下の5つの基本的な質問に対処することになるだろう。

1. 経営目標にはリスクがあるか

　　ERMダッシュボードは，戦略目標や経営目標に照らして，リスク情報（たとえば，定量的な計測基準，定性的なリスク評価，早期警戒指標など）を体系的にまとめたものであるべきだ。ダッシュボード報告によって，各目標が緑色，黄色，赤色といった指標で表示され，それぞれ達成状況が遂行ペース，達成が危ぶまれるペース，遂行ペースから外れていることが表される。

2. 方針や規制，法令が遵守されているか

　　ERMダッシュボードは，主要な方針や規制，法令に対する企業の遵守状況が一目でわかる法令遵守報告を含むべきである。完全に法令遵守されているか（緑），違反に近い状態か（黄），違反しているか（赤）どうかを，交通信号の光を使って強調することがある。より深掘りすることができるなら，より詳細な法令遵守の測定基準や報告内容について，さらなる分析を行うこともあるだろう。

3. どのようなリスク事象が経営陣に報告されているか

　　同時に，ERMダッシュボードは重要なリスク事象を，適切な取締役会メンバー，経営陣，そして管理者に報告するものであるべきだ。これを実施するために，定義された閾値（たとえば，顧客への影響，金融リスク，レピュテーションへの影響）を超えるリスク事象は，会社全体にわたって捕捉される必要がある。さらに，ERMダッシュボードは，リスク事象を仕分けし適切な役職に対して報告を行う機能を，潜在的にもっておく必要がある[2]。最も機密性が高く，緊急を要する事象については，適時に意思疎通を高め，迅速な対応を行うために，個人のコンピュータやスマートフ

---

2) 理想的には，リスクの上層部への報告方針は，組織内のさまざまな階層や役職に対してリスク事象をどのように報告するかに関して指針を与えるものである。

ォンに重要事項として通知されるべきである。

4. どのような重要業績評価指標（KPIs），キー・リスク・インディケーター（KRIs），または早期警戒指標が注意を要するか

ERM ダッシュボードは，定量的な計測基準を報告するものであり，その計測基準はダッシュボードの利用者の情報ニーズ，意思決定ニーズにより直結するものである。理想的には，それぞれの計測基準は業績に関する閾値やその計測基準によって評価されることとなるリスク許容水準を含むことになるだろう。最重要の計測基準については，トレンド分析や専門家のコメントも提供されるべきだろう。

5. どのリスク評価が検証される必要があるか

リスク評価は，トップダウンによるリスク評価，ボトムアップによるリスク・コントロールの自己評価（RCSAs），規制当局による検査，そして監査報告書などを含むものとなっているだろう。これらの評価は主に定性的な情報が含まれていることを前提として，主要な調査結果や分析内容が要約されるべきである。ERM ダッシュボードのリスク評価の項においては，上記のリスク評価に関する要旨をまとめ，リスク評価が取締役会や経営陣の期待に沿ったものとなっているか（緑），期待に近いものであるか（黄），もしくは期待以下となっているか（赤），について焦点を当てるべきだろう。実際のリスク評価や報告書は，より詳細な説明内容として利用されることになるだろう。

一般的な企業では，上記 5 つの質問に全社的視点で回答するために必要な情報の収集に，数日もしくは数週間を要するだろう。根本的問題は，情報が異なるシステムやデータベース，スプレッド・シート，報告書に散在しているということだ。加えて，リスク報告書に対する現行の取り組みは，サイロごとのリスク計測として表現されうる。つまり，異なるリスクに関するリスク情報の提供を独立して行う静的な報告書といえる。静的な報告書は，相当な手作業が要求され，結局のところ，よりデータの完全性を追求することとなる問題や，リスク分析や意思決定のための時間が少なくなってしまうことに行き着く。

ダッシュボード報告システムを有効に機能させることで，取締役会や経営陣は，上記の 5 つの質問に対して，数分で回答できるようになるべきだろう。ダッシュボード報告システムは，すべての主要なリスクがメインとして監視され

第 25 章　ダッシュボード報告　　503

るためにも，全社的なリスクに関する要約された報告書と内容を深掘りする機能を提供するものとなる。ダッシュボード報告システムの主要な特徴は，以下のとおりである。

■　異なるリスク・システムやデータソースに存在するすべての重要なリスク情報へアクセスする単一の窓口
■　より詳細にリスク・データを深掘りする機能と分析をともなった，全社的なリスクの経営陣への報告
■　即時リスク警告から発せられる即時性重視のリスク情報。この情報は，信用リスクの月次報告や四半期ごとのリスク評価につながる
■　定性的なリスク評価や社内の方針に関する文書，外部の市場データと一体となった定量的なキー・リスク・インディケーター（KRIs）
■　ダッシュボード報告システムによって提供されるリスク情報に対する解説や分析を利用者が行う機会

旧来の報告手法　対　ダッシュボード報告

　旧来のリスク報告とダッシュボード報告を明確に区別することは有用だろう。それぞれの報告の主な特徴は，図 25.1 にまとめられている。旧来の報告とダッシュボード報告の主な違いを比較し対比させてみよう。

■　分析の仕方：旧来のリスク報告では，リスクの種類，事業部門，業務部門といったサイロごとのリスク情報が提供されている。他方，ERM ダッシ

旧来のリスク報告	ERMダッシュボード
・単独の分析	・統合された分析
・過去の傾向	・先の見通し
・内部の運営	・外部のリスク・ドライバー
・情報の寡多	・必要十分な情報
・仮定に対する結果	・仮定に対する対応
・データ主導	・意思決定主導
・静的，直線的(たとえば，本)	・動的(たとえば，グーグル)

図 25.1　旧来のリスク報告とダッシュボード報告の主な差異

ュボード報告においては，戦略目標に対するリスクの影響を評価することによって，もしくは，すべてのリスク種類や社内のすべての事業部門に影響する１つのリスク・シナリオ（たとえば，景気後退やカウンターパーティの倒産，もしくは異常気象）の影響を分析することで，より統合的なアプローチが可能となる。

■ **報告される情報**：旧来のリスク報告では，過去のデータや内部情報に焦点を当てる傾向がある。ERMダッシュボードはそのような情報をすでに集約しているので，ダッシュボードのリスク機能としては，外部の市場データやマクロ経済の傾向だけでなく，先を見通した分析や早期警戒指標により焦点を当てるための時間を確保できる。

■ **報告の柔軟性**：旧来の報告では，情報の多寡にトレードオフの関係がある。取締役会メンバーや経営陣は，より正確な分析や報告を求めるが，一方で部長は業務を行ううえでより詳細な情報を必要とする。ダッシュボード報告の深掘り機能は，このトレードオフの関係を排除しており，取締役会や経営陣が高いレベルのリスク情報や分析を閲覧することができる一方で，部長が必要とするより詳細な情報も提供している。

■ **提起される質問**：旧来のリスク報告が主に，仮の事態が発生した場合にどうなるか（たとえば，コモディティ価格が下落した場合など）を報告するものである。一方，ダッシュボード報告ではより意思決定につながる質問に対応することができる。仮にコモディティ価格が下落した場合，何か問題があるか。商品価格下落に対してわれわれは何をすべきか。情報だけでなく分析も統合するより先進的なERMダッシュボードでは，取締役会や経営陣は代替戦略の影響を即時に検討することができるだけでなく，現時点のリスクに対する感応度を確認できる。つまり，旧来のリスク報告がデータ主導型である一方，ダッシュボード報告はより経営行動主導型であるといえる。

■ **情報との相互作用**：旧来のリスク報告は読書に似ているが，ダッシュボード報告はグーグルで情報を検索することに似ている。本を読む際には，最初から最後まで必要とする情報をみつけるためにページをめくる必要があるが，適時に必要とする特定の情報を得ることは難しい。グーグルでは，検索する用語を入力することで，必要とするものを効率的に正確にみつけるために，利用可能な膨大な量の情報にフィルターをかけることができる。

第 25 章　ダッシュボード報告　　505

先に論じたように，ERM ダッシュボード報告を利用する人間の意思決定
ニーズを満たすために，ERM ダッシュボードは要約や詳細情報を提供す
るだけでなく，主要な疑問に答えるものでなくてはならない。今日，情報
を探すためにグーグルを利用する代わりに，図書館へ赴く人はほとんどい
ない。同様に，取締役会や経営陣は，重要なリスク情報を得るために報告
書の山に目を通す代わりに，効率的な ERM ダッシュボードを利用すべき
である。

一般的なダッシュボードの利用方法

　ダッシュボード報告は，個人投資家から企業の CEO まであらゆるビジネス
の局面でより一般的なものとなりつつある。フォレスター・リサーチ・インク
のアナリストであるキース・ジールによれば，2,000 社の大企業のおよそ 40 パ
ーセントが，2006 年までに，何らかの形でダッシュボード報告を行ってい
る[3]。事実，ダッシュボードは消費者層においてより一般的なものとなりつつ
ある。さまざまなダッシュボードの形があり，それはグーグルが提供する個人
のデータツールのようなものから，JP モルガンが顧客である投資家に提供す
るサービスまで多岐にわたる。アクセス・ダッシュボードと呼ばれる JP モル
ガンのサービスは，相場動向に関する情報と顧客の投資ポートフォリオを結び
つけている。ダッシュボードの利用によって，ユーザーは投資ポートフォリオ
全般を眺めることができるし，また詳細情報を深掘りすることもできる。
　ダッシュボード報告の利用に関する他の 2 つの例を見てみよう。

CNN の魔法の地図

　ダッシュボード報告の例として，私自身のお気に入りでもあるのだが，
CNN の魔法の地図を紹介する。これは，2008 年から米国の大統領選挙期間中
に使われたものである。もともとはジェフ・ハンによって軍事目的で開発され
たものであり，ケーブルニュースのチャンネルで採用され，視聴者に対し高度
に視覚的で利用しやすい方法で選挙情報を提供した。地図は画像で米国全体を
示しており，それぞれの州が民主党もしくは共和党候補者のどちらを投票者が

---

3)　"Giving the Boss the Big Picture," *Bloomberg Businessweek*, February 12, 2006.

選好しているかを色で反映したものとなっている。地図は，視聴者がより詳細情報を望めばより深掘りできる機会を提供するだけでなく，国全体の投票動向を分布図で高度に視覚的な映像として提供する。個別の州をクリックすることで，解説者が地方区や人口区分，さらには過去の投票パターンの統計データを提供する。CNN の魔法の地図は，詳細データだけでなく合成された情報を表示する機能において，ダッシュボード報告と似ているといえる。

GE のコックピット

ダッシュボード報告は，社内のコミュニケーションを改善するために，ますます頻繁に利用されるようになっている。たとえば，全般的に CEO や上級管理職も，企業業績の最新情報を常に得るために，ダッシュボード報告にますます頼っている。GE の消費者・産業部部長であるジェームズ・P・キャンベルは，ダッシュボード報告を定期的に利用しており，「会社全体にわたる販売とサービスの水準のグローバルな状況にすばやく目を通すために，朝一番にまずデジタルのダッシュボードを見る」と言っている [4]。情報技術の価値とは，利便性が高く，GE がどのように経営しているか幅広い概観をキャンベルに与えるものである。ダッシュボード報告を見たあと，キャンベルは今後の行動の優先順位づけが可能となる。

GE キャピタルはたった1つのダッシュボード報告を行っているわけではなく，異なるダッシュボードを活用する全方位のシステムを導入している。それぞれの事業部門は，その事業構造に適した形で特別に設計されたダッシュボードをもつ。コックピットと呼ばれるこのダッシュボード報告システムは，管理者に対して事業部門の業績に関する報告を行うもので，2001年にはじめて導入された。最高技術情報責任者で前副社長であるマイク・スタウトは，このシステムの利点について，「各部長にとって，事業を管理するためのとてつもない力を与えてくれる」と語っている [5]。このダッシュボード・システムは，日，週，月単位で販売状況を集計した情報を提供してくれる。また，融資が焦げ付きそうなとき，また顧客サービスで競合相手に後れをとっている際には，管理者に通知することもできる。おそらく，最も有益なものは，ダッシュボード・

---

4) 同上。

5) Whiting, Rick, "GE Capital's Dashboard Drives Metrics To Desktops," Information Week, April 22, 2002.

第 25 章　ダッシュボード報告　　507

システムが提供するリスク削減と反応機会である。業績に関するデータを収集するための方法を確立することで，管理者はダッシュボードによって将来の問題を回避する行動を起こす機会を得ることができる。

ERM ダッシュボードの導入

　ERM ダッシュボードの導入は多くの困難をともなうものであるが，導入すれば相当の便益がもたらされる。すでに論じてきたように，ダッシュボード報告によって，全社的なリスク・モニタリング，取締役会や経営陣への報告，そして意思決定支援が強化される。データ収集と報告書作成にかかる時間が少なくなることで，その他の主要なメリットとしては，より高度な分析やリスク管理戦略の策定に重点的に取り組むために，リスクにかかわる経営資源を確保できるという点があげられる。以下では，ERM ダッシュボード・システムを導入する際に留意しておくとよい点について触れておく。

- **報告書の読者の意思決定支援ニーズを評価する**：まず行わなければならないことは，ダッシュボード報告の試作品を作成し具体的な意見を得るために組織内に配布することで，意思決定者のニーズを特定することである。
- **キー・リスク・インディケーター（KRIs）の開発**：前段階で得た意見に基づいて，適切な KRIs を開発する必要がある。KRIs は，リスク・エクスポージャーや早期警戒指標に関する定量的な計測基準を提供するものでなくてはならない。
- **ダッシュボード機能を確定**：全体的な構成や機能性を定義する必要がある。事業上の要件によって，適切な技術の選択と開発が促されることになる。
- **陥りやすい落とし穴の回避**：最後に，ERM ダッシュボード導入にかかわる陥りやすい落とし穴がある。主要な落とし穴とその回避方法について確認していく。

　それぞれの段階を順に見てみよう。

意思決定支援ニーズの評価

　ERM ダッシュボード導入の最初でかつ最も重要な段階は，意図する読者が

意思決定において必要とするものを真に理解することである。第24章では，取締役会や経営管理者，事業部門や機能部門レベルでの一般的なリスク管理に関する決定について確認した。しかし，これらの意思決定内容や特定の委員会の役割，職務，個人は，各組織において独特のものである。したがって，ERMダッシュボード導入チームは，これらの意思決定支援に関する要件を評価するにあたっては，以下の段階を踏むべきである。

- リスク許容水準やリスク・リミット（すなわちリスク・アペタイトの記載内容），権限の委譲，リスクの上層部への報告方針を含む，企業の現時点のリスク管理方針を検証すること。これらの方針における主要な論点は，特例事項の管理と報告方法を含む報告書としての要件を確認することである。
- 取締役会や経営のリスク管理に関する委員会や機能部門の基本原則を検証すること。これには，委員会や機能部門が過去に作成した主要な議論や意思決定を文書化した報告書や議事録が含まれる。
- 現存する報告書，測定基準，リスク評価を検証すること。主要な意思決定を支援するために頻繁に活用されている特定のリスク分析に注目することは有用だろう。ダッシュボード導入チームは，また主要な業績目標やさまざまなリスク管理の委員会や機能部門の目的を再確認しておく必要がある。
- 報告の慣行や要件を確実に理解することで，さらに追加すべき特性や要件を探るために意見聴取すべき取締役や管理者を選び出す。

　次に導入チームがやるべきことは，紙のうえでERMダッシュボードを設計することであり，これは実用レベルの試作品（紙のダッシュボードの例として，**図3.1**を参照）として，望ましい構成と内容を記録するために手作業で作成されるものである。この試作品は，意見・評価を得るため組織全体にわたって共有化されなければならない。ダッシュボード報告の試作品は，企業に明確かつ動的に情報を示す術を提供するだけでなく，既存の報告プロセスにおける大きな隔たりを特定するのに有用である。

キー・リスク・インディケーター（KRIs）の開発
　効果的なKRIsを開発することは多くの企業にとって重要な課題である。金

融機関は通常多くの信用リスクや市場リスク指標を有しているが，オペレーショナル・リスク指標の開発だけでなく，信用リスクや市場リスク・データの統合について，課題を有している。他方，一般事業会社はバランス・スコアカードや品質イニシアチブから導かれる重要な事業や品質上の情報をもっているかもしれないが，金融リスクもしくは情報技術リスクに関するKRIsの開発には困難を覚えるかもしれない。すべての企業は，潜在的な将来の損失に対して早い段階で効果的に警告を与えてくれる優れた指標を確立することが困難だと感じている。

効果的なKRIsの開発が重要な課題である一方，すぐに利用可能なKRIsの材料があり，KRIsはそこから導き出すことができる。図25.2は効果的なKRIsの特徴と導出するための材料について概観を示している。材料とは以下のものを含んでいる。

■ **方針と規制**：経営者や取締役会が策定した企業の方針やリミットだけでなく，企業の事業活動に影響を与える規制は，法令遵守にかかわる有用なKRIsを提供する。KRIsは，リミットに対するリスク・エクスポージャー，規制要件や基準の法令遵守状況を包含したものとなるだろう。

■ **戦略と目標**：経営上層部によって策定された企業戦略と事業戦略やそれに関連する業績指標も他のKRIs開発の材料となりうる。ここで留意すべき

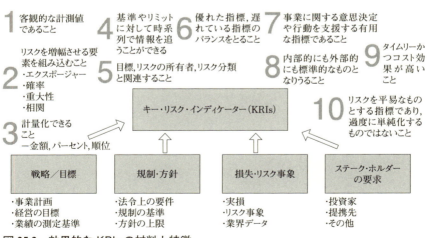

図 25.2　効果的な KRIs の材料と特徴

は，業績指標は期待される業績を測定するためのものであるが，一方で
KRIs は下方リスクまたは業績のボラティリティを計測するためのもので
あるべきことだ。

■ **過去の損失やリスク事象**：多くの企業は過去発生した損失やリスク事象を
把握する損失事象のデータベースを蓄積している。これらのデータベース
や逸話などの形態をとる事例証拠でさえ，どのようなプロセスや出来事が
財務あるいはレピュテーション上の損失を発生しうるかについて，有用な
情報をもたらしてくれる。したがって，こういったプロセスや出来事を把
握する目的で KRIs が開発されることがある。

■ **ステーク・ホルダーの要求**：規制当局にとどまらず，顧客，格付機関，株
式アナリスト，提携先企業といった他のステーク・ホルダーにとって重要
な指標に基づいて KRIs の開発を行うこともある。

■ **リスク評価**：企業によって実施されたリスク評価（会計監査，リスク・コ
ントロールの自己評価，サーベンス・オクスレー・テストを含む）は，
KRIs が必要とされる事業体，プロセス，リスクに関して重要な情報を提
供してくれる。

　KRIs 開発にあたってさまざまな材料を前提として，多数の KRIs を開発す
るのではなく，高品質な KRIs を開発することを目的とすべきである。以下に，
効果的な KRIs の主要な特性を 10 個列挙する。

1. 一貫した方法と基準に基づいている。
2. エクスポージャー，確率，重大性，相関といったリスクを増幅させる要素
　 を組み込んでいる [6]。
3. 定量的指標であること（金額やパーセンテージ，順位）。
4. 基準またはリミットに対して，時系列で情報を追うことができること。
5. 目標，リスクの所有者，リスク分類と関連すること。
6. 先行指標と遅行指標のバランスをとること。
7. 経営者の意思決定や行動を支援するために有用であること。
8. 内部的にも外部的にも標準的なものとなりうること。

---

6) ERM で利用される最も有用な KRI の 2 指標（バリュー・アット・リスクとエコノミック・キ
　 ャピタル）は，4 つのすべてのリスク・ドライバーを組み込んでいる。

第 25 章　ダッシュボード報告　　　511

9. 時宜にかなったものかつコスト効果が高いこと。
10. リスクを平易なものとする指標であるが，過度に単純化するものではない
　　こと。

ERM の機能性

　ダッシュボード報告は組織の特定のニーズに合致するように作られるべきで
あるものの，いくつか考慮されるべき一般的な機能がある。

- **基礎的かつ高度な統計的計算**：ダッシュボード報告は，平均，最大値，最
　小値，標準偏差，信頼区間といった基本的な統計的計算結果を提供する必
　要がある。この基本的統計だけでなく，ダッシュボード報告は相関係数の
　正負の符号や回帰（たとえば自己回帰）といったデータも提供する必要が
　ある。
- **定性的データと定量的データのつながり**：ダッシュボード報告書は，事業
　戦略や目標，KRI を関連づけるために，意思決定者に対して定性的デー
　タと定量的データを結びつける方法を提供するものでなくてはならない。
- **リスクの説明責任と所有**：ダッシュボード報告書は，リスク状況の上層部
　への報告プロセスの管理に大きな役割を果たしている。この点において，
　ダッシュボード報告書はリスクの上層部への報告方針を最後まで追跡し，
　明確にモニタリング，管理，監視の責任を割り当て，そしてリスク削減計
　画の状況を明らかにするものでなければならない。
- **カスタマイズされた報告と分析**：ダッシュボード報告書は，本来柔軟なも
　のであり，読者に合わせて数多くの異なる形式でデータを提供できなけれ
　ばならない。ERM ダッシュボードは全体を一元管理したリスク報告であ
　る一方，作成されるダッシュボード報告書は役割に基づいたものでなけれ
　ばならない。言い換えれば，取締役，経営上層部，事業管理者が利用する
　報告書は，必要とする情報や意思決定上の要件に基づいて，それぞれのニ
　ーズに合わせて作成される必要がある。

ありがちな間違いの回避

　ダッシュボード報告の導入に関し，企業が回避すべき 4 つのありがちな落と
し穴がある。これらの落とし穴と，回避するための戦略は以下のとおりである。

- リスクの統合だけにとどまるべからず——組織を構成する各部門の分析を実施すべき。
  - ダッシュボード報告とERMは一般的には，戦略リスク，事業リスク，信用リスク，市場リスク，オペレーショナル・リスクといった主要なリスクを共通の枠組みに統合するだけではない。相互依存性を特定しトレードオフの意思決定を行うために，組織的なサイロ（縦割り）も破壊する。大部分の企業は，リスク管理，監査，法令遵守，法律，財務，その他監視を行うグループといった，監視機能を確立している。ERMダッシュボードは，全社的なリスクに関する統一的な視点をもつことを容易にすることで，組織的あるいは報告上のサイロ（縦割り）を破壊する手助けとなるべきである。
- 実現不可能なことをしようとしないこと——ダッシュボード報告のプロセスは，何が最も重要なのかに焦点を絞るべきである。
  - 広範囲にわたるダッシュボード導入のプロセスを考えると，多くの企業はリスクの特定，評価，文書化，報告手続きで手一杯になる。ダッシュボード報告の目的は，企業が有する・す・べ・て・のリスクに対処することであってはならない。正直なところ，企業のすべてのリスクを洗い出すことは，リストが無限になることから，不可能であると思われる。ダッシュボード報告の目的は，取締役，経営者，事業部門や業務部門が主要なリスクや収益機会に関して意思決定を行うことを支援するものであるべきだ。有効なダッシュボード報告システムは，企業の主な意思決定者のために，リスク情報に優先順位をつける必要がある。したがって，ダッシュボード報告の成功は，「全社の720ものリスクを特定し，そのコントロールやリスク評価を完全に文書化した」というコメントではなく，「企業の各種管理グループが注意を要する主要なリスクを特定し，そのリスクに対する意思決定を支援することができた」というコメントに表される。
- 言葉だけでなく証拠を提示すること——有効なKRIsを通してリスクを定量化せよ。
  - 多くのリスク評価プロセスでは，取締役会や経営陣の意思決定の手助けとならない大量の定性的情報が生み出される。経営方針や事業における

第25章　ダッシュボード報告　　　　513

決定を支援するために，主要なリスクは必ず定量化され簡潔で効果的な方法で報告されなければならない。定量的情報が定性的情報よりも価値があるといっているわけではないが，ダッシュボード報告においてはバランスをとる必要がある。企業の最も重要なリスクについて，傾向，リスク調整済みの計測基準，方針で定めたリミットの遵守状況，策定された基準に対する業績動向を示すために，定量的分析が利用される。同じリスクに関し，専門的リスク評価，代替戦略や経営行動，管理推奨，他の意義のある情報を提供するために，定性的情報が使われる。

■　大量のデータや報告書を作らない。

　　■　ダッシュボード報告書は，リスク管理委員会で単に目を通すだけで2時間もかかるような50ページの報告書であってはならない。取締役や経営上層部からのよくある不満は，細部にこだわりすぎて全体が見えないということである。企業は，主要な意思決定者に役割に基づいた情報を提供するERMダッシュボードを開発すべきである。取締役会もしくは経営陣のリスク管理委員会の際に，ERMダッシュボードがあることで，取締役や経営上層部はまず高度なリスク情報を目にすることができるようになるだろう。加えて，さらに詳細情報を見たいなら，詳細データを深掘りできるようにすべきである。さらに面白い発展機能として考えられることは，リスク情報だけでなくリスクの分析モデルが動的に利用可能となるよう，ERMダッシュボードを開発することである。そういったことから，取締役や経営上層部が即時にシナリオ分析（たとえば，原油価格が30パーセント上昇した場合，市場リスクや信用リスク・エクスポージャーだけでなく，当社の四半期収益にどのような影響を及ぼすか）を実施できるようにする必要もある。

ベスト・プラクティスの進化

　過去10年間，たとえば資産・負債モデル，バリュー・アット・リスク（VaR）モデル，信用破綻モデルなどの分析モデルの観点から，情報技術利用はリスクの定量化に焦点が当てられていた。しかし，ERM報告システムの観点からいえば，リスクに関するコミュニケーションにより焦点を当てるように情報技術が変化していることがわかり始めている。ダッシュボードのような

ERM報告システムは，取締役，企業の経営陣，リスクの専門家に対して，すべての主要なリスク情報への単一の接続方法を提供することになるだろう。リスク情報とは，達成が危うい目標，早期警戒指標，方針のリミットまたは業績基準に対するKRIs，リスク評価や監査結果，問題や事象の上層部への報告，そしてリスク調整済み収益の実績などが含まれる。全社にわたるリスク計測と報告の時間的間隔は，今後月次から週次，日次，そして究極的には，常に情報を更新する電子的なダッシュボードの形態で，即時ベースへと変わっていくだろう。

　リスク情報の価値は，開発にあるのではなく，その利用にある。したがって，ERMの最大の可能性を実現するために，リスクの専門家は，即時に正確な情報を，適切な意思決定者に配信しなければならない。

日本語版（改訂版）に寄せて

ERM に関する第 2 版が，日本でも出版されることは喜ばしく，また，光栄なことである。

2007 年初めに最初の日本語訳が刊行されて以来，多くの重要な出来事が起こっている。そのなかでも最も知られているのは 2008 年の金融危機だが，グローバル金融機関の破綻，株式市場の大幅な下落，個人資産の大幅な減少，主要国の景気後退が生じた。日本では 2011 年の東日本大震災とその津波で，15,000 人もの方が亡くなり，20 万人以上の人々が住処を失い，福島第一原子力発電所がメルトダウンした。最近では，ソニーの映画子会社や米国人事局，他の組織へのサイバー攻撃によって，デジタル・ネットワーク世界の脆弱性が露呈した。また，中国経済の減速や株式市場の下落，およびギリシャ債務危機は，グローバル経済の不確実性と市場のボラティリティを増加させた。これらの出来事は，われわれが不確実な世界に住んでいることを思い起こさせる。人的な，また，自然の災害は，グローバル・サプライチェーンや相互依存する経済，コンピュータ・ネットワークやシステムにリンクする組織にとって，予期せぬ市場の混乱やビジネスの中断を引き起こす可能性がある。

2008 年の金融危機で，日本，米国，その他多くの国の規制当局でも将来のショックから自国の銀行システムと金融市場を保護するための規制を強化した。これらの規制は，ERM プログラムの促進，取締役会によるリスク監視と独立したリスク管理の改善，資本および流動性要件の強化，カウンターパーティ・リスクやシステミック・リスクの低減に焦点を当てている。たとえば，日本の金融庁は「金融規制の質的向上（ベター・レギュレーション）」構想を提唱し，2009 年には，ストレステスト要件，エコノミック・キャピタル，ソルベンシーの計算および統合的なリスク管理を含む，ERM に重点を置いた監督指針へと改訂した。米国では，2010 年ドッド・フランク法が金融安定性を高めるための規制枠組みを整えた。すなわち，同法には，(1) 店頭（OTC）デリバティブ市場の規制，(2) システミック・リスクの監視と低減，(3) 消費者および投資家保護の改善，(4) 信用格付機関の規制強化，(5) 対象金融機関の秩序ある

破綻処理に関する規定が含まれている。さらに，ドッド・フランク法165条は，資産が10億ドルを超える上場銀行は取締役リスク管理委員会を設置し，その委員にリスク管理の専門家を少なくとも1名は任命する必要があるとしている。これらの規制の枠組みに加えて，証券取引委員会（SEC），バーゼルⅢ，リスクとソルベンシーの自己評価（ORSA）によって導入されたその他の要件や基準が，ERMに対する期待を大いに高めている。

　今後，規制当局は金融機関に対しERMの推進を図っていくものと思われるが，規制の動きは投資家の期待とともに，エネルギー，航空宇宙，情報技術，電気通信など多様なリスクをかかえる他の産業にまで広がるであろう。2008年の金融危機以降，規制は，取締役会のリスク監視，資本および流動性の十分性，ストレステスト，カウンターパーティ・リスクとシステミック・リスクに焦点を当ててきた。今後，規制はこれら基礎部分を構築した後に，ERMの効果の証明（第21章，ERMパフォーマンスのフィードバックの議論を参照），主要リスクと収益要因の開示，サイバー・セキュリティや気候変動などのエマージング・リスク，とくに第1の防衛線を担当する事業部門における強固なリスク・カルチャーなどに焦点を当てるだろうと思われる。

　しかしながら，ERMの目的は規制遵守ではなく，事業業績にある。規制遵守は必要であるけれども，成功するには不十分な条件である。ERM態勢は規制基準を超え，全社的なリスクに基づく意思決定を包含すべきである。これは事業管理レベルでのリスクベースの製品のプライシング，企業経営レベルでの戦略的リスク管理，取締役会レベルでのリスクベースの配当政策を含んでいる。ホイト＝リーベンバーク（2009）およびスタンダード＆プアーズ（2010）などの調査研究では，ERMの実践が，優れたパフォーマンスと，より大きな株主価値と関連していることが指摘されてきた。ERMプログラムを備えた企業は，投資のリターンを最大化できるように，自社のビジネス・プロセスにERMを統合する機会を模索し続けなければならない。

　最高リスク管理責任者や経営コンサルタントとしての私の経験をもとに，日本独自の事業およびリスク管理の課題をより深く理解してきた。これらの課題は自然災害，新興技術に関連した機会と脅威，経験豊富なリスク専門家の不足，深く根づいた文化の壁，過剰なマニュアルプロセス，断片化されたシステム，およびリスク・モデルとデータの不足を含んでいる。株式会社の取締役およびリスク管理委員会委員長としての私の最近の仕事に基づけば，ERMにおける

取締役会の役割（第22章を参照）がきわめて重要であると確信している。取締役は最高経営責任者（CEO）や経営陣と効率的に協働し，「取締役会がリスク監視に積極的な役割を果たし」，ERMプログラムと頑強なリスク・カルチャーを確立しなければならない。

2008年の金融危機と2011年東日本大地震の後，日本の組織は，ERMにおける努力を倍増する必要に迫られている。日本の取締役，企業幹部，リスク管理の専門家，金融アナリスト，および規制当局関係者がERMを理解するために，この第2版が積極的に貢献できるばかりでなく，主要なリスク管理の問題に関して，今後，読者の方々と継続的な対話ができることも，私は衷心より願っている。

2015年9月

ジェームズ・ラム

索　引

数字・アルファベット

1927 年マクファーデン法　319

1956 年銀行持ち株会社法　319

1994 年リーグル・ニール州際銀行業務および
支店業務効率化法　319

ART　→　代替的リスク移転手法

BP　→　ブリティッシュ・ペトロリアム

COSO　→　トレッドウェイ委員会支援組織委
員会

EaR　→　アーニングス・アット・リスク

ERM 成熟度モデル　428, 432

ERM スコアカード　455

ERM ダッシュボード　454

ERM 方針　416, 422, 429, 447, 451, 452, 455

ERM ロードマップ　427

GM（ゼネラル・モーターズ）の指針　87, 88

IBM　371

ISO31000　60

MF グローバル　17, 24, 25

RAROC　→　リスク調整済み資本収益率

ROA　487, 489, 490

ROE　487, 489, 490

UBS　270, 271, 280

VaR 指標　426

ア　行

アウトソーシング　372, 373, 387

アナログ・モデル　286, 288

アーニングス・アット・リスク（EaR）　344, 378, 379, 426

アプリケーション・サービス・プロバイダー
（ASP）　174

アメリカン・インターナショナル・グループ
（AIG）　130, 140, 331, 332

アンバンドリング　117

移転価格　117–119

イベント・リスク　274, 279, 348

インスティテューショナル・シェアホルダー・
サービス（ISS）　190–192

インセンティブ　33–35

──の調整　102, 104

インセンティブ報酬　106, 110

インターフェースの構築　169

陰（と）陽　28, 34, 164

インプライド・キャピタル・モデル　286, 287

エアバス　369, 370, 386, 387

英国コーポレート・ガバナンス・コード　82, 85, 88

エクスポージャー　38–41, 45, 46, 48, 50, 54, 199–201, 203, 206–210, 212–219, 223–226, 228, 233–235

ネットの──　131

エクスポージャー管理　209, 213

エクソン　348

エコノミック・キャピタル　41, 42, 48, 51, 52, 143, 147–150, 203–205, 210, 212–214, 227, 327, 328, 430, 431

エネルギー業界の合併と集中　341, 342

エネルギー商品価格の透明性　344, 354

エマージング・リスク　423

エンロン社　358

大きすぎて潰せない問題　187

オーダーメイド　132, 133, 135

オプション性　344, 351, 352

オペレーショナル・リスク　367–369, 371, 374, 380, 381, 421, 423, 430, 431

──分析　160

オリベッティ　369

オンライン銀行・証券　322

カ 行

回帰分析　378–380
外国為替リスク　237–239, 258, 263
解雇と任意退職　176, 181
壊滅的失敗　368
カウンターパーティ信用エクスポージャー・モ
　　デル　158
価格リスク
　　エネルギー会社の──　342, 347
下級者　429, 432
格付機関　176, 177, 188, 189, 196
格付推移モデル　155, 156
貸倒れ損失　201–205, 214, 226
カナダ帝国商業銀行（CIBC）　318, 334–339
ガバナンス体制　436, 437, 445, 447, 448, 451,
　　455
ガバナンス・リスク・コンプライアンス
　　（GRC）・システム　161–163
株価リスク　238, 239, 263, 365
株主価値（の）最大化　11
株主付加価値 RAROC／EIC　151
株主向けサービス提供者　177, 190, 196
下方リスク　45, 50, 53, 54
　　──の最小化　311
カルパース（の定義）　80
為替ヘッジ　122
監査委員会　401, 405, 406
監督・会計基準　137
感応度リミット　53, 54
管理方針　255–258, 262, 266
危機管理計画　39
企業スキャンダル　269
議決権行使助言会社　190
規制緩和　340–343, 345–347, 351, 356
　　エネルギー業界の──　340–343, 345–347,
　　351, 356
　　金融業界の──　318–321, 323, 324
規制資本　187
規制当局　176, 177, 189, 196
規制リスク　57

基礎的実践　224, 225, 258
キダー・ピーボディ　17, 18, 25
期待ショートフォール　252–254
期待損失　201–204, 205, 227, 234
キャッシュ・フロー・アット・リスク
　　（CFaR）　344, 378, 379
ギャップ分析　240, 258
教育・研修　179, 180
境界　31
業績の最適化　311, 314
協力関係（モデル）　97, 100–103
キー・リスク・インディケーター（KRIs）
　　48, 50, 423, 430, 459, 463, 468, 469, 497, 502,
　　503, 507, 508
（グローバル）金融危機（2008 年）　329, 332,
　　419, 423, 424, 434
金融業界の合併　317, 319, 323, 324, 325
金融業界の競争　317, 318, 320–322, 324, 338
金融業界のクロス・セクター・リスク　326
金融業界の集中　318, 323, 324, 339
金融業界のセクターごとのリスク　324
金融・軽量経済モデル　159
金融破綻　270
金融リスク　421
金利モデル　152
金利リスク　238–241, 243, 258, 263
基本方針とインフラ　209
クラウド・コンピューティング　296, 300–
　　302
クレジット・リミット　48
クレディ・スイス　141
グローバル・アソシエイション・オブ・リス
　　ク・プロフェッショナルズ（GARP）　397,
　　398, 405, 407
グローバル・リスク報告書　473, 474
経済価値評価モデル　286, 287
計測結果の検証　251
原則に基づく法令　187
限度（リスク・リミット）　31, 34
攻撃と防御　96, 97
行動規範　80–82, 84, 85, 87–89
コカ・コーラ　373, 374

索　引　　521

顧客　176, 177, 182–185, 196
顧客離れ　183
国際決済銀行（BIS）規制　335, 338
コスト削減と管理の簡素化　132, 133
コーポレート・ガバナンス（もしくはガバナン
　ス）　417, 418, 420–422, 429
コモディティ・リスク　238, 239, 263
コンティンジェンシー・プラン　328
コントロール・セルフ・アセスメント（CSA）
　284, 285, 294, 395

サ 行

最高リスク管理責任者（CRO）　61, 62, 64–
　71, 392, 393, 379, 400, 401, 404, 405, 407
再生可能エネルギー　40, 356, 357
サイバー・セキュリティ　293, 296–301
再保険　121, 122
　——会社　127, 128, 130, 137
採用とスクリーニング　179
サーベンス・オクスリー法（SOX法）　161,
　162, 437, 438
時価会計　403, 404, 407
シカゴ商品取引所　128
自家保険　126–128
　——保有（SIR）　126, 127
事業リスク　36, 56, 274, 280, 281, 283, 369,
　374, 376, 381
資産・負債管理（ALM）モデル　153, 154
資産・負債のミスマッチ　238, 263
市場リスク　365–367, 374, 380, 381
　——分析　152
システミック・リスク　328, 330
システム・リスク　274, 278
シティグループ　323, 324
シティコープ　130
シナリオ・テスト　327
シナリオ分析　143, 144, 146, 226, 248–251,
　257, 289, 290
シミュレーション分析　379, 380
シミュレーション・モデル　327
従業員　176–182, 196
重要業績評価指標（KPIs）　463

証券化　127–129, 138
条件付資本　126
証券取引委員会（SEC）　333
商品の理解　135
奨励給制度　422
人材確保策と昇格　179, 181
進捗のモニタリング　192, 195
人的リスク　274, 277
信用供与　199, 209, 211, 212, 234, 235
信用失墜　185
信用スコア・モデル　155, 156
信用リスク　364, 367, 374, 376, 380, 381
　オプションの——　206
　オフバランスの——　205
　スワップの——　206
　——管理方針マニュアル　230–232, 235,
　236
　——分析　154, 159
信用力の検証　209, 212, 218, 219
数理モデル　159
数量リスク
　エネルギー会社の——　347
ストップ・ロス・リミット　53, 54
ストレステスト　247–250, 253, 261, 264–267,
　344, 354, 419, 423, 424
製品のプライシング　96, 106, 109
絶対リターン　7
戦略的計画策定　470
戦略リスク　36, 56, 421, 432
相互依存性　12–14
ソシエテジェネラル　17, 22–25
組織体制　80, 90, 92
組織（の）効率性　62, 68
ソーシャル・メディア　296, 302–304
ソルベンシー基準　423
損失データベース　47
損失率　200–202, 206

タ 行

代替的リスク　125–130, 132–138, 140, 141,
　314, 323, 493, 494
タイレノール（鎮痛剤）事件　185

ダッシュボード　426, 431, 435

ダッシュボード報告　426, 435, 459, 464, 470–472, 479, 500–508, 511–513

超過経済収益（EIC）　150, 151

貯蓄貸付組合（S&L）危機　325

提携　192–195

テイル・リスク　401

出口戦略　40, 53

データ・ウェアハウス　166–168, 171, 174

データ管理　166, 172

データ・クリーニング　168

データ・マート　167, 168

デフォルト　199–204, 206, 207, 215, 217, 220, 226, 229, 230

デューク・エナジー　498, 499

デュレーション　237, 241, 258

　――・マッチング　55

デリバティブ　125–133

天候保険　129

天候リスク　348

投資リスク　366

トゥファノ　10

ドッド・フランク法　332–334, 437, 438, 440, 441, 448

トップダウン型アプローチ　160

トラベラーズ　130

取締役の業績評価　87

取締役会（の）独立性　82, 84–86

取引先企業　176, 177, 192, 196

取引リスク　238, 243, 251

トレッドウェイ委員会支援組織委員会（COSO）　60, 437, 448, 449, 456

ナ　行

ナイト・キャピタル　276

内部牽制　28, 30

二次的リスク　367

年金リスク　371

ハ　行

バークレイズ　141

バーゼルⅢ　145, 438, 441

バーゼル銀行監督委員会　199, 200, 212, 216, 219

バックテスト　251, 252, 256, 265

パッシブ戦略　114, 120

ハード面とソフト面　164

ハネウェル　130, 139, 140

ハムラビ法典　125

パラメトリック法　244, 247

バランス・スコアカード　33

ハリケーン・アンドリュー　128

バリュー・アット・リスク（VaR）　142, 143, 152–154, 239–245, 247, 248, 251–255, 258, 259, 261, 264, 265, 267, 327, 338, 339, 344, 351–354, 377, 378

　条件付――（CVaR）　252, 253

パレートの法則　482

パワー・カンパニー・オブ・アメリカ（PCA）　346, 348

引当金　203, 210, 211, 213, 225–227, 234, 235

非期待損失　202–205, 227, 234

非金融リスク（の）計測　102

ヒストリカル・シミュレーション　244, 246, 247, 265, 267

ヒートマップ　465, 466

フィデリティ　5

フィードバック・ループ　420, 426, 427, 431, 447, 450, 453–455

フォード　385, 386

不確実性の管理　311, 312

不幸の輪　15, 16

（シェールガス・）フラッキング（水圧破砕法）　340, 355–357

ブリティッシュ・エアロスペース社　130

ブリティッシュ・ペトロリアム（BP）　348, 358, 360–362

プロセス・リスク　274

文化リスク　371

分散　128, 131, 132, 138

分散型アーキテクチャー　171, 172

ベーシス・リスク　239, 240, 263, 344, 353, 354

ベスト・プラクティス（最良の実務規範）

26, 27, 35, 80–83, 86, 87, 89, 216, 224–231, 235, 236, 238, 257, 259, 374

ヘッジ・リスク　366

ベルカーブ　36, 55, 56, 421

ボーイング　369, 370, 373, 385–387

防衛モデル　445

方針と監視　97, 98

保険可能リスク　367

ボシュロム　17, 18, 25

保証　436, 441, 446–450, 452–455

ボトムアップ型アプローチ　161

ボトムアップ（損失分布）・モデル　288, 289

ポートフォリオ管理　209, 217, 218, 227, 230, 235

保有期間　40, 47

ボラティリティ　38, 39, 54, 313, 314
　エネルギー商品価格の──　341, 345, 347, 352, 354, 355

ボルカー・ルール　445

マ 行

マイクロソフト　382–384

マーコヴィッツ　114, 115

魔法の地図　505, 506

見積もり分析　378

ミドルウェア　170, 171

メタル・ゲゼルシャフト　17, 19, 25

モーゲージ担保証券（MBS）　128, 323, 330, 331

モーゲージ担保証券（MBS）市場　323

モダン・ポートフォリオ理論　9, 114

モニタリング　200, 209, 210, 213, 219, 225, 226, 231–235

モルガン・グレンフェル　17, 20, 25

モンテカルロ・シミュレーション　244–247

ヤ 行

ユナイテッド・サービス自動車協会（USAA）　128

ユニオン・カーバイド　368

ラ 行

リスク・アペタイト　31, 34, 90–93, 143, 149, 421, 429, 441, 443, 446–448, 451–453, 455, 485–487
　──・ステートメント　31

リスク移転　125–128, 130–134, 137–141, 391, 395, 397, 402, 404, 406
　──戦略　61, 63, 66, 73

リスク・エクスポージャー　34, 422–424, 426, 429, 432

リスク・エンジン　166–169, 174

リスク概念　37, 42, 48

リスク・ガバナンス　421, 441, 445, 447, 448, 450

リスク・カルチャー　93, 94, 416, 422, 433–436, 451

リスク管理　26, –31, 33, 34, 35, 125, 126, 130, 133, 138, 140, 439, 444
　サイロ型（縦割りの）──　14
　──戦略　457, 459, 468, 469, 481

リスク管理委員会　401, 405, 437, 438, 439, 441, 442, 444, 446, 448, 449

リスク許容水準　422, 423, 429, 430, 459, 461, 464, 466, 468, 469, 478

リスク計測　36, 44, 47, 50

リスク・コントロール　44, 50
　──分析　143, 148

リスク・シェアリング　344, 350

リスク識別　37

リスク指標　143, 148

リスク操作　126

リスク調整済み資本収益率（RAROC）　149, 315, 489–492, 494, 495

リスク特性　422

リスク認識　42, 44, 46, 50

リスク認知　36

リスクの管理とコントロール　380

リスクの計量化と報告　377, 380

リスクの識別と評価　374, 376, 377

リスクの特定　458, 463

リスク評価　47, 48, 50, 420, 423, 426, 429, 430, 434, 435, 456–463, 465–480

リスク・ファイナンス　127, 281, 292, 293
リスク・プロセス・マッピング　395
リスク分析モデル　423
リスク分類　458, 460, 461, 476
リスク分類法　44-46
リスク報告　43, 47, 50, 59, 62-64, 66
リスク・ポジション　53, 54
リスク保有グループ（RRG）　126, 127
リスク・マップ　374-377, 382, 466, 477
リスク・モニタリング　54, 399
リスク・リターン　420-422, 424, 425

リスク・リターン・マトリックス　51
リスク・リミット　117-120, 344
　内部——　43
リーマン・ブラザーズ　331, 332
流動性リスク　238
レバレッジ　115, 116
レピュテーショナル・リスク　36, 38, 373, 421
連邦預金保険公社（FDIC）　318, 322
ローガン国際空港　129

著者略歴

ジェームズ・ラム（James Lam）

独立系リスク・コンサルティング会社であるジェームズ・ラム＆アソシエイツ社社長．E*トレード・フィナンシャル社のリスク監視委員会のディレクター兼会長．

バルーク大学を首席で卒業，UCLA で MBA を取得．オリバー・ワイマン＆カンパニーのパートナー，E リスク社の創業者兼社長，フィデリティ・インベストメンツ社や GE キャピタル・マーケッツ・サービシス・インクの最高リスク管理責任者を経て，現職．

リスク管理の分野におけるパイオニア，第一人者として知られる．世界で最初の最高リスク管理責任者となり，ユーロマネー誌のサーベイで，この分野を牽引するリスク・コンサルタントとして顧客・同業者から推薦されている．1997 年には，国際リスク・プロフェッショナル協会から初代年間最高リスク管理者賞を受賞．トレジャリー＆リスク誌で，2005 年，2006 年，2008 年に"金融業界における最も影響力のある 100 人"に選ばれている．

監訳者略歴

林　康史（はやし　やすし）

立正大学経済学部教授．華東師範大学国際金融研究所客員教授．法学修士（東京大学）．

1957 年生まれ．著訳書多数．リスク管理に関する著訳書に，『金融リスク管理戦略』（共訳）東洋経済新報社 1999 年，『生命保険会社の金融リスク管理戦略』（共著）東洋経済新報社 2000 年，『ヒューマン・シグマ──複雑な存在［従業員と顧客］をマネジメントする』（監訳）東洋経済新報社 2010 年．

茶野　努（ちゃの　つとむ）

武蔵大学経済学部教授．博士（国際公共政策）．

1964 年生まれ．1999 年，大阪大学大学院国際公共政策研究科博士課程修了．主な著書に，『予定利率引下げ問題と生保業の将来』東洋経済新報社 2002 年，『消費者金融サービス業の研究』日本評論社 2013 年，『コモディティ市場と投資戦略』（共著）勁草書房 2014 年，『経済価値ベースの ERM』（編著）中央経済社 2015 年．

訳者一覧（アイウエオ順）

浅見潤一（住友生命リスク管理統括部上席部長代理）	第 12 章，第 13 章
石川由美子（トーキョー・インベスター・ネットワーク代表取締役）	第 2 章，第 3 章，第 19 章，第 20 章
茶野　努（武蔵大学経済学部教授）	第 1 章，第 4〜7 章，第 14 章
福井崇人（住友生命企画部部長代理）	第 21〜25 章
福田　啓（住友生命国際業務部上席部長代理）	第 8 章，第 9 章，第 11 章
宮川修子（翻訳家）	第 10 章，第 15〜18 章

戦略的リスク管理入門

2016年1月25日　第1版第1刷発行

著　者　ジェームズ・ラム
監訳者　林　　　康　史
　　　　茶　野　　　努
発行者　井　村　寿　人

発行所　株式会社　勁　草　書　房
112-0005　東京都文京区水道 2-1-1　振替 00150-2-175253
（編集）電話 03-3815-5277／FAX 03-3814-6968
（営業）電話 03-3814-6861／FAX 03-3814-6854
理想社・牧製本

©HAYASHI Yasushi, CHANO Tsutomu　2016

ISBN978-4-326-50417-6　Printed in Japan

JCOPY　〈(社)出版者著作権管理機構　委託出版物〉
本書の無断複写は著作権法上での例外を除き禁じられています。
複写される場合は、そのつど事前に、(社)出版者著作権管理機構
（電話 03-3513-6969、FAX 03-3513-6979、e-mail: info@jcopy.or.jp)
の許諾を得てください。

＊落丁本・乱丁本はお取替いたします。

http://www.keisoshobo.co.jp

宮内惇至
金融危機とバーゼル規制の経済学
リスク管理から見る金融システム

A5 判 4,800 円
50411-4

花崎正晴・大瀧雅之・随清遠 編著
金融システムと金融規制の経済分析

A5 判 4,200 円
50383-4

大瀧雅之
国際金融・経済成長理論の基礎

A5 判 3,200 円
50389-6

大瀧雅之
貨幣・雇用理論の基礎

A5 判 3,000 円
50348-3

池尾和人・大野早苗 編著
コモディティ市場と投資戦略
「金融市場化」の検証

A5 判 4,000 円
50397-1

堀江康熙
日本の地域金融機関経営
営業基盤変化への対応

A5 判 4,800 円
50410-7

堀江康熙
地域金融機関の経営行動
経済構造変化への対応

A5 判 3,800 円
50310-0

齊藤 誠
父が息子に語るマクロ経済学

A5 判 2,500 円
50400-8

勁草書房刊

＊表示価格は 2016 年 1 月現在，消費税は含まれておりません．